U0921933

2020
中国民政统计年鉴

CHINA CIVIL AFFAIRS STATISTICAL YEARBOOK

中华人民共和国民政部　编

中国社会出版社
国家一级出版社 • 全国百佳图书出版单位

图书在版编目（CIP）数据

中国民政统计年鉴．2020 / 中华人民共和国民政部编．-- 北京 ：中国社会出版社，2020.12
ISBN 978-7-5087-6426-9

Ⅰ．①中… Ⅱ．①中… Ⅲ．①民政事务－统计资料－中国－2020 Ⅳ．①D632-66

中国版本图书馆CIP数据核字(2020)第199067号

书　　名：中国民政统计年鉴（2020）
编　　者：中华人民共和国民政部

出 版 人：浦善新
终 审 人：尤永弘
策划编辑：张　党
责任编辑：张翠萍

出版发行：中国社会出版社　　**邮政编码**：100032
通联方式：北京市西城区二龙路甲33号新龙大厦4层
电　　话：编辑部：（010）58124867
邮购部：（010）58124848
销售部：（010）58124845
传　真：（010）58124856
网　　址：www.shcbs.com.cn
shcbs.mca.gov.cn
经　　销：各地新华书店

中国社会出版社天猫旗舰店

印刷装订：北京华联印刷有限公司
开　　本：210mm × 297mm 1/16
印　　张：33
字　　数：1000千字
版　　次：2020年12月第1版
印　　次：2020年12月第1次印刷
定　　价：320.00元

中国社会出版社微信公众号

2020
中国民政统计年鉴

编委会和编辑人员

编者说明

一、《中国民政统计年鉴2020》收录了全国各省、自治区、直辖市2019年民政事业的主要指标数据以及部分历史数据，主要包括2019年民政事业发展统计公报、民政事业主要数据图表、综合统计资料、历年统计资料、当年分省份统计资料和主要指标解释六部分内容。

二、本年鉴中涉及的全国统计数据均不包括香港特别行政区、澳门特别行政区和台湾省的数据。

三、本年鉴所涉及历史数据，均以本年鉴为准。

四、本年鉴中部分指标合计数或相对数由于四舍五入而产生的计算误差，未作机械调整。

五、本年鉴各表中，“—”符号表示数据不足本表最小计量单位或无此数据；“空格”符号表示该项统计数据为零，“#”表示其为上级指标的其中主要项。

目　录

第一部分：专文

第二部分：主要数据图表

综合

社会工作

成员组织和其他社会服务

第三部分：综合统计资料

综合

社会工作

成员组织和其他社会服务

第四部分：历年统计资料

综合

社会工作

成员组织和其他社会服务

第五部分：当年分省统计资料

综合

行政区划和行政机关

社会服务总体情况

社会工作

提供住宿的社会服务活动

不提供住宿的社会服务活动

成员组织和其他社会服务

成员组织

其他社会服务

其他

第六部分：主要指标解释

第一部分

专　文

2019年民政事业发展统计公报

2019年，各级民政部门坚持以习近平新时代中国特色社会主义思想为指引，深入学习贯彻党的十九大和十九届二中、三中、四中全会精神，贯彻落实习近平总书记关于民政工作重要指示精神，增强“四个意识”，坚定“四个自信”，做到“两个维护”，坚持改革创新，聚焦脱贫攻坚，聚焦特殊群体，聚焦群众关切，推进民政事业取得新进展新成效，服务国家改革发展大局。

一、综合

截至2019年底，全国民政部门登记和管理的机构和设施共计201.5万个，职工总数1545.7万人，固定资产原价6515.3亿元；各类民政服务机构和设施拥有床位803.6万张，每千人口民政服务床位数5.7张；民政基本建设在建项目规模2272.3万平方米，全年实际完成投资总额184.8亿元；全国民政事业费支出4279.2亿元，占国家财政支出的1.8%，其中，中央财政向各地转移支付的民政事业费1566.6亿元，占全年民政事业费支出的36.6%。

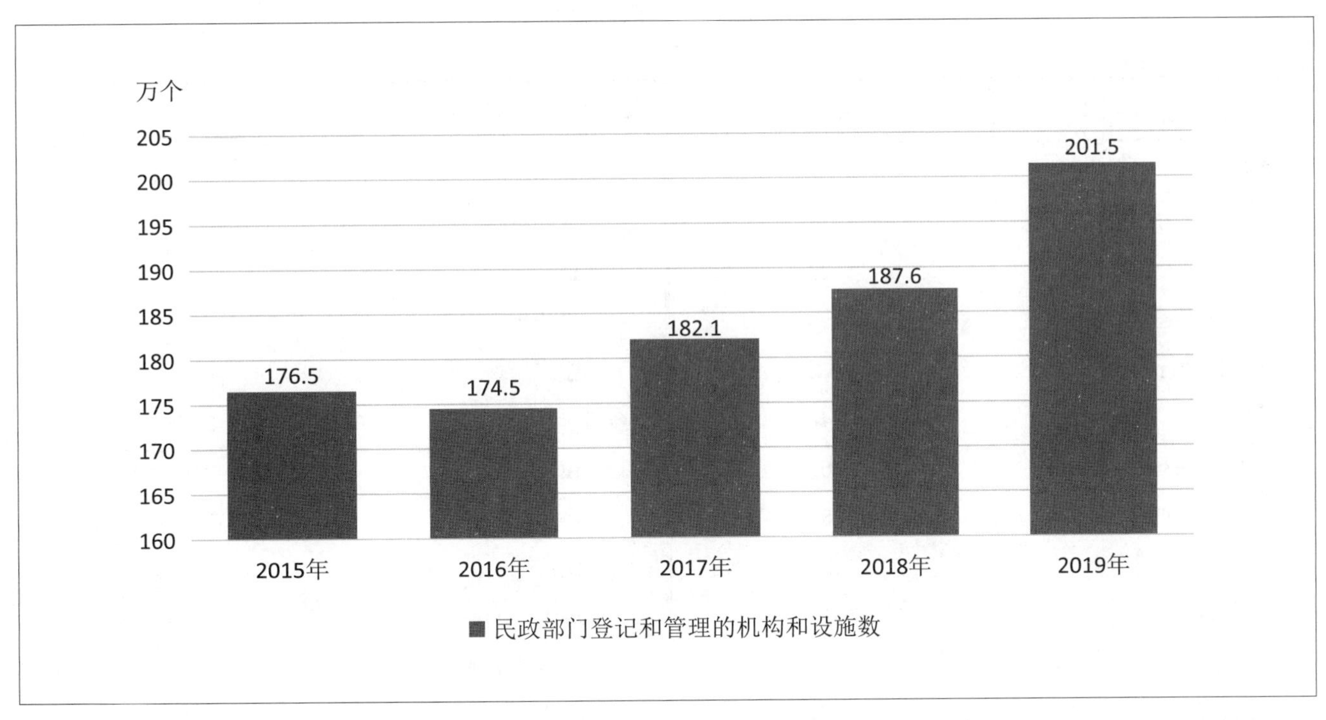

图1　2015—2019年民政部门登记和管理的机构和设施情况

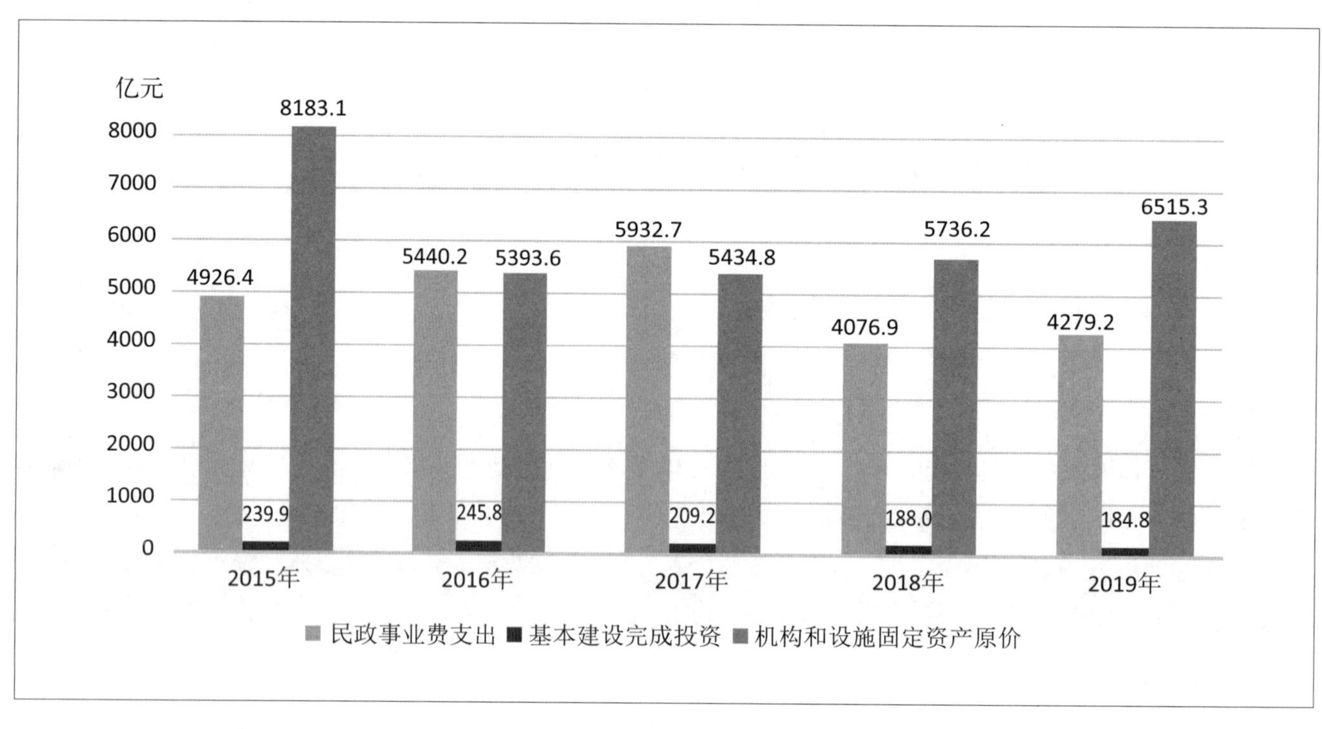

图2 2015—2019年民政事业发展总体情况

二、行政区划

截至2019年底，全国共有省级行政区划单位34个，地级行政区划单位333个，县级行政区划单位2846个，乡级行政区划单位38755个。2019年共联合检查省界14条，完成了总长度约7874公里的省界联检任务。

表1 2019年行政区划情况

单位：个

指标	数量	指标	数量
省级	**34**	**地级**	**333**
直辖市	4	地级市	293
省（含台湾省）	23	地区	7
自治区	5	自治州	30
特别行政区	2	盟	3
县级	**2846**	**乡级**	**38755**
市辖区	965	镇	21013
县级市	387	乡	8101
县	1323	民族乡	966
自治县	117	苏木	153
旗	49	民族苏木	1
自治旗	3	街道	8519
林区	1	区公所	2
特区	1		

三、社会工作

（一）提供住宿的社会工作

截至2019年底，全国注册登记提供住宿的各类民政服务机构共计3.7万个，其中注册登记为事业单位的1.7万个，注册登记为民办非企业单位的1.7万个。机构内床位467.4万张，年末抚养人员231.6万人。

表2　2019年提供住宿的民政服务机构情况

指标	机构（个）	床位（万张）
合计	**37021**	**467.4**
养老机构	**34369**	**438.8**
其中：社会福利院	1527	37.6
特困人员供养机构	15932	164.5
精神疾病服务机构	**138**	**6.5**
社会福利医院	138	6.5
儿童福利和救助保护机构	**686**	**9.9**
儿童福利机构	484	9.0
未成年人救助保护中心	202	0.8
其他提供住宿机构	**1828**	**12.2**
流浪乞讨人员救助管理站	1545	9.6
其他提供住宿的机构	283	2.6

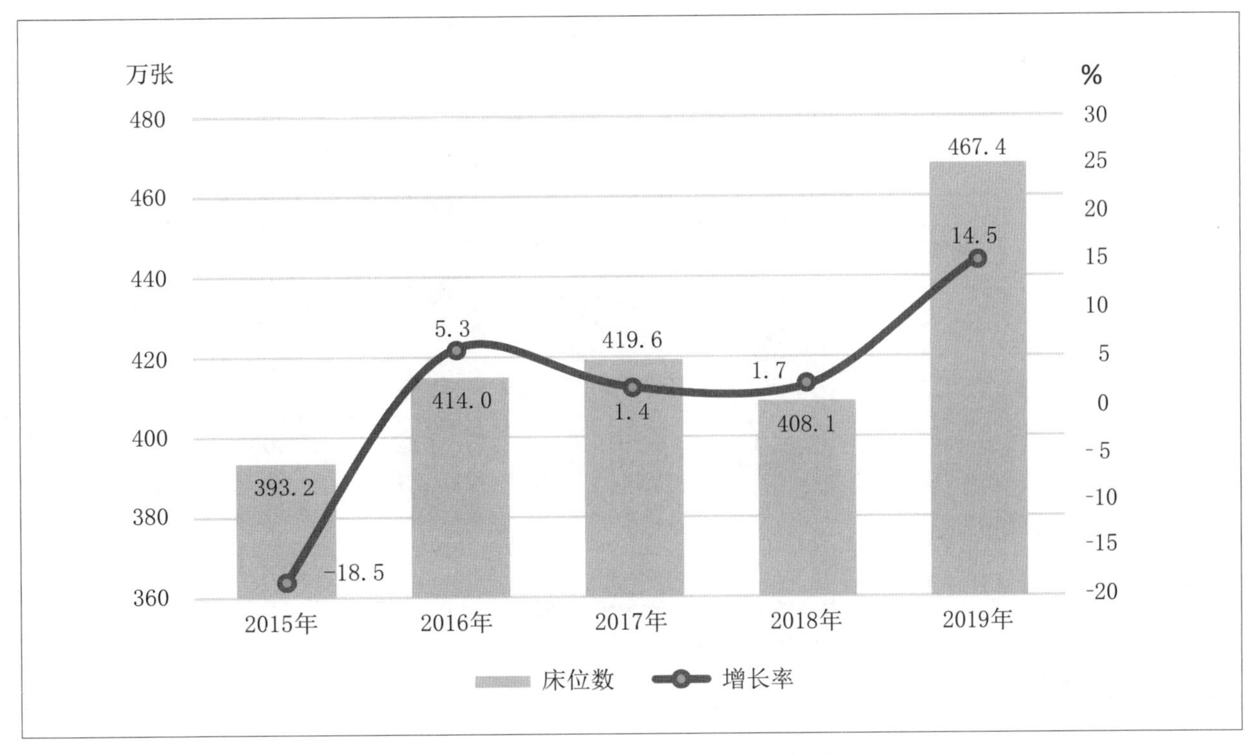

图3　2015—2019年提供住宿的民政服务机构床位情况

1.提供住宿的养老服务。 截至2019年底，全国共有各类养老机构和设施20.4万个，养老床位合计775.0万张，比上年增长6.6%，每千名老年人拥有养老床位30.5张。其中：全国共有注册登记的养老机构3.4万个，比上年增长19.9%，床位438.8万张，比上年增长15.7%；社区养老照料机构和设施6.4万个（其中社区养老照料机构8207个），社区互助型养老设施10.1万个，共有床位336.2万张。

2.提供住宿的精神疾病服务。 截至2019年底，全国共有民政部门管理的精神疾病服务机构社会福利医院138个，床位6.5万张。

3.提供住宿的儿童福利和救助保护服务。 截至2019年底，全国各类民政服务机构集中养育孤儿6.4万人，基本生活保障平均标准1499.2元/人·月。全国共有注册登记的独立儿童福利和救助保护服务机构686个，床位9.9万张，年末抚养人员4.8万人。其中独立儿童福利机构484个，床位9.0万张；独立未成年人救助保护中心202个，床位0.8万张，全年共救助流浪乞讨未成年人1.8万人次。

4.其他提供住宿的服务。 截至2019年底，全国共有其他提供住宿的民政服务机构1828个，床位12.2万张。其中流浪乞讨人员救助管理站1545个，床位9.6万张，全年救助流浪乞讨人员131.5万人次（在站救助98.3万人次，站外救助33.2万人次）。

（二）不提供住宿的社会工作

1.老年人福利。 截至2019年底，全国60周岁及以上老年人口25388万人，占总人口的18.1%，其中65周岁及以上老年人口17603万人，占总人口的12.6%。全国共有3579.1万老年人享受老年人补贴，其中享受高龄补贴的老年人2963.0万人，享受护理补贴的老年人66.3万人，享受养老服务补贴的老年人516.3万人，享受综合老龄补贴的老年人33.5万人。2019年，全国共支出老年人福利经费453.0亿元。

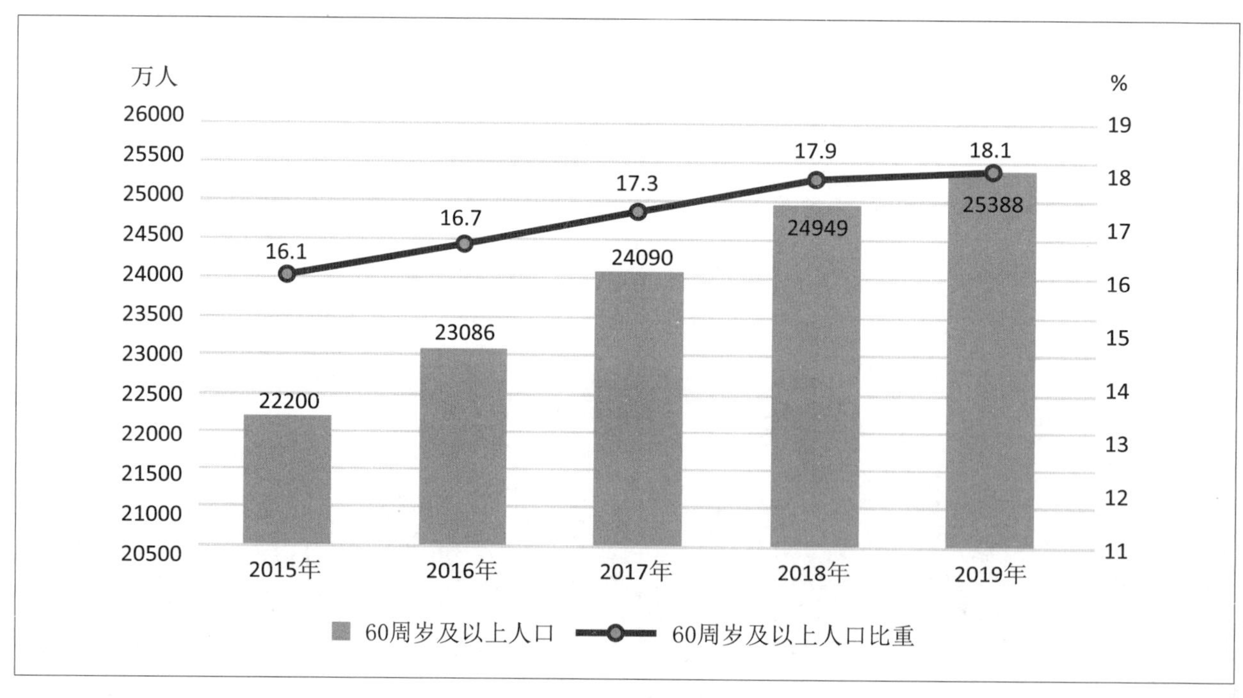

注：本图资料来源于国家统计局。

图4　2015—2019年60周岁及以上老年人口及其占全国总人口比重

2.儿童福利和收养登记。截至2019年底，全国共有孤儿23.3万人，其中社会散居孤儿16.9万人，基本生活保障平均标准1073.5元/人·月。全国共支出儿童福利经费53.9亿元，其中孤儿基本生活保障经费37.2亿元，其他儿童福利经费16.7亿元。截至2019年底，全国共有儿童督导员5.6万人，儿童主任67.5万人。

2019年，全国办理收养登记1.3万件，其中内地居民收养登记1.2万件，港澳台及华侨收养登记90件，外国人收养登记970件。

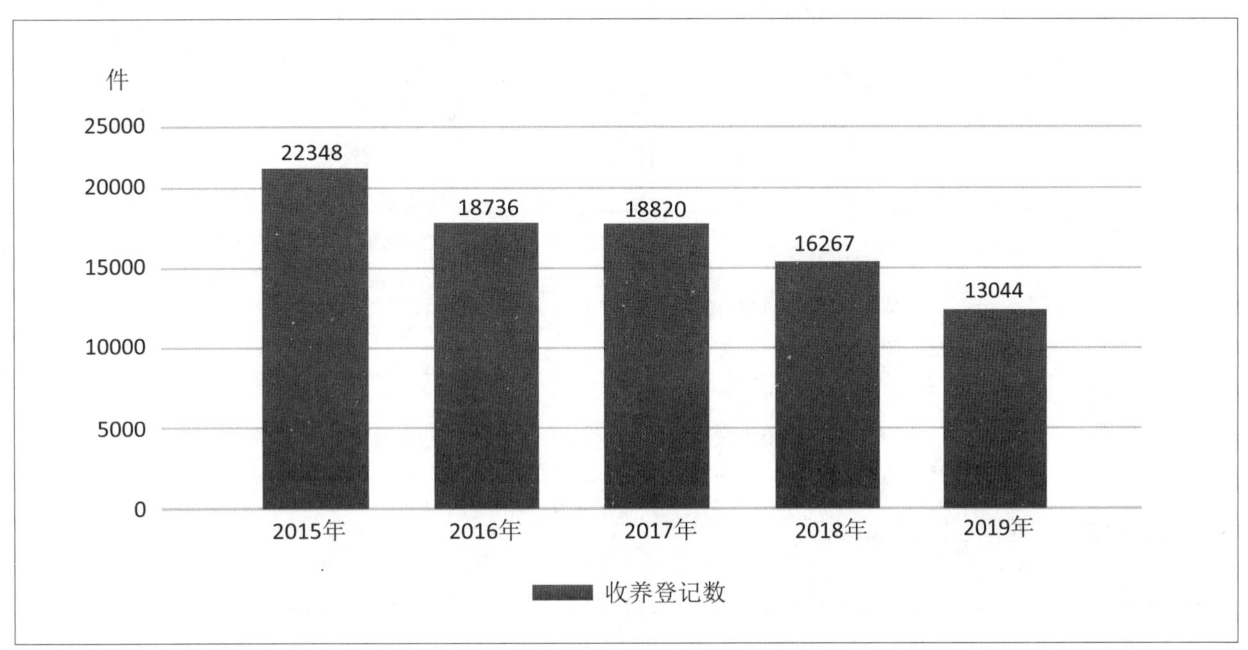

图5　2015—2019年收养登记情况

3.残疾人服务。2019年，全国共有困难残疾人生活补贴对象1085.7万人，重度残疾人护理补贴对象1368.5万人。截至2019年底，民政部门直属康复辅具机构共有22个，职工0.1万人，固定资产原价5.3亿元。

4.社会救助。

最低生活保障。截至2019年底，全国共有城市低保对象524.9万户、860.9万人。全国城市低保平均保障标准624.0元/人·月，比上年增长7.6%，全年支出城市低保资金519.5亿元；有农村低保对象1892.3万户、3455.4万人。全国农村低保平均保障标准5335.5元/人·年，比上年增长10.4%，全年支出农村低保资金1127.2亿元。

特困人员救助供养。截至2019年底，全国共有农村特困人员439.1万人，全年支出农村特困人员救助供养资金346.0亿元；全国共有城市特困人员29.5万人，全年支出城市特困人员救助供养资金37.0亿元。

临时救助。2019年，共实施临时救助993.2万人次，其中救助非本地户籍对象4.6万人次。全年支出临时救助资金141.1亿元，平均救助水平1421.1元/人次。

图6 2015—2019年城乡低保对象、城乡特困人员情况

5.慈善事业和专业社会工作。

慈善事业。截至2019年底，全国共有经常性社会捐赠工作站、点和慈善超市1.3万个（其中：慈善超市3528个）。全年共有1664.2万人次在民政领域提供了4326.9万小时志愿服务。全国志愿服务信息系统中汇集的注册志愿者近1.4亿人。全国社会组织捐赠收入873.2亿元，比上年下降5.1%。全国备案慈善信托239个，慈善信托财产规模27.6亿元。

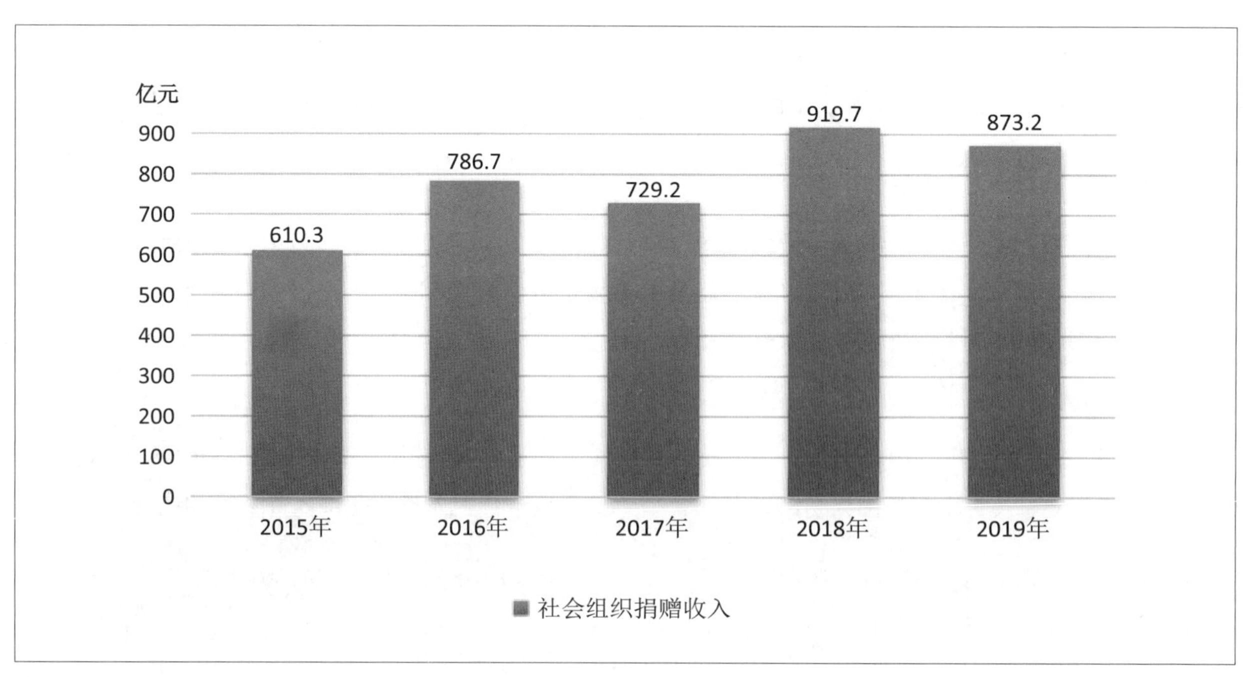

图7 2015—2019年社会组织捐赠收入情况

专业社会工作。2019年，全国共有7.3万人通过助理社会工作师考试，2.1万人通过社会工作师考试。截至2019年底，全国持证社会工作者共计53.4万人，其中社会工作师12.8万人，助理社会工作师40.5万人。

福利彩票。2019年，福利彩票销售1912.4亿元，比上年减少333.2亿元，下降14.8%。全年筹集彩票公益金557.3亿元，比上年下降13.4%。民政系统共支出彩票公益金259.9亿元，比上年增长3.3%，其中用于社会福利185.6亿元，用于社会救助8.6亿元。

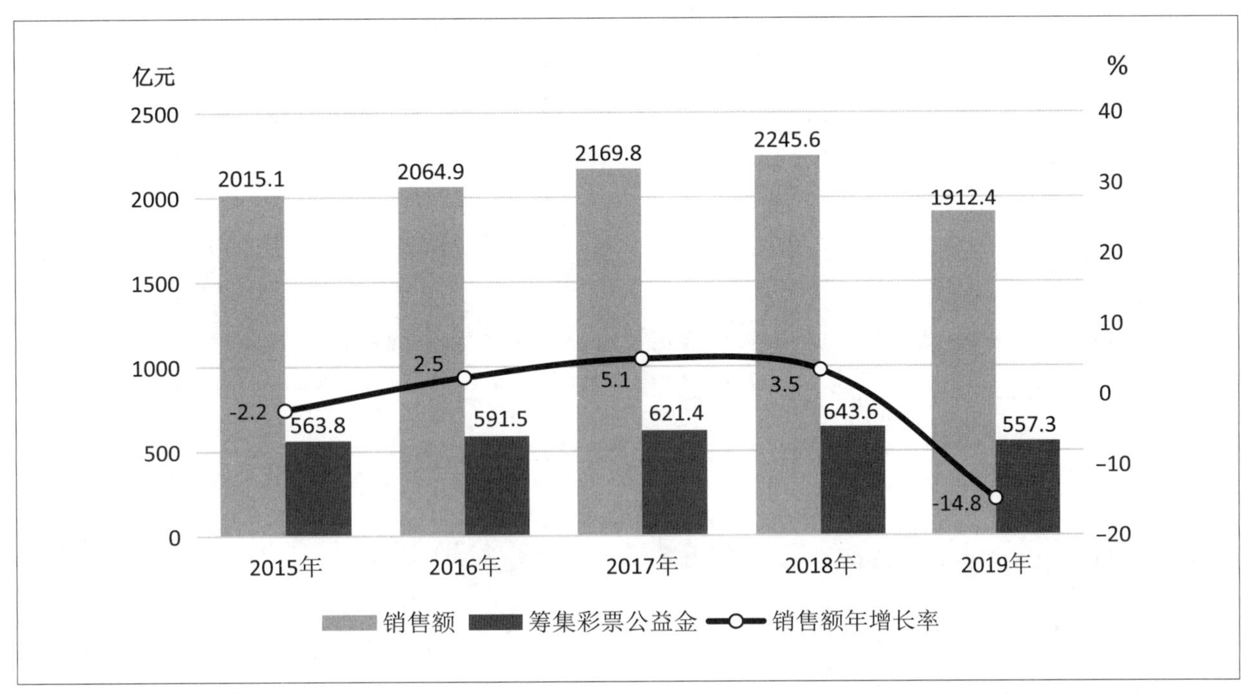

图8　2015—2019年福利彩票销售额、增长率及筹集公益金情况

6.社区服务。截至2019年底，全国共有各类社区服务机构和设施52.8万个。城市社区综合服务设施覆盖率92.9%，农村社区综合服务设施覆盖率59.3%。

表3　2019年社区服务机构和设施情况

指标	单位	合计	城市	农村
社区服务机构和设施	**万个**	**52.8**	**21.2**	**31.6**
社区服务指导中心	个	548	534	14
社区服务中心	万个	2.7	1.6	1.1
社区服务站	万个	22.5	8.5	14.0
未登记的特困人员供养机构	个	4312	–	4312
社区养老照料机构和设施	万个	6.4	3.0	3.4
社区互助型养老设施	万个	10.1	1.1	9.0
其他社区服务机构和设施	万个	10.6	6.9	3.6

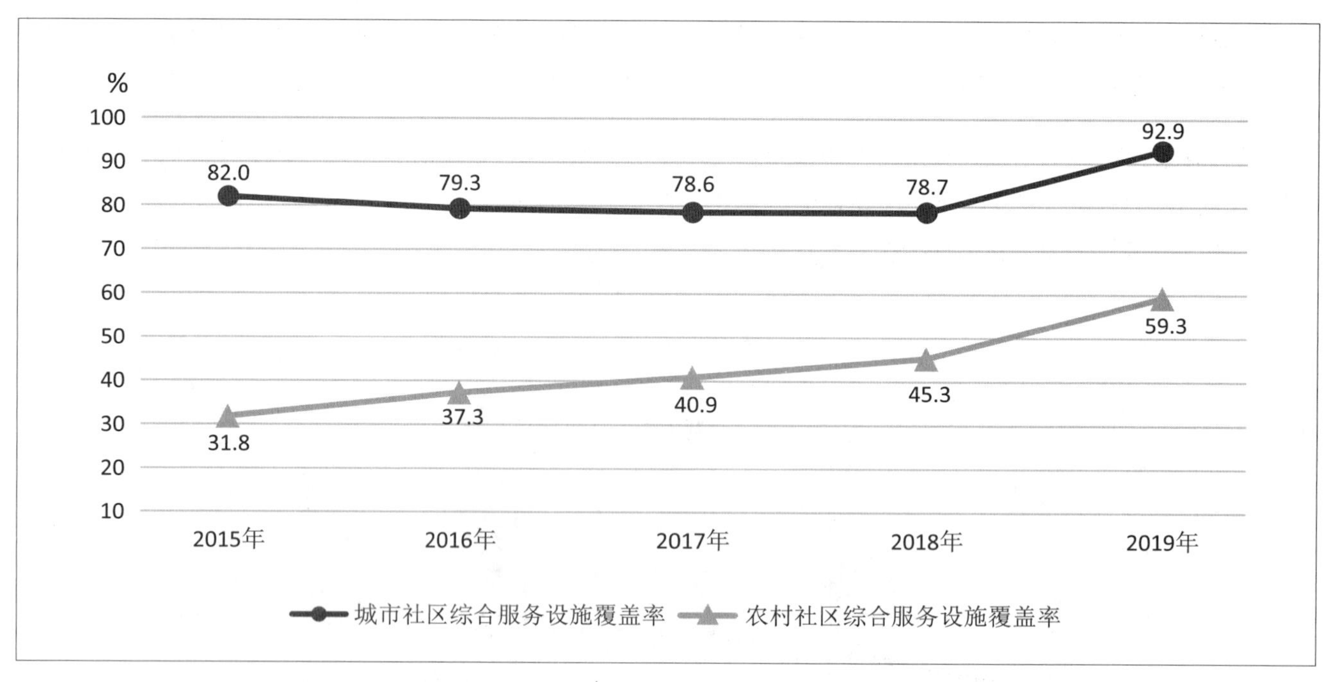

图9　2015—2019年城、乡社区综合服务设施覆盖率

四、成员组织和其他社会服务

（一）成员组织

1.社会组织。截至2019年底，全国共有社会组织86.6万个，比上年增长6.0%；吸纳社会各类人员就业1037.1万人，比上年增长5.8%。全年共查处社会组织违法违规案件7142起，行政处罚6695起。

表4　2019年社会组织按登记机关分类

单位：个

指标	社会团体	基金会	民办非企业单位
合计	**371638**	**7585**	**487112**
民政部登记	1983	213	99
省级民政部门登记	31789	5242	15287
市级民政部门登记	89359	1534	66012
县级民政部门登记	248507	596	405714

2.自治组织。截至2019年底，全国基层群众性自治组织共计64.3万个，其中：村委会53.3万个，比上年下降1.7%，村民小组419.3万个，村委会成员218.0万人，比上年下降1.6%；居委会11.0万个，比上年增长1.6%，居民小组145.6万个，居委会成员59.6万人，比上年增长3.1%。全年共有8.8万个村（居）委会完成选举，登记选民数为1.4亿人，参与投票人数为0.75亿人。

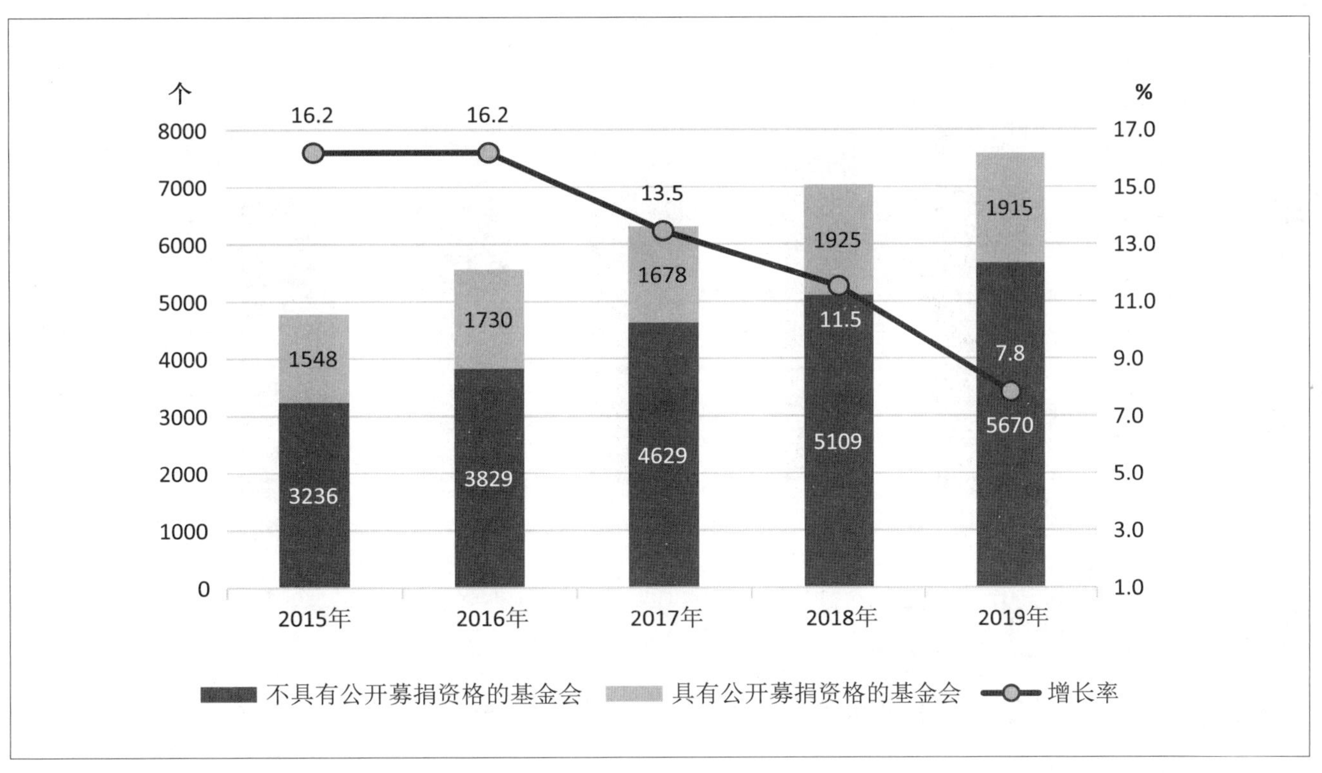

图10　2015—2019年基金会情况

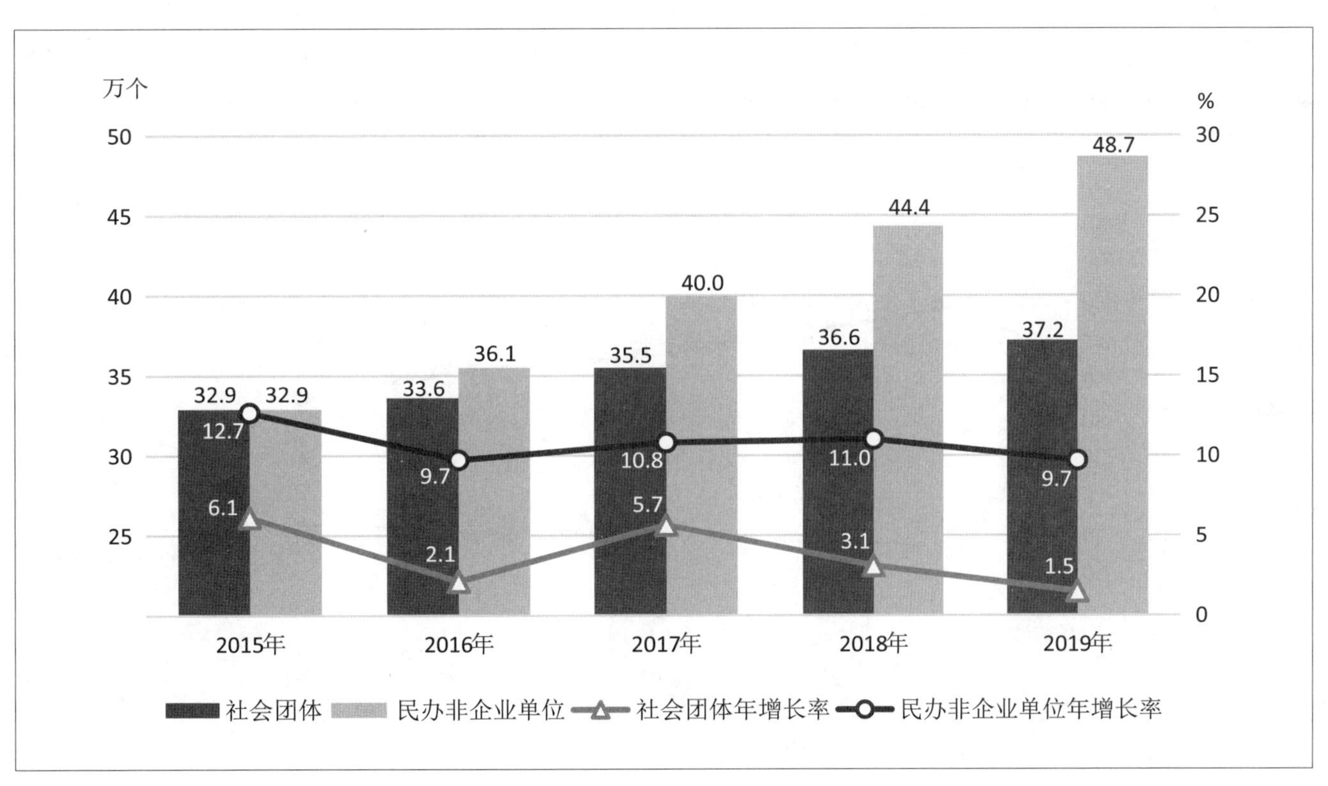

图11　2015—2019年社会团体、民办非企业单位情况

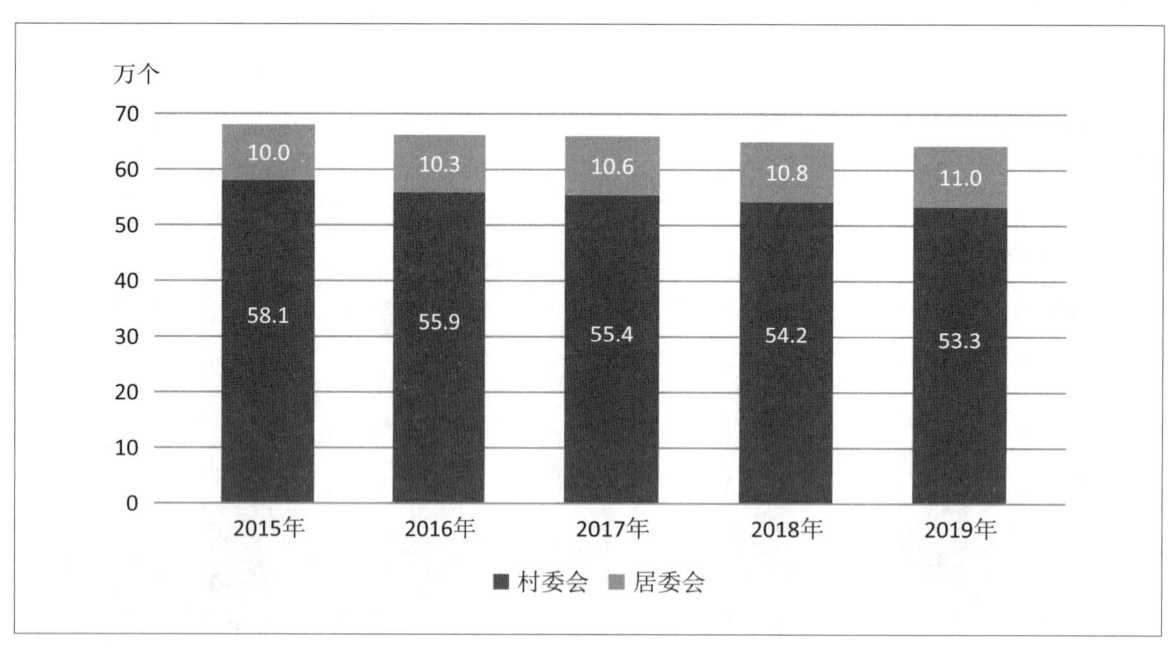

图12　2015—2019年基层群众性自治组织情况

（二）其他社会服务

1.婚姻登记服务。2019年，全国共有婚姻登记机构和场所共计5594个，其中婚姻登记机构1068个，全年依法办理结婚登记927.3万对，比上年下降8.5%，其中涉外及华侨、港澳台居民登记结婚4.9万对。结婚率为6.6‰，比上年降低0.7个千分点。依法办理离婚手续470.1万对，比上年增长5.4%，其中：民政部门登记离婚404.7万对，法院判决、调解离婚65.3万对。离婚率为3.4‰，比上年增长0.2个千分点。

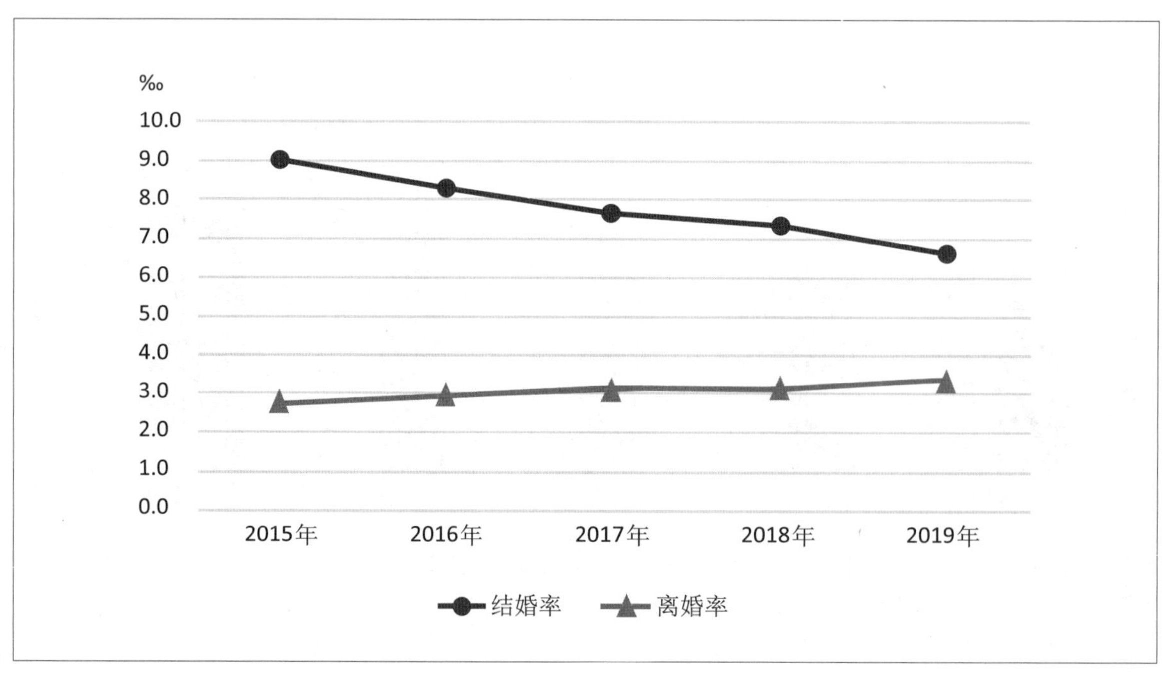

图13　2015—2019年结婚率和离婚率

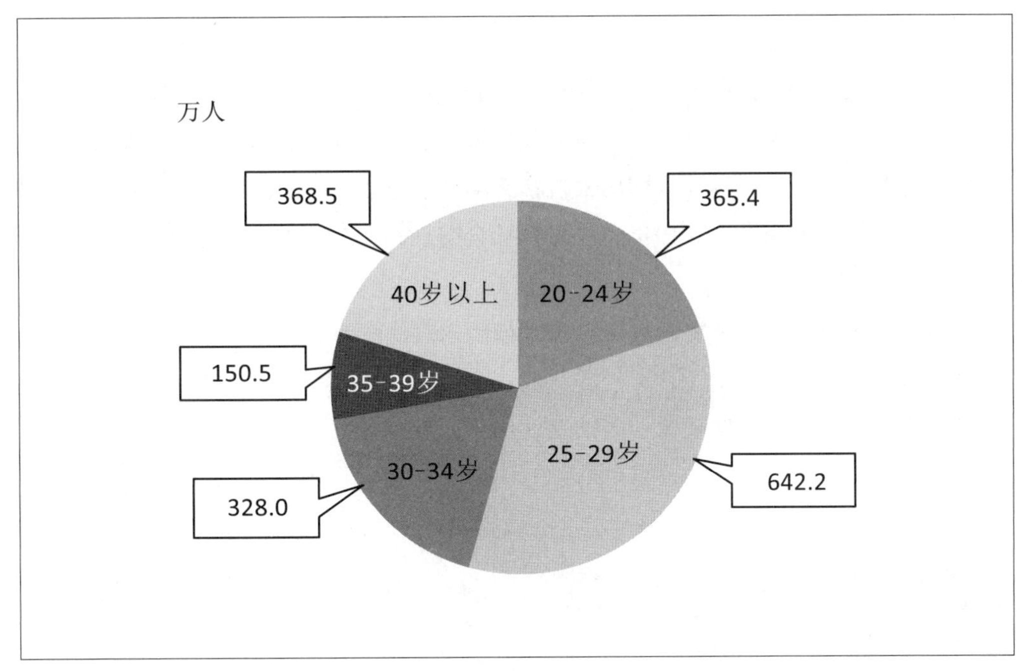

图14　2019年结婚登记人口年龄分布情况

2.殡葬服务。截至2019年底，全国共有殡葬服务机构4060个，其中殡仪馆1677个，殡葬管理机构890个，民政部门管理的公墓1431个。殡葬服务机构职工7.9万人，其中殡仪馆职工4.5万人。火化炉6400台，火化遗体522.7万具，火化率52.4%，比上年增加1.9个百分点。

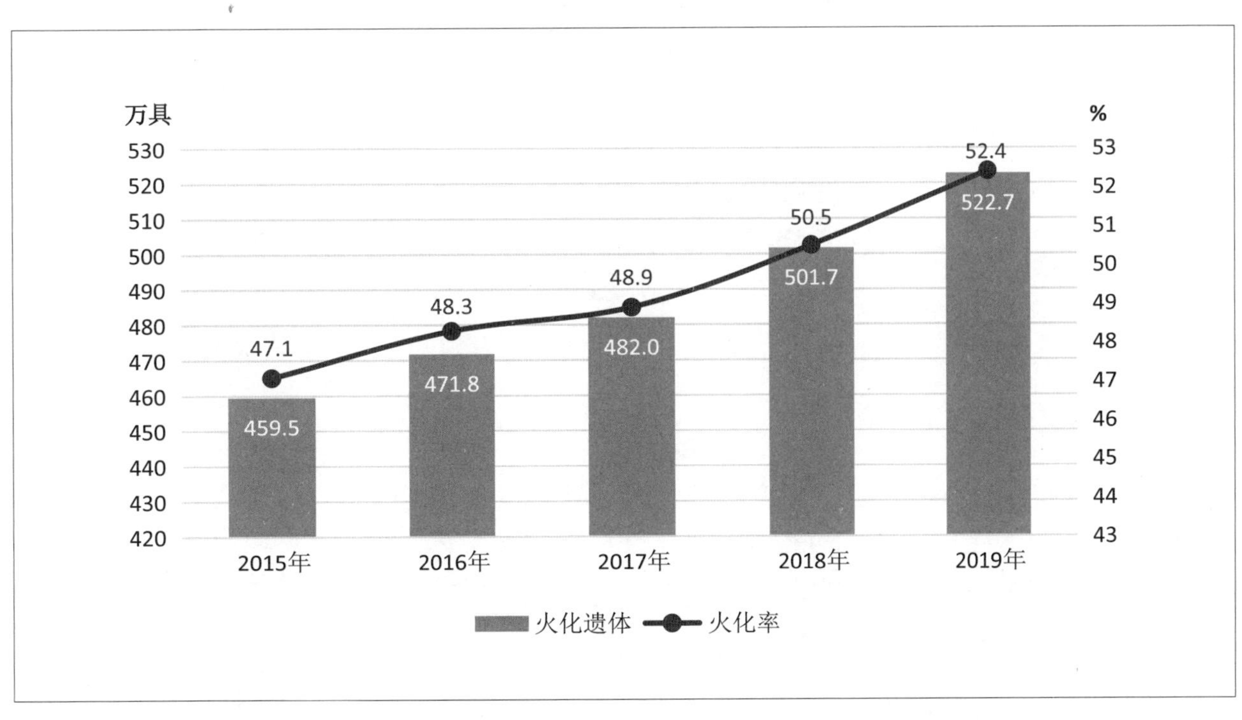

图15　2015—2019年火化遗体情况

注释：

1.本资料中民政对象人数和机构数为当年实际数和注册登记的法定机构数。

2.本资料部分数据因四舍五入产生误差，存在分项数据与合计数据不等情况，未作机械调整。

3.除省级行政区划数以外，各项统计数据均未包括香港特别行政区、澳门特别行政区和台湾省。

4.社会组织捐赠收入数据使用的是2019年完成年检社会组织的相关数据，同比去年下降系社会组织捐赠收入会计核算方式调整所致。

5.离婚登记服务中法院判决、调解离婚数据来源于最高人民法院。

结（离）婚率计算公式为：当年结（离）婚对数/当年平均总人口数×1000‰。

6.全国财政支出、人口等相关数据来源于国家统计局。

Statistical Report on the Development of Civil Affairs in 2019

In 2019, civil affairs departments at all levels have earnestly adhered to Xi Jinping Thought on Socialism with Chinese Characteristics for a New Era, studied and implemented the guiding principles of the 19th National Congress of the Communist Party of China and the 2nd, 3rd and 4th plenary sessions of the 19th CPC Central Committee and the guiding principles of General Secretary Xi Jinping's important instructions on civil affairs, strengthened the "Four Consciousnesses", strengthened the "Four-sphere confidence", implemented the "Two Upholds", persevered in reform and innovation, paid special attention to poverty alleviation, special groups and public concerns, made new progress and achievements in advancing the cause of civil affairs, and contributed to the country's overall reform and development.

I.Overview

By the end of 2019, there were 2.015 million institutions and facilities registered and administered by civil affairs departments throughout the country, with 15.457 million employees and 651.53 billion yuan worth of fixed assets (original value). The number of beds in civil service institutions and facilities totaled 8.036 million, with 5.7 social service beds for every 1,000 people. The scale of civil affairs infrastructure under construction reached 22.723 million square meters; 18.48 billion yuan of investment on infrastructure was accomplished. Total expenditure on civil affairs nationwide amounted to 427.92 billion yuan, accounting for 1.8% of the national fiscal expenditure of the year. Of all the civil affairs expenditures, 156.66 billion yuan was covered by the central government through means of transferred payment, accounting for 36.6% of the total expenditure on civil affairs of the year.

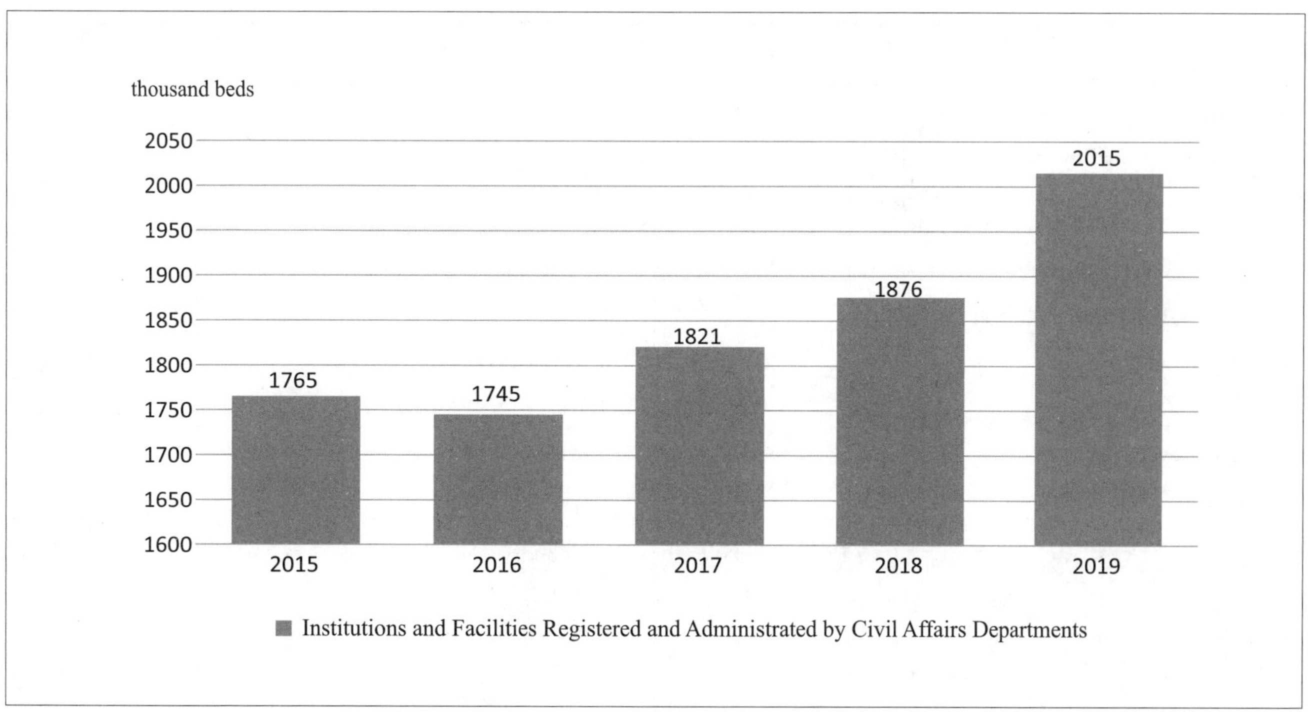

Figure 1 Institutions and Facilities Registered or Administrated by Civil Affairs Departments, 2015-2019

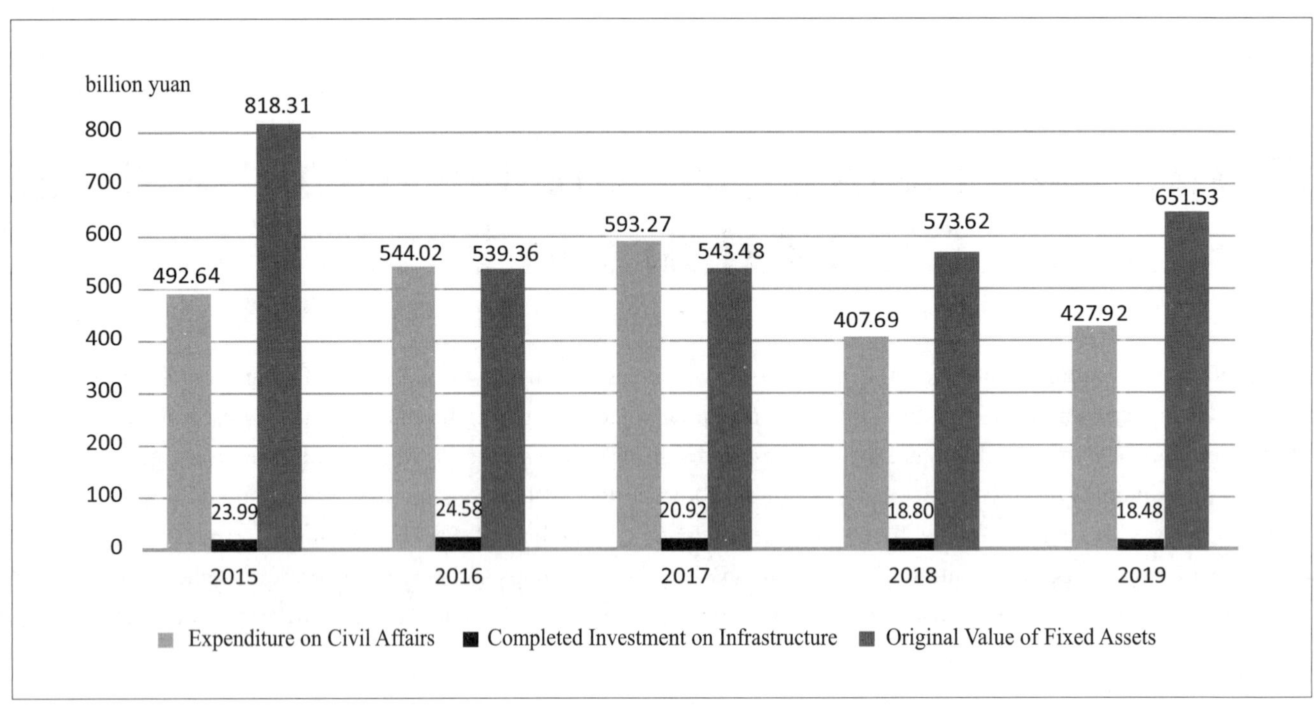

Figure2 Overview of Civil Affairs Development, 2015-2019

II.Administrative Divisions

By the end of 2019, there were in total 34 provincial-level administrative divisions, 333 prefecture-level administrative divisions, 2,846 county-level administrative divisions and 38,755 township-level administrative divisions nationwide. In 2019, 14 provincial boundaries of approximately 7,874 kilometers were jointly inspected.

Table 1 Administrative Divisions in 2019

Indicators	Number	Indicators	Number
Provincial-level	**34**	**Prefecture-level**	**333**
Municipality Directly Under the Central Government	4	Prefecture-level City	293
Province (Taiwan Province included)	23	Prefecture	7
Autonomous Region	5	Autonomous Prefectures	30
Special Administrative Region	2	League	3
County-level	**2846**	**Township-level**	**38755**
District	965	Town	21013
County-level City	387	Township	8101
County	1323	Ethnic Township	966
Autonomous County	117	Sumu	153
Banner	49	Ethnic Sumu	1
Autonomous Banner	3	Sub-district Offices	8519
Forestry District	1	District Public Offices	2
Special District	1		

III.Social Work

1.Social Work with Accommodation

By the end of 2019, there were 37 thousand registered civil affairs service institutions that provide accommodation throughout the country, among which 17 thousand were registered as public institutions, and 17 thousand were private non-enterprise units. 4.674 million beds were offered in these institutions which accommodated 2.316 million people in total.

Table 2 Civil Service Institutions that Provide Accommodation in 2019

Indicators	Number of Institutions	Number of Beds (1000)
Total	**37021**	**4674**
Elderly care institutions	**34369**	**4388**
Social welfare institutions	1527	376
Assistance and support institutions for people in extreme difficulty of rural areas	15932	1645
Mental illness service institutions	**138**	**65**
Social welfare hospitals	138	65
Child welfare and assistance institutions	**686**	**99**
Child welfare institutions	484	90
Assistance and protection centers for the minors	202	8
Other institutions providing accommodation	**1828**	**122**
Assistance and administration centers for people without sources of living	1545	96
Other institutions providing accommodation	283	26

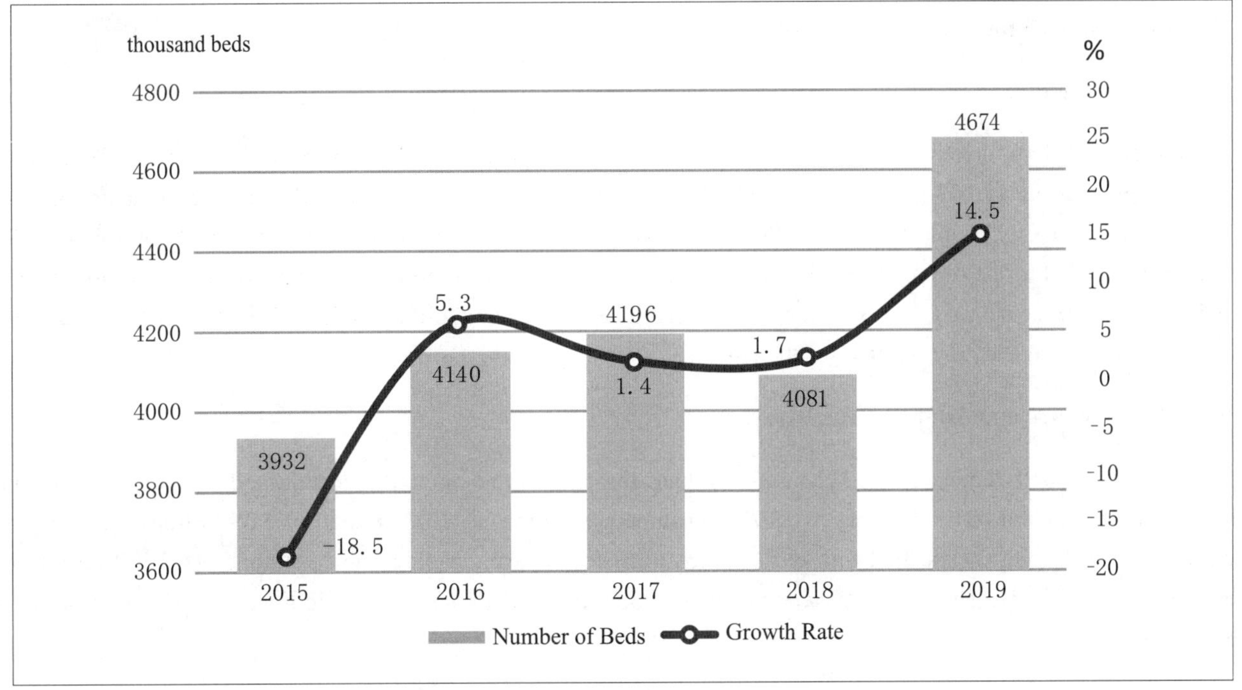

Figure 3 Number of Beds in Civil Service Institutions, 2015-2019

(1) Elderly Care Services with Accommodation

By the end of 2019, elderly care institutions and facilities nationwide totaled 204 thousand, providing 7.75 million beds, an increase of 6.6% over the previous year,with 30.5 beds for every 1,000 elderly people on average. Among the above-mentioned, 34 thousand were registered elderly care institutions, an increase of 19.9%, and the number of their beds totaled 4.388 million, an increase of 15.7% over the previous year. 64 thousand were community-based elderly care institutions (8,207) and facilities, and 101 thousand were community-based elderly care facilities for mutual support. The total number of elderly care beds at the community level, amounted to 3.362 million.

(2) Mental Health Services with Accommodation

By the end of 2019, there were 138 social welfare hospitals affiliated to civil affairs departments, with 65 thousand beds, providing services for people with mental illness.

(3) Child Welfare, Assistance and Protection Services with Accommodation

By the end of 2019, there were over 64 thousand orphans raised in all kinds of civil affairs service institutions in China, with an average standard of basic living allowance of 1,499.2 yuan/person/month. There were 686 registered independent institutions for child welfare and protection, with 99 thousand beds. 48 thousand children were accommodated and supported at these institutions. Among these institutions, 484 were independent child welfare institutions with 90 thousand beds, and 202 were independent assistance and protection centers for the minors with 8 thousand beds. In 2019, 18 thousand homeless minors received help from these institutions.

(4) Other Types of Services with Accommodation

By the end of 2019, there were 1,828 other types of civil service institutions providing accommodation with 122 thousand beds. Among them, 1,545 were assistance and rescue stations with 96 thousand beds. 1.315 million vagrants and beggars received assistance during the year (983 thousand people received assistance in the stations and 332 thousand out of the stations).

2. Social Work without Accommodation

(1) Elderly Welfare

By the end of 2019, there were in total 253.88 million elderly people aged 60 or above, accounting for 18.1% of the national population. 176.03 million were aged 65 or above, accounting for 12.6% of the national population. A total of 35.791 million elderly people throughout the country were entitled to subsidies for the elderly, among which 29.63 million were entitled to the old age subsidy, 663 thousand were entitled to the nursing subsidy, 5.163 million received the elderly care service subsidy, and 335 thousand received comprehensive old-age allowances. In 2019, a total of 45.3 billion yuan have been spent on welfare for the elderly.

(2) Child Welfare and Adoption Registration

By the end of 2019, there were 233 thousand orphans throughout the country. 169 thousand of them live separately with an average standard of basic living of 1,073.5 yuan/person/month. In 2019, a total of 5.39 billion yuan was spent on child welfare, among which 3.72 billion yuan was used for ensuring their basic livelihood, 1.67 billion yuan for other child welfare. By the end of 2019, there have been 56 thousand child supervisors in towns and 675 thousand child caretakers in villages.

In 2019, 13 thousand adoption cases were registered, among which 12 thousand were registered by mainland residents, 90 by Chinese from Hong Kong, Macao and Taiwan, and overseas Chinese, and 970 by foreigners.

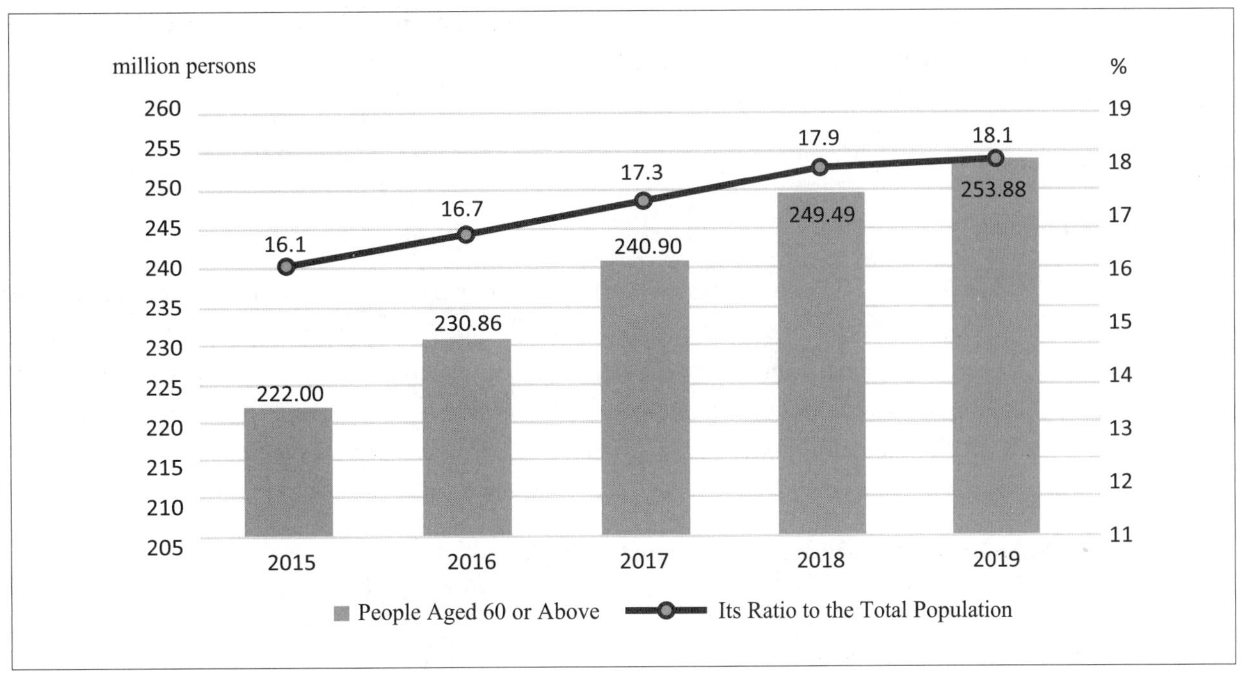

Source: National Bureau of Statistics

Figure 4 Population Aged 60 and above and Its Ratio, 2015-2019

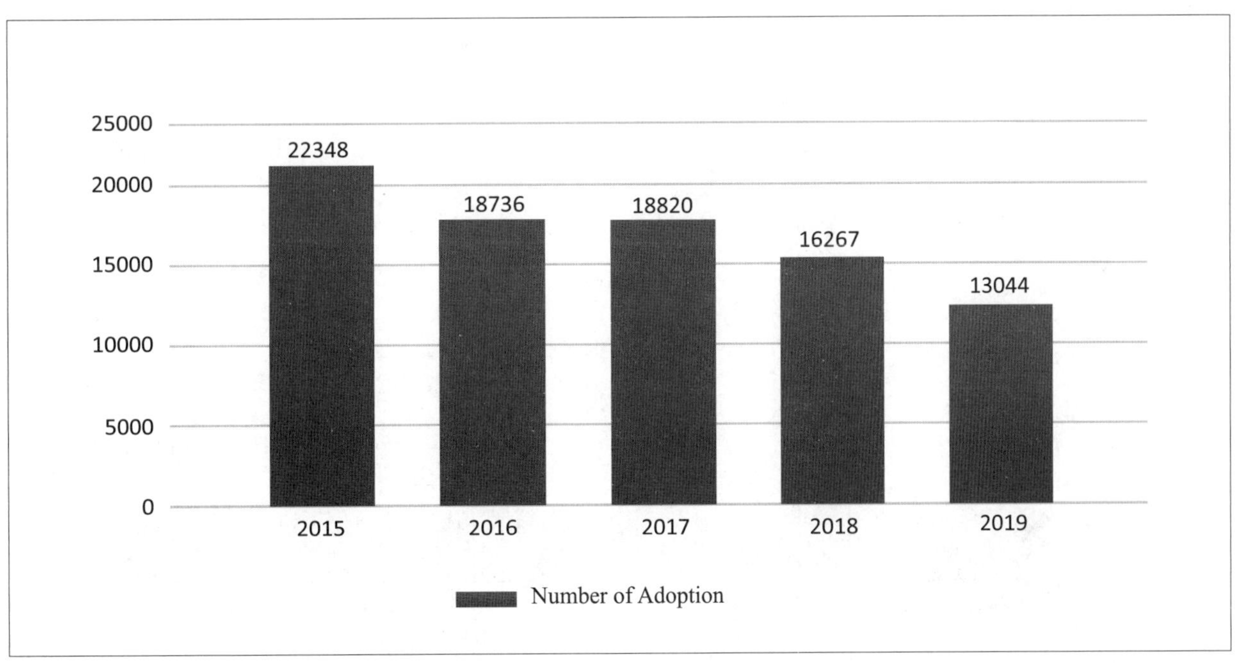

Figure 5 Adoption Registration, 2015-2019

(3) Services for People with Disabilities

In 2019, 10.857 million people with disabilities and in financial difficulty were eligible for living allowances;

and 13.685 million people with serious disabilities were eligible for nursing care subsidies. By the end of 2019, there have been 22 institutions for rehabilitation assistive devices directly affiliated to civil affairs departments, with over 1 thousand staff and 530 million yuan worth of fixed assets.

(4) Social Assistance

Subsistence Allowance

By the end of 2019, there were 5.249 million households (8.609 million people) in urban areas receiving subsistence allowance. The national average standard for subsistence allowance in urban areas was 624 yuan/person/month, up by 7.6% over the previous year. The annual expenditure on subsistence allowance in urban areas reached 51.95 billion yuan. There were 18.923 million households (34.554 million people) in rural areas receiving subsistence allowance. The national standard for subsistence allowance in rural areas averaged 5,335.5 yuan/person/year, up by 10.4%. The annual expenditure on subsistence allowance in rural areas reached 112.72 billion yuan.

Assistance and Support for People Living in Extreme Difficulty

By the end of 2019, the number of people living in extreme difficulty in rural areas was 4.391 million, with the annual expenditure on assistance and support for them being 34.6 billion yuan. The number of people living in extreme difficulty in urban areas was 295 thousand, with the annual expenditure on them being 3.7 billion yuan.

Temporary Assistance

In 2019, in total 9.932 million people received temporary assistance, among which 46 thousand did not have local household registration. Annual expenditure on temporary assistance reached 14.11 billion yuan, with an average of 1,421.1 yuan every person/time.

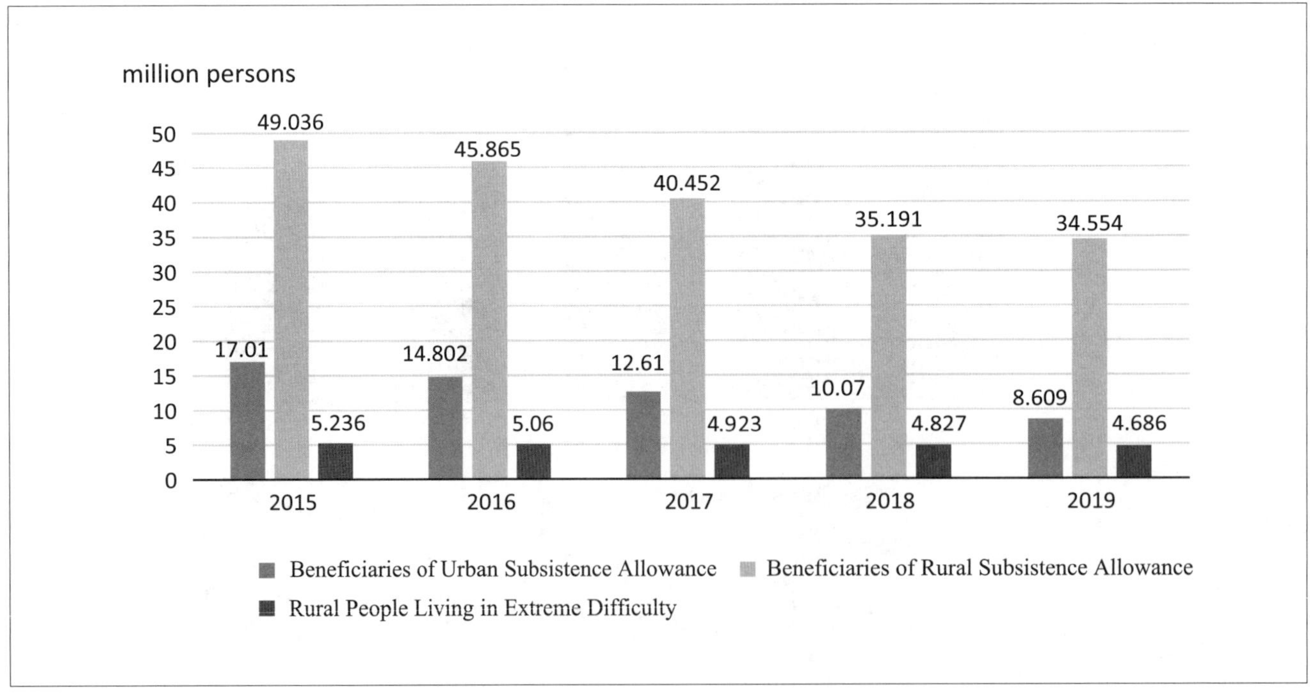

Figure 6 Number of the People Receiving the Three Types of Social Assistance

(5) Charity and Professional Social Work

Charity Services

By the end of 2019, the number of fixed social donation stations, donation points and charity supermarkets was 13 thousand (including 3,528 charity supermarkets). Throughout the year, 16.642 million people provided 43.269 million hours of voluntary services in the field of civil affairs. Nearly 140 million volunteers were registered in the National Volunteer Information System. The donation revenue of social organizations nationwide was 87.32 billion yuan, down by 5.1% over the previous year. There were 239 registered charitable trusts nationwide, with a total charity assets of 2.76 billion yuan.

Professional Social Work

In 2019, a total of 73 thousand people nationwide passed the exam for assistant social workers and 21 thousand passed the exam for social workers. By the end of 2019, there were 534 thousand certified social workers in the country, including 128 thousand social workers and 405 thousand assistant social workers.

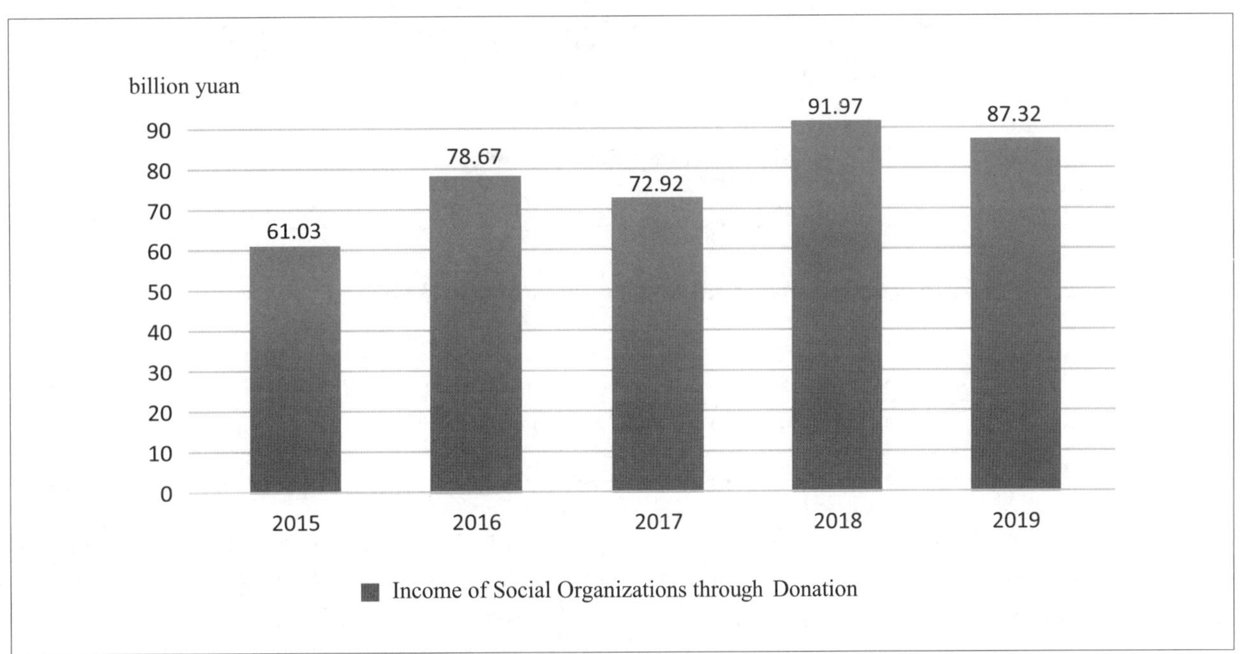

Figure 7 Income of Social Organizations through Donation

Welfare Lottery

In 2019, China's welfare lottery sales reached 191.24 billion yuan, an decrease of 14.8% (33.32 billion yuan) over the previous year. The public welfare fund collected from the welfare lottery was 55.73 billion yuan in 2019, a decrease of 13.4% over the previous year. The civil affairs departments spent 25.99 billion yuan of the fund (18.56 billion yuan for social welfare, 0.86 billion yuan for social assistance) in 2019, an increase of 3.3% over the previous year.

(6) Community Services

By the end of 2019, there were 528 thousand community service institutions and facilities of various kinds nationwide. The coverage rate of comprehensive service facilities in urban communities was 92.9%, and in rural communities, the rate was 59.3%.

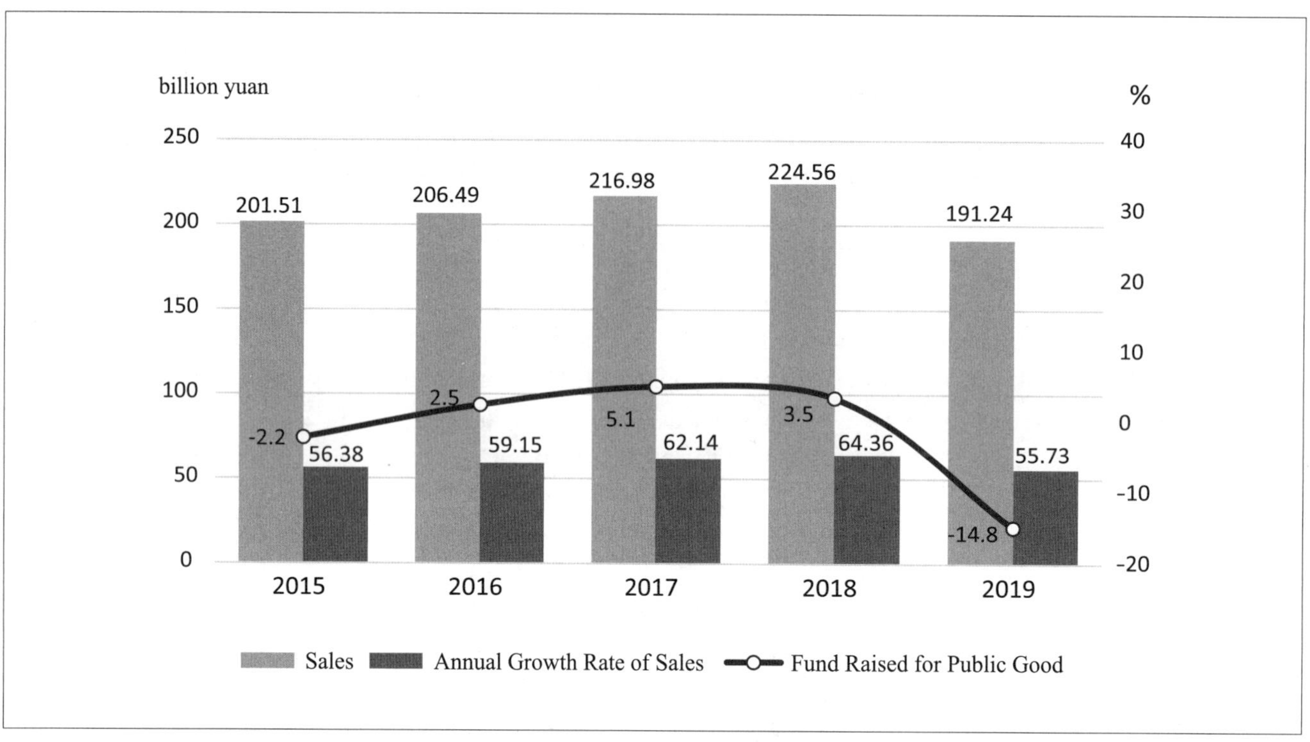

Figure 8 Sales of Welfare Lottery and the Public Welfare Fund, 2015-2019

Table 3 Community Service Institutions of 2019

Indicators	Unit	Total	Urban	Rural
Community service institutions and facilities	**1000**	**528**	**212**	**316**
Guidance centers for community services	1	548	534	14
Community service centers	1000	27	16	11
Community service stations	1000	225	85	140
Unregistered assistance and support facilities for rural people living in extreme difficulty	1	4312	–	4312
Community elderly care institutions and facilities	1000	64	30	34
Community mutually supportive elderly care facilities	1000	101	11	90
Other community service facilities	1000	106	69	36

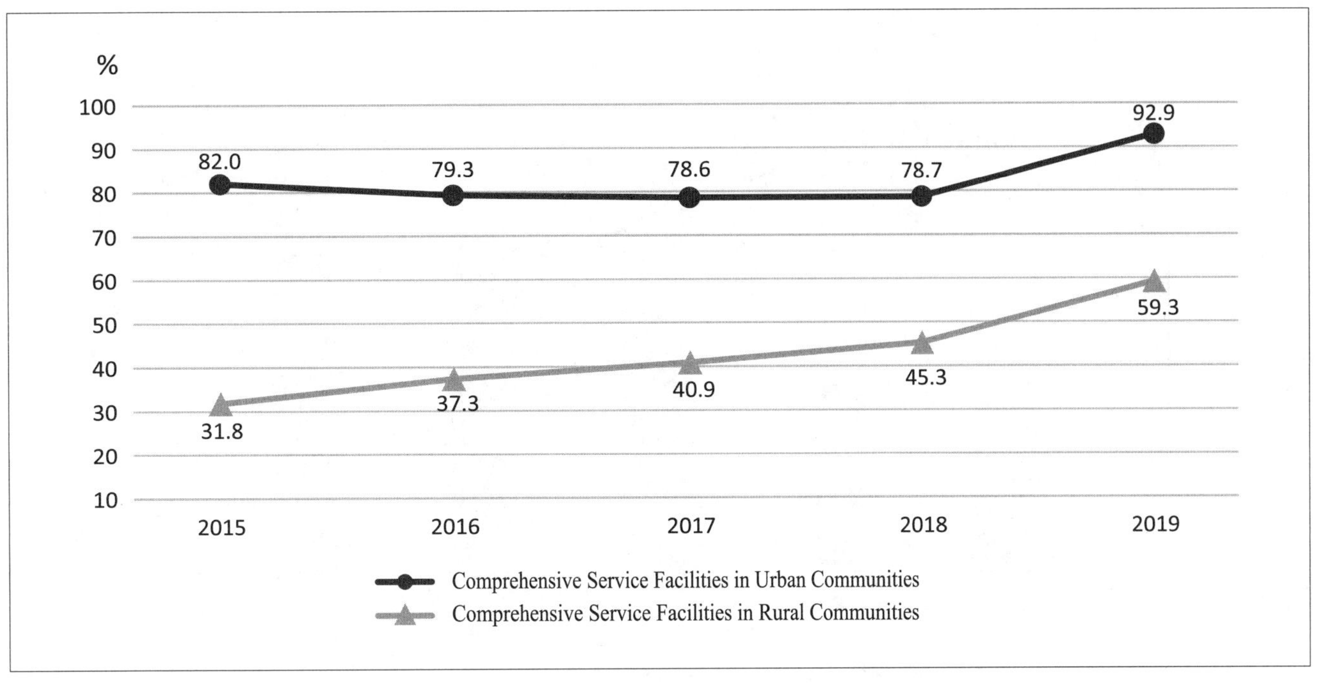

Figure 9 Coverage Rate of Community Comprehensive Service Facilities, 2015-2019

IV. Membership Organizations and other Social Services

1. Membership Organizations

(1) Social Organizations

By the end of 2019, there were 866 thousand social organizations nationwide, an increase of 6.0% over the previous year. These social organizations created jobs for 10.371 million people, an increase of 5.8%. In 2019, 7,142 cases of social organizations violating laws and regulations were investigated, with 6,695 administrative penalties.

Table 4 Number of Social Organizations Registered in Civil Affairs Departments of Different Levels, 2019

Indicators	Social Groups	Foundations	Private Non-enterprise Units
Total	**371638**	**7585**	**487112**
Registered in the ministry of civil affairs	1983	213	99
Registered in provincial civil affairs departments	31789	5242	15287
Registered in municipal civil affairs departments	89359	1534	66012
Registered in civil affairs departments at the County level	248507	596	405714

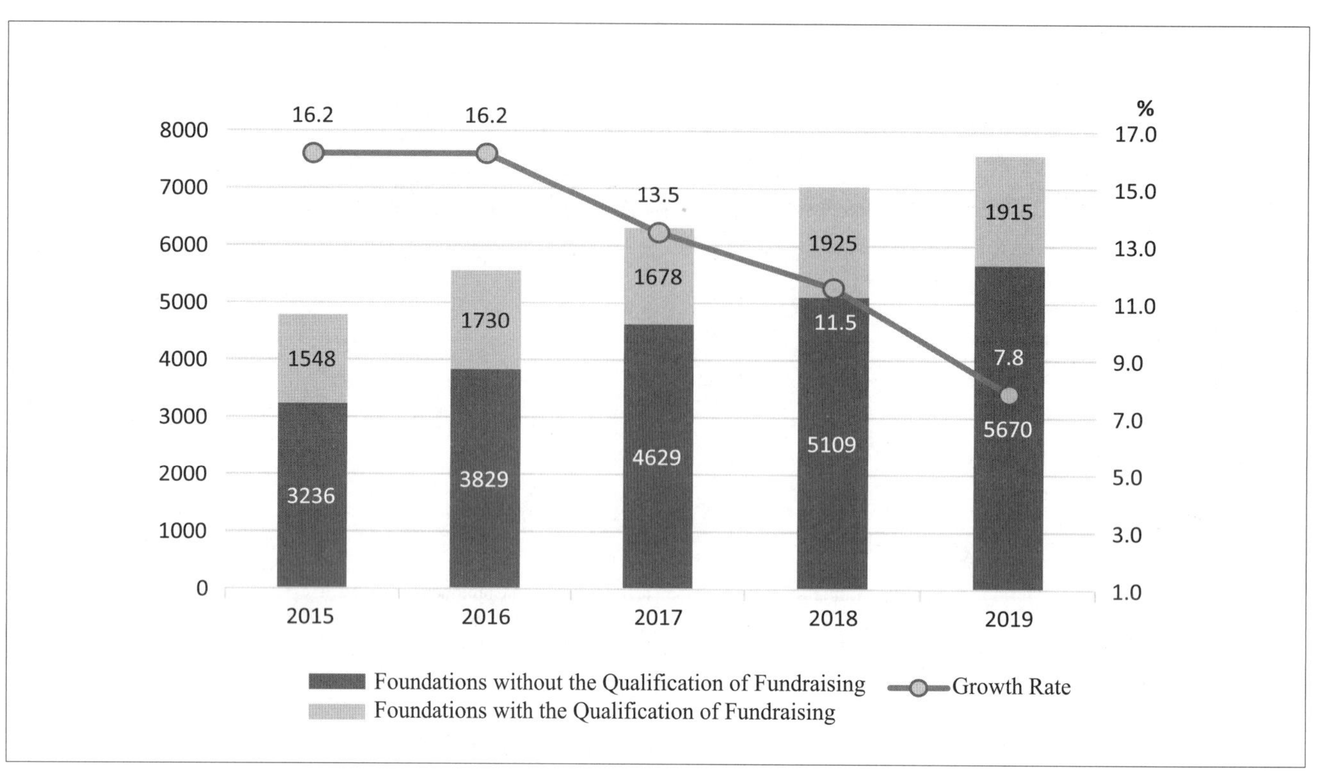

Figure 10 Status Quo of Foundations, 2015-2019

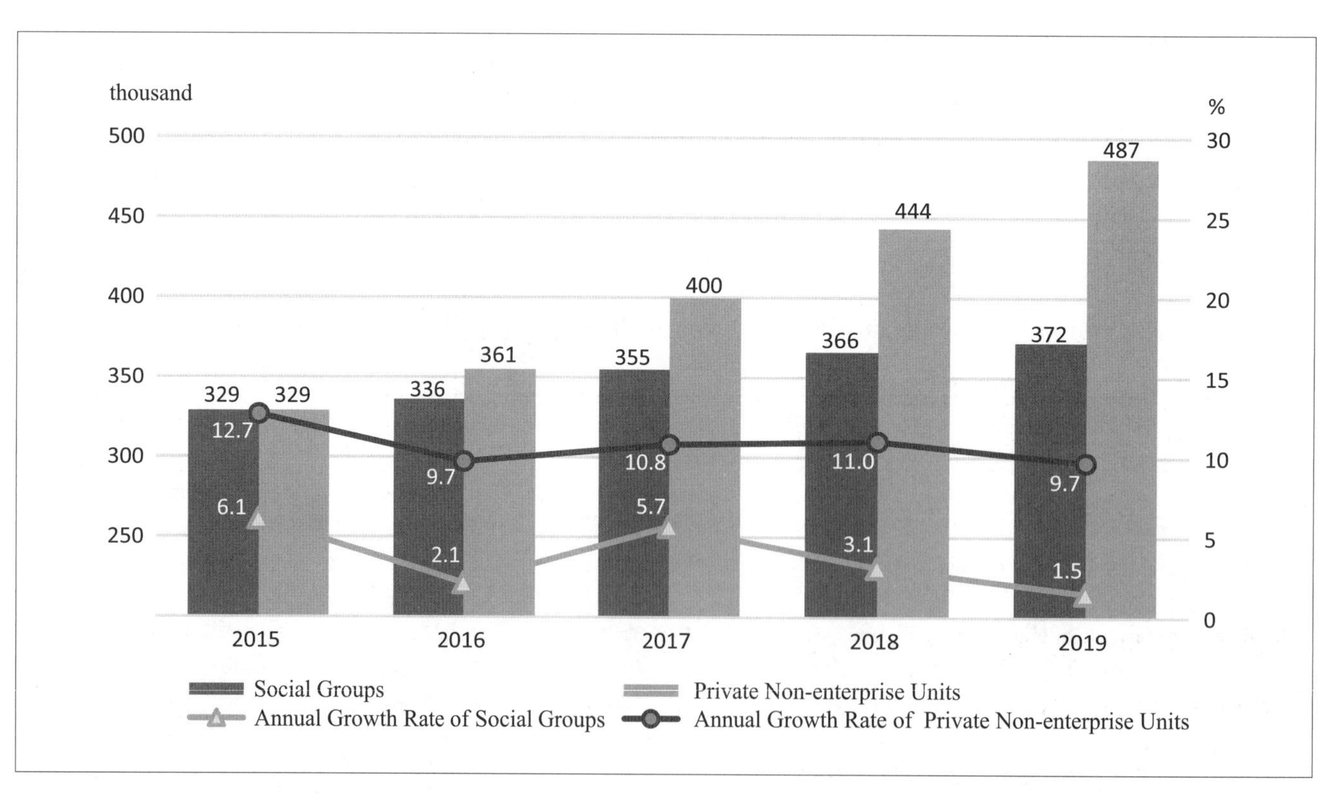

Figure 11 Status Quo of Social Groups and Private Non-enterprise Units, 2015-2019

(2) Self-Governance Organizations

By the end of 2019, there were 643 thousand community-level self-governance organizations, including 533 thousand village committees (a decrease of 1.7% over the previous year), 4.193 million village residents' groups and 2.18 million village committee members (a decrease of 1.6% over the previous year), and 110 thousand urban neighborhood committees (an increase of 1.6% over the previous year), 1.456 million urban residents' groups and 596 thousand urban neighborhood committee members (an increase of 3.1% over the previous year). Throughout the year, 88 thousand village (neighborhood) committees conducted elections. 140 million people registered as electors and 75 million actually casted their votes.

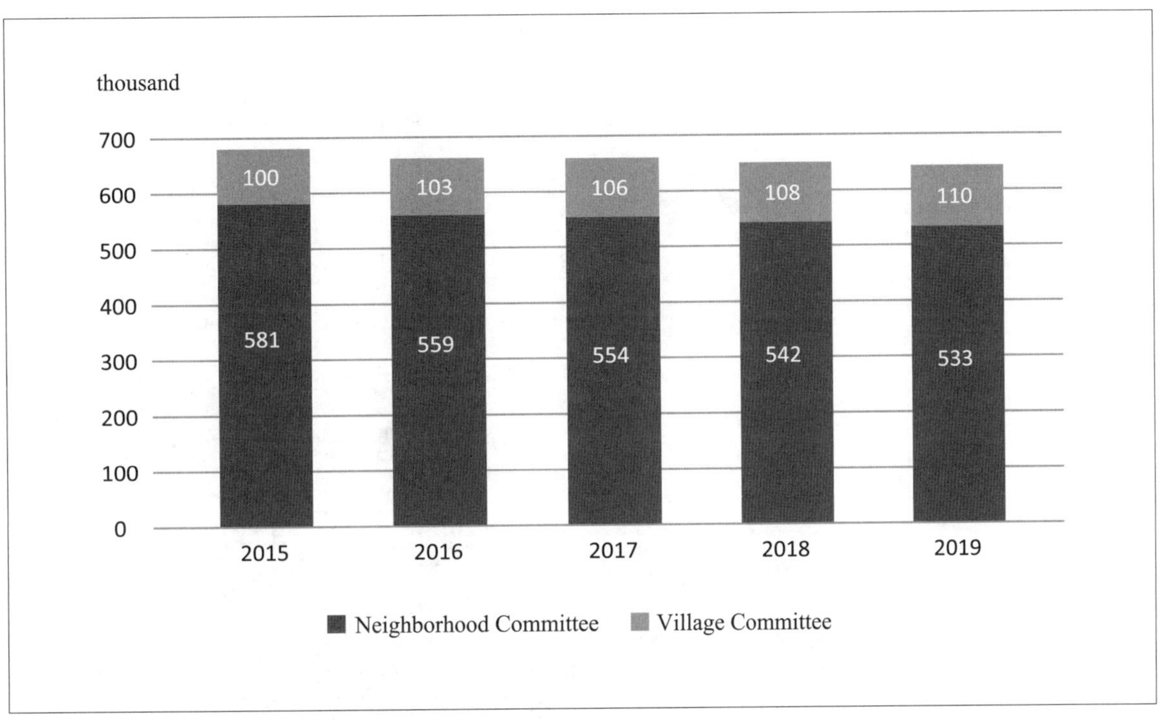

Figure 12 Number of Community-level Self-governance Organizations, 2015-2019

2. Other Social Services

(1) Marriage Registration

In 2019, there were 5,594 marriage registration agencies and sites throughout the country, among which 1,068 were marriage registration agencies. 9.273 million marriages were lawfully registered by marriage registration agencies and sites, a decrease of 8.5% over the previous year. Among these marriages, 49 thousand cases involved foreigners, overseas Chinese, and residents of Hong Kong, Macao and Taiwan. The marriage rate was 6.6 ‰, down by 0.07 percentage point. 4.701 million divorce cases were lawfully registered, an increase of 5.4% over the previous year. Among these divorces, 4.047 million were registered at the civil affairs departments, 653 thousand were results of judicial decisions and mediation by the courts. The divorce rate was 3.4‰ , up by 0.02 percentage point.

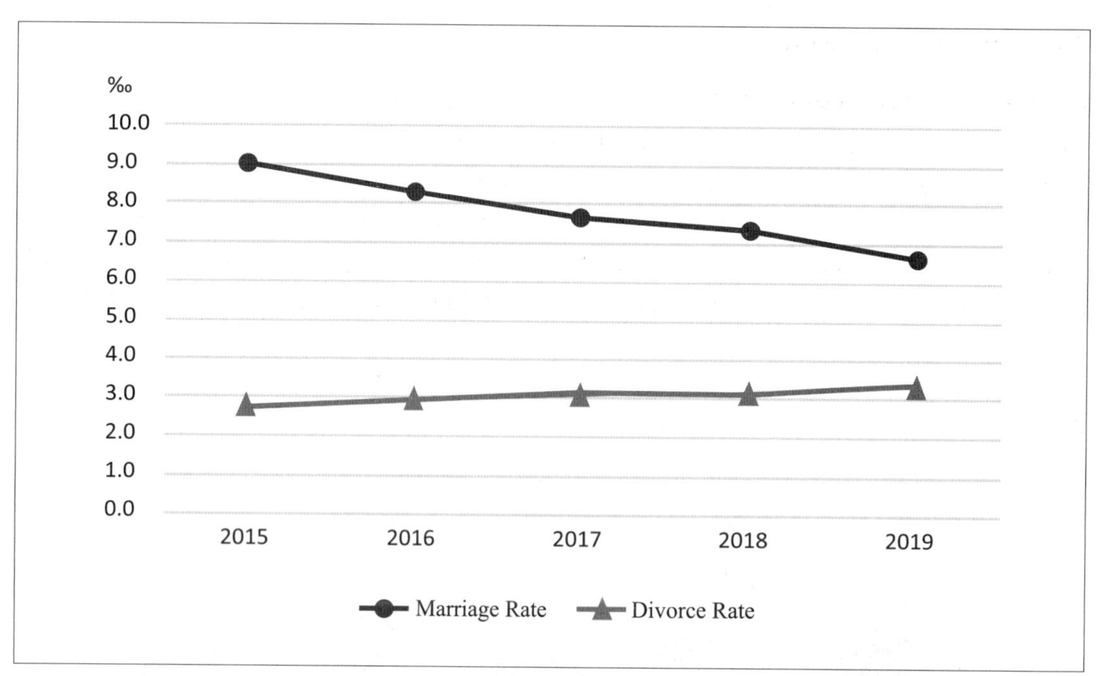

Figure 13 Marriage and Divorce Rate, 2015-2019

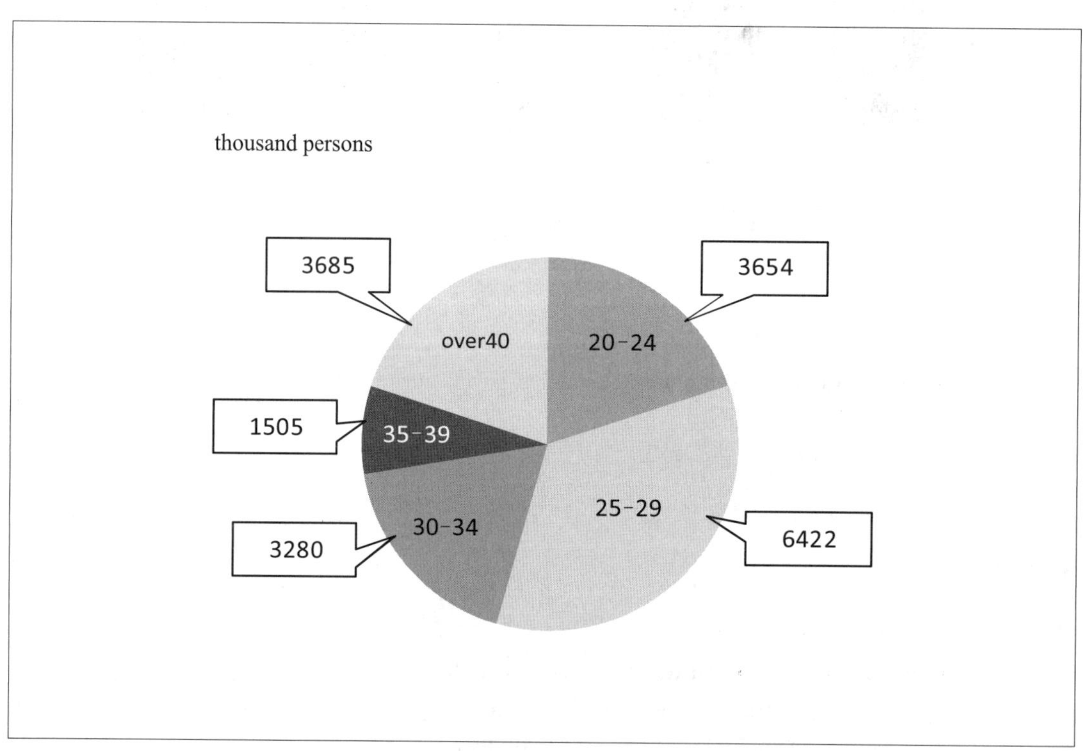

Figure 14 Age Distribution of Marriage Registration in 2019

(2) Funeral Services

By the end of 2019, there were 4,060 funeral service providers nationwide, including 1,677 funeral parlors, 890 funeral management institutions, 1,431 public cemeteries managed by the civil affairs departments. 79 thousand people were employed in funeral service institutions, among which 45 thousand worked in the funeral parlors. There were 6,400 cremators throughout the country and they provided cremation services to 5.227 million deceased. The cremation rate in 2019 was 52.4%, an increase of 1.9% over the previous year.

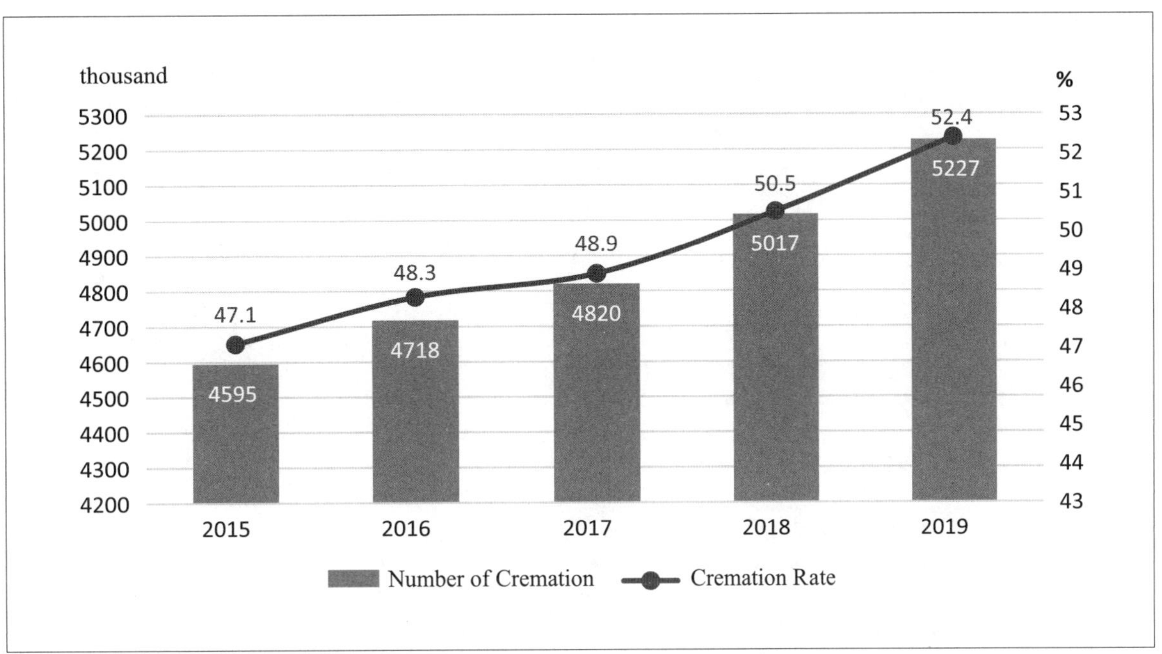

Figure 15 Cremation Rate, 2015-2019

Notes:

1. The number of people receiving civil affairs services is the actual number of 2019. The number of institutions of civil affair services in this report is the number of lawfully registered institutions by the end of 2019.

2. Due to the data rounding practices in this report, there are cases where sum of thc sub-items does not equal to the "total". Errors caused by rounding practices were not mechanically adjusted.

3. Except for the number of provincial administrative divisions, statistics of Hong Kong SAR, Macao SAR and Taiwan Province are not included in this report.

4. The statistics of donation income of social organizations come from social organizations that have finished the annual review of 2019. The decrease over the previous year is the result of the adjustment of accounting method while calculating the donation income of social organizations.

5. The statistics of divorce cases resulting from judicial decisions and meditations were from the Supreme People's Court. The calculating formula of marriage (divorce) rate is the number of marriage (divorce) registration divided by the average population multiplied by 1000‰.

6. The central government spending, population and other related statistics are from the National Bureau of Statistics .

第二部分

主要数据图表

图1-1　市、区、县

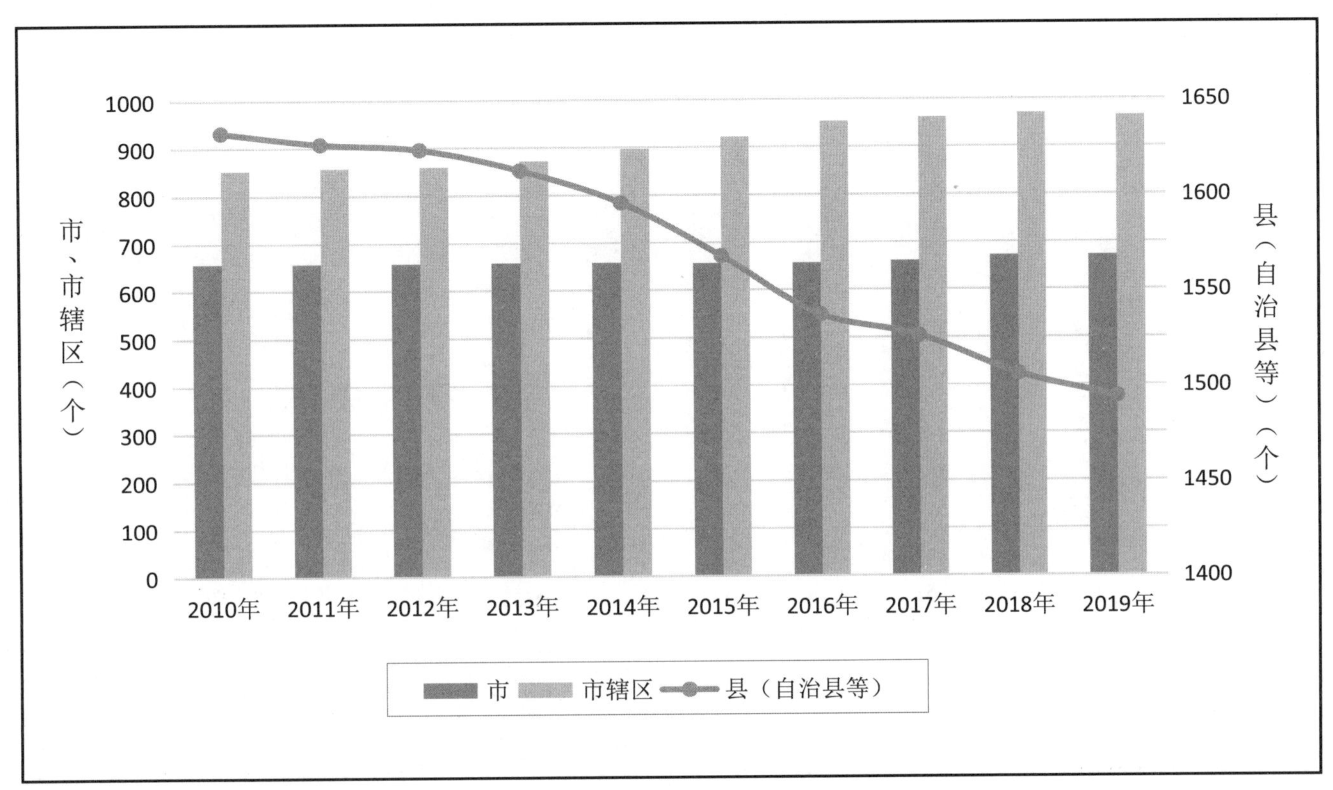

单位：个

指标	2010年	2011年	2012年	2013年	2014年	2015年	2016年	2017年	2018年	2019年
市	657	657	657	658	658	656	657	661	672	684
市辖区	853	857	860	872	897	921	954	962	970	965
县（自治县等）	1633	1627	1624	1613	1596	1568	1537	1526	1506	1494

注：市含直辖市、地级市及县级市。

图1-2　乡、镇与街道

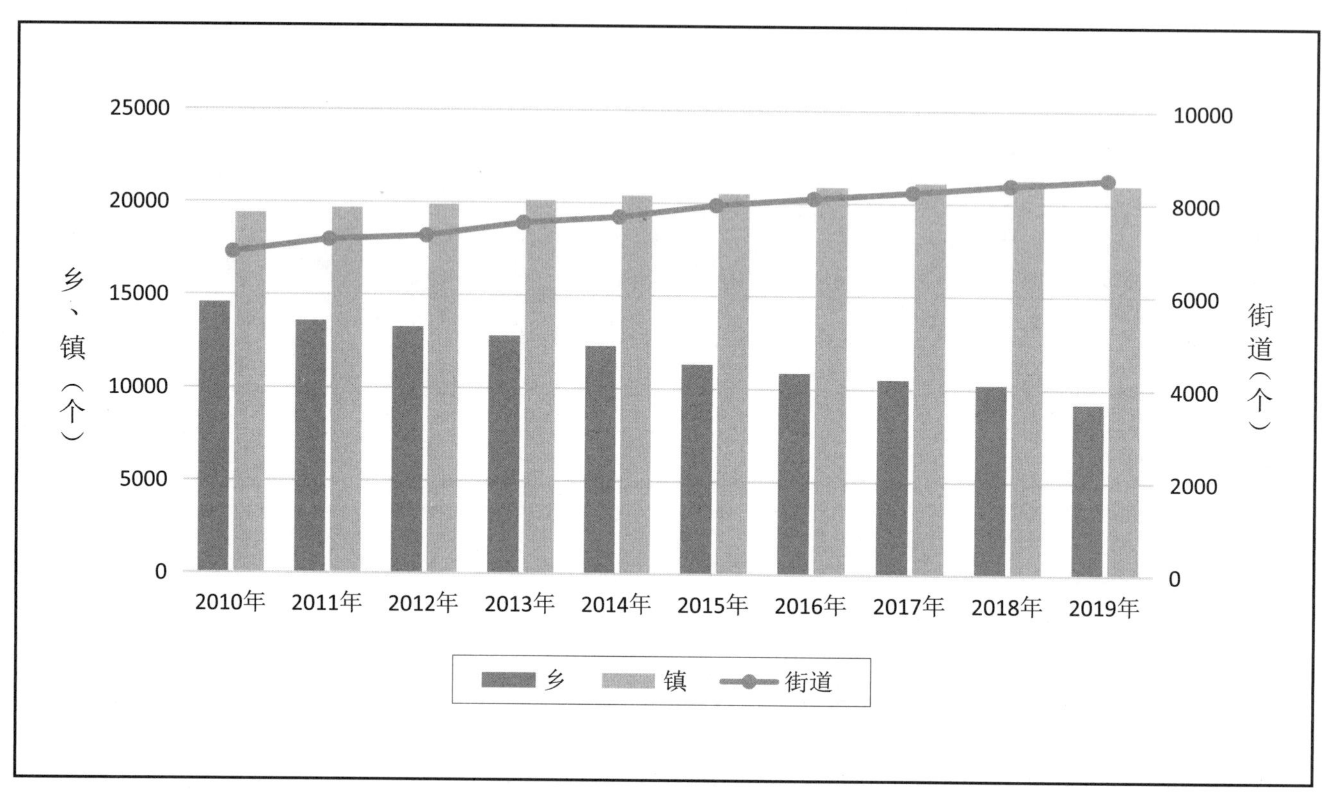

单位：个

指标	2010年	2011年	2012年	2013年	2014年	2015年	2016年	2017年	2018年	2019年
乡	14571	13587	13281	12812	12282	11315	10872	10529	10253	9221
镇	19410	19683	19881	20117	20401	20515	20883	21116	21297	21013
街道	6923	7194	7282	7566	7696	7957	8105	8241	8393	8519

注：乡包含民族乡、苏木、民族苏木。

图1–3　60周岁及以上老年人口占全国总人口比重

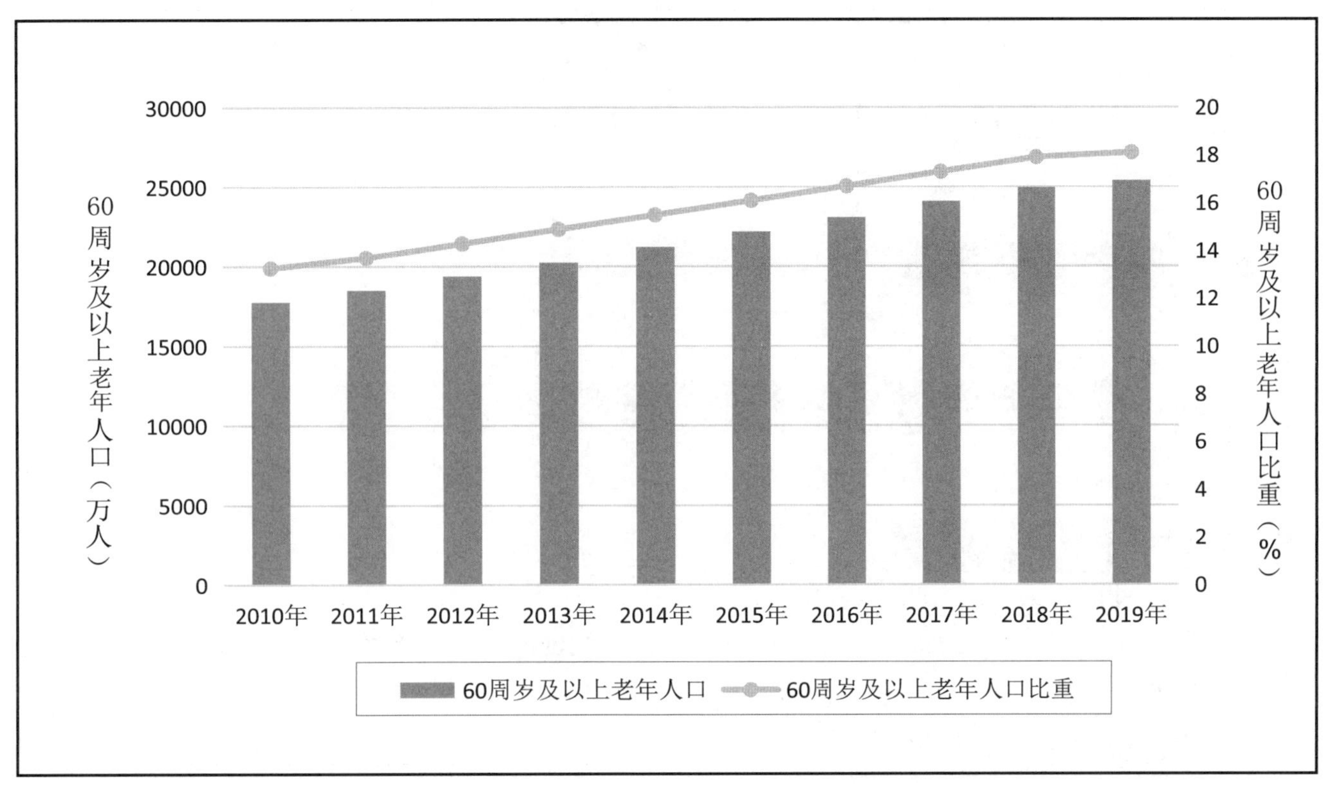

单位：万人、%

指标	2010年	2011年	2012年	2013年	2014年	2015年	2016年	2017年	2018年	2019年
60周岁及以上老年人口	17765	18499	19390	20243	21242	22200	23086	24090	24949	25388
60周岁及以上老年人口比重	13.3	13.7	14.3	14.9	15.5	16.1	16.7	17.3	17.9	18.1

注：本表数据来源于国家统计局。

图1-4 人口年龄结构

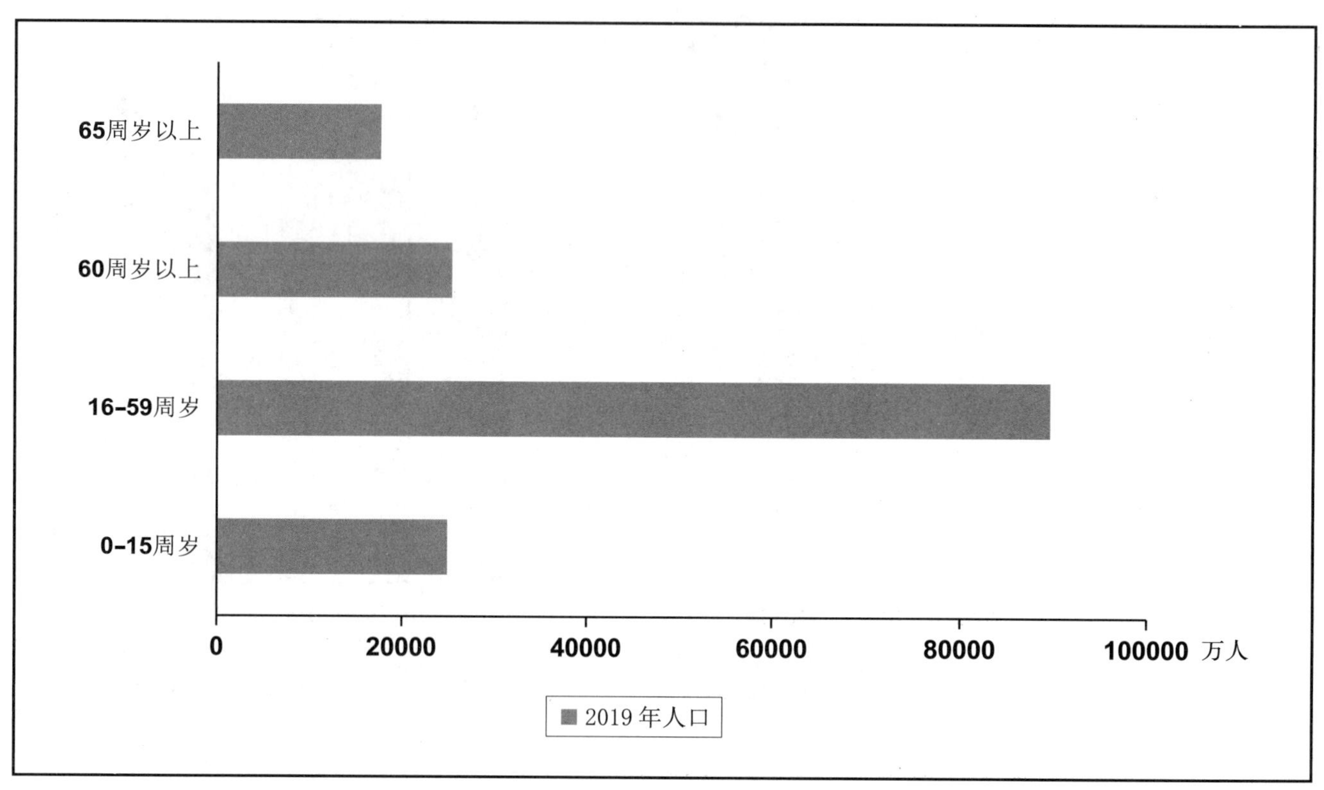

单位：万人、%

指标	0-15周岁	16-59周岁	60周岁及以上	65周岁及以上
2019年人口	24977	89640	25388	17603
不同年龄段人口比重	17.8	64.0	18.1	12.6
比2018年增减百分点	–	-0.3	0.2	0.7

注：本表数据来源于国家统计局。

图1–5 民政服务对象占全国总人口比重

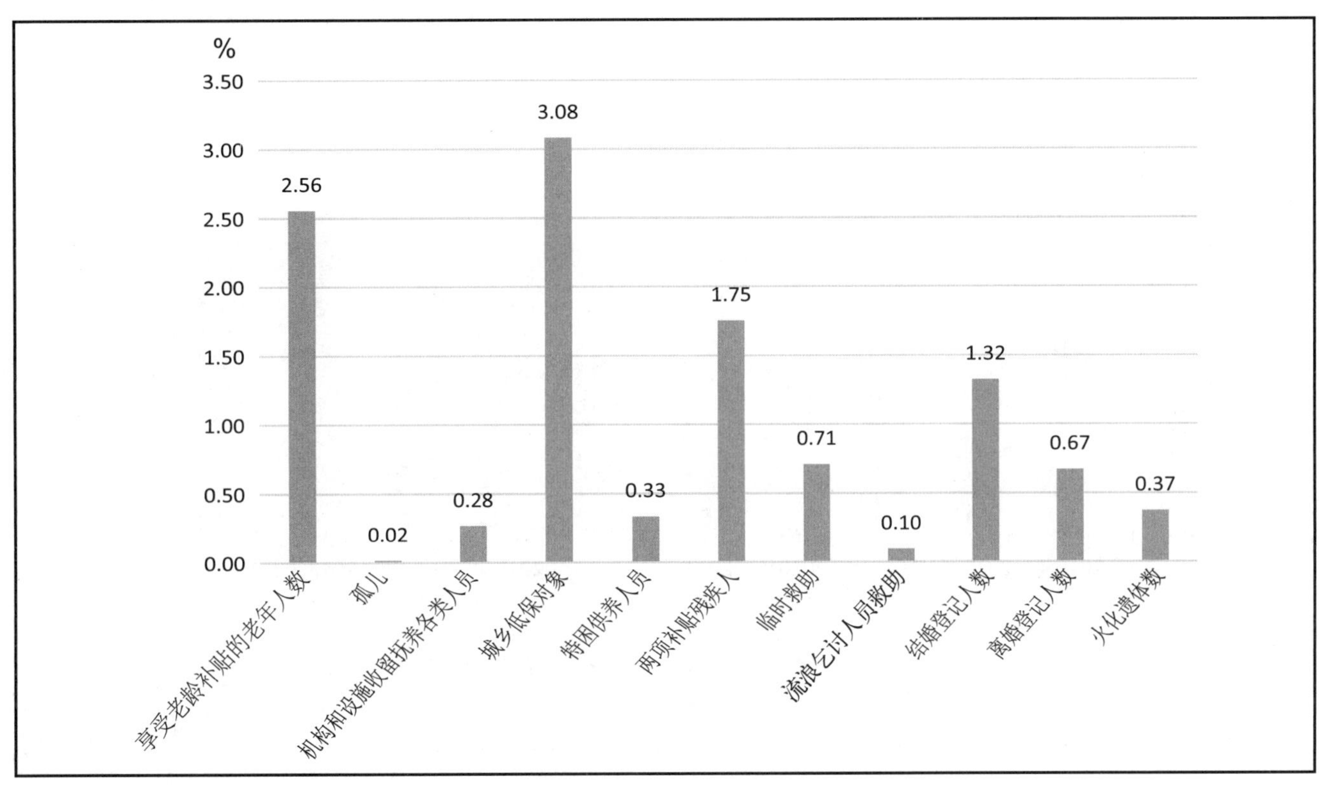

单位：万人、%

指标	2019年	比重
全国总人口	140005	
民政服务对象	15673.4	11.19
享受老龄补贴的老年人数	3579.1	2.56
孤儿	23.3	0.02
机构和设施收留抚养各类人员	387.9	0.28
城乡低保对象	4316.3	3.08
特困供养人员	468.6	0.33
两项补贴残疾人	2454.2	1.75
临时救助	993.2	0.71
流浪乞讨人员救助	133.3	0.10
结婚登记人数	1854.6	1.32
离婚登记人数	940.2	0.67
火化遗体数	522.7	0.37

注：全国总人口来源于国家统计局网站数据，城乡低保对象包含城市低保人数+农村低保人数。

图1-6　民政部门登记和管理的机构和设施职工

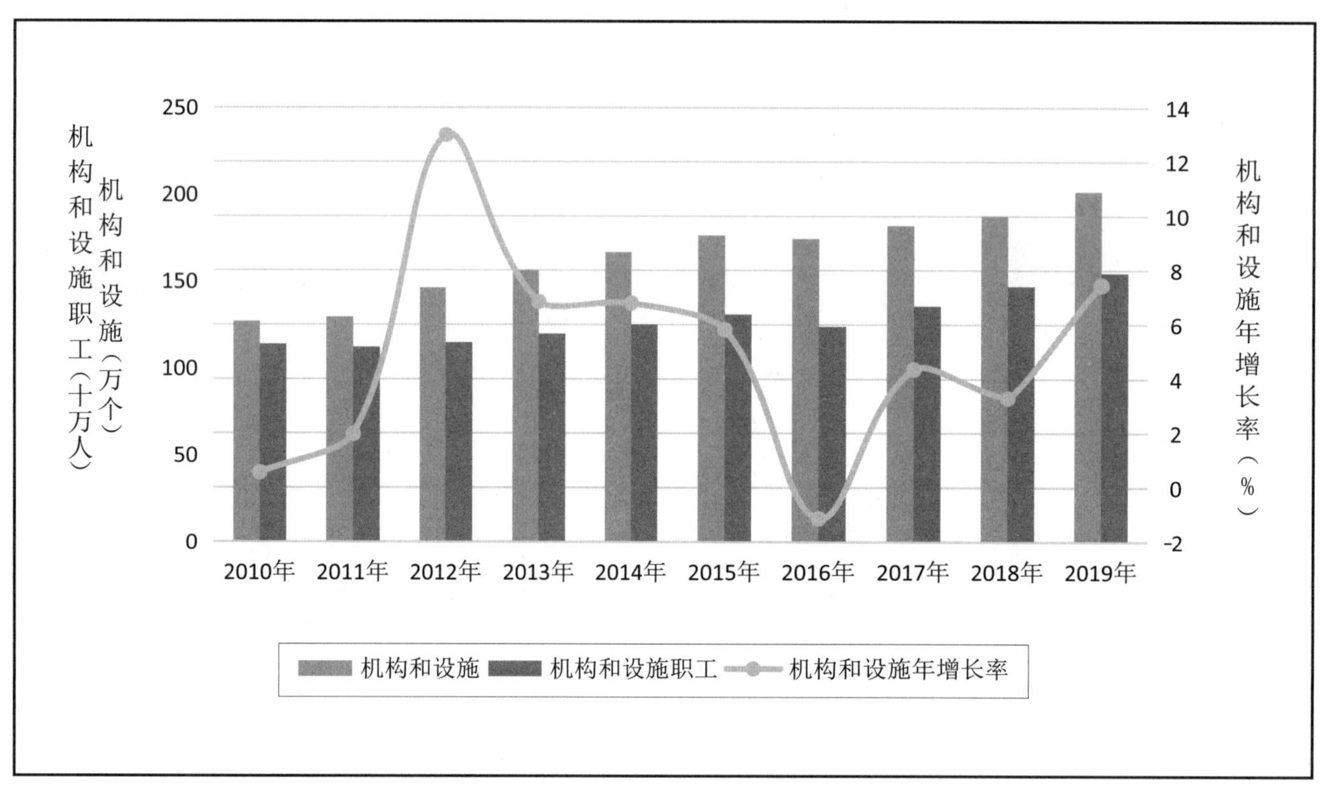

单位：万个、十万人、%

指标	2010年	2011年	2012年	2013年	2014年	2015年	2016年	2017年	2018年	2019年
机构和设施	126.9	129.4	146.2	156.2	166.8	176.5	174.5	182.1	187.6	201.5
机构和设施职工	113.8	112.1	114.7	119.8	125.1	130.9	123.9	135.6	147.0	154.6
机构和设施年增长率	0.6	2.0	13.0	6.8	6.8	5.8	-1.1	4.4	3.3	7.4

图1−7 民政部门登记和管理的机构固定资产原价

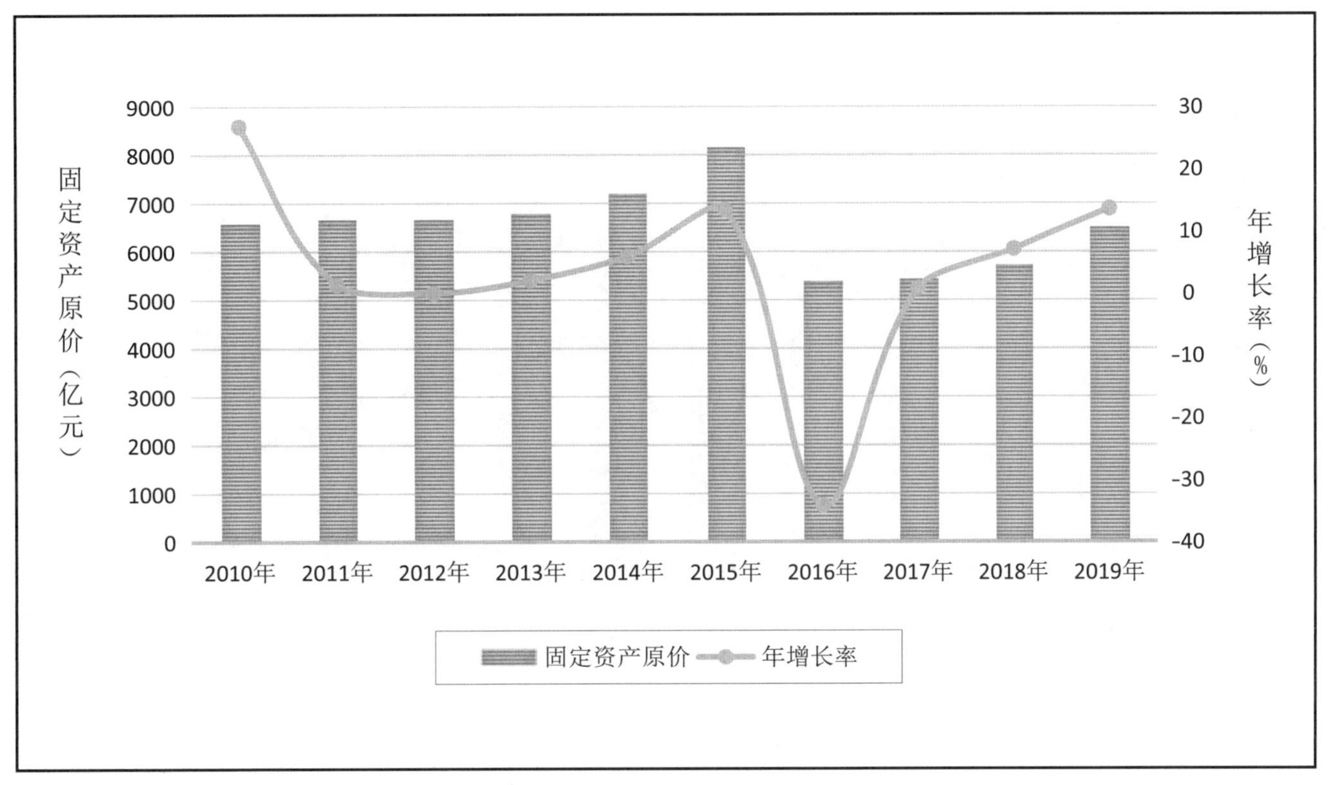

单位：亿元、%

指标	2010年	2011年	2012年	2013年	2014年	2015年	2016年	2017年	2018年	2019年
固定资产原价	6589.3	6676.7	6675.4	6810.2	7213.0	8183.1	5393.6	5434.8	5736.2	6515.3
年增长率	26.8	1.3	−	2.0	5.9	13.4	-34.1	0.8	7.1	13.6

注：自2016年起，民政部取消社会福利企业资质认定，不再统计社会福利企业情况指标，因此民政部门登记和管理的机构固定资产原价指标出现较大降幅。

图1-8 民政事业费支出

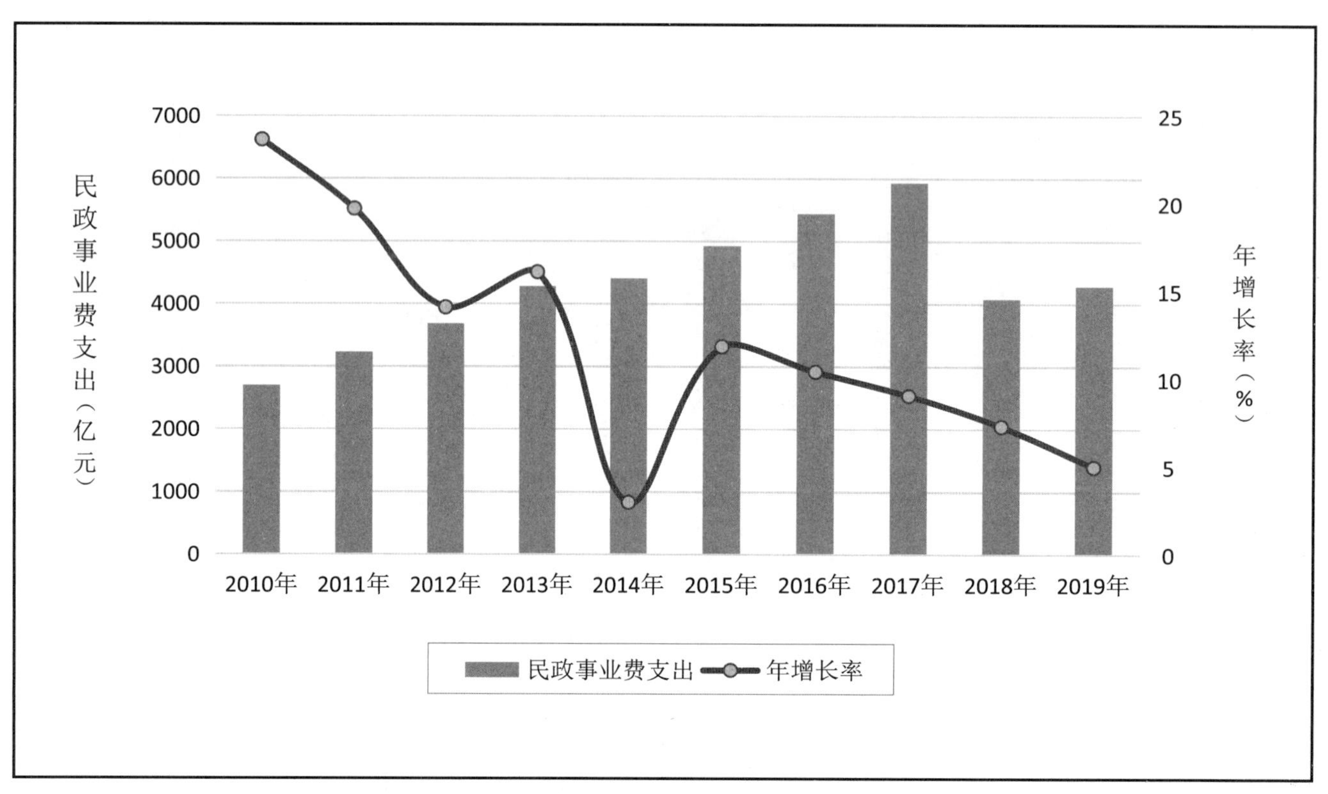

单位：亿元、%

指标	2010年	2011年	2012年	2013年	2014年	2015年	2016年	2017年	2018年	2019年
民政事业费支出	2697.5	3229.1	3683.7	4276.5	4404.1	4926.4	5440.2	5932.7	4076.9	4279.2
年增长率	23.6	19.7	14.1	16.1	3.0	11.9	10.4	9.1	7.3	5.0

图1–9　民政事业费支出占国家财政支出的比重

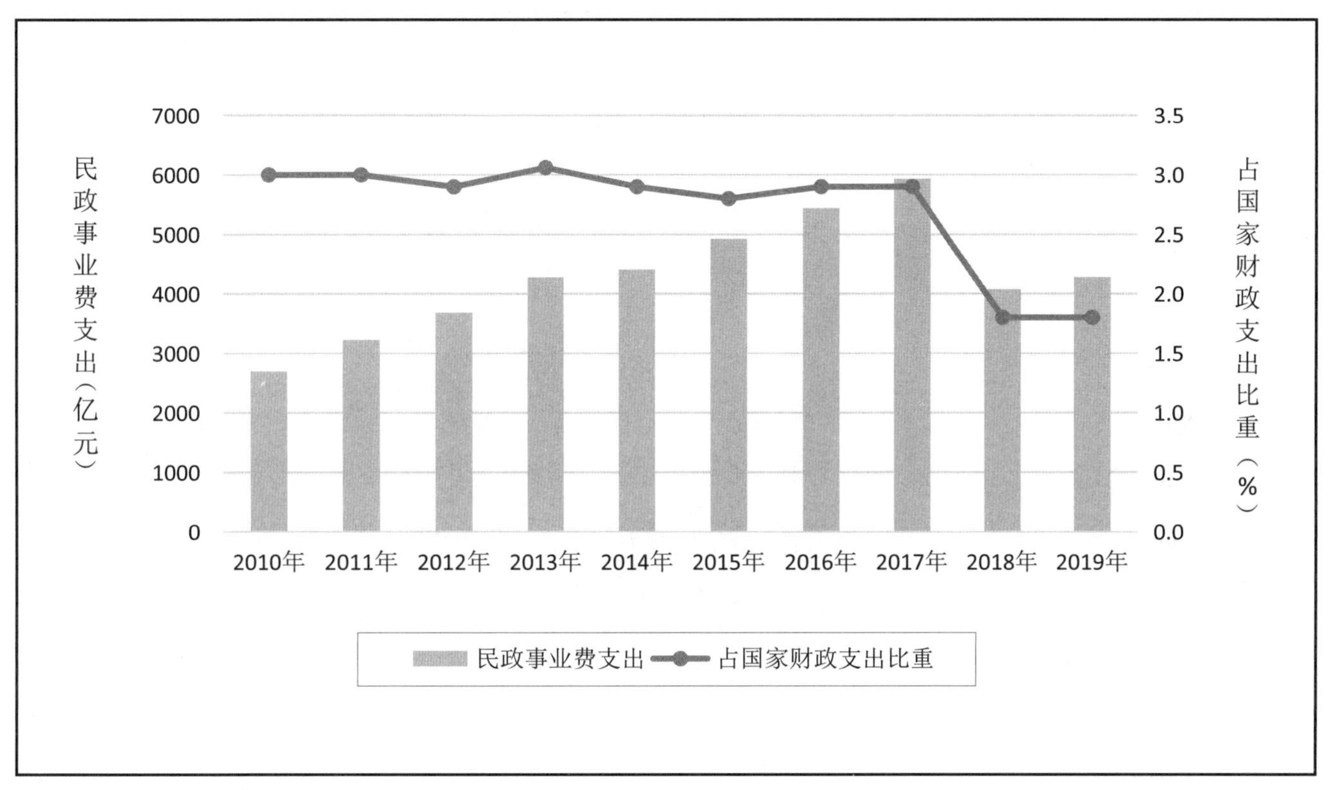

单位：亿元、%

指标	2010年	2011年	2012年	2013年	2014年	2015年	2016年	2017年	2018年	2019年
民政事业费支出	2697.5	3229.1	3683.7	4276.5	4404.1	4926.4	5440.2	5932.7	4076.9	4279.2
占国家财政支出比重	3.0	3.0	2.9	3.1	2.9	2.8	2.9	2.9	1.8	1.8

图1-10　民政事业费支出按用项分

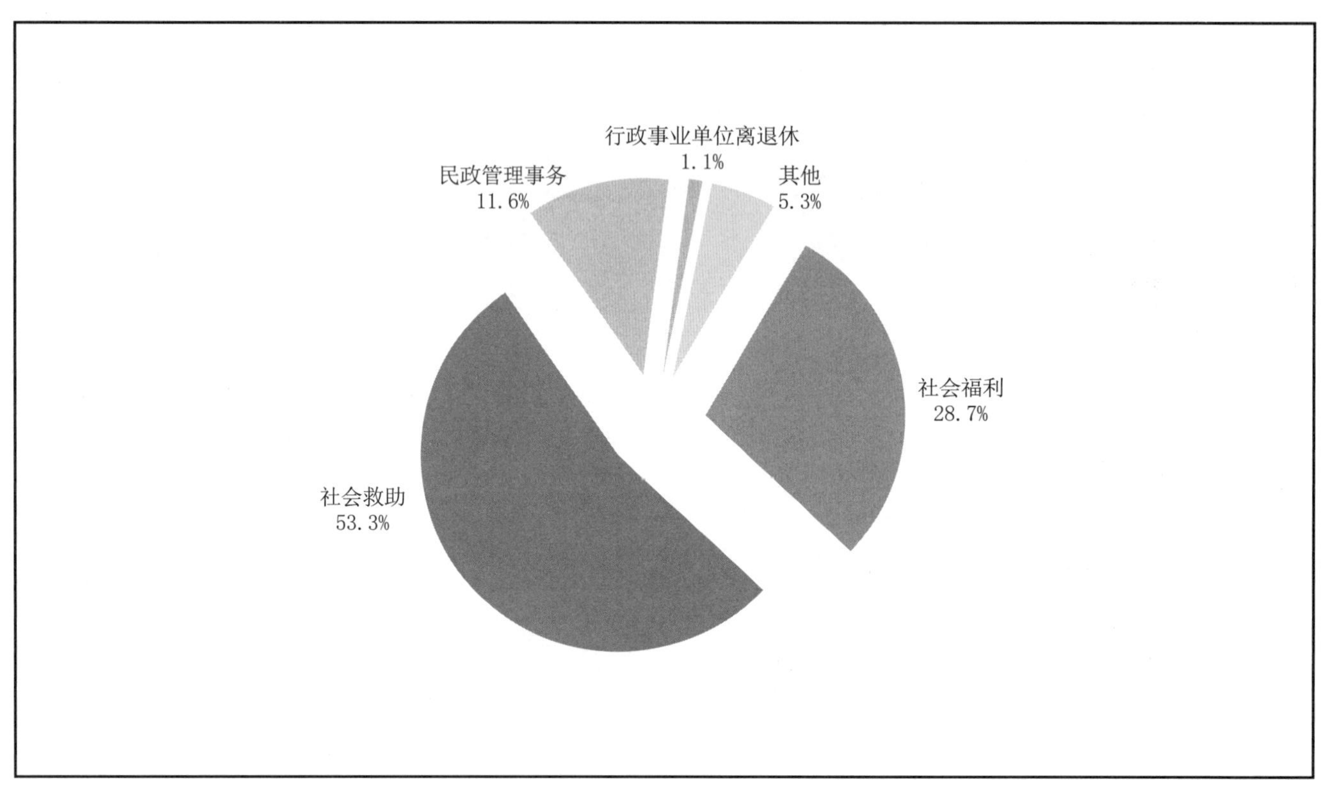

单位：亿元、%

指标	民政事业费支出	社会福利	社会救助	民政管理事务	行政事业单位离退休	其他
金额	4279.2	1228.8	2281.4	497.7	46.1	225.2
比重	100.0	28.7	53.3	11.6	1.1	5.3

图1-11　中央转移支付民政事业费

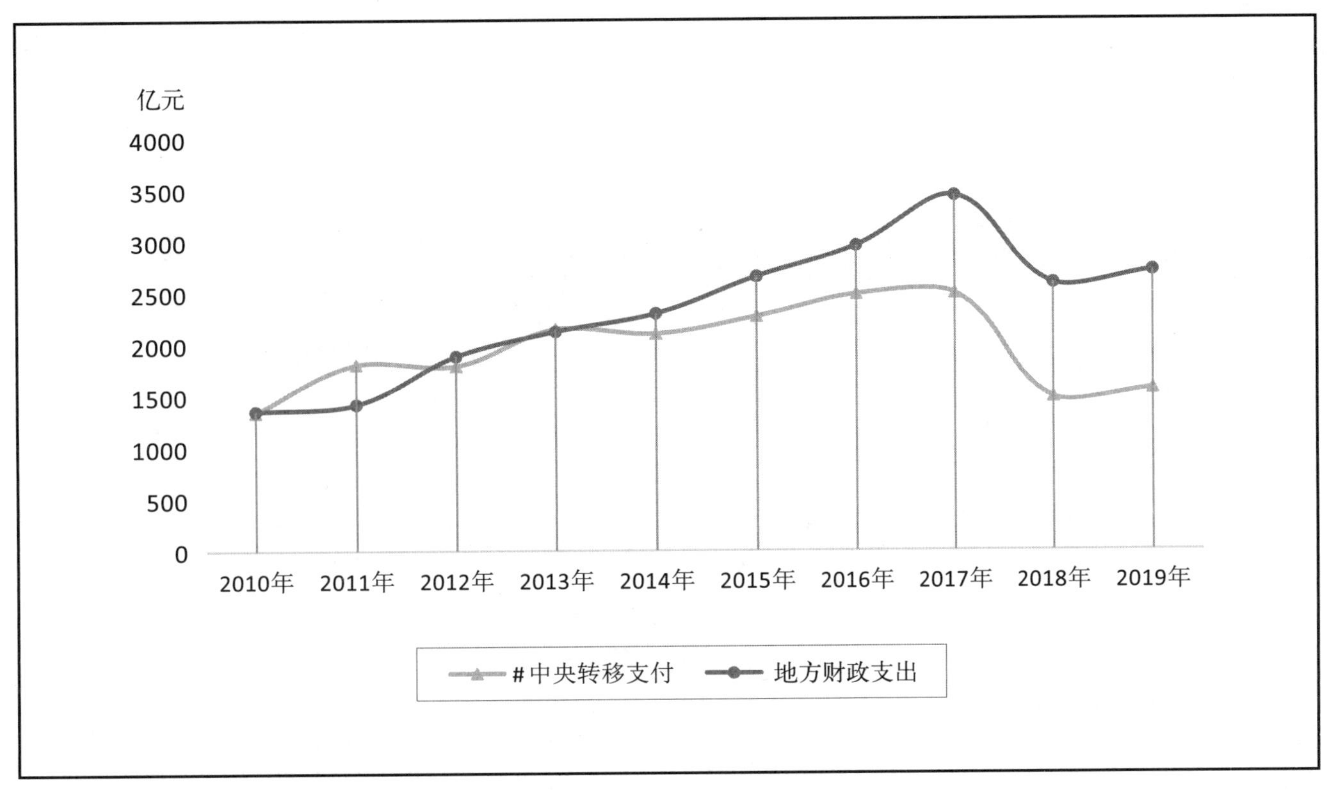

单位：亿元、%

指标	2010年	2011年	2012年	2013年	2014年	2015年	2016年	2017年	2018年	2019年
民政事业费支出	2697.5	3229.1	3683.7	4276.5	4404.1	4926.4	5440.2	5932.7	4076.9	4279.2
#中央转移支付	1342.4	1808.0	1794.6	2149.7	2105.0	2270.3	2484.0	2492.3	1485.6	1566.6
地方财政支出	1355.1	1421.1	1889.1	2126.8	2299.1	2656.1	2956.2	3440.4	2591.3	2712.6
中央转移支付比重	49.8	56.0	48.7	50.3	47.8	46.1	45.7	42.0	36.4	36.6

图1-12　完成基本建设投资

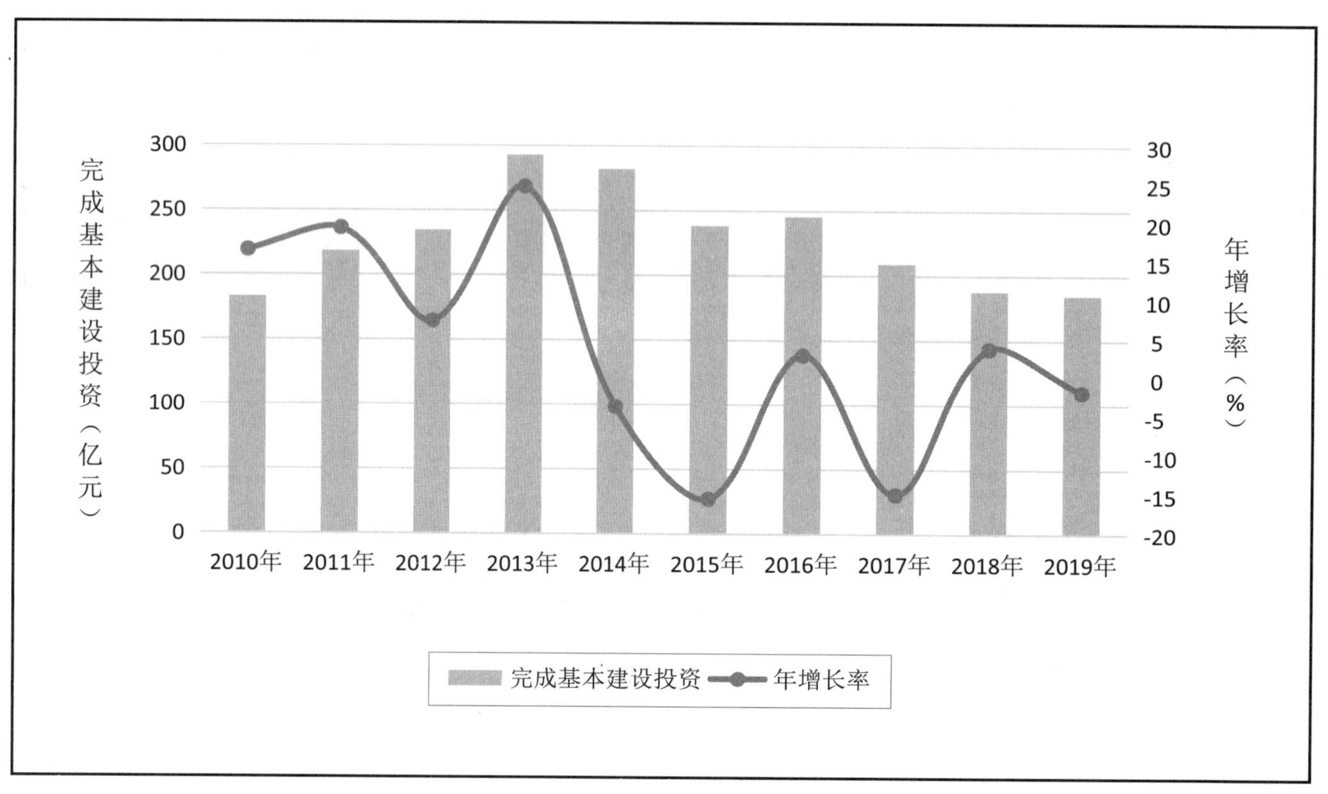

单位：亿元、%

指标	2010年	2011年	2012年	2013年	2014年	2015年	2016年	2017年	2018年	2019年
完成基本建设投资	183.0	218.5	234.7	292.8	282.2	238.5	245.8	209.2	188.0	184.8
年增长率	16.6	19.4	7.4	24.8	-3.6	-15.5	3.1	-14.9	3.9	-1.7

图1-13　预算内基本建设支出和中央转移支付

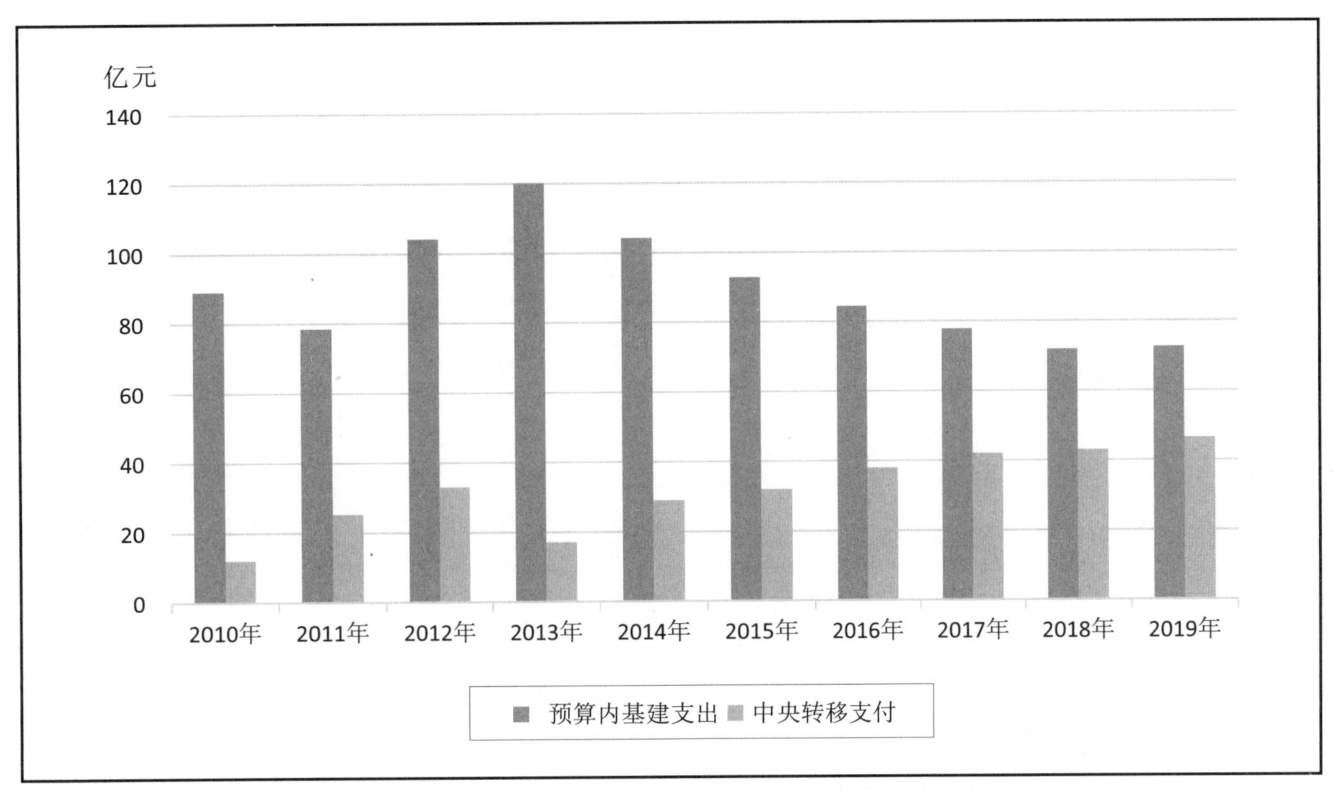

单位：亿元

指标	2010年	2011年	2012年	2013年	2014年	2015年	2016年	2017年	2018年	2019年
民政事业费支出	2697.5	3229.1	3683.7	4276.5	4404.1	4926.4	5440.2	5932.7	4076.9	4279.2
预算内基建支出	89.1	78.5	104.2	120.1	104.3	92.8	84.4	77.8	71.9	72.6
中央转移支付	12.0	25.3	33.0	17.0	29.0	32.0	38.0	42.0	43.0	46.4

图2-1　民政服务床位数

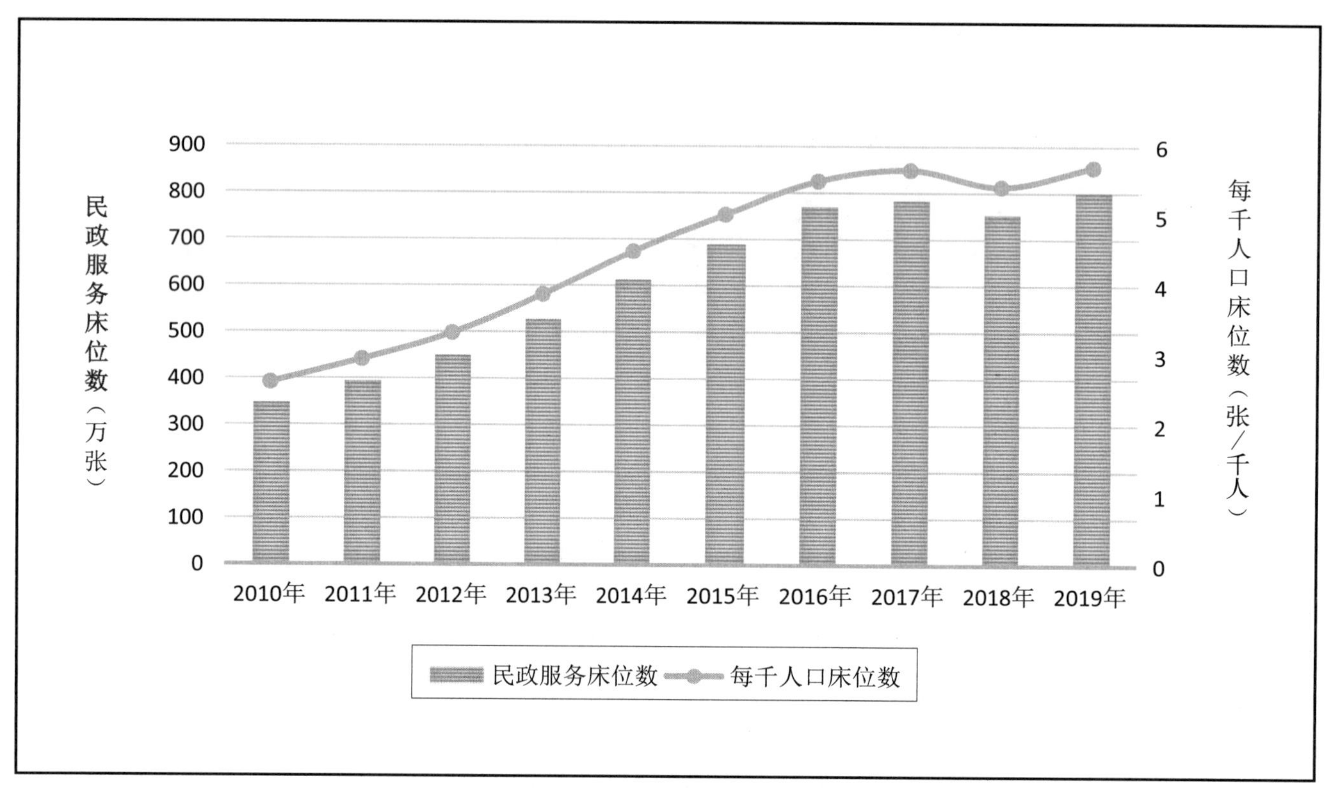

单位：万张、张/千人

指标	2010年	2011年	2012年	2013年	2014年	2015年	2016年	2017年	2018年	2019年
民政服务床位数	349.6	396.4	449.3	526.7	613.5	691.3	771.2	786.2	755.9	803.6
每千人口床位数	2.61	2.94	3.32	3.87	4.49	5.02	5.50	5.66	5.42	5.74

图2-2　养老床位数

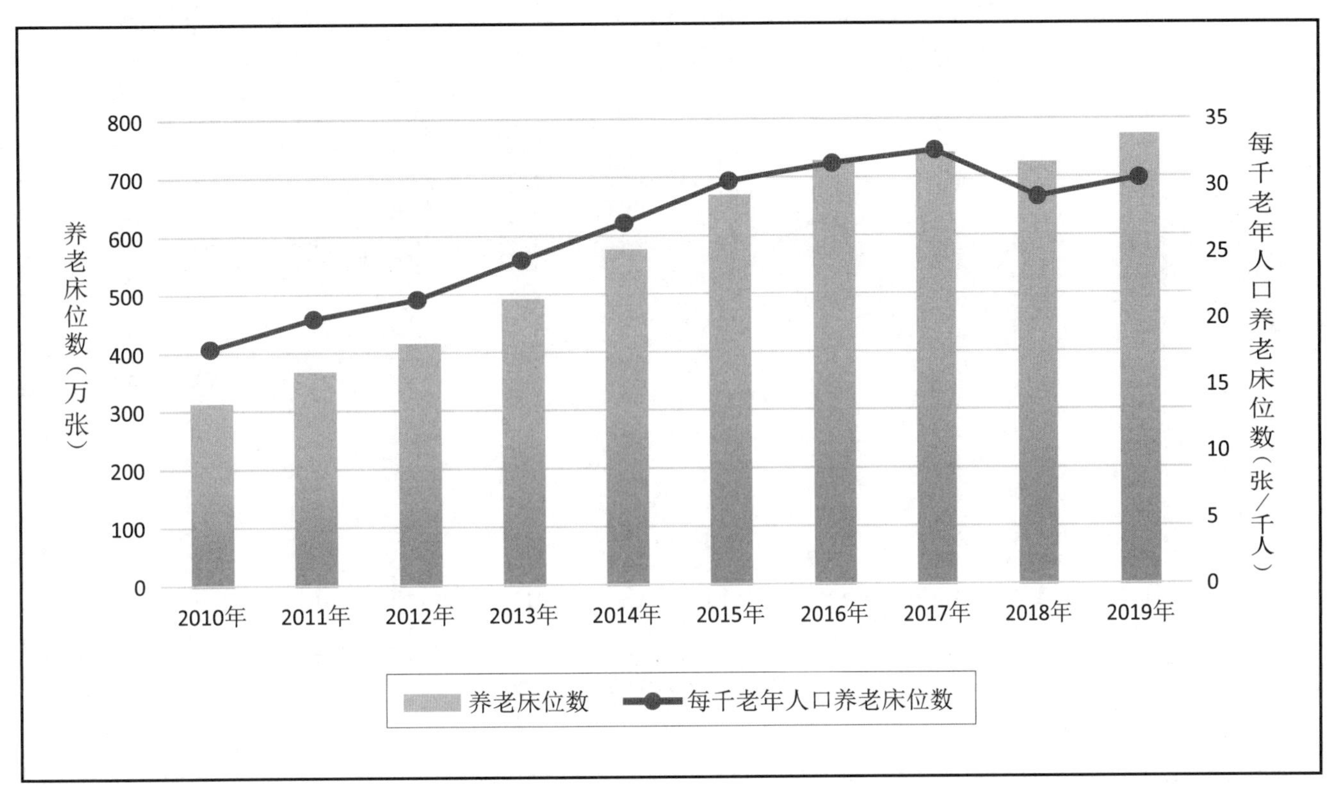

单位：万张、%、张/千人

指标	2010年	2011年	2012年	2013年	2014年	2015年	2016年	2017年	2018年	2019年
养老床位数	316.1	369.2	416.5	493.7	577.7	672.7	730.2	744.8	727.1	775.0
增长率	7.7	16.8	12.8	18.5	17.0	16.4	8.5	2.0	3.3	6.6
每千老年人口养老床位数	17.8	20.0	21.5	24.4	27.2	30.3	31.6	32.6	29.1	30.5

图2-3　精神疾病服务床位数

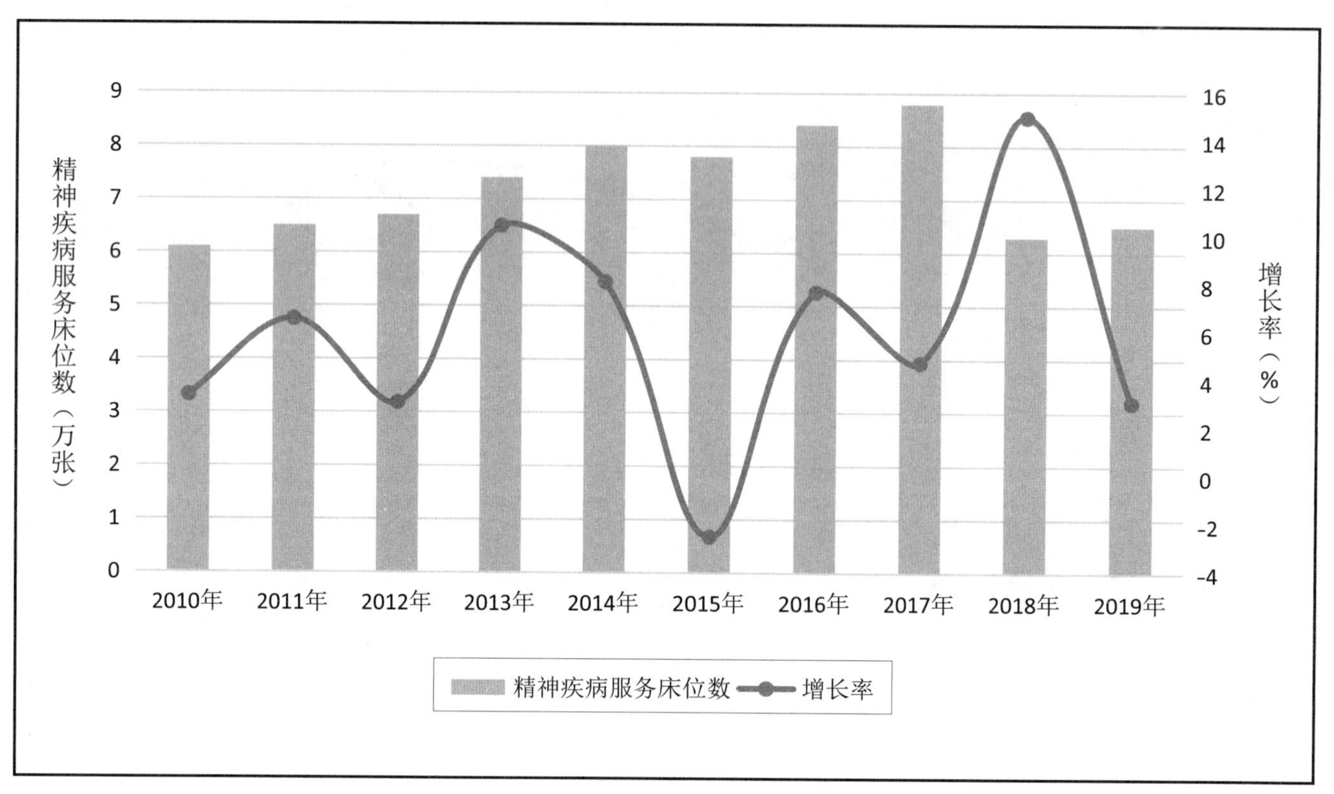

单位：万张、%

指标	2010年	2011年	2012年	2013年	2014年	2015年	2016年	2017年	2018年	2019年
精神疾病服务床位数	6.1	6.5	6.7	7.4	8.0	7.8	8.4	8.8	6.3	6.5
增长率	3.4	6.6	3.1	10.4	8.1	-2.5	7.7	4.8	15.0	3.1

图2-4　儿童服务床位数

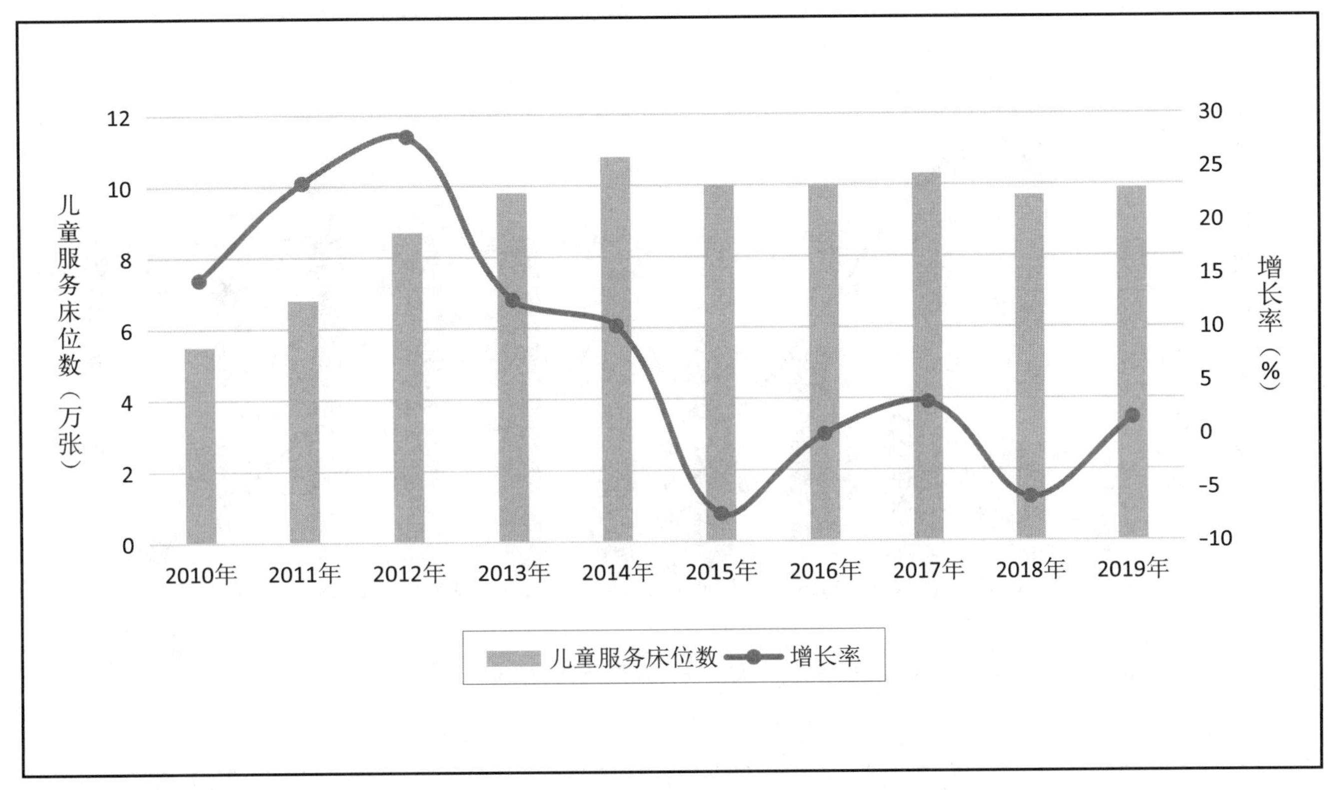

单位：万张、%

指标	2010年	2011年	2012年	2013年	2014年	2015年	2016年	2017年	2018年	2019年
儿童服务床位数	5.5	6.8	8.7	9.8	10.8	10.0	10.0	10.3	9.7	9.9
增长率	14.6	23.6	27.9	12.6	10.2	-7.4	–	3.0	-5.9	1.5

图2-5　老年人福利

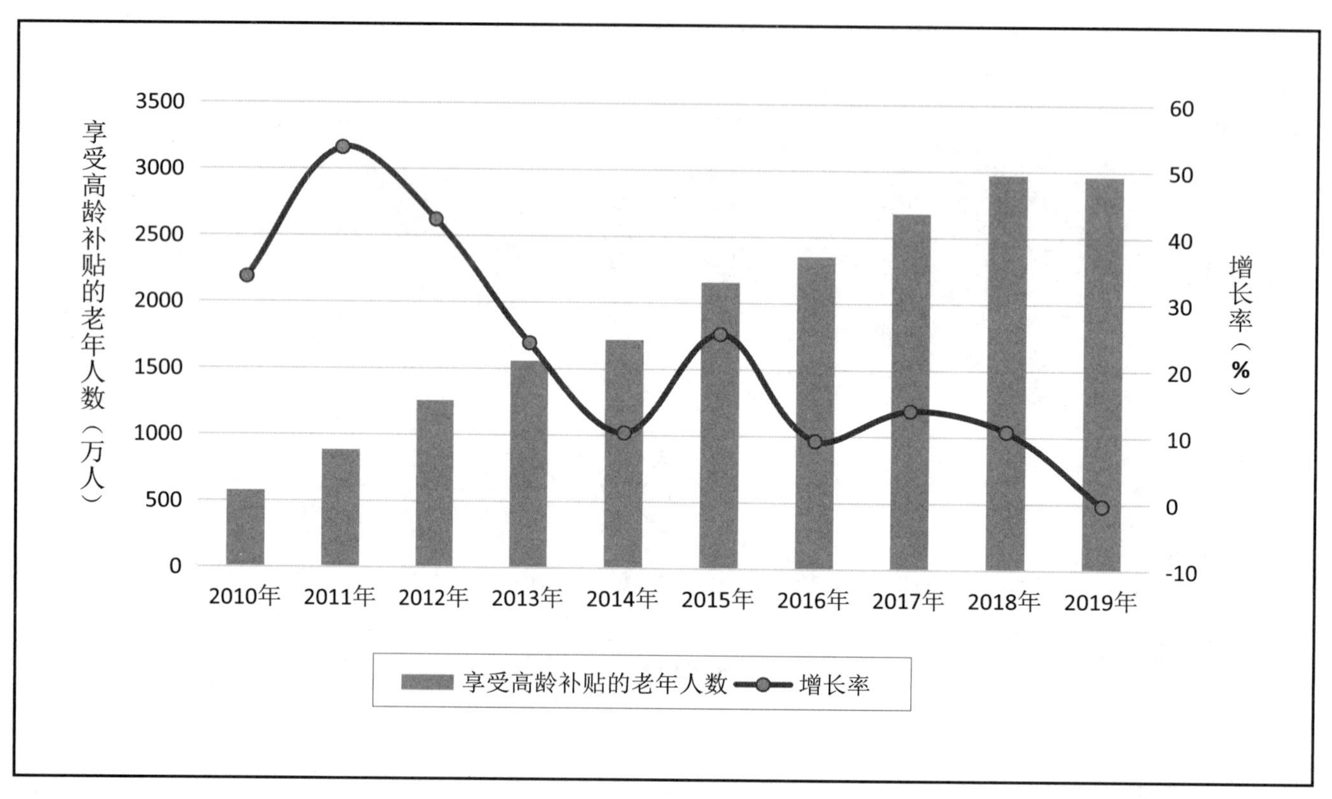

单位：万人、%

指标	2010年	2011年	2012年	2013年	2014年	2015年	2016年	2017年	2018年	2019年
享受高龄补贴的老年人数	576.4	883.1	1257.7	1557.9	1719.6	2155.1	2355.4	2682.2	2972.3	2963.0
增长率	33.8	53.2	42.4	23.9	10.4	25.3	9.3	13.9	10.8	-0.3

图2-6　收养登记

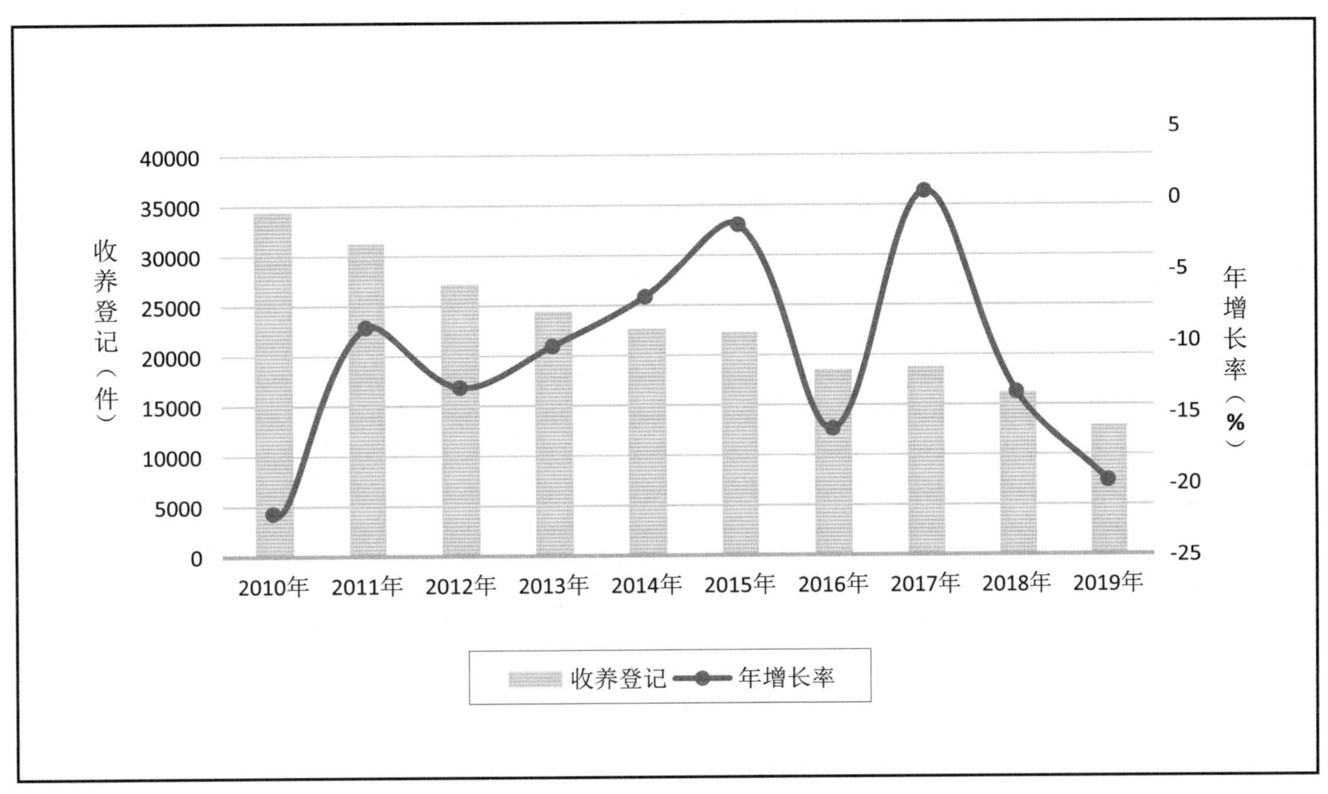

单位：件、%

指标	2010年	2011年	2012年	2013年	2014年	2015年	2016年	2017年	2018年	2019年
收养登记	34529	31424	27278	24460	22772	22348	18736	18820	16267	13044
年增长率	-22.0	-9.0	-13.2	-10.3	-6.9	-1.9	-16.2	0.4	-13.6	-19.8

图2-7 城市最低生活保障人数

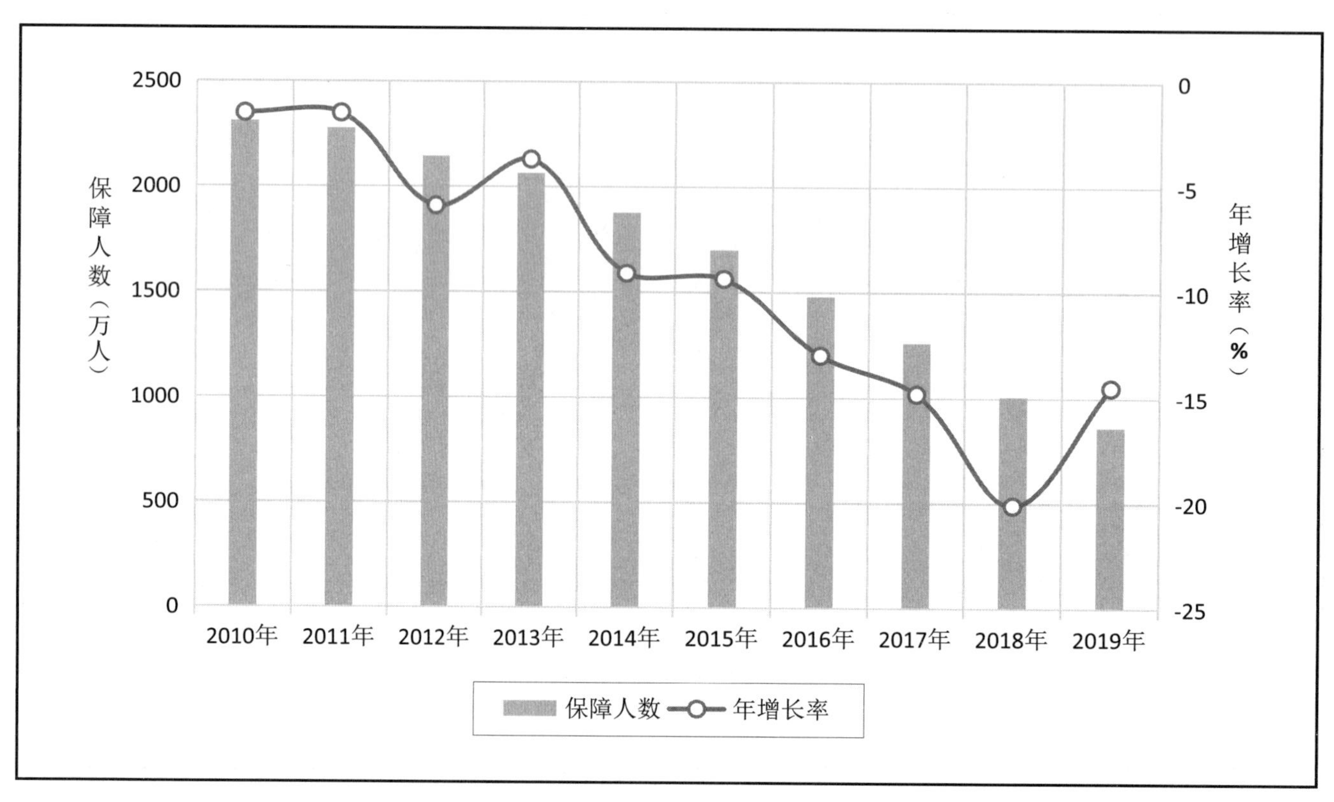

单位：万人、%

指标	2010年	2011年	2012年	2013年	2014年	2015年	2016年	2017年	2018年	2019年
保障人数	2310.5	2276.8	2143.5	2064.2	1877	1701.1	1480.2	1261.0	1007.0	860.9
年增长率	-1.5	-1.5	-5.9	-3.7	-9.1	-9.4	-13.0	-14.8	-20.1	-14.5

图2-8　城市最低生活保障平均标准

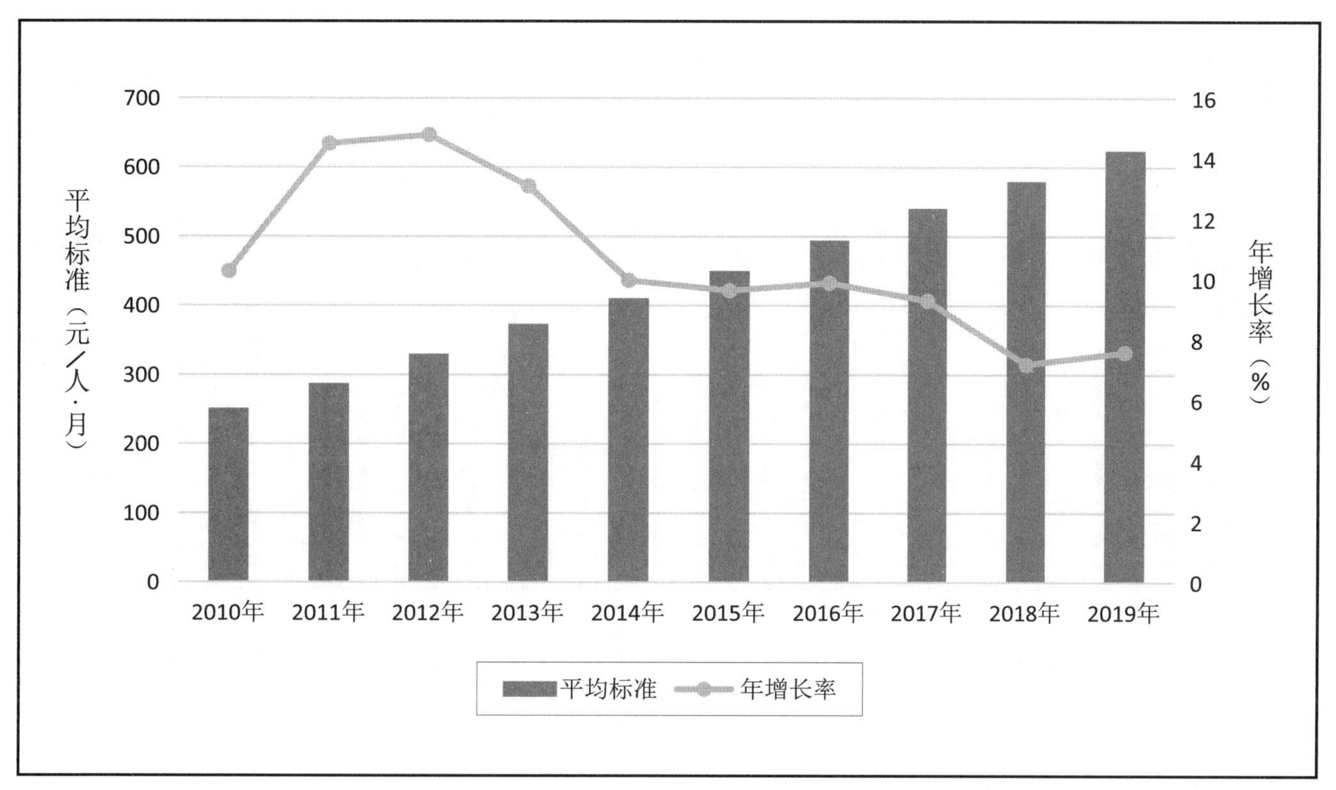

单位：元/人·月、%

指标	2010年	2011年	2012年	2013年	2014年	2015年	2016年	2017年	2018年	2019年
平均标准	251.2	287.6	330.1	373.3	410.5	450.1	494.6	540.6	579.7	624.0
年增长率	10.3	14.5	14.8	13.1	10.0	9.6	9.9	9.3	7.2	7.6

图2-9　分省份城市最低生活保障平均标准

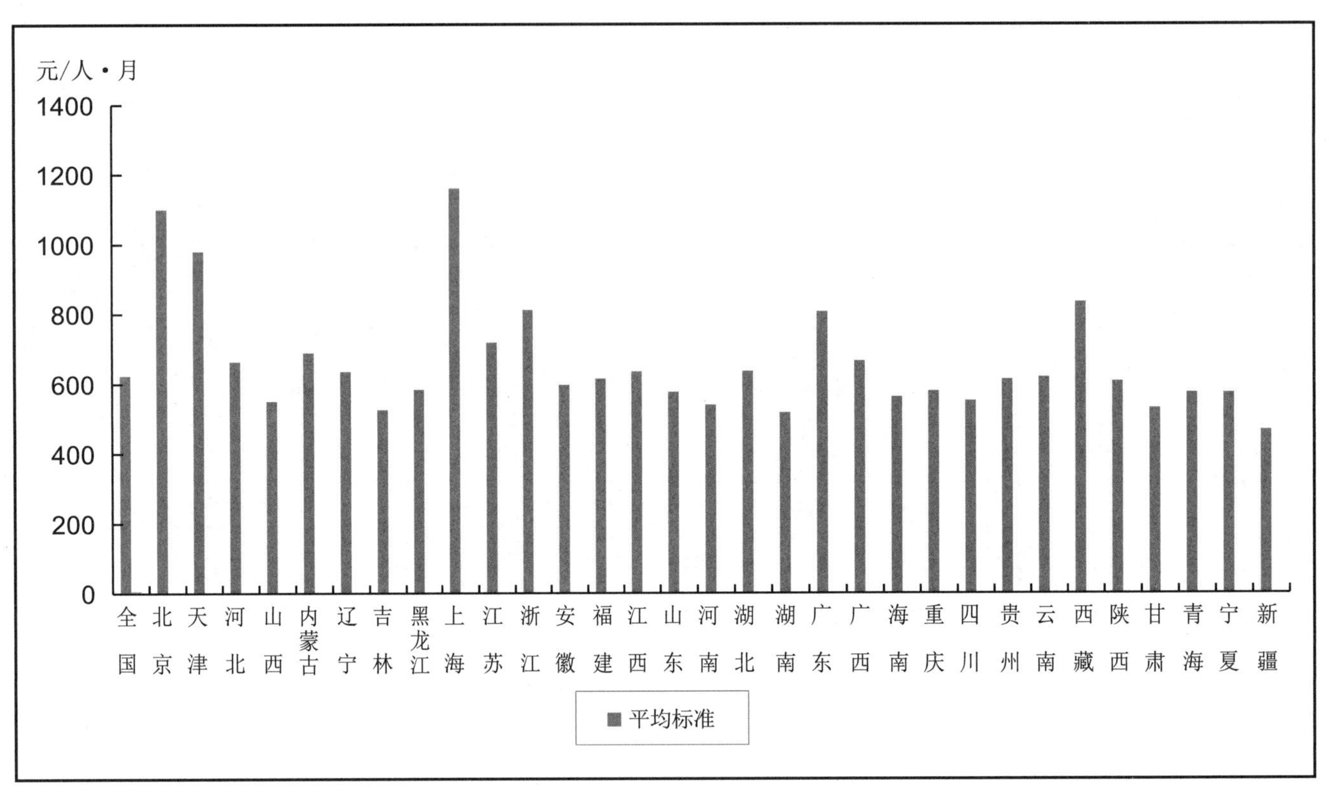

单位：元/人·月

地　区	平均标准	地　区	平均标准	地　区	平均标准	地　区	平均标准
全　国	**624.0**	黑龙江	584.0	河　南	539.1	贵　州	613.4
北　京	1100.0	上　海	1160.0	湖　北	636.3	云　南	619.8
天　津	980.0	江　苏	718.3	湖　南	516.9	西　藏	834.1
河　北	663.4	浙　江	811.5	广　东	806.6	陕　西	607.8
山　西	550.5	安　徽	597.1	广　西	665.8	甘　肃	530.2
内蒙古	689.0	福　建	615.2	海　南	562.8	青　海	575.4
辽　宁	635.8	江　西	635.5	重　庆	580.0	宁　夏	574.6
吉　林	525.3	山　东	576.6	四　川	552.0	新　疆	467.2

图2-10　农村最低生活保障人数

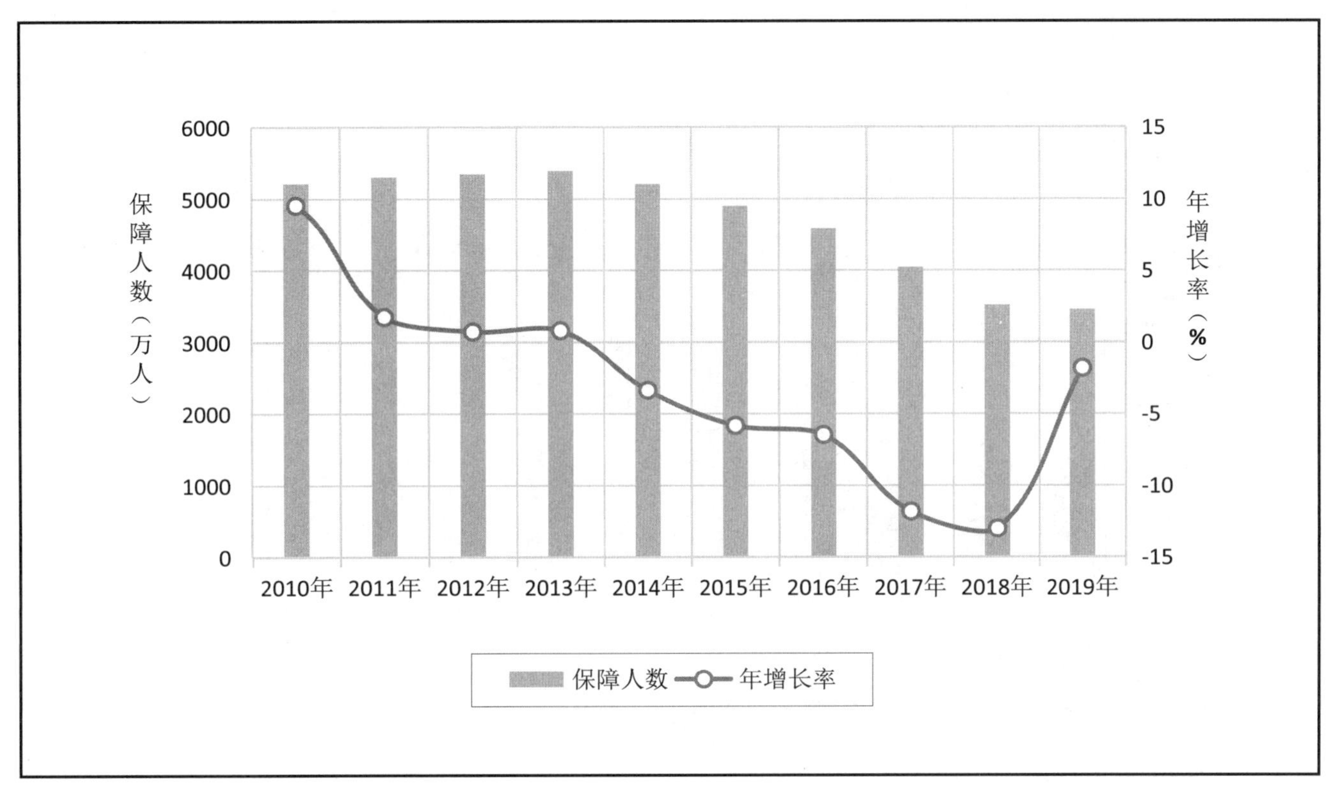

单位：万人、%

指标	2010年	2011年	2012年	2013年	2014年	2015年	2016年	2017年	2018年	2019年
保障人数	5214.0	5305.7	5344.5	5388.0	5207.2	4903.6	4586.5	4045.1	3519.1	3455.4
年增长率	9.5	1.8	0.7	0.8	-3.4	-5.8	-6.5	-11.8	-13.0	-1.8

图2-11 农村最低生活保障平均标准

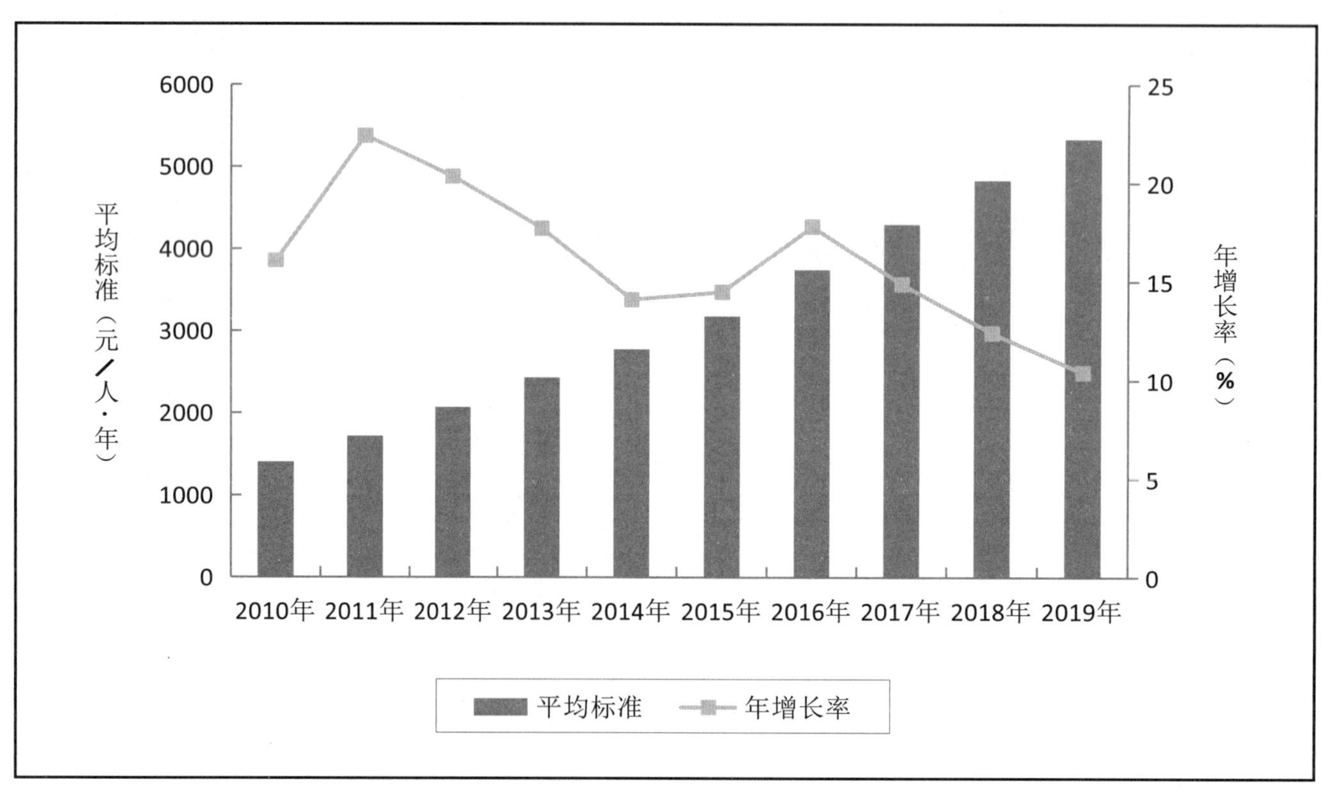

单位：元/人·年、%

指标	2010年	2011年	2012年	2013年	2014年	2015年	2016年	2017年	2018年	2019年
平均标准	1404.0	1718.4	2067.8	2433.9	2776.6	3178.2	3744.0	4300.7	4833.4	5335.5
年增长率	16.1	22.4	20.3	17.7	14.1	14.5	17.8	14.9	12.4	10.4

图2-12 分省份农村最低生活保障平均标准

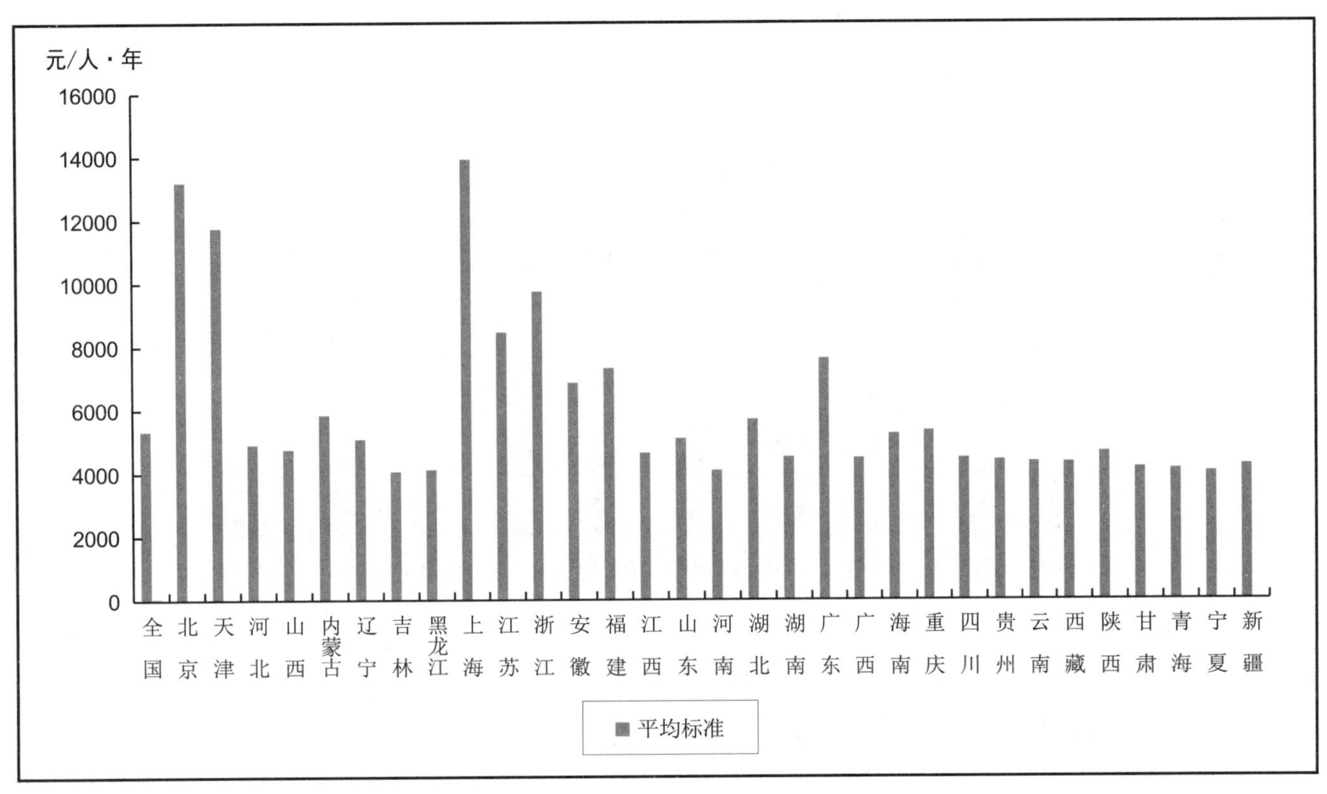

单位：元/人·年

地区	平均标准	地区	平均标准	地区	平均标准	地区	平均标准
全国	**5335.5**	黑龙江	4124.2	河南	4089.4	贵州	4410.5
北京	13200.0	上海	13920.0	湖北	5692.6	云南	4353.7
天津	11760.0	江苏	8457.5	湖南	4505.2	西藏	4333.2
河北	4907.1	浙江	9740.4	广东	7625.2	陕西	4665.3
山西	4758.9	安徽	6860.4	广西	4473.1	甘肃	4167.7
内蒙古	5841.5	福建	7320.7	海南	5236.8	青海	4119.7
辽宁	5081.6	江西	4638.5	重庆	5336.9	宁夏	4040.0
吉林	4065.0	山东	5092.4	四川	4476.5	新疆	4250.7

图2-13　农村特困人员人数

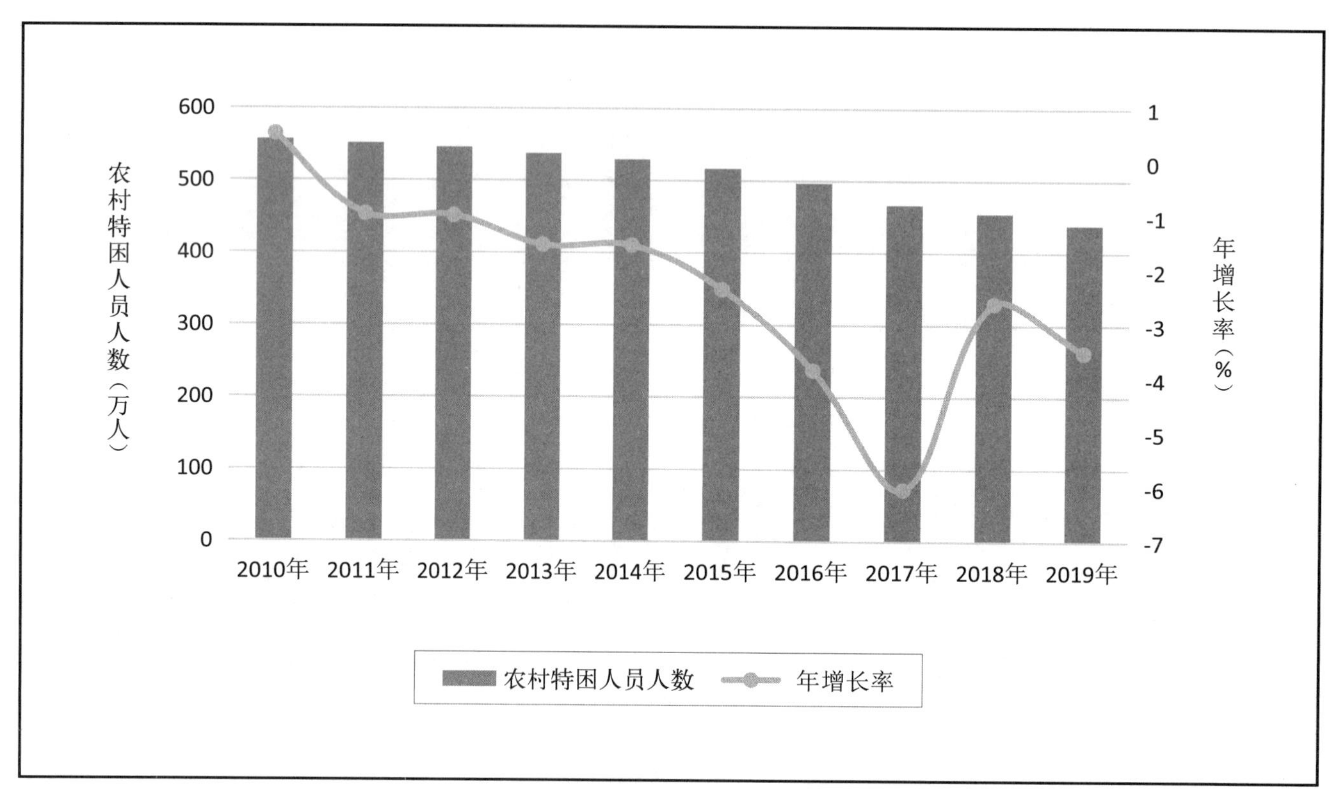

单位：万人、%

指标	2010年	2011年	2012年	2013年	2014年	2015年	2016年	2017年	2018年	2019年
农村特困人员人数	556.3	551.0	545.6	537.3	529.1	516.7	496.9	466.9	455.0	439.1
年增长率	0.5	-1.0	-1.0	-1.5	-1.5	-2.3	-3.8	-6.0	-2.6	-3.5

图2-14　分省份孤儿平均保障标准

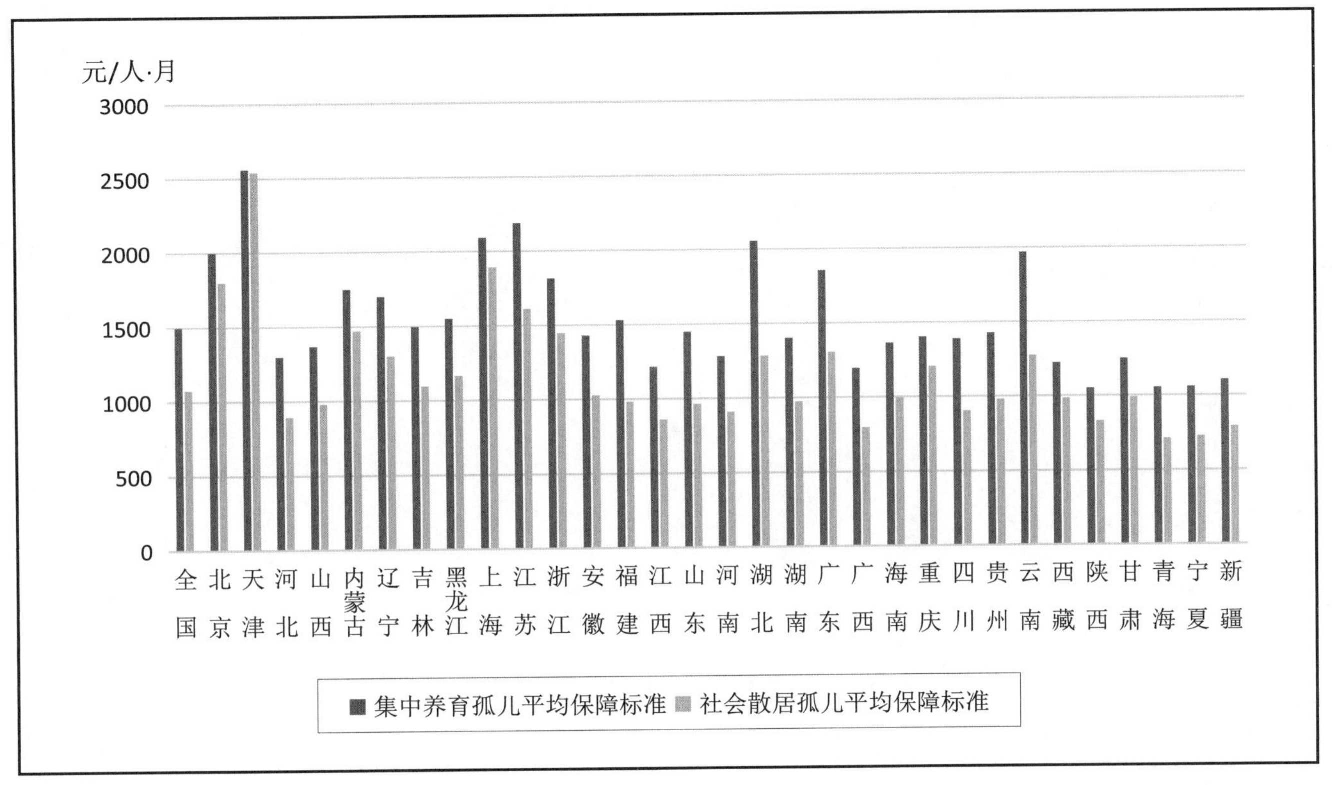

单位：元/人·月

地　区	集中养育孤儿平均保障标准	社会散居孤儿平均保障标准	地　区	集中养育孤儿平均保障标准	社会散居孤儿平均保障标准	地　区	集中养育孤儿平均保障标准	社会散居孤儿平均保障标准	地　区	集中养育孤儿平均保障标准	社会散居孤儿平均保障标准
全　国	**1499.2**	**1073.5**	黑龙江	1550.1	1167.9	河　南	1283.4	907.7	贵　州	1427.3	979.5
北　京	2000.0	1800.0	上　海	2093.8	1893.8	湖　北	2056.8	1286.0	云　南	1966.6	1275.7
天　津	2560.0	2540.0	江　苏	2189.0	1612.2	湖　南	1402.9	973.2	西　藏	1224.1	984.6
河　北	1299.3	894.5	浙　江	1815.5	1448.0	广　东	1854.9	1307.2	陕　西	1050.0	830.7
山　西	1369.2	979.0	安　徽	1430.3	1025.1	广　西	1197.1	796.1	甘　肃	1250.7	988.6
内蒙古	1750.9	1470.5	福　建	1532.1	981.2	海　南	1364.3	994.0	青　海	1055.7	711.5
辽　宁	1700.1	1300.0	江　西	1216.3	860.0	重　庆	1404.0	1206.4	宁　夏	1059.9	725.2
吉　林	1497.3	1097.3	山　东	1449.3	964.0	四　川	1389.3	903.8	新　疆	1106.1	790.3

图2-15　社会组织捐赠收入

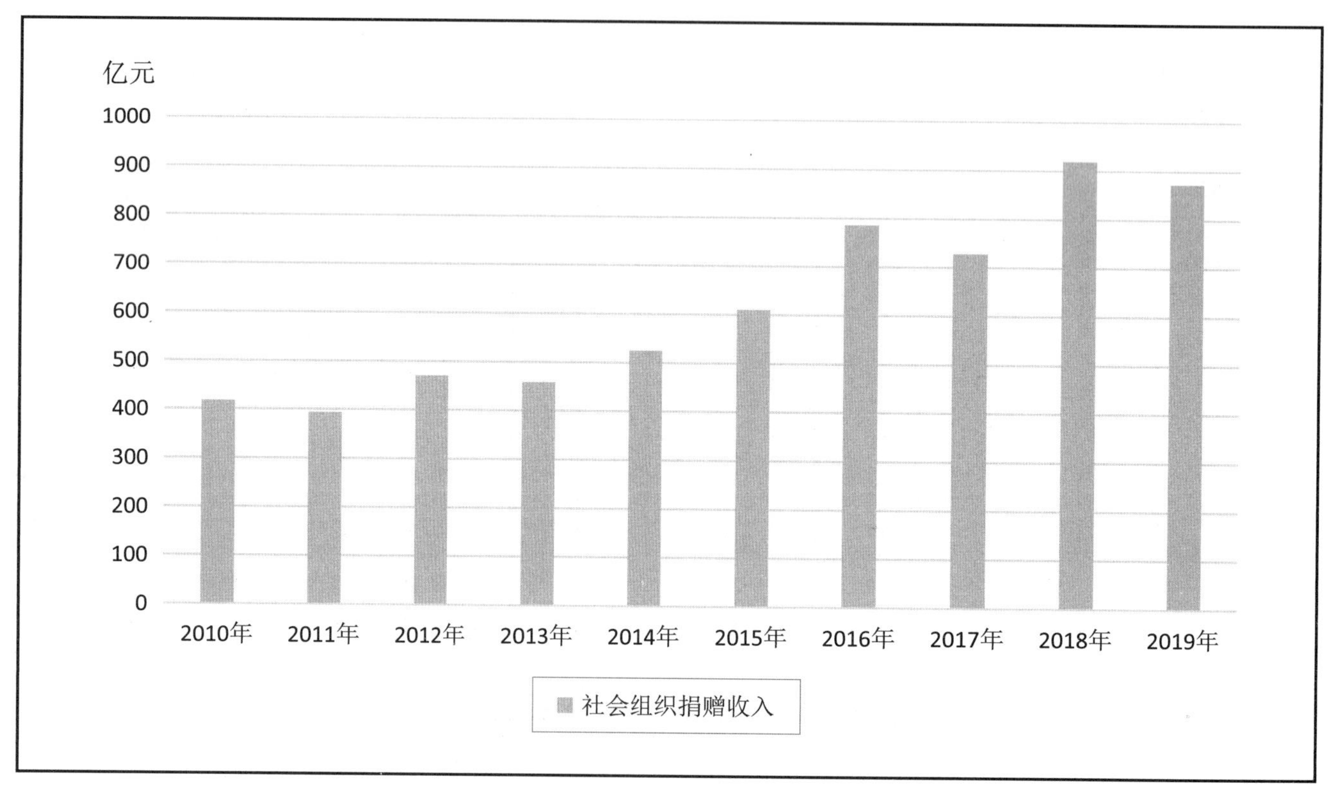

单位：亿元

指标	2010年	2011年	2012年	2013年	2014年	2015年	2016年	2017年	2018年	2019年
社会组织捐赠收入	417.0	393.5	470.8	458.8	524.8	610.3	786.7	729.2	919.7	873.2

图2-16　福利彩票

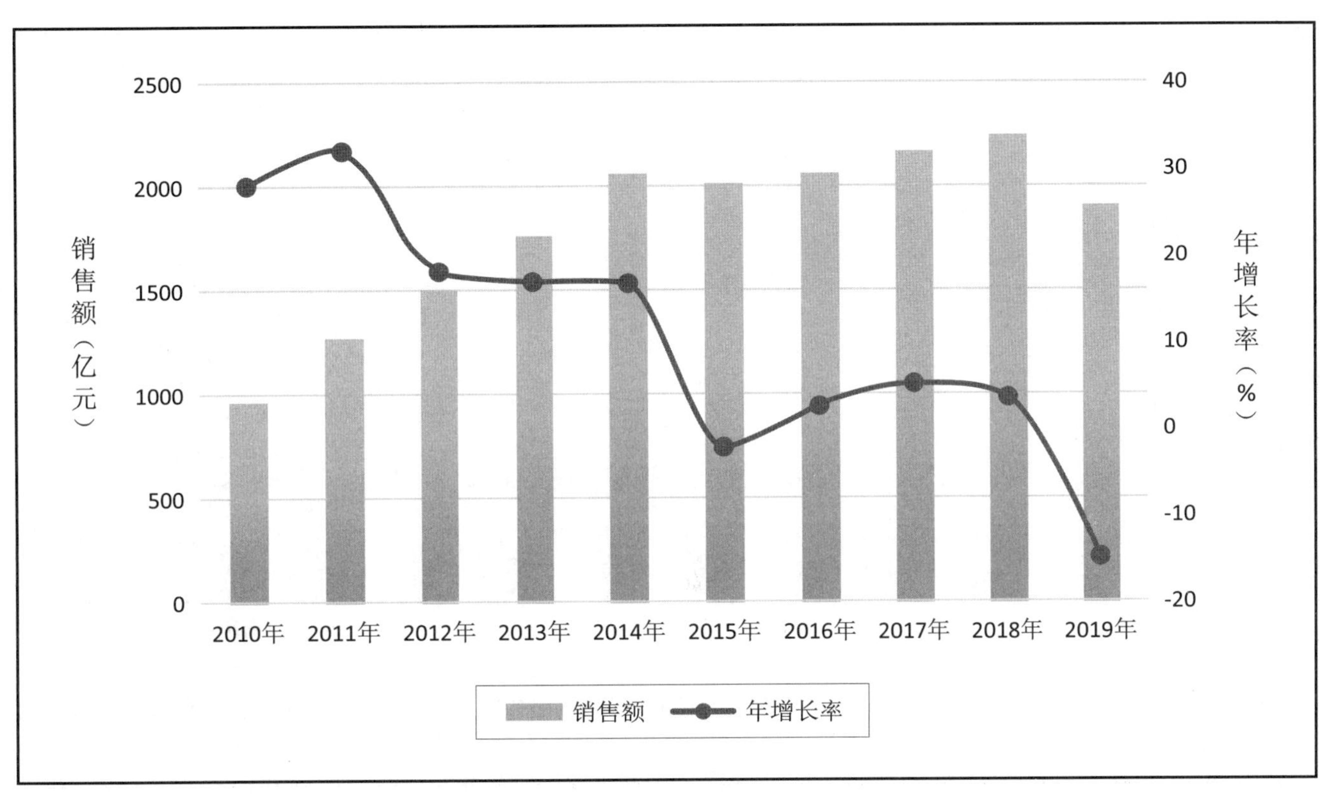

单位：亿元、%

指标	2010年	2011年	2012年	2013年	2014年	2015年	2016年	2017年	2018年	2019年
销售额	968.0	1278.0	1510.3	1765.3	2059.7	2015.1	2064.9	2169.8	2245.6	1912.4
年增长率	28.0	32.0	18.2	16.9	16.7	-2.2	2.5	5.1	3.5	-14.8

图2-17 社区服务机构和设施

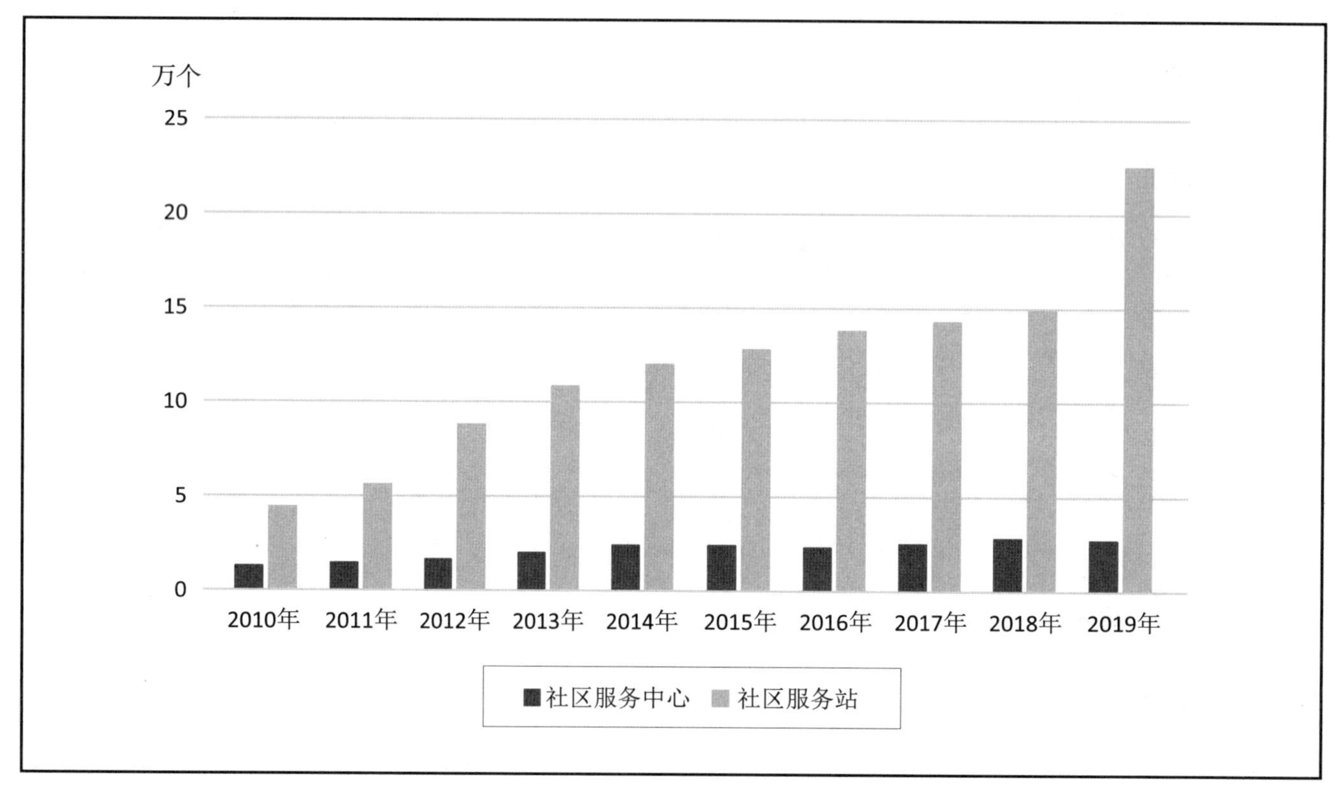

单位：万个

指标	2010年	2011年	2012年	2013年	2014年	2015年	2016年	2017年	2018年	2019年
社区服务机构和设施	15.3	16.0	20.0	25.2	31.1	36.1	38.6	40.7	42.7	52.8
#社区服务中心	1.3	1.4	1.6	2.0	2.4	2.4	2.3	2.5	2.8	2.7
社区服务站	4.4	5.6	8.8	10.8	12.0	12.8	13.8	14.3	14.9	22.5

注：2014年以后社区服务中心中含社区服务指导中心。

图2-18　社区综合服务设施覆盖率

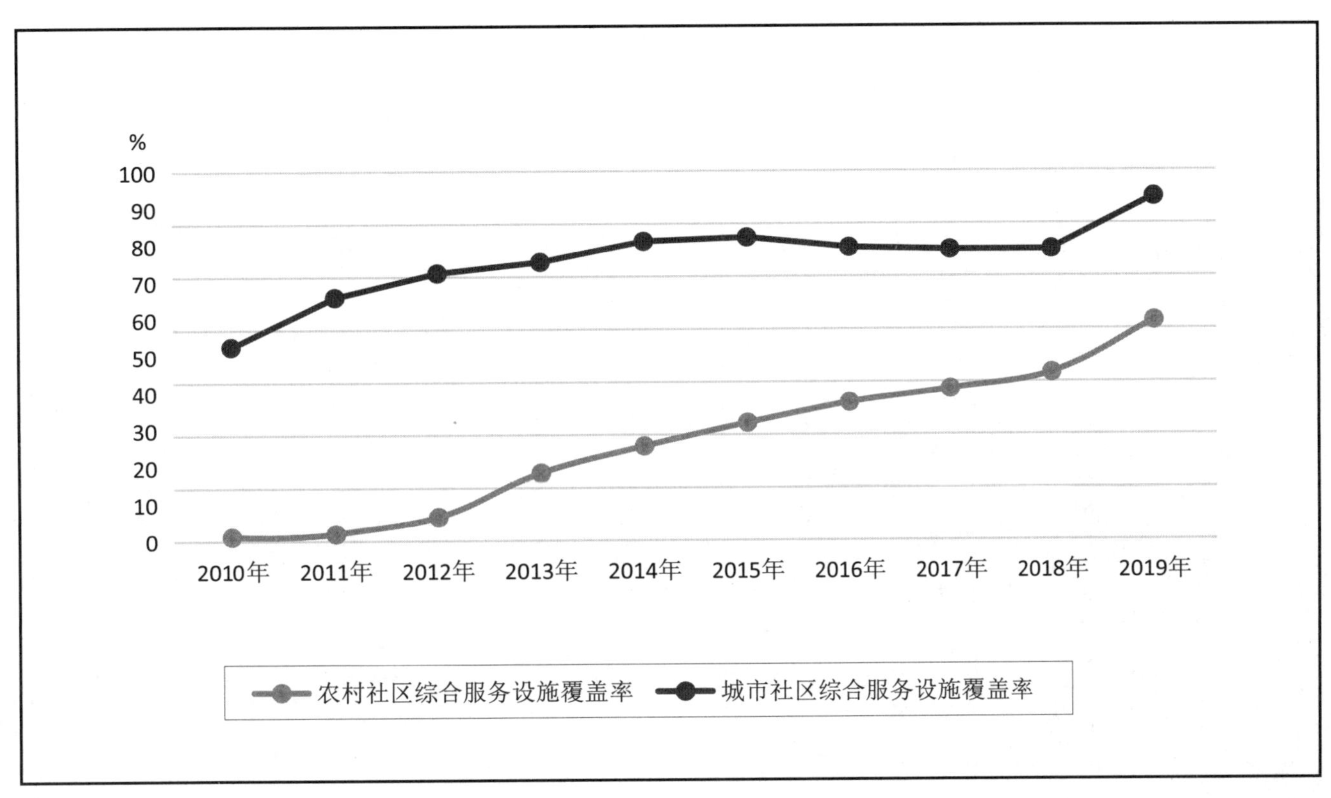

单位：万个、%

指标	2010年	2011年	2012年	2013年	2014年	2015年	2016年	2017年	2018年	2019年
城市社区综合服务设施覆盖率	57.0	65.9	72.4	75.4	81.0	82.0	79.3	78.6	78.7	92.9
农村社区综合服务设施覆盖率	1.2	2.0	6.5	18.4	25.5	31.8	37.3	40.9	45.3	59.3

图3-1　社会组织

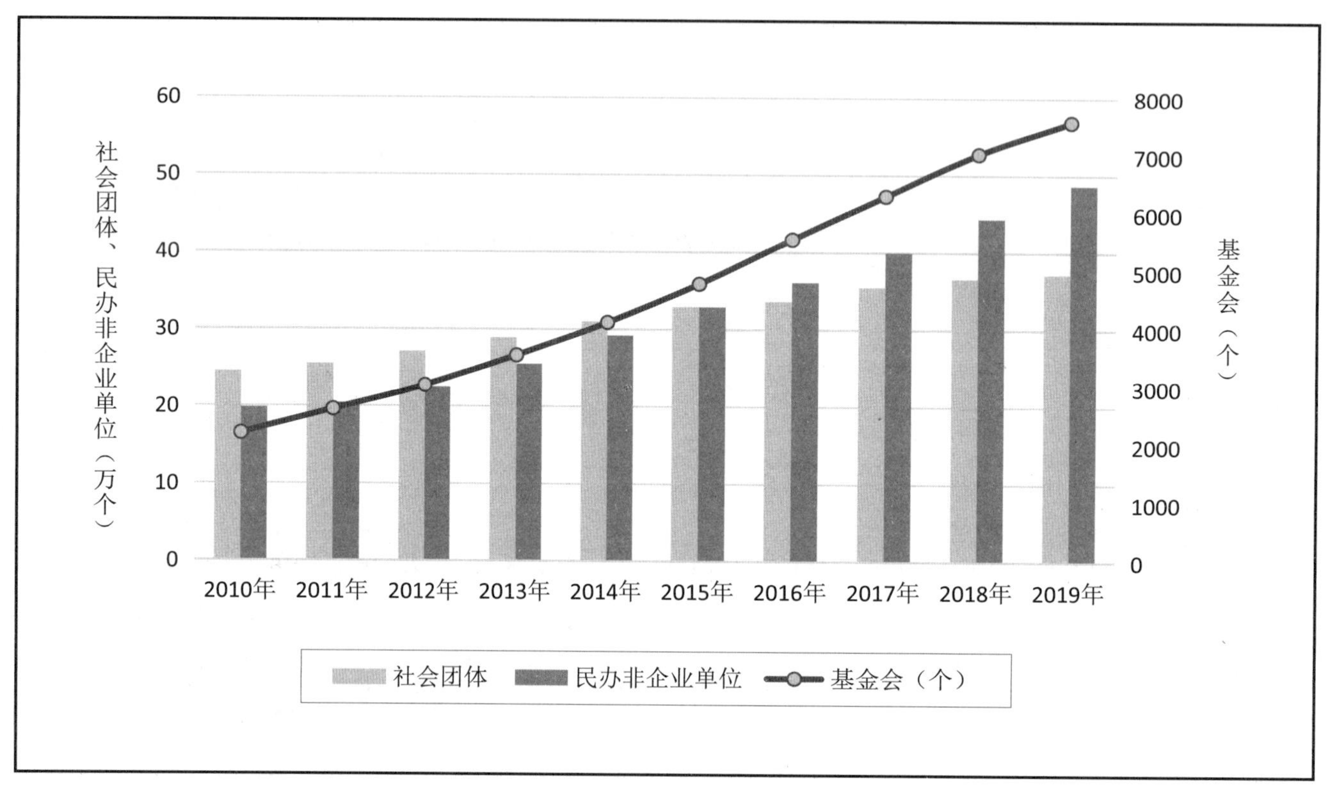

单位：万个、个

指标	2010年	2011年	2012年	2013年	2014年	2015年	2016年	2017年	2018年	2019年
社会组织	44.6	46.2	49.9	54.7	60.6	66.2	70.2	76.2	81.7	86.6
社会团体	24.5	25.5	27.1	28.9	31.0	32.9	33.6	35.5	36.6	37.2
基金会（个）	2200	2614	3029	3549	4117	4784	5559	6307	7034	7585
民办非企业单位	19.8	20.4	22.5	25.5	29.2	32.9	36.1	40.0	44.4	48.7

图3-2　自治组织

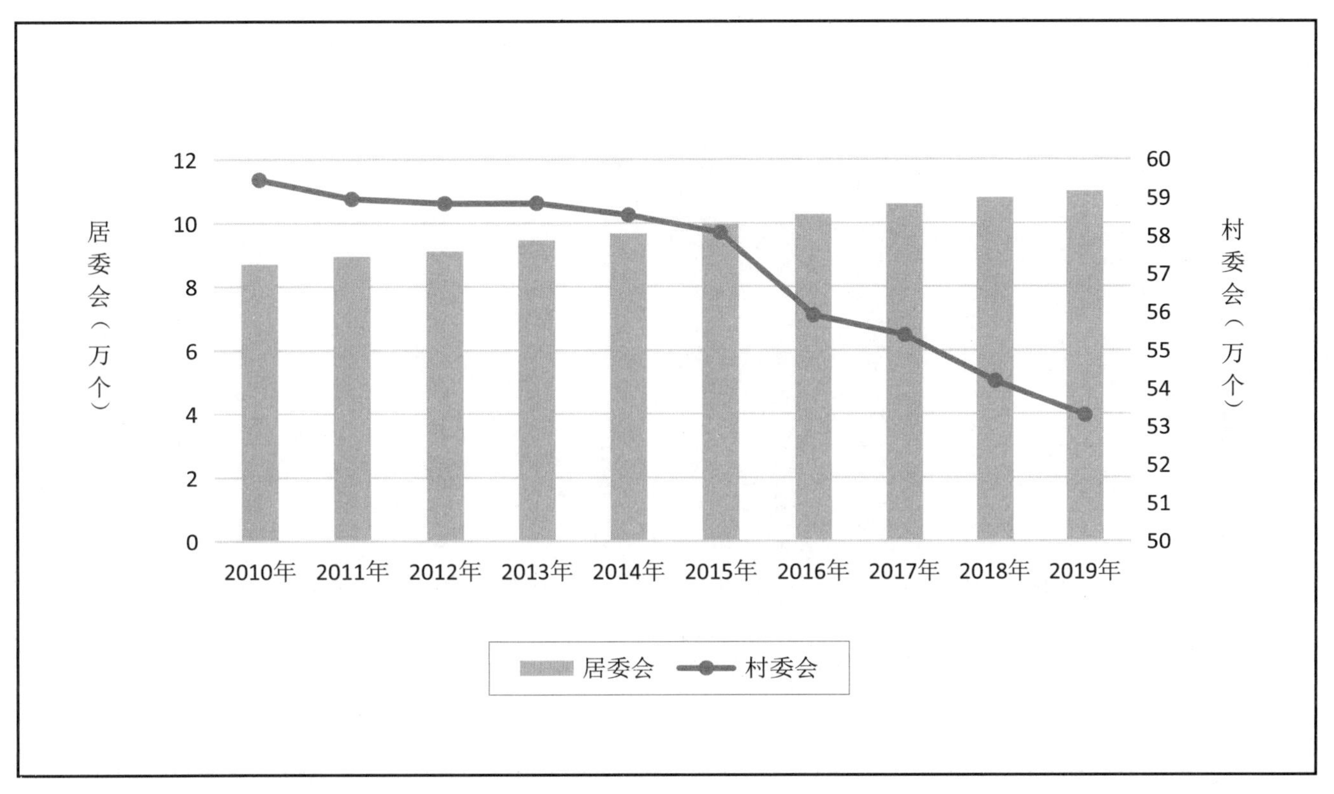

单位：万个

指标	2010年	2011年	2012年	2013年	2014年	2015年	2016年	2017年	2018年	2019年
自治组织	68.2	67.9	68.0	68.3	68.2	68.1	66.2	66.1	65.0	64.3
居委会	8.7	8.9	9.1	9.5	9.7	10.0	10.3	10.6	10.8	11.0
村委会	59.5	59.0	58.8	58.9	58.5	58.1	55.9	55.4	54.2	53.3

图3-3　结婚登记

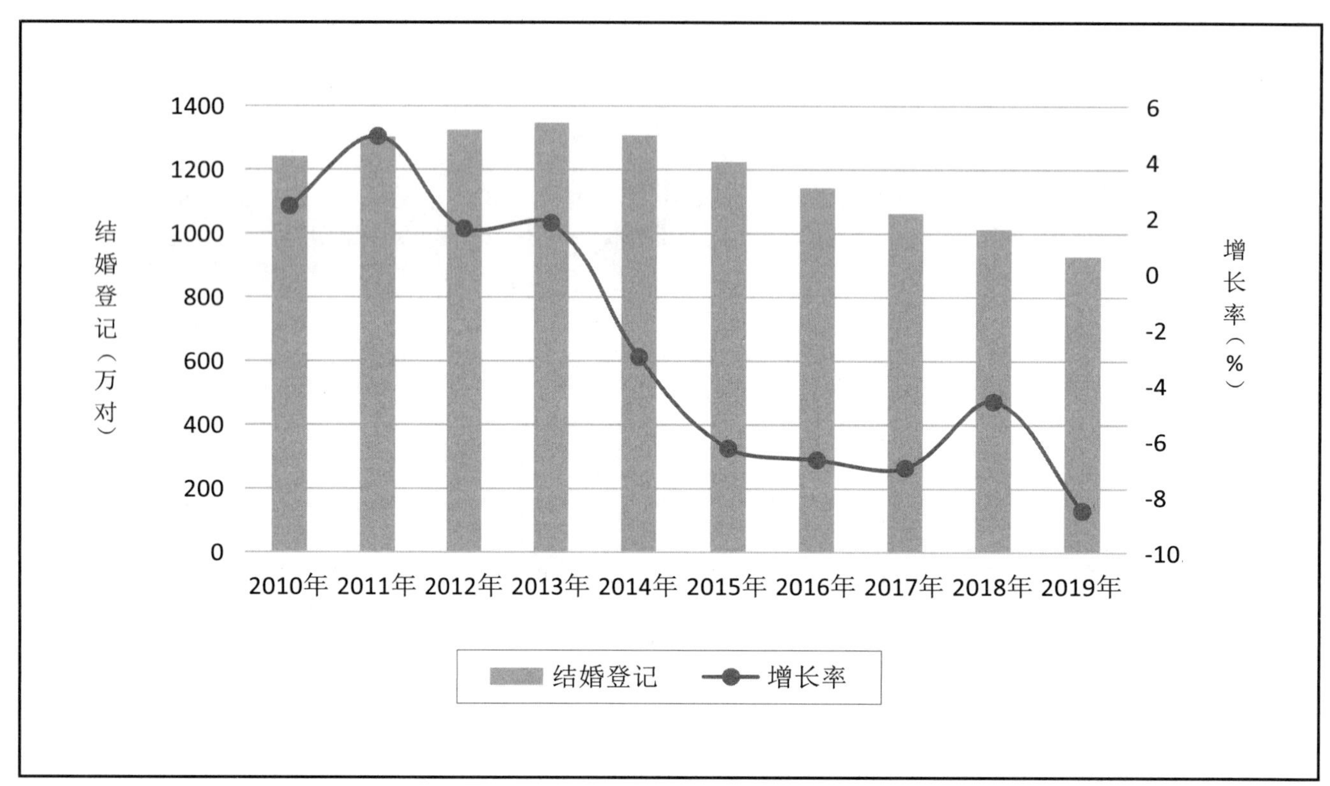

单位：万对、%

指标	2010年	2011年	2012年	2013年	2014年	2015年	2016年	2017年	2018年	2019年
结婚登记	1241.0	1302.4	1323.6	1346.9	1306.7	1224.7	1142.8	1063.1	1013.9	927.3
增长率	2.4	4.9	1.6	1.8	-3.0	-6.3	-6.7	-7.0	-4.6	-8.5

图3-4　分年龄组结婚登记

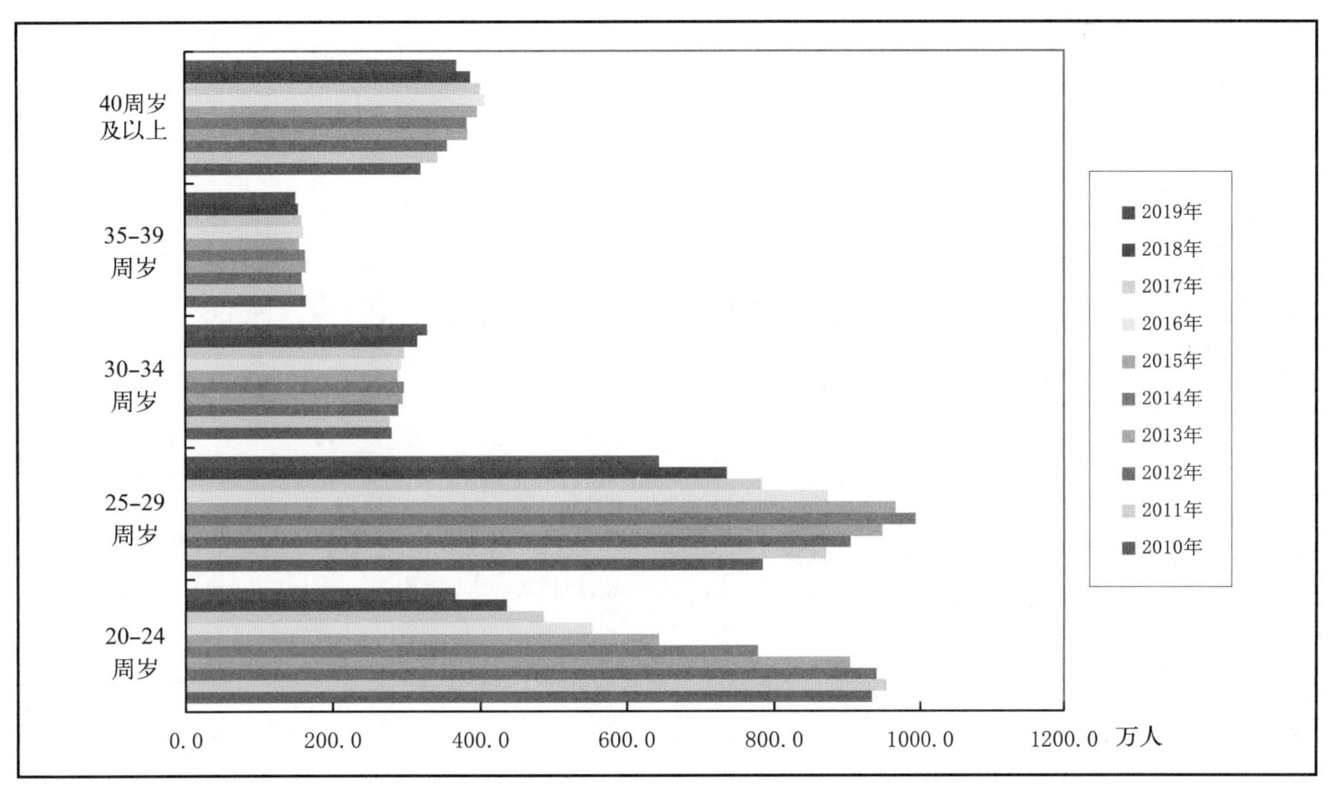

单位：万人

年份	20-24周岁	25-29周岁	30-34周岁	35-39周岁	40周岁及以上
2010	933.4	784.6	279.9	164.5	319.6
2011	953.0	870.2	277.6	161.5	342.4
2012	939.6	904.1	289.0	158.9	355.6
2013	903.4	947.5	295.1	164.3	383.5
2014	778.2	993.1	296.5	163.5	382.2
2015	643.9	965.7	288.1	155.3	396.4
2016	552.3	872.2	293.0	160.6	407.3
2017	486.6	783.5	296.7	158.7	400.7
2018	435.6	736.2	314.7	154.2	387.2
2019	365.4	642.2	328.0	150.5	368.5

图3-5 民政部门和法院办理离婚

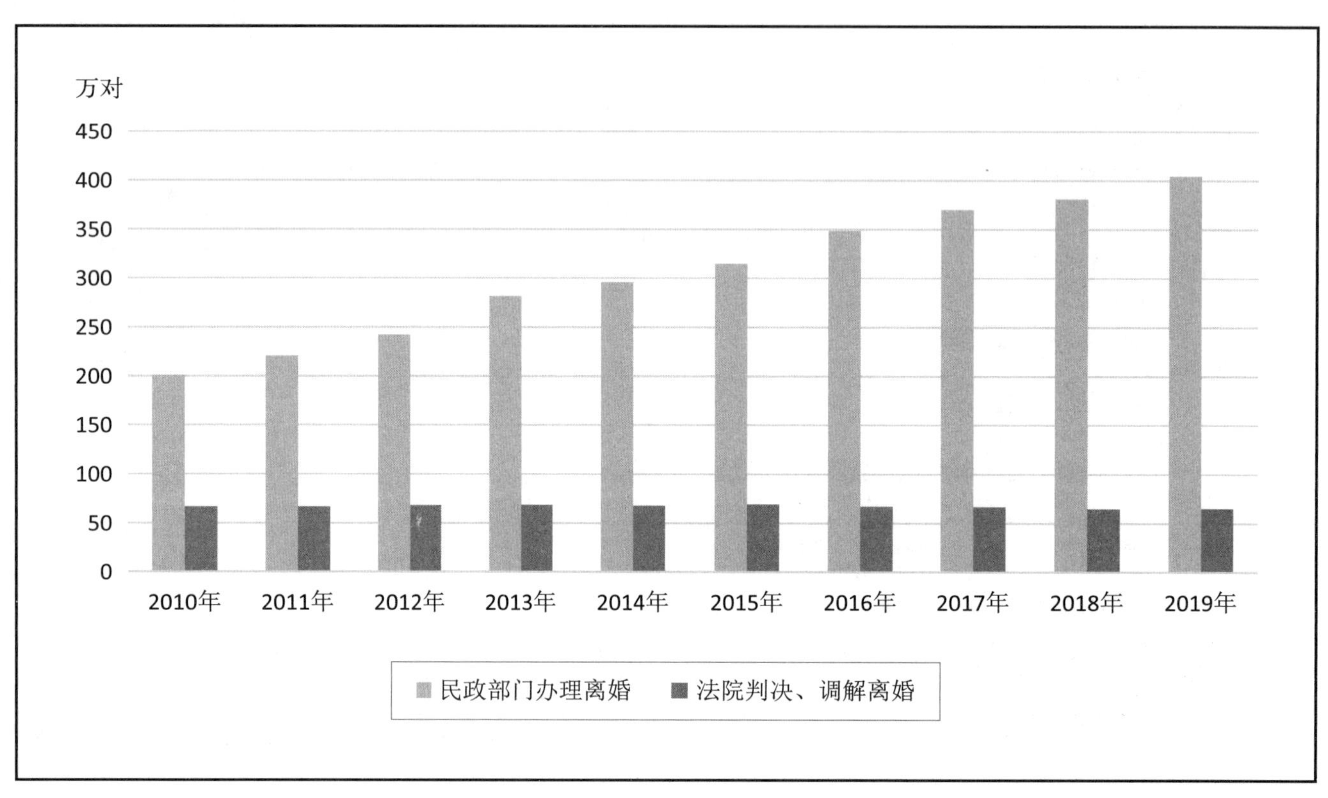

单位：万对

指标	2010年	2011年	2012年	2013年	2014年	2015年	2016年	2017年	2018年	2019年
离婚对数	267.8	287.4	310.4	350.0	363.6	384.1	415.8	437.3	446.1	470.1
民政部门办理离婚	201.0	220.7	242.3	281.5	295.7	314.9	348.6	370.4	381.2	404.7
法院判决、调解离婚	66.8	66.7	68.1	68.5	67.9	69.3	67.2	66.9	64.9	65.3

图3-6 结婚率和离婚率

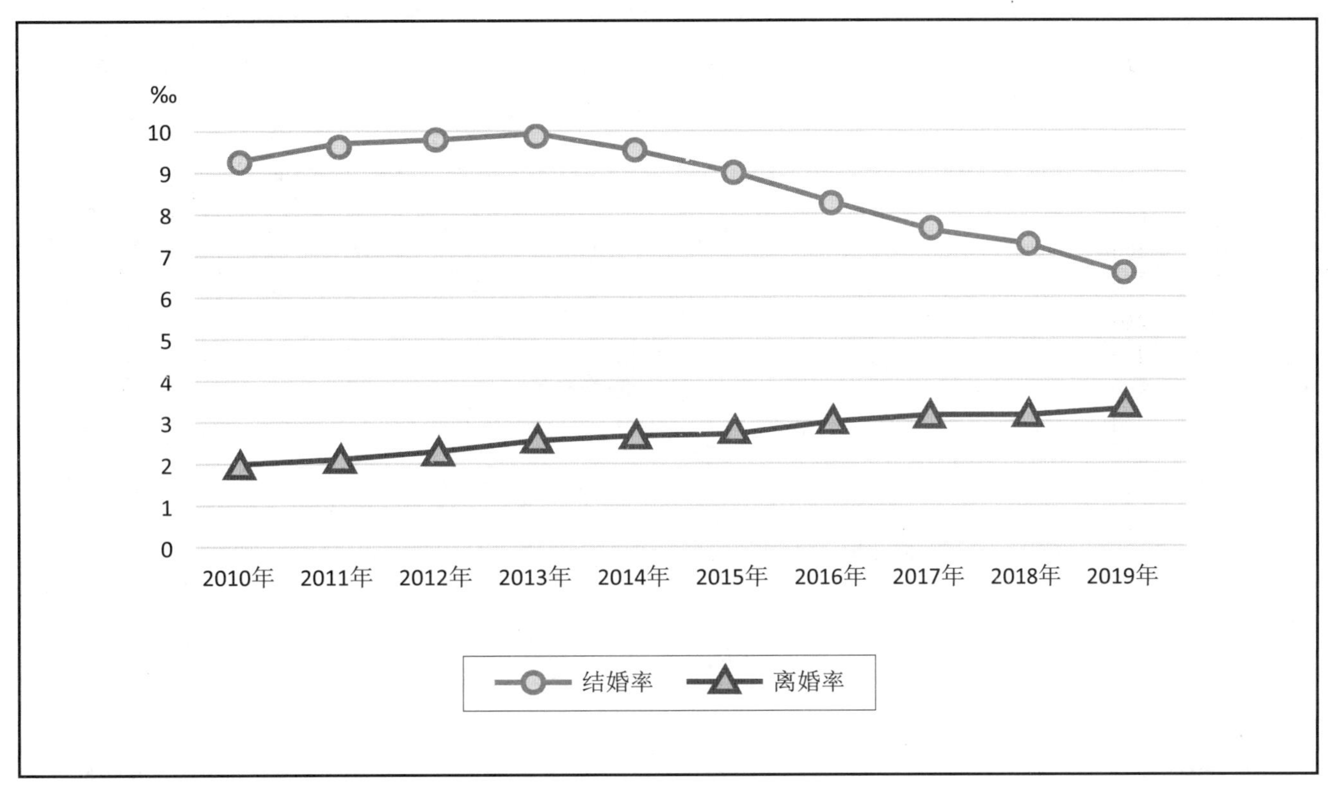

单位：‰

指标	2010年	2011年	2012年	2013年	2014年	2015年	2016年	2017年	2018年	2019年
结婚率	9.30	9.67	9.80	9.92	9.58	9.00	8.29	7.66	7.28	6.63
离婚率	2.00	2.13	2.29	2.58	2.67	2.79	3.01	3.15	3.20	3.36

注：结（离）婚率计算方法是当期结（离）婚对数除以当期人口平均数。

图3-7　火化遗体

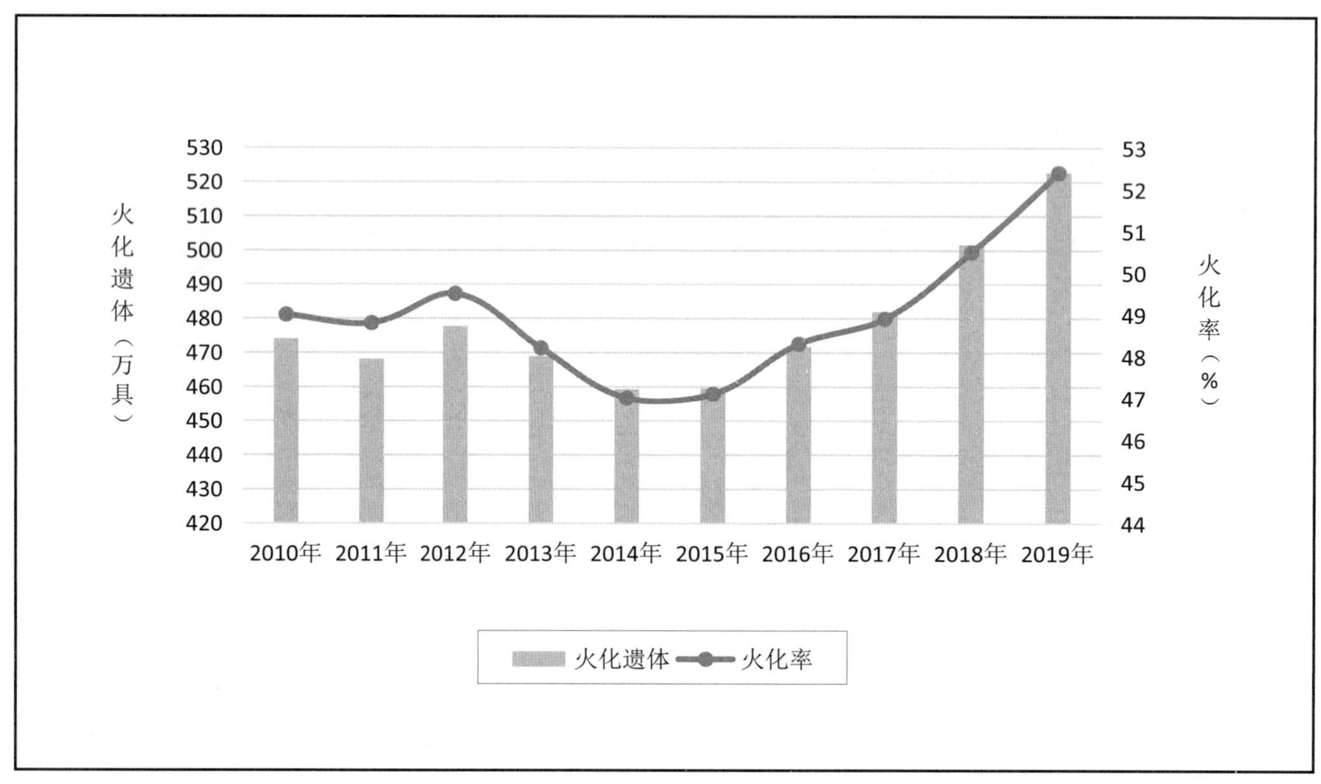

单位：万具、%

指标	2010年	2011年	2012年	2013年	2014年	2015年	2016年	2017年	2018年	2019年
火化遗体	474.1	468.1	477.7	468.9	459.3	459.5	471.8	482.0	501.7	522.7
火化率	49.0	48.8	49.5	48.2	47.0	47.1	48.3	48.9	50.5	52.4

注：火化率 = $\frac{\text{当年火化遗体数}}{\text{当年死亡人数}} \times 100\%$

第三部分

综合统计资料

A-1-1 “七五”-“十三五”时期民政事业发展速度

单位：%

指　标	“七五”时期平均增长速度	“八五”时期平均增长速度	“九五”时期平均增长速度	“十五”时期平均增长速度	“十一五”时期平均增长速度	“十二五”时期平均增长速度	“十三五”时期前四年平均增长速度
一、综合							
行政区划							
镇	5.7	7.7	3.0	-0.8	-0.1	1.1	0.6
乡	-11.6	-7.8	-4.7	-7.2	-1.8	-4.9	-5.0
60周岁及以上老年人口					4.3	4.6	3.4
民政事业费支出	11.9	14.8	17.3	25.6	30.3	12.8	-3.5
固定资产原价	20.8	22.5	53.1	9.9	16.3	4.4	-5.5
二、社会工作							
民政服务床位	9.7	4.6	3.0	7.7	13.8	14.6	2.3
#养老床位				5.0	15.3	16.3	3.6
精神疾病服务床位				10.0	8.8	6.7	-4.8
儿童服务床位				11.7	11.5	21.2	-0.3
收养登记				-2.0	-7.5	-8.9	-12.3
销售福利彩票		54.5	14.6	29.4	18.7	15.8	-1.3
城市最低生活保障人数				40.9	0.7	-5.9	-15.7
农村最低生活保障人数					47.9	-1.2	-8.4
社区服务中心			8.0	5.6	8.2	13.7	2.8
三、成员组织和其他社会服务							
社会组织		75.5	-3.2	15.8	6.9	8.2	6.9
社会团体				5.6	7.5	6.1	3.1
基金会					17.7	16.8	12.2
民办非企业单位				45.5	6.1	10.7	10.3
自治组织							
村委会	1.1	-6.9	-4.7	-3.0	-1.1	-0.5	-2.1
居委会	4.1	2.5	-0.6	-5.9	1.7	2.8	2.4
婚姻服务							
结婚登记	2.7	-0.4	-0.2	-0.6	8.6	-0.3	-6.7
离婚登记	11.7	5.7	2.8	8.0	8.5	7.5	5.2
殡葬服务							
火化遗体	5.3	5.5	7.3	3.8	1.0	-0.6	3.3

A−1−2　2015－2019年民政事业发展主要指标

指　标	单 位	2015年	2016年	2017年	2018年	2019年
一、综合						
乡镇级行政区划						
镇	个	20515	20883	21116	21297	21013
乡	个	11315	10872	10529	10253	9221
#民族乡	个	991	989	982	981	966
街道	个	7957	8105	8241	8393	8519
区公所	个	2	2	2	2	2
民政服务基本情况						
民政部门登记和管理的机构和设施	万个	176.5	174.5	182.1	187.6	201.5
民政部门登记和管理的机构和设施职工人数	万人	1308.9	1239.3	1355.8	1470.0	1545.7
民政部门登记和管理的机构和设施固定资产原价	亿元	8183.1	5393.6	5434.8	5736.2	6515.3
民政基本建设投资	**亿元**	**239.9**	**243.5**	**209.2**	**188.0**	**184.8**
#预算内投资	亿元	92.8	82.1	77.8	71.9	72.6
#公益金投资	亿元	61.7	68.4	55.3	48.0	37.9
预算内基本建设投资占民政事业费比重	%	1.9	1.6	1.3	1.8	1.7
公益金基本建设投资占公益金支出比重	%	21.4	25.5	20.1	19.1	14.6
民政事业费支出	**亿元**	**4926.4**	**5440.0**	**5932.7**	**4076.9**	**4279.2**
抚恤	亿元	686.8	769.8	827.3	–	–
退役安置	亿元	582.7	625.6	723.4	–	–
社会福利	亿元	562.8	753.4	920.5	1064.8	1228.8
社会救助	亿元	2347.4	2492.8	2609.8	2224.0	2281.4
自然灾害生活救助	亿元	148.5	156.1	128.0	–	–
民政管理事务	亿元	399.6	441.7	501.0	500.3	497.7
行政事业单位离退休	亿元	50.1	48.4	47.9	38.2	46.1
其他	亿元	148.5	152.2	175.0	249.6	225.2
#公益金支出	亿元	288.9	268.3	275.2	251.7	259.9
中央转移支付的事业费占民政事业费比重	%	46.1	45.7	42.0	36.4	36.6
民政事业费占国家财政支出的比重	%	2.8	2.9	2.9	1.8	1.8
二、社会工作						
机构和设施数	万个	41.3	42.3	44.4	45.9	56.6
#养老机构和设施数	万个	11.6	14.0	15.5	16.8	20.4
机构和设施床位数	万张	732.9	771.2	786.2	755.9	803.6
#养老机构和设施床位数	万张	690.3	730.2	744.8	727.1	775.0

注：1.乡包括民族乡、苏木、民族苏木。　2.2018年民政机构改革，抚恤、退役安置、救灾等职能从民政转出。

A-1-2续表1

指　标	单 位	2015年	2016年	2017年	2018年	2019年
每千人口民政服务床位数	张/千人	5.3	5.5	5.7	5.4	5.7
#每千老年人口养老床位数	张/千人	30.3	31.6	30.9	29.1	30.5
机构和设施收养人数	万人	330.8	348.9	334.7	317.3	387.9
#养老机构和设施收养照料人数	万人	309.2	327.7	317.1	302.9	373.8
提供住宿的民政服务						
机构数*	万个	3.1	3.2	3.2	3.1	3.7
#养老机构数	万个	2.8	2.9	2.9	2.9	3.4
床位数	万张	393.1	414.0	419.6	408.1	467.4
#养老机构床位数	万张	358.1	378.8	383.3	379.4	438.8
不提供住宿的民政服务						
机构和设施数	万个	38.2	39.1	41.2	42.8	52.9
#社区养老机构和设施数	万个	8.8	11.1	12.6	14.0	16.9
#社区养老床位数	万张	298.1	322.8	338.5	347.8	336.2
老年人福利						
老龄补贴人数	万人	2439.5	2678.8	3098.0	3571.9	3579.1
60周岁及以上老年人口	万人	22200	23086	24090	24949	25388
60周岁及以上老年人口占全国总人口比重	%	16.1	16.7	17.3	17.9	18.1
儿童福利						
孤儿	万人	50.2	46.0	41.0	30.5	23.3
收养登记	万人	2.2	1.9	1.9	1.6	1.3
流浪儿童救助	万人次	16.7	16.7	9.4	7.6	6.2
社会救助						
最低生活保障						
城市最低生活保障人数	万人	1701.1	1480.2	1261.0	1007.0	860.9
城市最低生活保障户数	万户	957.4	855.3	741.5	605.1	524.9
城市最低生活保障平均标准	元/人·月	451.1	494.6	540.6	579.7	624.0
农村最低生活保障人数	万人	4903.6	4586.5	4045.2	3519.1	3455.4
农村最低生活保障户数	万户	2846.2	2635.3	2249.3	1901.7	1892.3
农村最低生活保障平均标准	元/人·年	3177.6	3744.0	4300.7	4833.4	5335.5
特困人员救助供养						
农村特困人员	万人	516.7	496.9	466.9	455.0	439.1
城市特困人员	万人	6.8	9.1	25.4	27.7	29.5

注：机构数是指在市场监管部门、编制部门或民政部门办理了注册登记手续的民政服务机构。

A−1−2续表2

指　标	单 位	2015年	2016年	2017年	2018年	2019年
临时救助	**万人次**	**655.4**	**850.7**	**970.3**	**1108.0**	**993.2**
本地户籍	万人次	633.5	826.3	958.4	1098.6	988.6
非本地户籍	万人次	21.9	24.4	11.9	9.4	4.6
流浪乞讨人员救助	**万人次**	**375.2**	**333.8**	**218.9**	**157.2**	**133.3**
福利彩票						
销售福利彩票	亿元	2015.1	2064.9	2169.8	2245.6	1912.4
筹集公益金	亿元	563.8	591.5	631.1	643.6	557.3
社区服务						
社区服务机构和设施	万个	36.1	38.6	40.7	42.7	52.8
#社区服务中心	万个	2.4	2.3	2.5	2.8	2.7
其中：农村	万个	0.8	0.8	1.0	1.1	1.1
社区服务站	万个	12.8	13.8	14.3	14.9	22.5
其中：农村	万个	6.3	7.2	7.5	8.1	14.0
社会捐赠接收站、点	万个	3.0	2.9	2.8	1.2	1.3
城市社区综合服务设施覆盖率	%	82.0	79.3	78.6	78.7	92.9
农村社区综合服务设施覆盖率	%	31.8	37.3	40.9	45.3	59.3
三、成员组织和其他社会服务						
社会组织	**万个**	**66.2**	**70.2**	**76.2**	**81.7**	**86.6**
社会团体	万个	32.9	33.6	35.5	36.6	37.2
基金会	个	4784	5559	6307	7034	7585
民办非企业单位	万个	32.9	36.1	40.0	44.4	48.7
社会组织捐赠收入	亿元	610.3	786.7	729.2	919.7	873.2
自治组织	**万个**	68.1	66.2	66.1	65.0	64.3
村委会	万个	58.1	55.9	55.4	54.2	53.3
居委会	万个	10.0	10.3	10.6	10.8	11.0
婚姻登记						
结婚登记	万对	1224.7	1142.8	1063.1	1013.9	927.3
#涉外及华侨、港澳台	万对	4.1	4.2	4.1	4.8	4.9
结婚率	‰	9.0	8.3	7.7	7.3	6.6
离婚登记	万对	384.1	415.8	437.4	446.1	470.1
离婚率	‰	2.8	3.0	3.2	3.2	3.4
殡葬服务						
火化遗体	万具	459.5	471.8	482.0	501.7	522.7
火化率	%	47.1	48.3	48.9	50.5	52.4

A-1-3 民政事业发展主要数据与上年比较

指　标	单　位	2019年	2018年	比上年增长(%)
一、综合				
行政区划				
镇	个	21013	21297	-1.3
乡	个	9221	10253	-10.1
#民族乡	个	966	981	-1.5
街道	个	8519	8393	1.5
区公所	个	2	2	–
老龄人口				
60周岁及以上老年人口	万人	25388	24949	1.8
占全国总人口比例	%	18.1	17.9	0.2(百分点)
65周岁及以上老年人口	万人	17603	16658	5.7
占全国总人口比例	%	12.6	11.9	0.6(百分点)
民政事业费支出	**亿元**	**4279.2**	**4076.9**	**5.0**
社会福利	亿元	1228.8	1064.8	15.4
社会救助	亿元	2281.4	2224.0	2.6
民政管理事务	亿元	497.7	500.3	-0.5
行政事业单位离退休	亿元	46.1	38.2	20.8
其他	亿元	225.2	249.6	-9.8
基本建设支出	亿元	184.8	188.0	-1.7
固定资产原价	亿元	6515.3	5736.2	13.6
二、社会工作				
提供住宿的社会工作				
机构数	万个	3.7	3.1	18.3
床位数	万张	467.4	408.1	14.5
收养照料人数	万人	231.6	211.9	9.3
每千人口民政服务床位数	张	5.7	5.4	6.3

注：乡包括民族乡、苏木、民族苏木。

A-1-3续表1

指　标	单 位	2019年	2018年	比上年增长(%)
不提供住宿的社会工作				
机构和设施数	万个	52.9	42.8	23.6
社区服务				
社区服务机构和设施	个	527757	426524	23.7
社区服务指导中心	个	548	569	-3.7
社区服务中心	个	27489	27635	-0.5
社区服务站	个	224986	148779	51.2
未登记的特困人员供养机构	个	4312	3991	8.0
社区养老照料机构和设施	个	63618	44558	42.8
社区互助型养老设施	个	101276	91057	11.2
其他社区服务机构和设施	个	105528	109935	-4.0
城市社区综合服务设施覆盖率	%	92.9	78.7	14.1（百分点）
农村社区综合服务设施覆盖率	%	59.3	45.3	14.0（百分点）
社会捐赠接收站、点数	万个	1.3	1.2	3.6
社会救助				
城市低保				
城市最低生活保障人数	万人	860.9	1007.0	-14.5
城市最低生活保障户数	万户	524.9	605.1	-13.2
城市最低生活保障平均标准	元/人·月	624.0	579.7	7.6
农村低保				
农村最低生活保障人数	万人	3455.4	3519.1	-1.8
农村最低生活保障户数	万户	1892.3	1901.7	-0.5
农村最低生活保障平均标准	元/人·年	5335.5	4833.4	10.4

A-1-3续表2

指　标	单　位	2019年	2018年	比上年增长(%)
特困人员救助供养				
农村特困人员	万人	439.1	455.0	-3.5
城市特困人员	万人	29.5	27.7	6.5
儿童福利				
孤儿	万人	23.3	30.5	-23.6
收养登记	万人	1.3	1.6	-19.8
福利彩票				
销售福利彩票	亿元	1912.4	2245.6	-14.8
筹集公益金	亿元	557.3	643.6	-13.4
三、成员组织和其他社会服务				
社会组织	万个	86.6	81.7	6.0
社会团体	万个	37.2	36.6	1.5
基金会	个	7585	7034	7.8
民办非企业单位	万个	48.7	44.4	9.7
自治组织	万个	64.3	65.0	-1.1
村委会	万个	53.3	54.2	-1.7
居委会	万个	11.0	10.8	1.6
婚姻登记				
结婚登记	万对	927.3	1013.9	-8.5
#涉外及华侨、港澳台	万对	4.9	4.8	2.1
结婚率	‰	6.6	7.3	-0.7(千分点)
离婚登记	万对	470.1	446.1	5.4
离婚率	‰	3.4	3.2	0.2(千分点)
殡葬服务				
火化遗体	万具	522.7	501.7	4.2
火化率	%	52.4	50.5	1.9(百分点)

A-1-4 行政区划与上年比较

单位：个

指 标	2019年	2018年	比上年增长 (%)
地级行政区划合计	**333**	**333**	**–**
地级市	293	293	–
地区	7	7	–
自治州	30	30	–
盟	3	3	–
县级行政区划合计	**2846**	**2851**	**-0.2**
市辖区	965	970	-0.5
县级市	387	375	3.2
县	1323	1335	-0.9
自治县	117	117	–
旗	49	49	–
自治旗	3	3	–
特区	1	1	–
林区	1	1	–
乡级行政区划合计	**38755**	**39945**	**-3.0**
镇	21013	21297	-1.3
乡	9221	10253	-10.1
#民族乡	966	981	-1.5
苏木	153	153	–
民族苏木	1	1	–
街道	8519	8393	1.5
区公所	2	2	–

A−1−5　民政部门登记和管理的机构和设施与上年比较

单位：个

指　标	2019年	2018年	比上年增长 (%)
合计	**2014933**	**1876315**	**7.4**
一、社会工作	**566387**	**459419**	**23.3**
提供住宿的社会工作	**37021**	**31291**	**18.3**
养老机构	34369	28671	19.9
养老公寓等各类养老机构	16910	12687	33.3
特困人员供养机构	15932	13885	14.7
社会福利院	1527	1499	1.9
精神疾病服务机构	138	145	-4.8
社会福利医院	138	145	-4.8
儿童福利和救助保护机构	686	651	5.4
儿童福利机构	484	475	1.9
未成年人救助保护中心	202	176	14.8
其他提供住宿机构	1828	1824	0.2
流浪乞讨人员救助管理站	1545	1534	0.7
其他提供住宿的机构	283	290	-2.4
不提供住宿的社会工作	**529366**	**428128**	**23.6**
民政部门直属康复辅具机构	22	21	4.8
社会救助服务机构	885	883	0.2
福利彩票发行管理机构	702	700	0.3
社区服务机构和设施	527757	426524	23.7
二、成员组织和其他社会服务	**1514156**	**1472405**	**2.8**
成员组织	**1509028**	**1467248**	**2.8**
社会组织	866335	817360	6.0
社会团体	371638	366234	1.5
基金会	7585	7034	7.8
民办非企业单位	487112	444092	9.7
自治组织	642693	649888	-1.1
居委会	109620	107869	1.6
村委会	533073	542019	-1.7
其他社会服务	**5128**	**5157**	**-0.6**
婚姻登记机构	1068	1114	-4.1
殡葬服务机构	4060	4043	0.4
殡仪馆	1677	1730	-3.1
公墓	1443	1367	5.6
殡葬管理机构	890	946	-5.9
殡仪服务站	50	–	–
三、其他事业单位	**1541**	**1658**	**-7.1**
行政机关	**3447**	**3471**	**-0.7**

A-1-6 民政部门登记和管理的机构和设施职工与上年比较

单位：万人

指　标	2019年	2018年	比上年增长（%）
合计	**1545.7**	**1470.0**	**8.9**
一、社会工作	**248.4**	**200.1**	**3.5**
提供住宿的社会工作	**50.9**	**43.3**	**17.7**
养老机构	45.2	37.6	20.3
养老公寓等各类养老机构	29.9	23.0	29.8
特困人员供养机构	10.9	10.0	8.7
社会福利院	4.4	4.3	1.1
精神疾病服务机构	1.9	1.9	1.7
社会福利医院	1.9	1.9	1.7
儿童福利和救助保护机构	1.4	1.4	-0.5
儿童福利机构	1.2	1.3	-3.9
未成年人救助保护中心	0.2	0.1	31.9
其他提供住宿机构	2.4	2.4	-0.1
流浪乞讨人员救助管理站	1.6	1.7	-1.6
其他提供住宿的机构	0.7	0.7	3.4
不提供住宿的社会工作	**197.5**	**156.8**	**26.0**
民政部门直属康复辅具机构	0.1	0.1	-3.4
社会救助服务机构	0.8	0.8	3.7
福利彩票发行管理机构	1.2	1.2	0.8
社区服务机构和设施	195.4	154.7	26.3
二、成员组织和其他社会服务	**1295.4**	**1268.5**	**2.1**
成员组织	**1286.8**	**1259.7**	**2.2**
社会组织	1009.2	980.4	2.9
社会团体	409.3	420.2	-2.6
基金会	3.7	3.5	3.5
民办非企业单位	596.2	556.7	7.1
自治组织	277.6	279.4	-0.6
居委会	59.6	57.9	3.1
村委会	218.0	221.5	-1.6
其他社会服务	**8.6**	**8.7**	**-1.5**
婚姻登记机构	0.7	0.7	-6.0
殡葬服务机构	7.9	8.0	-1.1
殡仪馆	4.5	4.6	-2.9
公墓	2.7	2.6	3.8
殡葬管理机构	0.7	0.8	-10.8
殡仪服务站（人）	357	–	–
三、其他事业单位	**1.8**	**1.5**	**25.0**
行政机关	**8.6**	**9.5**	**-9.4**

A-1-7 职工性别统计

指 标	职工总数（人）	女性	女性占比（%）	比上年增长（百分点）
合计	**15456660**	**5494807**	**35.5**	**1.3**
一、社会工作	**2484135**	**1011218**	**40.7**	**-1.7**
提供住宿的社会工作	**508897**	**294324**	**57.8**	**-0.2**
养老机构	451979	263522	58.3	-0.4
养老公寓等各类养老机构	298879	182912	61.2	-0.7
特困人员供养机构	109175	52975	48.5	-1.1
社会福利院	43925	27635	62.9	0.2
精神疾病服务机构	18888	12047	63.8	2.1
社会福利医院	18888	12047	63.8	2.1
儿童福利和救助保护机构	14210	9394	66.1	-1.9
儿童福利机构	12418	8638	69.6	-1.4
未成年人救助保护中心	1792	756	42.2	1.5
其他提供住宿机构	23820	9361	39.3	1.3
流浪乞讨人员救助管理站	16408	5750	35.0	0.2
其他提供住宿的机构	7412	3611	48.7	3.5
不提供住宿的社会工作	**1975238**	**716894**	**36.3**	**-1.9**
民政部门直属康复辅具机构	1198	403	33.6	-0.7
社会救助服务机构	7826	3586	45.8	-0.1
福利彩票发行管理机构	12159	5693	46.8	0.9
社区服务机构和设施	1954055	707212	36.2	-1.9
二、成员组织和其他社会服务	**12954392**	**4475291**	**34.5**	**1.6**
成员组织	**12868401**	**4447674**	**34.6**	**1.6**
社会组织	10092077	3625614	35.9	2.0
社会团体	4093012	918283	22.4	0.6
基金会	36678	7101	19.4	2.3
民办非企业单位	5962387	2700230	45.3	2.1
自治组织	2776324	822060	29.6	0.2
居委会	596431	303295	50.9	0.5
村委会	2179893	518765	23.8	-0.2
其他社会服务	**85991**	**27617**	**32.1**	**-0.1**
婚姻登记机构	6828	4425	64.8	-1.8
殡葬服务机构	79163	23192	29.3	0.2
殡仪馆	44978	11793	26.2	-0.3
公墓	26618	9340	35.1	0.6
殡葬管理机构	7210	1960	27.2	0.4
殡仪服务站	357	99	27.7	—
三、其他事业单位	**18133**	**8298**	**45.8**	**-1.1**
行政机关	**86179**	**30610**	**35.5**	**0.8**

A—1—8　民政部门登记和管理的机构和设施固定资产原价与上年比较

单位：亿元

指　标	2019年	2018年	比上年增长 (%)
合计	**6515.3**	**5736.2**	**13.6**
一、社会工作	**1555.0**	**1206.6**	**28.9**
提供住宿的社会工作	**1330.3**	**999.6**	**33.1**
养老机构	1161.5	855.7	35.7
养老公寓等各类养老机构	687.4	451.0	52.4
特困人员供养机构	285.5	237.3	20.3
社会福利院	188.5	163.6	15.2
精神疾病服务机构	72.2	51.6	40.1
社会福利医院	72.2	51.6	40.1
儿童福利和救助保护机构	50.1	45.7	9.8
儿童福利机构	48.7	44.5	9.5
未成年人救助保护中心	1.4	1.2	22.2
其他提供住宿机构	46.4	46.6	-0.4
流浪乞讨人员救助管理站	37.7	38.7	-2.6
其他提供住宿的机构	8.7	7.9	9.8
不提供住宿的社会工作	**224.7**	**206.9**	**8.6**
民政部门直属康复辅具机构	5.3	4.7	12.6
社会救助服务机构	3.4	3.1	12.5
福利彩票发行管理机构	145.3	128.5	13.0
社区服务机构和设施	70.7	70.6	0.1
二、成员组织和其他社会服务	**4883.8**	**4475.2**	**9.1**
成员组织	**4525.7**	**4129.3**	**9.6**
社会组织	3889.1	3542.3	9.8
社会团体	468.7	533.6	-12.1
基金会	42.6	45.6	-6.5
民办非企业单位	3377.7	2963.1	14.0
自治组织	636.6	587.0	8.4
居委会	172.6	197.5	-12.6
村委会	464.0	389.6	19.1
其他社会服务	**358.1**	**345.9**	**3.5**
婚姻登记机构	4.2	2.3	80.1
殡葬服务机构	353.9	343.6	3.0
殡仪馆	236.6	227.0	4.2
公墓	99.6	88.1	13.1
殡葬管理机构	17.3	28.5	-39.4
殡仪服务站	0.5	—	—
三、其他事业单位	**76.5**	**54.5**	**40.5**
行政机关	**285.8**	**247.8**	**15.3**

A-1-9 民政基本建设投资与上年比较

单位：亿元、万平方米

指　标	2019年	2018年	比上年增长 (%)
计划总投资	**736.0**	**675.3**	**9.0**
本年计划投资	**156.0**	**157.9**	**-1.2**
社会工作	101.8	119.4	-14.7
提供住宿的民政服务机构	97.2	112.6	-13.7
养老机构	81.9	96.3	-14.9
精神疾病服务机构	5.3	7.5	-30.1
儿童福利和救助保护机构	5.5	6.5	-15.7
其他提供住宿机构	4.4	2.2	100.2
不提供住宿的民政服务机构	4.7	6.8	-31.4
其他社会服务机构	43.1	28.1	53.2
其他	11.1	10.3	7.4
本年实际完成投资	**184.8**	**188.0**	**-1.7**
按项目类别分			
社会工作	119.9	142.0	-15.5
提供住宿的民政服务机构	114.6	134.0	-14.5
养老机构	96.1	113.0	-15.0
精神疾病服务机构	5.2	7.9	-33.8
儿童福利和救助保护机构	8.3	8.5	-2.2
其他提供住宿机构	5.0	4.6	7.9
不提供住宿的民政服务机构	5.3	7.9	-33.4
其他社会服务机构	53.1	34.8	52.4
其他	11.8	11.2	5.7
按资金性质分			
国家预算内投资	72.6	71.9	1.0
国内贷款	3.4	2.7	27.8
利用外资	0.1	0.3	-61.5
彩票公益金	37.9	48.0	-21.0
其他	70.7	65.1	8.7
开工累计完成投资	**388.8**	**363.0**	**7.1**
本年完工项目规模	**899.9**	**669.3**	**34.5**

A-1-10　民政事业费支出与上年比较

单位：亿元

指　标	2019年	2018年	比上年增长 (%)
民政事业费合计	**4279.2**	**4076.9**	**5.0**
占国家财政支出比重（%）	1.8	1.8	–
#中央转移支付的事业费	1566.6	1485.6	5.5
占民政事业费的比重（%）	36.6	36.4	0.2
#国家预算内基本建设投资	72.6	71.9	1.0
#公益金支出	259.9	251.7	3.3
按支出用项分			
社会福利	1228.8	1064.8	15.4
老年人福利	453.0	370.1	22.4
儿童福利	53.9	49.6	8.8
残疾人福利	279.8	237.9	17.6
社会救助	2281.4	2224.0	2.6
最低生活保障	1646.7	1632.1	0.9
临时救助	171.9	164.9	4.2
特困人员救助供养	383.0	336.4	13.9
其他社会救助	79.9	90.6	-11.9
民政管理事务	497.7	500.3	-0.5
行政事业单位离退休	46.1	38.2	20.8
其他	225.2	249.6	-9.8
中央财政转移支付的民政事业费合计	**1566.6**	**1485.6**	**5.5**
一般预算财政拨款	1471.7	1403.7	4.8
彩票公益金	48.5	39.0	24.5
中央预算内基本建设投资	46.4	43.0	7.9
养老服务	32.0	31.0	3.2
社会福利	14.4	12.0	19.9

A-1-11 民政事业费支出按用项分

单位：亿元

指　标	2019年	2018年	占全部%	比上年增加	比上年增长 (%)
合计	**4279.2**	**4076.9**	**100.0**	**202.3**	**5.0**
社会福利	**1228.8**	**1064.8**	**28.7**	**164.0**	**15.4**
儿童福利	53.9	49.6	1.3	4.3	8.8
老年人福利	453.0	370.1	10.6	82.9	22.4
残疾人福利	279.8	237.9	6.5	41.9	17.6
殡葬	137.7	102.4	3.2	35.2	34.4
社会福利事业单位	219.7	211.1	5.1	8.6	4.1
其他社会福利支出	84.7	93.7	2.0	-9.0	-9.6
社会救助	**2281.4**	**2224.0**	**53.3**	**57.4**	**2.6**
最低生活保障	1646.7	1632.1	38.5	14.6	0.9
城市最低生活保障	519.5	575.2	12.1	-55.7	-9.7
农村最低生活保障	1127.2	1056.9	26.3	70.3	6.7
临时救助	171.9	164.9	4.0	6.9	4.2
临时救助	141.1	130.6	3.3	10.5	8.1
流浪乞讨人员救助	30.7	34.3	0.7	-3.6	-10.5
特困人员救助供养	383.0	336.4	9.0	46.6	13.9
城市特困人员	37.0	29.5	0.9	7.5	25.5
农村特困人员	346.0	306.9	8.1	39.1	12.7
其他社会救助	79.9	90.6	1.9	-10.7	-11.9
民政管理事务	**497.7**	**500.3**	**11.6**	**-2.6**	**-0.5**
行政运行	129.2	142.2	3.0	-13.1	-9.2
一般行政管理事务	42.0	27.9	1.0	14.1	50.3
机关服务	5.6	4.1	0.1	1.6	38.9
民间组织管理	11.2	11.1	0.3	0.1	1.3
行政区划和地名管理	10.7	12.5	0.3	-1.8	-14.6
基层政权和社区建设	150.7	148.7	3.5	2.0	1.3
其他民政管理事务支出	148.3	153.8	3.5	-5.5	-3.6
行政事业单位离退休	**46.1**	**38.2**	**1.1**	**8.0**	**20.8**
其他	**225.2**	**249.6**	**5.3**	**-24.5**	**-9.8**

A-2-1　社会工作类机构财务状况与上年比较

单位：万元

指　标	2019年	2018年	比上年增长 (%)
执行企业会计制度单位填报			
存货	10164.3	6062.2	67.7
固定资产原价	1434910.6	906534.3	58.3
累计折旧	234407.4	42933.8	446.0
其中：本年折旧	25311.0	11980.4	111.3
资产总计	1308348.3	848800.2	54.1
负债合计	810294.8	334481.9	142.3
营业收入	234533.3	124722.1	88.0
营业成本	190245.8	99259.3	91.7
营业税金及附加	4738.3	1957.2	142.1
销售费用	24193.2	11704.5	106.7
管理费用	91925.6	49999.3	83.9
其中：税金	1156.9	486.8	137.7
差旅费	794.1	634.1	25.2
财务费用	21977.5	4143.3	430.4
其中：利息支出	2777.0	976.9	184.3
资产减值损失	2003.3	221.3	805.2
公允价值变动收益	3896.3	-2541.9	-253.3
投资收益	2709.8	274.9	885.7
营业利润	-46622.2	-29276.5	59.2
营业外收入	16105.2	8983.7	79.3
其中：政府补助	10515.4	4252.3	147.3
应付职工薪酬	57834.2	33157.4	74.4
本年应交增值税	1296.8	609.1	112.9

A-2-1续表1

单位：万元

指　标	2019年	2018年	比上年增长 (%)
执行行政事业单位会计制度填报			
存货	67980.5	57059.6	19.1
固定资产原价	8180697.2	6916387.4	18.3
资产总计	8884423.5	7645568.8	16.2
负债合计	2656102.3	2364946.3	12.3
本年收入合计	5006920.2	4546127.0	10.1
其中：事业收入	2099706.5	2314140.5	-9.3
经营收入	99017.3	90998.4	8.8
本年支出合计	4643487.6	4343712.7	6.9
其中：工资福利支出	1438354.3	1321596.4	8.8
商品和服务支出	1419682.8	1367159.0	3.8
其中：取暖费	25098.6	27443.7	-8.5
差旅费	17848.8	16738.7	6.6
因公出国（境）费用	372.4	274.2	35.8
劳务费	134653.5	113054.1	19.1
工会经费	13346.0	11117.2	20.0
福利费	13312.5	12889.6	3.3
对个人和家庭的补助	643675.8	640449.5	0.5
其中：抚恤金	5386.0	5482.0	-1.8
生活补助	133167.7	124945.4	6.6
救济费	268039.6	267587.0	0.2
助学金	2629.9	2133.5	23.3
奖励金	10980.5	17142.8	-35.9
生产补贴	904.7	897.3	0.8
经营支出	64011.9	55717.5	14.9
销售税金	718.0	2718.7	-73.6

A−2−1续表2

单位：万元

指　标	2019年	2018年	比上年增长 (%)
执行民间非营利组织单位会计制度填报			
存货	46678.4	18038.5	158.8
固定资产原价	5935013.1	4233874.1	40.2
资产总计	2018818.5	1710540.9	18.0
负债合计	1416652.6	1116165.7	26.9
本年收入合计	3709483.8	1809660.2	105.0
其中：捐赠收入	54069.4	51962.2	4.1
会费收入	41877.8	41395.2	1.2
政府补助收入	82447.7	−	−
本年费用合计	1788032.1	1599195.8	11.8
其中：业务活动成本	981428.1	887450.6	10.6
其中：人员费用	381332.3	336341.0	13.4
日常费用	235290.3	185855.2	26.6
固定资产折旧	101123.5	91621.0	10.4
税费	8090.2	10777.2	-24.9
管理费用	509244.6	454595.3	12.0
其中：人员费用	221484.2	203100.1	9.1
日常费用	120814.7	99970.5	20.9
固定资产折旧	55961.4	52520.2	6.6
税费	3369.1	2234.7	50.8
净资产变动额	98570.0	80404.8	22.6

A-2-2 提供住宿的民政服务机构和社区养老情况与上年比较

指　标	机构和设施数（个）			职工人数（万人）		
	2019年	2018年	比上年增长(%)	2019年	2018年	比上年增长(%)
机构和设施合计	206227	170897	20.7	93.8	80.4	16.6
机构合计	37021	31291	18.3	50.9	43.3	17.7
养老机构和设施	203575	168277	21.0	88.1	74.7	17.8
机构养老	34369	28671	19.9	45.2	37.6	20.3
养老公寓等各类养老机构	16910	12687	33.3	29.9	23.0	29.8
特困人员供养机构	15932	13885	14.7	10.9	10.0	8.7
社会福利院	1527	1499	1.9	4.4	4.3	1.1
社区养老	169206	139606	21.2	42.9	37.2	15.4
未登记的特困人员供养机构	4312	3991	8.0	2.3	2.2	5.5
社区养老照料机构和设施	63618	44558	42.8	21.5	16.6	29.7
社区互助型养老设施	101276	91057	11.2	19.1	18.4	3.7
精神疾病服务机构	138	145	-4.8	1.9	1.9	1.7
社会福利医院	138	145	-4.8	1.9	1.9	1.7
儿童福利和救助保护机构	686	651	5.4	1.4	1.4	-0.5
儿童福利院	484	475	1.2	1.2	1.3	-3.9
未成年人救助保护中心	202	176	0.2	0.2	0.1	31.9
其他提供住宿机构	1828	1824	0.2	2.4	2.4	-0.1
流浪乞讨人员救助管理站	1545	1534	0.7	1.6	1.7	-1.6
其他	283	290	-2.4	0.7	0.7	3.4

A-2-2续表

指　标	床位数（万张）			收留抚养救助人数（万人）		
	2019年	2018年	比上年增长(%)	2019年	2018年	比上年增长(%)
机构和设施床位合计	803.6	755.9	6.3	387.9	317.3	22.2
机构合计	467.4	408.1	14.5	231.6	211.9	9.3
养老机构和设施	775.0	727.1	6.6	373.8	302.9	23.4
机构养老	438.8	379.4	15.7	217.5	197.6	10.1
养老公寓等各类养老机构	236.7	184.8	28.0	110.4	90.3	22.4
特困人员供养机构	164.5	154.2	6.7	87.7	87.0	0.8
社会福利院	37.6	36.8	2.1	19.4	18.9	2.4
社区养老	336.2	347.8	-3.3	156.2	105.4	48.3
#未登记的特困人员供养机构	34.2	33.6	1.7	15.2	14.9	2.4
社区养老照料机构和设施	113.0	130.7	-13.6	58.5	41.8	39.9
社区互助型养老设施	107.4	93.1	15.3	61.0	32.3	88.8
精神疾病服务机构	6.5	6.3	3.1	5.5	5.4	2.5
社会福利医院	6.5	6.3	3.1	5.5	5.4	2.5
儿童福利和救助保护机构	9.9	9.7	1.5	4.8	4.9	-2.6
儿童福利院	9.0	8.9	1.1	4.8	4.9	-2.6
未成年人救助保护中心	0.8	0.8	6.0	–	–	–
其他提供住宿机构	12.2	12.7	-4.2	3.8	4.0	-6.4
流浪乞讨人员救助管理站	9.6	10.2	-5.5	2.3	2.5	-9.1
其他	2.6	2.6	1.1	1.5	1.5	-1.7

A-2-3 孤儿、家庭收养登记与上年比较

单位：人、件、%

指 标	2019年	2018年	比上年增长
孤儿	**233117**	**305110**	**-23.6**
集中养育孤儿	64482	69760	-7.6
社会散居孤儿	168635	235350	-28.3
家庭收养登记	**13044**	**16267**	**-19.8**
中国公民收养登记	12074	14582	-17.2
#港澳台及华侨	90	116	-22.4
外国人收养登记	970	1685	-42.4
被收养人合计（人）	13044	16267	-19.8
#女性	8159	10355	-21.2
#残疾儿童	906	1479	-38.7
儿童福利机构抚养的孤儿	3019	8082	-62.6
社会散居孤儿	2245	4522	-50.4
继子女收养的儿童	414	697	-40.6
三代以内同辈旁系血亲的子女	1394	1314	6.1
儿童福利机构抚养的弃婴和儿童	3452	499	591.8
非社会福利机构抚养的弃婴	1637	230	611.7
生父母有特殊困难无力抚养的子女	872	918	-5.0
生父母均不具备完全民事行为能力且具有严重危害可能的子女	11	5	120.0

A-2-4 社会救助与上年比较

指　标	单位	2019年	2018年	比上年增长 (%)
社会救助总人数	**万人**	**5948.8**	**6330.8**	**-6.0**
城市最低生活保障	**万人**	**860.9**	**1007.0**	**-14.5**
老年人	万人	158.6	180.4	-12.1
成年人	万人	563.4	663.1	-15.0
在职人员	万人	10.2	14.0	-26.9
灵活就业	万人	171.8	219.2	-21.6
登记失业	万人	81.0	109.2	-25.9
无就业条件	万人	300.3	320.6	-6.3
未成年人	万人	138.9	163.6	-15.1
# 女性	万人	386.3	451.6	-14.5
残疾人	万人	139.4	145.5	-4.2
# 重度残疾人	万人	60.2	52.5	14.6
城市最低生活保障户数	万户	524.9	605.1	-13.2
城市低保资金支出	亿元	519.5	575.2	-9.7
平均保障标准	元／人·月	624.0	579.7	7.6
农村最低生活保障	**万人**	**3455.4**	**3519.1**	**-1.8**
农村最低生活保障户数	万户	1892.3	1901.7	-0.5
农村低保支出	亿元	1127.2	1056.9	6.7
平均保障标准	元／人·年	5335.5	4833.4	10.4
特困人员救助供养				
农村特困人员	万人	439.1	455.0	-3.5
城市特困人员	万人	29.5	27.7	6.5
传统救济	**万人**	**37.4**	**56.8**	**-34.3**
临时救助	**万人次**	**993.2**	**1108.0**	**-10.4**
本地户籍	万人次	988.6	1098.6	-10.0
非本地户籍	万人次	4.6	9.4	-50.6
流浪乞讨人员救助	**万人次**	**133.3**	**157.2**	**-15.2**
在站救助	万人次	100.1	122.0	-18.0
站外救助	万人次	33.2	35.2	-5.5
# 未成年人	万人次	6.2	7.6	-18.9

注：社会救助总人数是救助人数和人次数的合计。

A-2-5　分省份城市最低生活保障平均标准与上年比较

单位：元/人·月

地　区	2019年	2018年	比上年增长(%)
全　国	**624.0**	**579.7**	**7.6**
北　京	1100.0	1000.0	10.0
天　津	980.0	920.0	6.5
河　北	663.4	601.3	10.3
山　西	550.5	495.8	11.0
内蒙古	689.0	640.5	7.6
辽　宁	635.8	590.2	7.7
吉　林	525.3	506.9	3.6
黑龙江	584.0	564.8	3.4
上　海	1160.0	1070.0	8.4
江　苏	718.3	682.4	5.3
浙　江	811.5	762.6	6.4
安　徽	597.1	569.7	4.8
福　建	615.2	605.6	1.6
江　西	635.5	577.4	10.1
山　东	576.6	532.4	8.3
河　南	539.1	492.9	9.4
湖　北	636.3	605.0	5.2
湖　南	516.9	468.8	10.2
广　东	806.6	748.6	7.7
广　西	665.8	589.6	12.9
海　南	562.8	485.6	15.9
重　庆	580.0	546.0	6.2
四　川	552.0	507.2	8.8
贵　州	613.4	591.7	3.7
云　南	619.8	566.8	9.3
西　藏	834.1	805.0	3.6
陕　西	607.8	568.1	7.0
甘　肃	530.2	489.1	8.4
青　海	575.4	503.2	14.4
宁　夏	574.6	570.0	0.8
新　疆	467.2	433.5	7.8

A-2-6 分省份农村最低生活保障平均标准与上年比较

单位：元/人·年

地 区	2019年	2018年	比上年增长 (%)
全 国	**5335.5**	**4833.4**	**10.4**
北 京	13200.0	12000.0	10.0
天 津	11760.0	11040.0	6.5
河 北	4907.1	4321.7	13.5
山 西	4758.9	4072.6	16.9
内蒙古	5841.5	5453.8	7.1
辽 宁	5081.6	4629.7	9.8
吉 林	4065.0	3881.1	4.7
黑龙江	4124.2	3974.1	3.8
上 海	13920.0	12840.0	8.4
江 苏	8457.5	7777.1	8.7
浙 江	9740.4	9083.3	7.2
安 徽	6860.4	5891.8	16.4
福 建	7320.7	7127.3	2.7
江 西	4638.5	4111.7	12.8
山 东	5092.4	4482.0	13.6
河 南	4089.4	3617.4	13.0
湖 北	5692.6	5275.2	7.9
湖 南	4505.2	4097.9	9.9
广 东	7625.2	7114.5	7.2
广 西	4473.1	3812.3	17.3
海 南	5236.8	4310.4	21.5
重 庆	5336.9	4984.9	7.1
四 川	4476.5	4009.1	11.7
贵 州	4410.5	4191.3	5.2
云 南	4353.7	3651.9	19.2
西 藏	4333.2	4005.7	8.2
陕 西	4665.3	4221.0	10.5
甘 肃	4167.7	3978.8	4.7
青 海	4119.7	3713.1	10.9
宁 夏	4040.0	3965.5	1.9
新 疆	4250.7	3842.3	10.6

A-2-7 分省份孤儿平均保障标准与上年比较

单位：元/人·月

地区	集中养育平均保障标准			社会散居平均保障标准		
	2019年	2018年	比上年增长(%)	2019年	2018年	比上年增长(%)
全 国	**1499.2**	**1344.0**	**11.6**	**1073.5**	**924.0**	**16.2**
北 京	2000.0	2000.0	–	1800.0	1800.0	–
天 津	2560.0	1991.3	28.6	2540.0	2480.0	2.4
河 北	1299.3	1170.0	11.1	894.5	759.8	17.7
山 西	1369.2	1033.2	32.5	979.0	658.1	48.8
内蒙古	1750.9	1666.4	5.1	1470.5	1336.6	10.0
辽 宁	1700.1	1559.6	9.0	1300.0	1115.7	16.5
吉 林	1497.3	1301.4	15.1	1097.3	914.8	19.9
黑龙江	1550.1	1120.6	38.3	1167.9	763.5	53.0
上 海	2093.8	2000.0	4.7	1893.8	1806.3	4.8
江 苏	2189.0	2047.7	6.9	1612.2	1441.9	11.8
浙 江	1815.5	1651.3	9.9	1448.0	1238.3	16.9
安 徽	1430.3	1326.0	7.9	1025.1	894.8	14.6
福 建	1532.1	1522.0	0.7	981.2	968.6	1.3
江 西	1216.3	1165.1	4.4	860.0	802.4	7.2
山 东	1449.3	1274.9	13.7	964.0	808.5	19.2
河 南	1283.4	1137.4	12.8	907.7	743.7	22.1
湖 北	2056.8	1957.7	5.1	1286.0	1218.7	5.5
湖 南	1402.9	1247.8	12.4	973.2	823.6	18.2
广 东	1854.9	1733.0	7.0	1307.2	1222.6	6.9
广 西	1197.1	1049.2	14.1	796.1	643.2	23.8
海 南	1364.3	1247.4	9.4	994.0	871.4	14.1
重 庆	1404.0	1327.2	5.8	1206.4	1145.5	5.3
四 川	1389.3	1314.0	5.7	903.8	835.5	8.2
贵 州	1427.3	1181.2	20.8	979.5	767.2	27.7
云 南	1966.6	1758.8	11.8	1275.7	1082.1	17.9
西 藏	1224.1	1220.0	0.3	984.6	984.6	0.0
陕 西	1050.0	1000.9	4.9	830.7	808.8	2.7
甘 肃	1250.7	954.0	31.1	988.6	686.5	44.0
青 海	1055.7	1043.3	1.2	711.5	661.1	7.6
宁 夏	1059.9	886.1	19.6	725.2	740.0	-2.0
新 疆	1106.1	914.3	21.0	790.3	625.4	26.4

A-2-8 社区服务与上年比较

指　标	单位	2019年	2018年	比上年增长 (%)
社区服务机构和设施合计	**个**	**527757**	**426524**	**23.7**
社区服务指导中心	个	548	569	-3.7
社区服务中心	个	27489	27635	-0.5
社区服务站	个	224986	148779	51.2
未登记的特困人员供养机构	个	4312	3991	8.0
社区养老照料机构和设施	个	63618	44558	42.8
社区互助型养老设施	个	101276	91057	11.2
其他社区服务机构和设施	个	105528	109935	-4.0
城市社区综合服务设施覆盖率	%	92.9	78.7	14.2(百分点)
农村社区综合服务设施覆盖率	%	59.3	45.3	14.0(百分点)
社区养老床位数	**张**	**3362036**	**3477691**	**-3.3**
日间照料床位	张	2026519	1830244	10.7
全托服务床位	张	1335517	1647447	-18.9
社会捐赠接收工作站、点数	**个**	**12892**	**12445**	**3.6**
社会捐赠接收工作站数	个	9364	8981	4.3
慈善超市数	个	3528	3464	1.8

A-3-1 社会组织与上年比较

单位：个、亿元

指　标	2019年	2018年	比上年增长 (%)
社会组织合计	**866335**	**817360**	**6.0**
社会组织捐赠收入	873.2	919.7	-5.1
社会团体	**371638**	**366234**	**1.5**
按活动区域分			
全国性	1983	1986	-0.2
省级	31789	31380	1.3
地级	89359	87528	2.1
县级	248507	245340	1.3
基金会	**7585**	**7034**	**7.8**
按性质分			
具有公开募捐资格的基金会	1915	1925	-0.5
不具有公开募捐资格的基金会	5670	5109	11.0
民办非企业单位	**487112**	**444092**	**9.7**
按性质分			
法人	421430	377108	11.8
合伙	8302	9286	-10.6
个体	57380	57698	-0.6

注：由于社会组织年检工作滞后于年报汇总工作，社会组织捐赠数据为2018年数据。

A-3-2 基层群众性自治组织与上年比较

单位：个、人

指 标	2019年	2018年	比上年增长 (%)
城市			
社区居委会	109620	107869	1.6
居民小组	1456431	1562980	-6.8
居民委员会成员人数	596431	578618	3.1
#女性	303295	291439	4.1
居委会选举情况			
当年完成选举的居委会数	16391	33096	-50.5
当年完成选举的居委会选民登记总数	36167723	63143247	-42.7
#本届登记选民数	19504201	44296221	-56.0
参加投票人数	14961660	32030149	-53.3
农村			
村民委员会	533073	542019	-1.7
村民小组	4193261	4490805	-6.6
村民委员会成员人数	2179893	2214899	-1.6
#女性	518765	530711	-2.3
村委会选举情况			
当年完成选举的村委会数	71672	243042	-70.5
当年完成选举的村委会选民登记总数	100114604	295880576	-66.2
#本届登记选民数	67373936	240610403	-72.0
参加投票人数	59689148	198525989	-69.9

A-3-3　其他社会服务与上年比较

指　标	单位	2019年	2018年	比上年增长 (%)
婚姻服务				
婚姻登记机构	个	1068	1114	-4.1
办理婚姻登记业务的处数	处	5594	4649	20.3
结婚登记	对	9273269	10139439	-8.5
内地居民登记结婚对数	对	9223910	10091077	-8.6
初婚人数	人	13987101	15986682	-12.5
再婚人数	人	4559437	4292196	6.2
#女性	人	2467841	2306282	7.0
恢复结婚	对	619098	562921	10.0
涉外及华侨、港澳台居民登记结婚	对	49359	48362	2.1
结婚率	‰	6.6	7.3	-0.7(千分点)
离婚登记	对	4700635	4460849	5.4
民政部门办理离婚对数	对	4047193	3812249	6.2
内地居民办理离婚	对	4040089	3804682	6.2
华侨、港澳台居民登记离婚	对	7104	7567	-6.1
各级法院判决、调解离婚件数	件	653442	648600	0.7
离婚率	‰	3.4	3.2	0.2(千分点)
殡葬服务				
殡葬服务机构	个	4060	4043	0.4
火化炉数	台	6400	6444	-0.7
全年遗体火化数	具	5226918	5016890	4.2
火化率	%	52.4	50.5	1.9(百分点)
穴位数	个	19307152	17694262	9.1
安葬数	具	14390324	13033268	10.4

A-3-4 其他社会服务机构财务状况与上年比较

单位：万元

指 标	2019年	2018年	比上年增长 (%)
执行企业会计制度单位填报			
存货	283740.5	189558.6	49.7
固定资产原价	1240026.8	1272351.7	-2.5
累计折旧	313621.6	220395.4	42.3
其中：本年折旧	54304.2	78923.3	-31.2
资产总计	2610220.1	1320244.1	97.7
负债合计	1458991.8	794814.2	83.6
营业收入	1325483.7	1237902.1	7.1
营业成本	482351.1	358660.1	34.5
营业税金及附加	9275.9	9085.9	2.1
销售费用	123584.0	98558.9	25.4
管理费用	270409.4	212619.7	27.2
其中：税金	7330.0	6216.2	17.9
差旅费	2420.8	1642.1	47.4
财务费用	7682.0	6491.2	18.3
其中：利息支出	1577.6	1211.9	30.2
资产减值损失	499.9	109.9	354.9
公允价值变动收益	37.7	163.4	-76.9
投资收益	16125.9	2966.5	443.6
营业利润	357270.2	235448.7	51.7
营业外收入	74395.9	11114.6	569.4
其中：政府补助	4380.6	4024.0	8.9
应付职工薪酬	136794.4	102945.5	32.9
本年应交增值税	3853.6	3142.8	22.6

A-3-4续表1

单位：万元

指　标	2019年	2018年	比上年增长 (%)
执行事业单位会计制度填报			
存货	48938.7	39470.6	24.0
固定资产原价	2244572.2	2101399.8	6.8
资产总计	2243997.0	1890000.1	18.7
负债合计	343449.7	312921.3	9.8
本年收入合计	1667253.6	1589457.0	4.9
其中：事业收入	844515.3	820890.0	2.9
经营收入	339913.2	316519.5	7.4
本年支出合计	1592866.6	1509782.2	5.5
其中：工资福利支出	492729.9	465355.2	5.9
商品和服务支出	563010.0	552748.3	1.9
其中：取暖费	5037.3	5489.8	-8.2
差旅费	4340.2	4492.5	-3.4
因公出国（境）费用	274.9	358.6	-23.3
劳务费	48764.1	52529.9	-7.2
工会经费	4492.3	4124.6	8.9
福利费	7887.9	7269.3	8.5
对个人和家庭的补助	52913.3	59067.2	-10.4
其中：抚恤金	933.1	869.6	7.3
生活补助	7394.7	5748.0	28.6
救济费	1331.7	1142.5	16.6
助学金	57.0	62.6	-8.9
奖励金	3484.9	2519.7	38.3
生产补贴	61.5	132.1	-53.4
经营支出	201893.9	184717.7	9.3
销售税金	2068.4	1440.5	43.6

A-3-4续表2

单位：万元

指　标	2019年	2018年	比上年增长 (%)
执行民间非营利组织单位会计制度填报			
存货	2640.8	1332.5	98.2
固定资产原价	96645.1	85117.5	13.5
资产总计	79798.1	50972.1	56.6
负债合计	26992.3	21825.5	23.7
本年收入合计	29429.7	27478.5	7.1
其中：捐赠收入	547.0	539.0	1.5
会费收入	775.8	887.8	-12.6
政府补助收入	105.3	7.0	1404.3
本年费用合计	28663.9	22128.4	29.5
其中：业务活动成本	13178.7	10977.9	20.0
其中：人员费用	4039.7	3487.2	15.8
日常费用	4849.1	4326.5	12.1
固定资产折旧	1923.3	1672.4	15.0
税费	165.2	155.8	6.0
管理费用	11937.9	7209.0	65.6
其中：人员费用	3181.6	2995.5	6.2
日常费用	1557.9	2121.3	-26.6
固定资产折旧	795.4	1079.7	-26.3
税费	5751.9	76.3	7438.5
净资产变动额	17086.9	15643.1	9.2

第四部分

历年统计资料

B-1-1　县级及以上行政区划

单位：个

年份	省级	地级（不含地级市）	县级（不含县级市、市辖区）	市	#地级	#县级	市辖区	县级合计
1978	30	212	2153	193	98	92	408	2653
1979	30	211	2153	216	104	109	428	2690
1980	30	211	2151	223	107	113	511	2775
1981	30	208	2144	233	108	122	514	2780
1982	30	210	2140	245	112	130	527	2797
1983	30	178	2091	289	144	142	552	2785
1984	30	175	2069	300	147	150	595	2814
1985	30	165	2046	324	162	159	621	2826
1986	30	159	2017	353	166	184	629	2830
1987	30	156	1986	381	170	208	632	2826
1988	31	151	1936	434	183	248	647	2831
1989	31	151	1919	450	185	262	648	2829
1990	31	151	1903	467	185	279	651	2833
1991	31	151	1894	479	187	289	650	2833
1992	31	148	1848	517	191	323	662	2833
1993	31	139	1795	570	196	371	669	2835
1994	31	127	1735	622	206	413	697	2845
1995	31	124	1716	640	210	427	706	2849
1996	31	117	1696	666	218	445	717	2858
1997	33	110	1693	668	222	442	727	2862
1998	33	104	1689	668	227	437	737	2863
1999	34	95	1682	667	236	427	749	2858
2000	34	74	1674	663	259	400	787	2861
2001	34	67	1660	662	265	393	808	2861
2002	34	57	1649	660	275	381	830	2860
2003	34	51	1642	660	282	374	845	2861
2004	34	50	1636	661	283	374	852	2862
2005	34	50	1636	661	283	374	852	2862
2006	34	50	1635	656	283	369	856	2860
2007	34	50	1635	655	283	368	856	2859
2008	34	50	1635	655	283	368	856	2859
2009	34	50	1636	654	283	367	855	2858
2010	34	50	1633	657	283	370	853	2856
2011	34	48	1627	657	284	369	857	2853
2012	34	48	1624	657	285	368	860	2852
2013	34	47	1613	658	286	368	872	2853
2014	34	45	1596	653	288	361	897	2854
2015	34	43	1568	656	291	361	921	2850
2016	34	41	1537	657	293	360	954	2851
2017	34	40	1526	661	294	363	962	2851
2018	34	40	1506	672	293	375	970	2851
2019	34	40	1494	684	293	387	965	2846

B-1-2 乡镇级行政区划

单位：个

年份	乡镇级	镇	乡	民族乡	街道	区公所
1978	6195	2173				4022
1979	10424	2361			4444	3619
1980						
1981	11434	2678			4965	3791
1982						
1983	49695	2968	35514		5304	5909
1984	106439	7186	85290		5844	8119
1985	104900	9140	82450	3144	5402	7908
1986	83954	10718	61353	2936	5718	6165
1987	81025	11103	58739	3020	5680	5503
1988	65345	11481	45195	1571	5099	3570
1989	65419	11873	44624	1755	5420	3502
1990	65188	12084	44397	1980	5269	3438
1991	63391	12455	42654	1403	5186	3096
1992	54830	14539	33827	1348	5233	1231
1993	54863	15805	32445	1351	5470	1143
1994	54605	16702	31463	1322	5372	1068
1995	53360	17532	29502	1330	5596	730
1996	51336	18171	27056	1383	5565	544
1997	50967	18925	25966	1545	5678	398
1998	50999	19216	25712	1517	5732	339
1999	50750	19756	24745	1222	5904	345
2000	51024	20312	24555	1356	5902	255
2001	46369	20358	20012	1165	5972	27
2002	44822	20600	18640	1162	5516	66
2003	44067	20226	18064	1149	5751	26
2004	43275	19892	17534	1127	5829	20
2005	41636	19522	15951	1093	6152	11
2006	41040	19369	15306	1089	6355	10
2007	40813	19249	15120	1094	6434	10
2008	40828	19234	15067	1097	6524	3
2009	40858	19322	14848	1098	6686	2
2010	40906	19410	14571	1096	6923	2
2011	40466	19683	13587	1086	7194	2
2012	40446	19881	13281	1064	7282	2
2013	40497	20117	12812	1035	7566	2
2014	40381	20401	12282	1020	7696	2
2015	39789	20515	11315	991	7957	2
2016	39862	20883	10872	989	8105	2
2017	39888	21116	10529	982	8241	2
2018	39945	21297	10253	981	8393	2
2019	38755	21013	9221	966	8519	2

注：乡包括民族乡、苏木、民族苏木。

B-1-3　全国人口情况

单位：万人、%

年份	总人口	城镇	乡村	农村贫困人口	65周岁及以上老年人口	65周岁及以上人口比重	60周岁及以上老年人口	60周岁及以上人口比重	出生人口	死亡人口	当年净增人口
1978	96259	17245	79014	25000							
1979	97542	18495	79047								1283
1980	98705	19140	79565								1163
1981	100072	20171	79901								1367
1982	101654	21480	80174		4991	4.9					1469
1983	103008	22274	80734								954
1984	104357	24017	80340	12800							
1985	105851	25094	80757	12500							1164
1986	107507	26366	81141	13100							1476
1987	109300	27674	81626	12200	5968	5.4					1500
1988	111026	28661	82365	9600							1541
1989	112704	29540	83164	10200							1577
1990	114333	30195	84138	8500	6368	5.6			2391	762	1629
1991	115823	31203	84260						2258	768	1490
1992	117171	32175	84996	8000					2119	771	1348
1993	118517	33173	85344						2126	780	1346
1994	119850	34169	85681	7000					2104	771	1333
1995	121121	35174	85947	6540	7510	6.2			2063	792	1271
1996	122389	37304	85085		7833	6.4			2067	799	1268
1997	123626	39449	84177	4962	8085	6.5			2038	801	1237
1998	124761	41608	83153	4210	8359	6.7			1942	807	1135
1999	125786	43748	82038	3412	8679	6.9			1834	809	1025
2000	126743	45906	80837	3209	8821	7.0			1771	814	957
2001	127627	48064	79563	2927	9062	7.1			1702	818	884
2002	128453	50212	78241	2820	9377	7.3			1647	821	826
2003	129227	52376	76851	2900	9692	7.5			1599	825	774
2004	129988	54283	75705	2610	9857	7.6			1593	832	761
2005	130756	56212	74544	2365	10055	7.7	14408	11.0	1617	849	768
2006	131448	57706	73742	2148	10419	7.9	14901	11.3	1584	892	692
2007	132129	59379	72750	4320	10636	8.1	15340	11.6	1594	913	681
2008	132802	60667	72135	4007	10956	8.3	15989	12.0	1608	935	673
2009	133450	62186	71288	3597	11309	8.5	16714	12.5	1615	943	672
2010	134091	66558	67415	2688	11883	8.9	17765	13.3	1596	953	642
2011	134735	69079	65656	12238	12288	9.1	18499	13.7	1604	960	644
2012	135404	71182	64222	9899	12714	9.4	19390	14.3	1635	966	669
2013	136072	73111	62961	8249	13161	9.7	20243	14.9	1640	972	668
2014	136782	74916	61866	7017	13755	10.1	21242	15.5	1687	977	710
2015	137462	77116	60346	5575	14386	10.5	22200	16.1	1655	975	680
2016	138271	79298	58973	4335	15003	10.8	23086	16.7	1786	977	809
2017	139008	81347	57661	3046	15831	11.4	24090	17.3	1723	986	737
2018	139538	83137	56401	1660	16658	11.9	24949	17.9	1523	993	530
2019	140005	84843	55162	551	17603	12.6	25388	18.1	1465	998	467

注：本表资料来源于国家统计局。

B−1−4 民政部门登记和管理的机构和设施（按登记类型分类）

单位：万个

年份	合计	事业单位及设施合计	事业单位	企业性质机构	社会组织	社会服务类	自治组织	行政机关
1978	1.1	1.1		0.1				
1979	1.3	1.2		0.1				
1980	1.4	1.3		0.1				
1981	1.5	1.3		0.2				
1982	1.7	1.6		0.2				
1983	40.2	1.9		0.6			37.7	
1984	103.6	2.6		0.7			100.3	
1985	107.7	3.3		1.5			103.0	
1986	101.2	3.9		2.0			95.3	
1987	100.1	4.2		2.8			93.2	
1988	106.7	4.3		4.0	0.4		97.8	
1989	111.8	4.4		4.2	0.5		102.8	
1990	119.8	4.5		4.2	1.1		110.0	
1991	129.2	4.7		4.4	8.3		111.9	
1992	136.1	4.8		5.0	15.5		110.8	
1993	139.7	5.3		5.7	16.8		112.0	
1994	140.3	5.2		6.0	17.4		111.7	
1995	133.7	5.2		6.0	18.1		104.4	
1996	133.9	5.3		5.9	18.5		104.2	
1997	131.4	5.3		5.6	18.1		102.4	
1998	122.2	5.4		5.1	16.6		95.2	
1999	115.7	5.4		4.5	14.3		91.6	
2000	109.5	6.1		4.1	15.3		84.0	
2001	109.8	5.7		3.8	21.1		79.2	0.6
2002	110.5	5.8		3.6	24.5		76.7	0.5
2003	109.9	5.8		3.4	26.7		74.0	0.4
2004	111.1	6.7		3.2	28.9		72.2	0.4
2005	112.6	6.6		3.1	32.0		70.9	0.4
2006	115.7	6.7		3.0	35.4		70.5	0.4
2007	117.7	7.0		2.5	38.7		69.5	0.3
2008	119.2	6.6		2.4	41.4		68.8	0.4
2009	125.9	12.1		2.3	43.1		68.4	0.3
2010	126.6	11.6		2.2	44.6	6.3	68.2	0.3
2011	129.4	13.1		2.2	46.2	6.6	67.9	0.3
2012	146.2	26.3		2.0	49.9	7.5	68.0	0.3
2013	156.2	31.4	2.6	1.8	54.7	8.0	68.3	0.3
2014	166.5	36.0	2.9	1.7	60.6	8.8	68.2	0.3
2015	176.5	40.7	3.1	1.5	66.2	9.9	68.1	0.3
2016	174.5	37.9	3.1	0.1	70.2	10.4	66.2	0.3
2017	182.1	39.7	2.9	0.1	76.2	11.3	66.1	0.3
2018	187.6	40.7	2.3	0.2	81.7	12.5	65.0	0.3
2019	201.5	50.2	2.5	0.3	86.6		64.3	0.3

B-1-5 民政部门登记和管理的机构和设施（按国民经济行业分类）

单位：万个

年份	合计							行政机关
		社会工作	成员组织			其他社会服务机构	其他事业单位	
				社会组织	自治组织			
1978	1.1	0.8				0.3		
1979	1.3	1.0				0.3		
1980	1.4	1.1				0.3		
1981	1.5	1.2				0.3		
1982	1.7	1.4				0.3		
1983	40.2	2.2	37.7		37.7	0.3		
1984	103.6	3.0	100.3		100.3	0.3		
1985	107.7	4.5	103.0		103.0	0.3		
1986	101.2	5.6	95.3		95.3	0.3		
1987	100.1	6.6	93.2		93.2	0.3		
1988	106.7	8.1	98.3	0.4	97.8	0.3		
1989	111.8	8.3	103.3	0.5	102.8	0.3		
1990	119.8	8.4	111.1	1.1	110.0	0.3		
1991	129.2	8.7	120.2	8.3	111.9	0.3		
1992	136.1	9.5	126.3	15.5	110.8	0.3		
1993	139.7	10.7	128.7	16.8	112.0	0.3		
1994	140.3	10.9	129.1	17.4	111.7	0.3		
1995	133.6	10.9	122.4	18.1	104.4	0.3		
1996	133.9	10.9	122.7	18.5	104.2	0.3		
1997	131.4	10.6	120.5	18.1	102.4	0.3		
1998	122.2	10.2	111.8	16.6	95.2	0.3		
1999	115.7	9.5	105.9	14.3	91.6	0.3		
2000	109.5	9.8	99.3	15.3	84.0	0.3		
2001	109.8	9.2	100.3	21.1	79.2	0.3		0.6
2002	110.5	9.1	101.2	24.5	76.7	0.3		0.5
2003	109.9	8.9	100.7	26.7	74.0	0.3		0.4
2004	111.1	9.6	101.1	28.9	72.2	0.3		0.4
2005	112.6	9.5	102.9	32.0	70.9	0.3		0.4
2006	115.7	9.2	105.9	35.4	70.5	0.5		0.4
2007	117.7	9.0	108.2	38.7	69.5	0.5		0.3
2008	119.2	8.4	110.2	41.4	68.8	0.6		0.4
2009	125.9	13.8	111.5	43.1	68.4	0.6		0.3
2010	126.6	13.2	112.8	44.6	68.2	0.6		0.3
2011	129.4	14.6	114.1	46.2	67.9	0.7		0.3
2012	146.2	27.5	117.9	49.9	68.0	0.6	0.2	0.3
2013	156.1	32.3	123.0	54.7	68.3	0.6	0.2	0.3
2014	166.8	37.1	128.8	60.6	68.2	0.7	0.2	0.3
2015	176.5	41.3	134.3	66.2	68.1	0.7	0.2	0.3
2016	174.5	42.3	136.4	70.2	66.2	0.6	0.2	0.3
2017	182.1	44.4	142.2	76.2	66.1	0.5	0.2	0.3
2018	187.6	45.9	146.7	81.7	65.0	0.5	0.2	0.3
2019	201.5	56.6	150.9	86.6	64.3	0.5	0.2	0.3

注：2012年开始社会工作中包含其他社区服务设施。

B-1-6 民政部门登记和管理的机构和设施职工

单位：万人

年份	合计	社会工作	成员组织			其他社会服务机构	其他事业单位	行政机关	乡、镇民政助理员
				社会组织	自治组织				
1978	19.7	19.7							
1979	21.9	21.9							
1980	25.3	25.3							
1981	27.8	27.8							
1982	29.1	29.1							
1983	41.5	41.5							
1984	48.0	48.0							
1985	497.9	83.4	414.5		414.5				
1986	506.2	104.1	402.1		402.1				
1987	529.1	132.2	396.9		396.9				
1988	569.6	166.9	402.7		402.7				
1989	587.5	171.5	416.0		416.0				
1990	631.8	179.3	452.5		452.5				
1991	661.2	192.7	468.5		468.5				
1992	691.3	213.9	477.4		477.4				
1993	733.9	230.0	503.9		503.9				
1994	749.6	243.1	506.5		506.5				
1995	694.2	245.7	448.5		448.5				
1996	676.0	229.2	446.8		446.8				
1997	666.8	238.2	428.6		428.6			14.3	
1998	634.4	225.0	409.4		409.4			14.8	
1999	615.1	213.7	401.4		401.4			14.8	5.9
2000	566.8	203.4	363.4		363.4			13.5	5.7
2001	565.2	202.4	362.8		362.8			12.1	4.6
2002	526.2	192.4	333.8		333.8			11.2	4.1
2003	551.8	193.0	358.8		358.8			10.8	3.7
2004	532.4	197.8	334.6		334.6			11.3	3.9
2005	500.6	189.5	311.1		311.1			8.4	5.5
2006	895.5	183.0	712.5	425.2	287.3			8.3	4.6
2007	930.0	190.4	739.6	456.9	282.7			8.4	4.7
2008	958.7	206.9	751.8	475.8	276.0			8.7	4.5
2009	1029.3	207.5	821.8	544.7	277.1			8.8	4.7
2010	1129.5	234.0	895.5	618.2	277.3			8.9	5.0
2011	1120.8	235.7	876.6	599.3	277.3	8.5		9.0	4.9
2012	1144.7	241.4	892.5	613.3	279.2	8.6	2.2	9.3	5.2
2013	1197.6	269.2	917.3	636.6	280.7	9.1	2.0	9.4	5.2
2014	1250.9	277.3	962.5	682.3	280.2	9.3	1.9	9.5	5.4
2015	1308.9	281.9	1015.7	734.8	280.9	9.5	1.8	9.5	5.3
2016	1239.3	185.7	1043.0	763.7	279.3	9.0	1.6	9.6	5.3
2017	1355.8	199.8	1145.5	864.7	280.8	9.0	1.6	9.8	5.6
2018	1470.0	200.1	1259.7	980.4	279.4	8.7	1.5	9.5	5.8
2019	1545.7	248.4	1286.8	1009.2	277.6	8.6	1.8	8.6	5.8

注：合计数不含行政机关人员和乡镇助理员。

B-1-7　社会工作师和助理社会工作师

单位：人

年份	社会工作师		助理社会工作师	
	报考人数	考试通过人数	报考人数	考试通过人数
2008	77698	4192	60139	20648
2009	46015	4227	38204	6611
2010	25547	2664	46047	5428
2011	25500	2338	54515	8068
2012	34245	6104	92621	23846
2013	48287	11658	121937	27300
2014	62881	7427	144813	28431
2015	79535	13155	196965	34274
2016	88974	17772	210267	64638
2017	106810	13972	225941	25251
2018	130428	23843	293789	89087
2019	167447	21285	386066	73220

B-1-8　民政服务职业技能人员

单位：人

年份	合格总人数	养老护理员	假肢类技能人员	孤残儿童护理员	殡葬类技能人员
2007	114		21		93
2008	1027		139		888
2009	3575	24	302	23	1829
2010	16809	171	252	196	1636
2011	33240	1538	164	1270	2426
2012	34931	4220	219	2590	2294
2013	17612	4072	193	2216	2142
2014	13246	5934	338	2093	2116
2015	12871	8127	268	1570	2115
2016	12144	8528	393	1117	2106
2017	15537	11488	547	1266	2272
2018	1956	49	452	1333	122
2019	1328		370	958	

说明：1.以上数据为民政部职业技能鉴定指导中心及分布在全国31个省、自治区、直辖市76个鉴定站鉴定人数和竞赛晋级人数（不含地方自行组织的鉴定人数）。

2.殡葬类职业包括：殡仪服务员（初、中、高、技师4个级别）、遗体接运工（初、中、高3个级别）、遗体防腐师（初、中、高、技师、高级技师5个级别）、遗体整容师（初、中、高、技师、高级技师5个级别）、遗体火化师（初、中、高、技师、高级技师5个级别）、墓地管理员（初、中、高、技师4个级别）。

3.假肢类职业包括：假肢师（初、中、高、技师、高级技师5个级别）、矫形器师（初、中、高、技师、高级技师5个级别）。

B-1-9 民政服务对象及民

年份	城市最低生活保障人数	女	农村最低生活保障人数	女	农村特困人员人数	女	本年在站救助人次数	女
1996	84.9							
1997	87.9							
1998	184.1							
1999	256.9							
2000	402.6							
2001	1170.7		304.6					
2002	2064.7		407.8					
2003	2246.8		367.1				634528	
2004	2205.0		488.0				820254	
2005	2234.2	592.4	825.0	235.1			1196305	209632
2006	2240.1	787.5	1593.1	455.1			1295506	221164
2007	2272.1	922.5	3566.3	1169.2	531.3	137.5	1544492	281987
2008	2334.8	947.7	4305.5	1337.0	548.6	127.5	1573484	269609
2009	2345.6	961.4	4760.0	1502.4	553.4	123.9	1680532	281387
2010	2310.5	943.4	5214.0	1673.4	556.3	120.7	1719008	314866
2011	2276.8	920.2	5305.7	1700.6	551.0	115.6	2409701	373103
2012	2143.5	889.9	5344.5	1814.5	545.6	109.4	2765761	383262
2013	2064.2	867.0	5388.0	1866.5	537.3	102.0	3479536	609333
2014	1877.0	792.4	5207.2	1826.4	529.1	94.1	2953359	568551
2015	1701.1	727.1	4903.6	1795.0	516.7	87.2	3233912	608786
2016	1480.2	643.6	4586.5	1774.2	496.9	76.2	2886925	467503
2017	1261.0	561.4	4045.2	1649.2	466.9	61.5	1665633	257040
2018	1007.0	451.6	3519.1	1476.5	455.0	57.0	1220283	169045
2019	860.9	386.3	3455.4	1502.8	439.1	47.0	1000958	130783

政从业人员性别情况

单位：万人、人次、人

年份	社会团体负责人数	女	基金会负责人数	女	民办非企业单位负责人数	女	居委会主任数	女	村委会主任数	女
1996										
1997										
1998										
1999	47.6	6.0			0.9	0.2				
2000	45.4	6.1			3.2	0.7				
2001	43.3	5.7			10.1	3.6				
2002	45.5	6.1			14.4	5.1				
2003	51.8	6.2			16.6	5.8				
2004	56.0	6.6			19.1	6.5				
2005	64.0	6.9	2940	450	23.1	7.0				
2006	36.4	7.0	3014	738	20.9	6.5				
2007	39.2	7.9	3113	925	25.9	7.4	8.2	3.7	61.1	9.1
2008	49.5	10.2	3231	600	30.6	8.9	7.8	3.4	57.6	5.9
2009	49.4	9.4	3856	637	31.1	9.6	7.8	3.4	56.3	6.2
2010	56.9	9.1	4797	1019	35.7	10.1	8.1	3.5	56.3	5.9
2011	59.4	8.2	6257	1388	33.6	11.0	8.0	3.5	54.5	6.1
2012	61.6	9.1	6896	1167	35.9	11.9	9.1	3.8	58.7	6.9
2013	61.0	10.0	7331	1429	37.7	12.6	9.4	3.9	58.7	7.0
2014	63.9	10.7	8952	1687	41.3	13.9	9.6	3.9	58.4	7.2
2015	66.3	12.2	12491	2852	48.4	16.0	9.9	4.1	57.9	6.7
2016	73.8	12.7	11902	2504	51.6	18.0	10.3	4.1	55.8	5.9
2017	76.3	14.1	13640	3259	56.8	20.2	10.5	4.2	55.2	5.9
2018	83.0	16.4	15758	3110	69.1	25.9	10.6	4.2	53.9	6.0
2019	86.4	14.9	17781	2980	78.5	29.3	10.8	4.3	53.0	6.3

B-1-10 民政部门登记和管理的机构固定资产原价

单位：亿元

年份	合计	社会工作	成员组织			其他社会服务	其他事业单位	行政机关
				社会组织	自治组织			
1978								
1979								
1980								
1981								
1982								
1983	13.0	13.0						
1984	14.9	14.9						
1985	20.1	20.1						
1986	24.2	24.2						
1987	28.7	28.7						
1988	40.8	40.8						
1989	44.1	44.1						
1990	51.7	51.7						
1991	63.6	63.6						
1992	75.6	75.6						
1993	100.3	100.3						
1994	119.0	119.0						
1995	142.6	142.6						
1996	168.1	168.1						
1997	211.5	211.5						
1998	962.4	962.4						
1999	1017.3	1017.3						
2000	1199.3	1199.3						
2001	1317.0	1317.0						
2002	1394.9	1394.9						
2003	1644.3	1644.3						
2004	1755.6	1755.6						62.8
2005	3032.9	1858.0	1174.9		1174.9			64.9
2006	3972.4	2103.0	1869.4	423.0	1446.4			94.3
2007	3840.2	1934.3	1905.9	682.0	1223.9			132.8
2008	4592.8	2186.8	2273.1	805.8	1467.3			132.9
2009	5198.0	2326.4	2752.4	1030.0	1722.4			119.2
2010	6589.3	2671.9	3795.6	1864.1	1931.5			121.8
2011	6676.7	2790.4	3684.2	1885.0	1799.2	231.0		284.2
2012	6675.4	2898.9	3477.7	1425.4	2052.3	251.8	47.0	344.1
2013	6810.2	3030.7	3465.7	1496.6	1969.1	267.0	46.8	185.4
2014	7212.9	3273.0	3609.3	1560.6	2048.6	283.8	46.8	169.3
2015	8183.1	2892.2	4950.4	2311.1	2639.3	292.0	48.5	251.5
2016	5393.6	1238.6	3807.3	2740.0	1067.3	293.3	54.4	192.4
2017	5434.8	1422.9	3635.7	2802.2	833.5	318.4	57.6	224.3
2018	5736.2	1206.6	4129.3	3542.3	587.0	345.9	54.5	247.8
2019	6515.3	1555.0	4525.7	3889.1	636.6	358.1	76.5	285.8

B-1-11 历年国家财政支出和民政事业费支出情况

单位：亿元

年份	国家财政支出	民政事业费支出	占国家财政支出%	年份	国家财政支出	民政事业费支出	占国家财政支出%
1950	68.04	1.32	1.94	**“七五”时期**	**12865.67**	**208.49**	**1.62**
1951	122.32	1.37	1.12	1986	2204.91	34.41	1.56
1952	175.78	2.83	1.61	1987	2262.18	35.93	1.59
1953	220.50	3.55	1.61	1988	2491.21	39.56	1.59
1954	280.93	6.04	2.15	1989	2823.78	46.65	1.65
1955	474.29	4.98	1.05	1990	3083.59	51.94	1.68
“一五”时期	**1367.89**	**25.99**	**1.90**	**“八五”时期**	**24387.46**	**386.59**	**1.59**
1956	536.79	5.69	1.06	1991	3386.62	62.54	1.85
1957	303.43	5.31	1.75	1992	3742.20	63.71	1.70
1958	408.75	3.27	0.80	1993	4642.30	69.87	1.51
1959	553.09	4.48	0.81	1994	5792.62	87.02	1.50
1960	652.25	7.24	1.11	1995	6823.72	103.45	1.52
“二五”时期	**3760.99**	**53.03**	**1.41**	**“九五”时期**	**57043.46**	**840.90**	**1.47**
1961	367.66	9.89	2.69	1996	7937.55	121.15	1.53
1962	305.33	7.45	2.44	1997	9233.56	133.52	1.45
1963	339.15	8.75	2.58	1998	10798.18	161.84	1.50
1964	398.77	16.15	4.05	1999	13187.67	194.70	1.48
1965	467.10	10.79	2.31	2000	15886.50	229.69	1.45
“三五”时期	**2523.24**	**35.83**	**1.42**	**“十五”时期**	**127800.69**	**2471.74**	**1.93**
1966	540.49	8.81	1.63	2001	18902.58	284.75	1.51
1967	441.40	8.21	1.86	2002	22053.15	392.27	1.78
1968	359.62	5.61	1.56	2003	24649.95	498.92	2.02
1969	525.20	6.67	1.27	2004	28486.89	577.39	2.03
1970	646.53	6.53	1.01	2005	33930.28	718.41	2.12
“四五”时期	**3924.37**	**46.70**	**1.19**	**“十一五”时期**	**318970.83**	**9156.70**	**2.87**
1971	734.41	6.83	0.93	2006	40422.73	915.35	2.26
1972	768.87	8.15	1.06	2007	49781.35	1215.49	2.44
1973	810.57	9.97	1.23	2008	62592.66	2146.45	3.43
1974	792.98	9.04	1.14	2009	76299.93	2181.90	2.86
1975	820.00	12.71	1.55	2010	89874.16	2697.51	3.00
“五五”时期	**5198.77**	**84.22**	**1.62**	**“十二五”时期**	**703076.19**	**20529.88**	**2.92**
1976	804.48	16.17	2.01	2011	109247.79	3229.14	2.96
1977	842.27	18.53	2.20	2012	125952.97	3683.74	2.92
1978	1122.09	13.71	1.22	2013	140212.10	4276.50	3.05
1979	1281.79	18.33	1.43	2014	151785.56	4414.10	2.91
1980	1228.83	17.48	1.42	2015	175877.77	4926.40	2.80
“六五”时期	**7483.18**	**113.85**	**1.52**	**“十三五”时期**	**850620.79**	**19729.00**	**2.32**
1981	1138.41	19.23	1.69	2016	187755.21	5440.15	2.90
1982	1229.98	19.19	1.56	2017	203085.49	5932.68	2.92
1983	1409.52	21.61	1.53	2018	220906.07	4076.93	1.85
1984	1701.02	24.24	1.43	2019	238874.02	4279.24	1.79
1985	2004.25	29.58	1.48				

B-1-12　按用项分民政

年份	民政事业费总支出	抚恤	离休费	社会福利及其他社会救济费	最低生活保障事业费	自然灾害救济费	退休费	其他民政事业费
1978	13.7	2.8		4.4		4.2	2.3	
1979	18.4	3.5		5.2		6.8	2.9	
1980	17.5	4.4		5.2		4.5	3.4	
“六五”时期	**114.2**	**27.3**	**0.9**	**32.1**		**35.2**	**16.8**	**1.7**
1981	19.2	4.4		5.1		6.3	3.4	
1982	19.6	4.8		5.1		6.0	3.5	
1983	21.6	5.3		6.5		6.4	3.4	
1984	24.2	6.1	0.2	8.0		6.9	3.0	
1985	29.6	6.7	0.7	7.4		9.6	3.5	1.7
“七五”时期	**208.4**	**59.2**	**11.4**	**46.7**		**56.4**	**22.0**	**12.8**
1986	34.4	8.4	1.2	8.3		10.7	3.8	1.9
1987	35.9	9.6	1.8	8.6		9.9	4.1	2.0
1988	39.6	11.0	2.3	9.0		10.4	4.3	2.5
1989	46.6	14.0	2.9	10.0		12.3	4.6	2.9
1990	51.9	16.2	3.2	10.8		13.1	5.2	3.5
“八五”时期	**386.6**	**107.8**	**23.2**	**75.6**		**94.1**	**45.5**	**40.5**
1991	62.5	16.8	3.6	11.7		20.9	5.4	4.2
1992	63.7	18.0	4.2	12.4		17.1	6.6	5.4
1993	69.9	20.1	3.6	14.5		14.9	8.3	8.4
1994	87.0	24.4	5.5	17.3		17.7	12.1	10.1
1995	103.5	28.5	6.3	19.7		23.5	13.1	12.4

年份	民政事业费总支出	抚恤	军队离退休、退职费	社会福利及其他社会救济费	最低生活保障事业费	自然灾害救济费	地方离、退休人员费	其他民政事业费
“九五”时期	**840.9**	**220.6**	**76.9**	**201.8**	**48.7**	**171.5**	**58.0**	**112.2**
1996	121.2	31.9	6.2	22.8	3.0	30.8	13.9	15.5
1997	133.5	36.1	12.4	27.1	2.9	28.7	10.3	19.0
1998	161.8	39.4	15.2	34.0	7.1	41.2	10.9	21.3
1999	194.7	49.7	18.4	52.5	13.8	35.6	11.2	27.2
2000	229.7	63.5	24.7	65.4	21.9	35.2	11.7	29.2

事业费支出

单位：亿元

年份	民政事业费总支出	抚恤	退役安置	社会福利	社会救助				自然灾害生活救助	离退休人员经费	其他
						城市低保及其他城市社会救济	农村低保及其他农村社会救济	医疗救助			
“十五”时期	**2471.8**	**479.8**	**302.7**	**206.8**	**924.3**	**660.0**	**176.5**	**11.0**	**247.6**	**66.9**	**242.6**
2001	284.8	69.5	31.2	30.1	90.6	49.6	10.9		41.0	13.0	8.4
2002	392.3	74.7	49.5	29.2	138.3	108.7	14.2		40.0	13.2	47.3
2003	498.9	87.9	59.0	39.8	192.2	153.1	23.8		52.9	13.1	54.0
2004	577.4	104.1	74.1	52.1	223.6	172.7	47.7	3.2	51.1	13.9	58.5
2005	718.4	143.6	88.9	55.6	279.6	191.9	79.9	7.8	62.6	13.7	74.4
“十一五”时期	**9156.8**	**1316.2**	**956.0**	**490.0**	**3673.6**	**1941.7**	**1710.7**	**436.1**	**1205.0**	**125.7**	**975.4**
2006	915.4	178.8	115.7	65.3	372.0	224.2	126.6	21.2	79.0	14.0	90.6
2007	1215.5	210.8	165.0	87.6	509.7	277.4	189.8	42.5	79.8	24.8	137.8
2008	2146.5	253.6	180.6	103.1	806.7	393.4	326.8	86.5	609.8	26.5	166.2
2009	2181.9	310.3	225.7	124.1	1098.1	482.1	487.9	128.1	199.2	30.0	194.5
2010	2697.5	362.7	269.0	109.9	1302.0	564.6	579.6	157.8	237.2	30.4	386.3

年份	民政事业费总支出	抚恤	退役安置	社会福利	社会救助				自然灾害生活救助	民政管理事务	行政事业单位离退休	其他
						城乡低保	其他社会救助	医疗救助				
“十二五”时期	**20520.0**	**2887.1**	**2149.2**	**1993.1**	**10349.7**	**7586.3**	**1471.4**	**1292.0**	**743.7**	**1496.1**	**212.2**	**688.9**
2011	3229.2	428.3	302.3	232.2	1766.3	1327.6	222.4	216.3	128.7	220.8	35.3	115.3
2012	3683.8	517.0	372.1	319.5	1866.1	1392.3	243.2	230.6	163.4	248.5	39.0	158.2
2013	4276.5	618.4	435.3	397.6	2172.4	1623.6	291.4	257.4	178.7	296.7	43.6	133.8
2014	4404.1	636.6	456.8	481.0	2197.5	1592.0	321.5	284.0	124.4	330.5	44.2	133.1
2015	4926.4	686.8	582.7	562.8	2347.4	1650.8	392.9	303.7	148.5	399.6	50.1	148.5
“十三五”时期	**19729.0**	**1597.1**	**1349.0**	**3967.5**	**9608.0**	**6673.5**	**2225.9**	**708.5**	**284.1**	**1940.7**	**180.6**	**802.0**
2016	5440.2	769.8	625.6	753.4	2492.8	1702.4	458.0	332.3	156.1	441.7	48.4	152.2
2017	5932.7	827.3	723.4	920.5	2609.8	1692.3	541.3	376.2	128.0	501.0	47.9	175.0
2018	4076.9			1064.8	2224.0	1632.1	591.9			500.3	38.2	249.6
2019	4279.2			1228.8	2281.4	1646.7	634.7			497.7	46.1	225.2

注：2018年民政机构改革，抚恤、退役安置、医疗救助、救灾等职能从民政部门转出。

B-1-13　中央转移支付

单位：万元

年份	合计	中央级民政事业费	中央专项转移支付	抚恤、退休、救济费	救灾	社会福利救济事业费	其他
1978	11	11					
1979	44	44					
1980	103	103					
“六五”时期	**335594**	**1108**	**334486**	**63306**	**270745**	**220**	**215**
1981	138	138					
1982	74120	78	74042	14247	59795		
1983	74368	163	74205	14205	60000		
1984	78872	286	78586	18586	60000		

年份	合计	中央级民政事业费	中央专项转移支付	抚恤	安置	救灾	社会福利救济事业费	其他
1985	108096	443	107653	9698	6570	90950	220	215
“七五”时期	**778310**	**9267**	**769043**	**148718**	**105230**	**512500**		
1986	132802	2526	130276	16396	9285	102000		
1987	133877	2742	131135	21726	19409	90000		
1988	158355	1297	157058	24110	21948	111000		
1989	174374	1185	173189	43206	26483	103500		
1990	178902	1517	177385	43280	28105	106000		
“八五”时期	**1488090**	**15897**	**1472193**	**328272**	**315101**	**828820**		
1991	309432	1792	307640	49010	34210	224420		
1992	209360	3217	206143	52156	40587	113400		
1993	238083	3108	234975	60494	53481	121000		
1994	353831	4077	349754	79084	90670	180000		
1995	377384	3703	373681	87528	96153	190000		
“九五”时期	**2943934**	**104302**	**2839632**	**749824**	**773058**	**1122750**	**190000**	**4000**
1996	426354	6371	419983	102394	102589	215000		
1997	455309	5954	449355	110430	114925	220000		4000
1998	568049	50783	517266	120000	149516	247750		

民政事业费

单位：亿元

年份	合计	中央级民政事业费	中央专项转移支付	抚恤	安置	福利	低保	临时救助	流浪乞讨救助	医疗救助	救灾	其他
1999	62.8	1.2	61.6	18.0	17.6		4.0				22.0	
2000	86.6	2.9	83.7	23.7	23.0		15.0				22.0	
“十五”时期	**1004.3**	**11.9**	**992.4**	**212.1**	**217.3**		**373.1**			**12.0**	**170.1**	**7.9**
2001	109.6	1.4	108.2	26.3	28.7		23.0				30.2	
2002	140.2	1.8	138.4	31.6	37.0		45.5				24.3	
2003	213.6	1.8	211.8	37.1	39.2		92.0			3.0	40.5	0.1
2004	227.7	3.9	223.8	40.7	47.4		100.6			3.0	32.0	0.1
2005	313.2	2.9	310.3	76.4	65.0		112.0			6.0	43.1	7.7
“十一五”时期	**4745.9**	**87.0**	**4658.9**	**767.6**	**699.9**		**1941.6**			**319.6**	**856.1**	**74.2**
2006	406.8	2.8	404.0	111.7	73.9		136.0			14.3	49.4	18.7
2007	507.7	3.3	504.4	110.9	117.4		189.9			36.3	49.9	0.1
2008	1207.7	26.6	1181.1	142.1	142.9		363.1			54.5	478.4	0.1
2009	1232.5	5.5	1227.0	187.3	160.2		620.0			84.5	174.7	0.3
2010	1391.2	48.8	1342.4	215.6	205.5		632.6			130.0	103.7	55.0
“十二五”时期	**10189.2**	**61.5**	**10127.7**	**1668.5**	**1390.9**	**258.0**	**5312.0**	**73.0**		**785.6**	**489.5**	**150.2**
2011	1817.4	9.4	1808.0	277.4	206.4	25.2	1004.7			150.0	84.0	60.3
2012	1804.6	10.0	1794.6	333.3	265.4	42.0	870.5			150.0	112.7	20.7
2013	2163.5	13.7	2149.7	369.8	277.4	54.4	1168.8			156.7	101.9	20.8
2014	2117.8	12.8	2105.0	338.0	288.8	63.4	1101.3	32.0		165.0	96.3	20.2
2015	2285.9	15.6	2270.3	350.0	352.9	73.0	1166.7	41.0		163.9	94.6	28.2
“十三五”时期	**8097.0**	**68.5**	**8028.5**	**803.6**	**833.7**	**79.1**	**5539.3**		**20.0**	**355.8**	**137.9**	**250.5**
2016	2500.6	16.6	2484.0	390.9	384.7	79.1	1341.5		20.0	177.9	54.0	27.3
2017	2519.1	26.9	2492.3	412.7	449.0		1326.6			177.9	83.9	42.2
2018	1498.5	12.9	1485.6				1399.5					86.1
2019	1578.8	12.1	1566.6				1471.7					94.9

注：1. 自2017年开始，孤儿、低保、五保、临时救助资金合并为城乡困难群众救助补助资金打捆下达地方。

2. “其他”包括部本级公益金补助地方中央预算内投资以及其他民政事业费支出。

B-1-14 彩票公益金支出

单位：亿元

年份	合计	抚恤	退役安置	社会福利	低保及其他社会救济	医疗救助	自然灾害生活救助	其他
“十一五”时期	**485.3**	**17.6**	**6**	**204.9**	**26.2**	**48.8**		**175.6**
2006	52.6	2.6	1	24.1	3.3			21.6
2007	77.6	3	0.9	35.5	4.3			33.9
2008	119.2	3.7	1.3	44.9	7.2	17.5		38.5
2009	113.4	3.4	1.2	49.3	5.9	15.5		38
2010	122.5	4.9	1.6	51.1	5.5	15.8		43.6
“十二五”时期	**1002.6**	**30.5**	**2.6**	**596.4**	**42.7**	**90.4**	**8.8**	**206.7**
2011	127.9	4.8	0.4	61.4	7.4	16.3	0.8	36.6
2012	159.0	5.4	0.5	92.2	7.3	16.8	1.3	35.6
2013	195.5	7.5	0.6	117.1	8.7	17.5	2.6	41.5
2014	231.3	5.9	0.9	143.6	10.0	19.1	2.2	49.4
2015	288.9	6.9	0.2	182.1	9.3	20.7	1.9	43.6
“十三五”时期	**1055.1**	**13.3**	**1.4**	**703.6**	**43.0**	**40.1**	**6.2**	**247.5**
2016	268.3	7.1	0.8	172.9	10.4	19.6	2.7	54.7
2017	275.2	6.2	0.6	173.6	14.9	20.5	3.5	55.9
2018	251.7			171.5	9.1			71.1
2019	259.9			185.6	8.6			65.8

B-1-15 中央彩票公益金安排情况

单位：亿元

年份	合计	中央级	转移支付						
				养老	残疾人	儿童	社会公益	医疗救助	居家和社区养老服务改革试点
“十五”时期	**14.9**		**14.9**	**0.7**		**2.1**	**0.2**	**12.0**	
2001									
2002									
2003	3.0		3.0					3.0	
2004	5.9		5.9	0.7		2.1	0.2	3.0	
2005	6.0		6.0					6.0	
“十一五”时期	**112.3**	**2.5**	**109.8**	**21.6**		**16.4**	**1.8**	**70.0**	
2006	14.0	0.1	13.9	1.6		3.2	0.1	9.0	
2007	17.0	0.9	16.1	1.5		1.2	0.3	13.0	
2008	28.1	0.1	28.0	4.8		6.7	0.6	16.0	
2009	26.6	0.1	26.5	7.8		2.1	0.7	16.0	
2010	26.5	1.3	25.2	5.9		3.2	0.1	16.0	
“十二五”时期	**220.8**	**8.2**	**212.6**	**75.8**	**25.3**	**22.9**	**8.6**	**80.0**	
2011	30.0	1.3	28.7	7.9		3.5	1.4	16.0	
2012	36.0	2.3	33.7	10.7	1.0	4.4	1.7	16.0	
2013	48.7	1.8	46.9	22.2	2.0	5.1	1.7	16.0	
2014	36.0	1.1	34.9	10.2	3.0	4.0	1.7	16.0	
2015	70.1	1.7	68.4	24.9	19.4	6.0	2.1	16.0	
“十三五”时期	**197.3**	**3.7**	**193.7**	**63.3**	**18.9**	**25.9**	**9.6**	**36.0**	**40.0**
2016	54.4	1.8	52.6	13.1	3.0	6.0	2.5	18.0	10.0
2017	54.4	0.8	53.6	13.2	4.9	4.9	2.6	18.0	10.0
2018	39.8	0.9	39.0	14.8	5.6	6.8	1.7		10.0
2019	48.7	0.2	48.5	22.2	5.4	8.2	2.8		10.0

B-1-16 民政事业基本建设投资（按投资来源分）

单位：亿元、个、万平方米

年份	计划总投资	本年完成投资						本年完工项目个数
			国家投资	国内贷款	自筹	彩票公益金	其他	
1989	5.8	2.0	0.7	0.1	0.8		0.2	
1990	6.9	2.4	0.8	0.1	1.0		0.3	
“八五”时期	**63.4**	**27.6**	**10.3**	**1.2**	**13.4**		**2.8**	
1991	7.0	3.0	1.0	0.1	1.5		0.3	
1992	7.3	3.2	1.0	0.1	1.9		0.4	
1993	12.8	5.6	1.4	0.2	3.4		0.7	
1994	15.5	6.2	2.3	0.5	2.9		0.6	
1995	20.9	9.6	4.6	0.3	3.8		0.9	
“九五”时期	**237.9**	**89.8**	**21.3**	**5.9**	**54.3**	**6.8**	**8.3**	**2793**
1996	29.8	10.1	2.1	0.4	6.4		1.1	
1997	35.7	13.8	2.7	0.8	8.6		1.6	
1998	41.0	16.6	2.8	0.8	11.1		1.9	
1999	63.2	24.7	6.0	2.3	14.6	3.5	1.8	1456
2000	68.2	24.7	7.7	1.6	13.6	3.3	1.9	1337
“十五”时期	**376.9**	**151.7**	**47.9**	**8.8**	**78.4**	**21.0**	**16.6**	**22117**
2001	77.5	30.8	10.4	2.2	15.1	3.6	3.1	1360
2002	88.7	30.1	9.5	1.4	15.9	3.3	3.3	3659
2003	87.3	30.0	9.9	1.7	15.1	3.5	3.3	3867
2004	89.7	29.2	8.9	2.4	14.4	4.7	3.5	8982
2005	33.8	31.6	9.1	1.0	17.9	5.8	3.5	4249
“十一五”时期	**485.6**	**487.8**	**210.7**	**12.4**	**148.8**	**96.8**	**82.3**	**62453**
2006	34.8	33.5	9.9	0.9	19.9	8.4	2.5	3626
2007	47.6	47.7	14.5	3.0	26.9	13.0	2.9	2446
2008	63.5	66.6	26.6	1.9	34.6	16.5	3.2	3906
2009	166.5	157.0	70.6	3.7	67.4	26.6	15.3	6457

年份	本年计划总投资	本年完成投资						本年完工项目个数（规模）
			国家投资	国内贷款	利用外资	彩票公益金	其他	
2010	173.2	183.0	89.1	2.9	0.2	32.3	58.5	46018
“十二五”时期	**1234.7**	**1268.1**	**499.9**	**19.6**	**5.8**	**288.3**	**454.5**	**38309**
2011	217.3	218.5	78.5	6.2	0.5	53.4	79.9	4533
2012	222.3	234.7	104.2	3.8	1.1	51	74.6	6095
2013	311.9	292.8	120.1	1.4	1.7	64.7	104.8	15328
2014	266	282.2	104.3	3.5	1.7	57.5	115.3	11355
2015	217.2	239.9	92.8	4.7	0.8	61.7	79.9	1048
“十三五”时期	**703.1**	**827.8**	**306.7**	**14.0**	**0.5**	**209.6**	**297.0**	**3966**
2016	208.9	245.8	84.4	2.7	—	68.4	90.3	1243
2017	180.3	209.2	77.8	5.2	0.1	55.3	70.9	1154
2018	157.9	188.0	71.9	2.7	0.3	48.0	65.1	669
2019	156.0	184.8	72.6	3.4	0.1	37.9	70.7	900

注：自2015年后，本年完工项目个数指标更改为本年完工项目规模，单位为万平方米。

B-1-17 民政事业基本建设投资（按项目分）

单位：亿元

年份	国家预算内基本建设投资	优抚安置单位	社区服务设施	收养性福利机构	殡葬	救助	其他
1989	0.7						0.7
1990	0.8			0.2	0.1		0.5
“八五”时期	**10.3**	**4.2**		**1.4**	**1.1**	**0.2**	**3.4**
1991	1.0	0.1		0.2	0.1		0.6
1992	1.0			0.2			0.8
1993	1.4			0.2	0.4		0.8
1994	2.3	1.2		0.3	0.3		0.5
1995	4.6	2.9		0.5	0.3	0.2	0.7
“九五”时期	**21.3**	**2.0**	**1.6**	**6.6**	**6.5**		**4.6**
1996	2.1	0.1		0.5	0.5		1.0
1997	2.7			0.7	1.1		0.9
1998	2.8	0.2		1.8	0.8		
1999	6.0	0.9	0.6	1.5	1.7		1.3
2000	7.7	0.8	1.0	2.1	2.4		1.4
“十五”时期	**47.9**	**5.0**	**9.4**	**14.3**	**9.2**		**10.0**
2001	10.4	0.7	1.5	3.1	2.1		3.0
2002	9.5	0.7	2.1	2.8	1.9		2.0
2003	9.9	1.2	2.4	3.3	1.5		1.5
2004	9.0	1.1	2.3	2.5	1.1		2.0
2005	9.1	1.3	1.1	2.6	2.6		1.5
“十一五”时期	**210.8**	**27.8**	**31.5**	**85.2**	**19.2**	**8.1**	**39.0**
2006	9.9	1.8	0.8	3.9	1.4	0.3	1.6
2007	14.5	2.5	0.9	6.5	2.4	0.4	1.8
2008	26.6	8.2	1.9	8.5	3.7	1.1	3.2
2009	70.6	7.4	14.0	30.1	5.7	2.5	11.0
2010	89.2	7.9	13.9	36.2	6.0	3.8	21.4
“十二五”时期	**499.9**	**20.8**	**29.4**	**277.3**	**12.9**	**63.5**	**95.9**
2011	78.5	9.5	11.1	31.1	5.8	3.8	17.2
2012	104.2	11.3	18.3	45.1	7.1	6.1	16.2

年份	国家预算内基本建设投资	提供住宿的民政服务机构	养老机构	精神疾病服务机构	儿童福利和救助保护机构	不提供住宿的民政服务机构	其他
2013	120.1	76.2	66.5	3.2	4.6	22.2	21.7
2014	104.3	66.4	58.1	2.7	4.5	16.2	21.7
2015	92.8	58.5	51.6	2.2	4.0	15.2	19.1
“十三五”时期	**306.7**	**206.0**	**171.6**	**10.4**	**18.1**	**25.5**	**75.2**
2016	84.4	54.0	46.7	2.3	4.1	10.0	20.4
2017	77.8	50.7	40.4	3.7	5.9	10.5	16.6
2018	71.9	53.7	46.3	2.7	4.0	3.3	14.9
2019	72.6	47.6	38.2	1.7	4.1	1.7	23.3

B-1-18 中央预算内

年份	项目合计（个）	投资合计	本级情况					
			本级项目数	本级投资	地方项目小计	补助地方投资小计	养老	
							项目数	资金额
1990		0.1		0.1				
“八五”时期		**0.2**		**0.2**				
1991		0.2		0.2				
“十五”时期	**24**	**0.8**	**24**	**0.8**				
2001	3	0.3	3	0.3				
2002	10	0.2	10	0.2				
2003	6	0.1	6	0.1				
2004	3	0.1	3	0.1				
2005	2	0.1	2	0.1				
“十一五”时期	**2088**	**35.9**	**18**	**5.5**	**2070**	**30.37**	**189**	**5.0**
2006	2	0.2	2	0.2				
2007	218	2.8	5	0.8	213	2.0		
2008	575	6.8	3	2.1	572	4.7		
2009	774	13.0	4	1.3	770	11.7	63	2.0
2010	519	13.1	4	1.1	515	12.0	126	3
“十二五”时期	**1874**	**143.2**	**51**	**6.9**	–	**136.3**	**1364**	**108.0**
2011	433	26.0	4	0.7	429	25.3	338	9
2012	699	33.3	7	0.31	692	33.0	669	31
2013	742	17.2	7	0.21	735	17.0	357	15

年份	建设规模	投资合计	本级情况					
			建设规模	本级投资	建设规模	补助地方投资小计	养老	
							建设规模	资金额
2014	385.5	30.3	7.6	1.3	377.9	29.0	330.0	25.0
2015	368.4	36.4	25.4	4.4	343.0	32.0	302.0	28.0
“十三五”时期	–	**183.8**	–	**14.4**	–	**169.4**	–	**120.0**
2016	329.5	39.3	32.2	1.3	297.3	38.0	206.4	28.0

年份	建设规模	投资合计	本级情况					
			建设规模	本级投资	建设规模	补助地方投资小计	养老	
							建设规模	资金额
2017	–	44.2	–	2.2	–	42.0	–	30.0
2018	–	47.6	–	4.6	–	43.0	–	31.0
2019	–	52.7	–	6.3	–	46.4	–	32.0

基本建设投资

单位：亿元、个、万平方米

地方情况									
精神卫生		儿童		流浪		社区		烈建	
项目数	资金额	项目数	资金额	项目数	资金额	项目数	资金额	项目数	资金额
26	**4.4**	**134**	**5.0**	**254**	**5.0**	**1334**	**6.0**	**133**	**5.0**
		15	0.5	28	0.8	170	0.7		
		32	1.3	65	1.4	475	2.0		
		33	1.3	78	1.4	463	2.0	133	5.0
26	4.37	54	1.9	83	1.4	226	1.3		
131	**20.3**		**0.0**		**4.0**	**401**	**4.0**		
91	16.3								
						23	2		
						378	2		

地方情况					
儿童和精神病人		社会事务		社区	
建设规模	资金额	建设规模	资金额	建设规模	资金额
22.3	2.0			25.6	2.0
17.5	2.0			23.5	2.0
–	–	–	–	–	–
44.7	5.0	46.2	5.0		

地方情况	
社会福利	
建设规模	资金额
–	12.0
–	12.0
–	14.4

B-2-1 提供住宿的民政服务机构

单位：个

年份	合计	养老机构	精神疾病服务机构	儿童福利和救助保护机构	其他提供住宿机构	
						救助管理站
1978	8571	8365	139	67		
1979	8988	8801	135	52		
1980	9669	9460	150	59		
1981	10031	9813	155	63		
1982	12275	12046	165	64		
1983	15807	15582	165	60		
1984	22796	22566	167	63		
1985	29100	28852	161	59	28	
1986	35008	34750	166	58	34	
1987	37372	37109	170	60	33	
1988	39030	38767	173	62	28	
1989	39743	39472	180	64	27	
1990	40583	40340	181	62		
1991	42264	42013	188	63		
1992	43319	43063	189	67		
1993	43681	43375	190	67	49	
1994	43240	42911	188	73	68	
1995	43074	42735	190	77	72	
1996	42829	42518	155	84	72	
1997	42385	42027	192	91	75	
1998	42131	41755	195	105	76	
1999	40430	40030	191	110	99	
2000	40491	39321	201	126	843	
2001	38785	38106	200	160	319	
2002	38200	37591	200	178	231	
2003	37294	36224	205	192	1587	
2004	38593	37880	211	208	1320	
2005	42487	40641	226	224	1396	
2006	43187	40964	219	249	1755	
2007	44958	42713	234	269	1742	
2008	41099	38674	244	290	1891	
2009	43944	39671	266	419	3588	
2010	44482	39904	251	480	3847	
2011	45973	42828	251	638	2256	1547
2012	48078	44304	257	724	2793	1770
2013	45977	42475	261	803	2438	1891
2014	36810	33044	254	890	2622	1949
2015	31187	27753	242	753	2439	1766
2016	31912	28592	244	705	2371	1736
2017	31929	28770	242	663	2254	1623
2018	31291	28671	145	651	1824	1534
2019	37021	34369	138	686	1828	1545

B-2-2 提供住宿的民政服务机构床位

单位：万张、张/千人

年份	合计	养老床位	精神疾病服务床位	儿童福利和救助保护床位	其他提供住宿床位	救助管理站	每千人口拥有民政服务床位数	每千老年人口拥有养老床位数
1978	16.3	15.7	0.6				0.2	
1979	22.6	20.1	2.1	0.4			0.2	
1980	24.2	21.3	2.4	0.5			0.2	
1981	25.3	22.2	2.5	0.6			0.3	
1982	28.2	24.8	2.8	0.6			0.3	
1983	32.4	29.0	2.8	0.6			0.3	
1984	42.5	39.0	2.9	0.6			0.4	
1985	49.1	45.7	2.9	0.5	0.2		0.5	
1986	58.7	55.0	3.1	0.6	0.3		0.5	
1987	64.9	61.0	3.3	0.6	0.3		0.6	
1988	69.5	65.5	3.4	0.6	0.2		0.6	
1989	73.8	69.5	3.6	0.7	0.2		0.7	
1990	78.0	73.5	3.7	0.8			0.7	
1991	82.8	78.3	3.8	0.7			0.7	
1992	89.8	85.2	3.8	0.8			0.8	
1993	92.7	87.8	4.0	0.9	0.4		0.8	
1994	95.5	90.6	4.0	0.9	0.5		0.8	
1995	97.6	92.5	4.0	1.1	0.6		0.8	
1996	100.8	95.6	4.0	1.2	0.6		0.8	
1997	103.1	97.8	4.0	1.3	0.6		0.8	
1998	105.8	100.2	4.1	1.5	0.6		0.8	
1999	108.9	102.4	4.1	1.6	0.8		0.9	
2000	113.0	104.5	4.1	1.8	2.6		0.9	
2001	140.7	114.6	4.2	2.3	19.6		1.1	
2002	141.5	114.9	4.3	2.5	19.8		1.1	
2003	142.9	120.6	4.5	2.7	15.1		1.1	
2004	157.2	139.5	4.5	3.0	10.2		1.2	
2005	180.7	158.1	4.4	3.2	15.0		1.4	11.0
2006	204.5	179.6	4.4	3.2	17.3		1.6	12.1
2007	269.6	242.9	4.7	3.4	18.6		2.0	15.8
2008	300.3	267.4	5.4	4.3	23.2		2.3	16.7
2009	326.5	293.5	5.9	4.8	22.3		2.5	17.6
2010	349.6	316.1	6.1	5.5	21.9		2.6	17.8
2011	396.4	369.2	6.5	6.8	13.9	7.1	2.9	20.0
2012	449.3	416.5	6.7	8.7	17.4	9.0	3.3	21.5
2013	462.4	429.5	7.4	9.8	15.7	9.7	3.9	24.4
2014	426.0	390.2	8.0	10.8	17.0	9.9	4.5	27.2
2015	393.2	358.2	7.9	10.0	17.1	10.3	5.3	30.3
2016	414.0	378.8	8.4	10.0	16.7	10.2	5.5	31.6
2017	419.6	383.5	8.8	10.3	17.1	10.1	5.7	30.9
2018	408.1	379.4	6.3	9.7	12.7	10.2	5.4	29.1
2019	467.4	438.8	6.5	9.9	12.2	9.6	5.7	30.5

B-2-3 提供住宿的民政服务机构收养人员情况

单位：万人

年份	合计	养老机构	精神疾病服务机构	儿童福利和救助保护机构	其他提供住宿机构
1978	16.3	14.0	1.9	0.4	
1979	18.6	16.3	1.9	0.4	
1980	19.1	16.7	2.0	0.4	
1981	19.7	17.0	2.2	0.5	
1982	22.5	19.7	2.3	0.5	
1983	25.9	23.0	2.4	0.5	
1984	34.1	31.0	2.6	0.5	
1985	40.8	37.5	2.6	0.5	0.2
1986	47.4	43.9	2.8	0.5	0.2
1987	51.8	48.2	2.9	0.5	0.2
1988	54.8	51.1	3.0	0.6	0.1
1989	56.9	53.0	3.1	0.6	0.2
1990	59.9	56.1	3.2	0.6	
1991	64.6	60.8	3.2	0.6	
1992	69.6	65.6	3.3	0.7	
1993	72.4	68.0	3.4	0.7	0.3
1994	73.6	69.2	3.3	0.8	0.3
1995	74.7	70.1	3.2	1.0	0.4
1996	76.9	72.3	3.1	1.1	0.4
1997	78.5	73.7	3.2	1.2	0.4
1998	80.0	74.9	3.2	1.4	0.5
1999	82.7	77.6	3.2	1.4	0.5
2000	85.4	78.6	3.2	1.8	1.8
2001	88.5	82.0	3.3	2.1	1.1
2002	91.6	85.0	3.4	2.2	1.0
2003	96.5	89.1	3.5	2.5	1.4
2004	110.9	103.9	3.6	2.8	0.6
2005	123.6	116.2	3.7	2.9	0.8
2006	147.0	138.5	3.8	3.2	1.5
2007	200.0	191.3	4.1	3.0	1.6
2008	240.0	211.5	4.5	3.4	20.6
2009	256.0	227.5	5.0	3.7	19.8
2010	278.2	247.0	5.3	4.2	21.7
2011	293.4	279.7	5.5	4.6	3.6
2012	309.5	293.6	5.8	5.4	4.7
2013	322.5	307.4	6.0	5.6	3.5
2014	337.0	320.4	6.5	5.9	4.2
2015	231.7	214.8	6.4	5.6	4.9
2016	236.3	219.8	6.9	5.5	4.2
2017	228.8	211.1	7.4	5.9	4.4
2018	211.9	197.6	5.4	4.9	4.0
2019	231.6	217.5	5.5	4.8	3.8

B-2-4 按城乡分类的提供住宿的民政服务机构情况

年份	单位数（个）	城市	农村	床位数（万张）	城市	农村	收养人数（万人）	城市	农村
1978	8571	728	7843	16.3	0.1	16.2	16.3	5.7	10.6
1979	8988	1518	7470	22.6	6.4	16.2	18.6	8.0	10.6
1980	9669	1407	8262	24.2	7.1	17.1	19.1	7.9	11.2
1981	10031	1487	8544	25.3	7.4	17.9	19.7	8.2	11.5
1982	12275	1689	10586	28.2	7.6	20.6	22.5	8.7	13.8
1983	15807	1760	14047	32.4	7.7	24.7	25.9	9.0	16.9
1984	22796	1925	20871	42.5	8.5	34.0	34.1	10.0	24.1
1985	29100	5478	23622	49.1	18.2	30.9	40.8	14.6	26.2
1986	35008	8330	26678	58.7	23.6	35.1	47.4	18.9	28.5
1987	37372	9358	28014	64.9	25.8	39.1	51.8	20.5	31.3
1988	39030	10498	28532	69.5	28.4	41.1	54.8	22.3	32.5
1989	39743	10118	29625	73.8	28.7	45.1	56.9	22.3	34.6
1990	40583	12697	27886	78.0	34.5	43.5	59.9	26.8	33.1
1991	42264	13197	29067	82.8	36.7	46.1	64.6	28.5	36.1
1992	43319	16847	26472	89.8	44.6	45.2	69.6	34.5	35.1
1993	43681	17400	26281	92.7	47.0	45.7	72.4	37.2	35.2
1994	43240	18035	25205	95.5	50.0	45.5	73.6	39.1	34.5

年份	单位数（个）	国有社会福利院	社会办敬老院	床位数（万张）	国有社会福利院	社会办敬老院	收养人数（万人）	国有社会福利院	社会办敬老院
1995	43074	11184	31890	97.6	18.6	79.0	74.7	14.4	60.3
1996	42829	11216	31613	100.8	19.2	81.6	76.9	14.8	62.1
1997	42385	10417	31968	103.1	19.9	83.2	78.5	15.4	63.1
1998	42131	9895	32236	105.8	21.0	84.8	80.0	16.1	63.9
1999	40430	3086	37344	108.9	23.6	85.3	82.7	17.9	64.8

年份	单位数（个）	城市	农村	床位数（万张）	城市	农村	收养人数（万人）	城市	农村
2000	40491	14915	25576	113	57.4	55.6	85.4	42.6	42.8
2001	38785	12135	26650	140.7	72.3	68.4	88.5	39.6	48.9
2002	38200	12503	25697	141.5	75.3	66.2	91.6	42.2	49.4
2003	37294	12951	24343	142.9	75.3	67.6	96.5	46.1	50.4
2004	38593	12151	26442	157.2	79.7	77.5	110.9	51.5	59.4
2005	42487	12806	29681	180.7	91.2	89.5	123.6	55.7	67.9
2006	43187	11814	31373	204.5	90.9	113.6	147.0	55.0	92.0
2007	44958	10274	34684	269.6	89.8	179.8	200.0	43.9	149.3
2008	41099	10731	30368	300.3	107.2	193.1	240.0	79.5	160.5
2009	43944	12658	31286	326.5	117.7	208.8	256.0	83.0	173.0
2010	44482	13010	31472	349.6	124.7	224.9	278.2	95.7	182.5
2011	45973	13833	32140	396.4	154.5	241.9	293.4	100.9	192.5
2012	48078	15291	32787	449.3	188.3	261.1	309.5	109.5	200.0
2013	45977	15730	30247	462.4	189.6	272.8	322.5	121.3	201.2
2014	36810	16549	20261	426.0	206.4	219.6	334.0	127.6	206.4
2015	31187	15600	15587	393.2	216.1	177.1	231.7	116.5	115.2
2016	31912	16514	15398	414.0	234.1	179.9	236.3	123.1	113.2
2017	31929	16923	15006	419.6	242.9	176.7	228.8	127.3	101.3
2018	31291	17406	13885	408.1	253.9	154.2	211.9	124.9	87.0
2019	37021	21089	15932	467.4	302.9	164.5	231.6	143.9	87.7

注："收养人数"中的"城市"与"农村"分类是指城市和农村机构的收留抚养人数。

B-2-5 老年人和残疾人福利

单位：万人

年份	老年人福利				残疾人福利	
	高龄补贴老年人数	护理补贴老年人数	养老服务补贴老年人数	老龄综合补贴老年人数	困难残疾人生活补贴人数	重度残疾人护理补贴人数
2006	233.5					
2007	247.1					
2008	349.3					
2009	430.9					
2010	576.4					
2011	883.1					
2012	1257.7					
2013	1557.9	11.7	101.9			
2014	1719.6	20.0	154.7			
2015	2155.1	26.5	257.9			
2016	2355.4	40.5	282.9		521.3	500.0
2017	2682.2	61.3	354.4		1019.2	1053.7
2018	2972.3	74.8	521.7	3.0	1005.8	1193.0
2019	2963.0	66.3	516.3	33.5	1085.7	1368.5

B-2-6 孤儿和家庭收养登记

单位：件、人

年份	孤儿数	收养登记总数	中国公民收养登记	外国公民收养登记	被收养人合计	#福利机构抚养的儿童	中国公民收养	外国人收养
1996		18896	14804	4092	20389	2201		
1997		21548	17193	4355	21548	975		
1998		26498	20611	5887	26498	677		
1999		38074	31916	6158	38019	1670	31882	6137
2000		55802	49037	6765	56191	1847	49500	6691
2001		44706	36089	8617	45844	1908	37200	8644
2002		45336	35372	9964	47860	2404	37642	10218
2003		54159	44884	9275	54159	3427	44884	9275
2004		52603	40084	12519	55572	3189	44708	10864
2005		49506	35470	14036	50921	3564	38057	12864
2006		48178	38393	9785	49148	2867	39424	9724
2007		45192	36893	8299	46047	1146	37790	8257
2008	67921	42550	37009	5541	44115	1846	38617	5498
2009	127599	44260	39801	4459	44359	1605	39964	4395
2010	252110	34529	29618	4911	34473	1878	29978	4495
2011	509695	31424	27579	3845	31329	1679	28117	3212
2012	570075	27278	23157	4121	27310	1760	23189	4121
2013	548845	24460	21230	3230	24491	9657	21261	3230
2014	525179	22772	19885	2887	22876	10336	20055	2821
2015	502105	22348	19406	2942	22363	10704	19430	2933
2016	460450	18736	15965	2771	18736	8884	15965	2771
2017	409840	18820	16592	2228	18820	9115	16592	2228
2018	305110	16267	14582	1685	16267	8581	14582	1685
2019	233117	13044	12074	970	13044	6471	12074	970

注：2013年以后，福利机构抚养的儿童除孤儿外，还包括弃婴。

B-2-7　城市社会救济和城市最低生活保障

单位：万人

年份	城市居民传统救济总人数	城市居民传统定救人数	城市精减退职老职工人数		
				40%救济对象人数	定量救济人数
1979	33.6	23.7	9.9		
1980	32.9	22.9	10.0		
1981	31.5	21.5	10.0		
1982	34.7	21.4	13.3		
1983	47.1	22.6	24.5		
1984	207.4	160.6	46.8	25.3	
1985	30.0	18.2	11.8	6.4	5.4
1986	49.0	35.6	13.4	7.1	6.3
1987	29.8	16.2	13.6	7.2	6.4
1988	32.9	17.6	15.3	7.7	7.6
1989	30.5	16.2	14.3	7.1	7.2
1990	41.8	16.4	25.4	16.4	9.0
1991	33.7	16.1	17.6	8.5	9.0
1992	39.5	19.2	20.3	9.7	10.6
1993	24.6	13.8	10.8	5.0	5.8
1994	23.0	12.4	10.6	4.9	5.7
1995	109.0	55.2	53.8	23.9	29.9
1996	120.1	66.5	53.6	23.6	30.0

年份	城市最低生活保障人数						
		在职人员	下岗人员	退休人员	失业人员	“三无”人员	其他人员
1996	84.9						
1997	87.9						
1998	184.1						
1999	256.9						
2000	402.6						
2001	1170.7						
2002	2064.7	186.8	554.5	90.8	358.3	91.9	783.1
2003	2246.8	179.3	518.4	90.7	409.0	99.9	949.3
2004	2205.0	141.0	468.9	73.1	423.1	95.4	1003.5
2005	2234.2	114.1	430.7	61.3	410.1	95.8	1122.1
2006	2240.1	97.6	350.0	53.2	420.8	93.1	1225.3

年份	城市最低生活保障人数	残疾人	“三无”人员	老年人	成年人				未成年人	城市特困人员
					在职人员	灵活就业	登记失业	无就业条件		
2007	2272.1	161.0	125.8	298.4	93.9	343.8	627.2	364.3	544.6	
2008	2334.8	169.1	106.9	316.7	82.2	381.7	564.3	402.2	587.7	
2009	2345.6	181.0	94.1	333.5	79.0	432.2	510.2	410.9	579.8	
2010	2310.5	180.7	89.3	338.6	68.2	432.4	492.8	420.0	558.5	
2011	2276.8	184.1	80.3	346.9	61.5	429.7	472.5	426.7	539.5	
2012	2143.5	174.5	64.9	339.3	49.6	459.3	400.4	422.1	472.8	
2013	2064.2	169.2	58.0	330.3	45.1	462.1	365.5	416.8	444.5	
2014	1877.0	161.1	50.0	315.8	37.5	425.8	312.5	398.7	386.7	
2015	1701.1	165.7	43.8	293.5	31.1	377.3	264.1	394.0	341.0	
2016	1480.2	156.5		258.0	22.7	304.4	252.9	370.9	271.4	9.1
2017	1261.0	159.9		219.0	18.6	265.0	153.5	399.6	205.4	25.4
2018	1007.0	145.5		180.4	14.0	219.2	109.2	320.6	163.6	27.7
2019	860.9	139.4		158.6	10.2	171.8	81.0	300.3	138.9	29.5

注：1.1984年的精减退职老职工人数含农村的数据。

2.2016年开始，城市低保中的“三无”人员纳入特困人员救助供养保障。

B-2-8　农村社会救济和农村最低生活保障

单位：万人、万户

年份	农村社会救济总人数	农村定期定量救济人数	农村精减退职老职工人数	40%救济对象人数	定量救济人数
1979	6847.6	6837.7	9.9		
1980	4651.8	4641.8	10.0		
1981	4265.1	4255.1	10.0		
1982	4270.7	4257.4	13.3		
1983	3526.7	3502.2	24.5		
1984	3842.7	3795.9	46.8	25.3	
1985	116.7	75.1	41.6	18.1	23.5
1986	103.0	63.1	39.9	18.1	21.7
1987	92.2	53.2	39.0	17.7	21.3
1988	93.0	54.1	38.9	17.6	21.4
1989	75.7	35.0	40.7	18.3	22.3
1990	100.2	46.7	53.5	23.6	29.9
1991	97.0	43.8	53.2	23.5	29.8
1992	97.5	45.6	51.9	23.3	28.6
1993	80.1	36.3	43.8	19.5	24.3
1994	82.1	38.5	43.6	19.2	24.3
1995	98.3	55.2	43.1	19.0	24.1
1996	109.2	66.5	42.7	18.6	24.1
1997	104.5	51.4	53.1	23.2	29.8
1998	120.5	65.6	54.9	24.9	30.0
1999	107.1	55.6	51.5	22.5	28.7
2000	112.2	62.5	49.7	22.1	27.6
2001	130.5	80.7	49.8	21.3	27.8
2002	138.7	90.0	48.7	20.9	27.8

年份	农村困难群众救助总人数	农村最低生活保障人数	农村特困户救助人数	农村困难群众救助总户数	农村最低生活保障户数			农村特困户救助户数			农村特困供养户数	农村传统救济人数
						困难户	其他		困难户	其他		
2001	385.3	304.6	80.7									
2002	497.8	407.8	90.0	156.7	156.7							
2003	1160.5	367.1	793.4	632.8	146.5	114.5	32.0	282.1	192.7	89.3	204.2	
2004	1402.1	488.0	914.1	780.8	197.9	165.2	33.6	317.1	260.4	56.6	265.8	
2005	1891.8	825.0	1066.8	1061.0	356.5	298.8	57.7	354.8	290.4	64.4	349.7	
2006	2987.8	1593.1	775.8	1606.3	777.2			325.8			503.3	115.6

年份	农村救助总人数	农村最低生活保障人数	农村特困人员集中供养人数	农村特困人员分散供养人数	传统救济人数
2007	4172.6	3566.3	138.0	393.3	75.0
2008	4926.3	4305.5	155.6	393.0	72.2
2009	5375.6	4760.0	171.8	381.6	62.2
2010	5829.8	5214.0	177.4	378.9	59.5
2011	5925.4	5305.7	184.5	366.5	68.7
2012	5969.7	5344.5	185.3	360.3	79.6
2013	5998.3	5388.0	183.5	353.8	73.0
2014	5810.8	5207.2	174.3	354.8	74.5
2015	5484.1	4903.6	162.3	354.4	63.8
2016	5143.6	4586.5	139.7	357.2	60.2
2017	4573.8	4045.2	99.6	367.2	61.8
2018	4030.9	3519.1	86.2	368.8	56.8
2019	3931.9	3455.4	75.0	364.1	37.4

注：1984年以前的“农村社会救济总人数”含应保未保的农村救济人数。

B-2-9 最低生活保障平均标准

年份	城市最低生活保障平均标准（元/人·月）	农村最低生活保障平均标准（元/人·年）
2004	152.0	
2005	156.0	
2006	169.6	850.8
2007	182.4	840.0
2008	205.3	987.6
2009	227.8	1210.1
2010	251.2	1404.0
2011	287.6	1718.4
2012	330.1	2067.8
2013	373.3	2433.9
2014	410.5	2776.6
2015	451.1	3177.6
2016	494.6	3744.0
2017	540.6	4300.7
2018	579.7	4833.4
2019	624.0	5335.5

B-2-10 流浪乞讨人员救助

年份	救助站（个）	未成年人救助保护中心（个）	流浪乞讨人员救助总数（人次）	未成年人救助总数	救助类单位床位总数（张）	未成年人救助保护中心床位（张）
1978	783					
1979	845					
1980	665					
1981	598					
1982	610					
1983	615					
1984	628					
1985	636					
1986	647					
1987	639					
1988	644					
1989	669					
1990	666					
1991	691					
1992	692					
1993	719					
1994	712					
1995	722					
1996	720					
1997	728					
1998	742					
1999	800					
2000	857					
2001	838					
2002	861					
2003	864		634528	60257		
2004	977		820254	104455	47086	
2005	1079	40	1196305	120487	45603	1849
2006	1189	50	1295506	129337	45661	1133
2007	1261	90	1544492	159989	46800	3621
2008	1334	88	1573484	155794	50642	3543
2009	1372	116	1680532	167283	51049	3670
2010	1448	145	1719008	146329	55562	5221
2011	1547	241	2409701	178705	71109	8165
2012	1770	261	2765761	152070	99901	10038
2013	1891	274	3484727	183802	108360	11499
2014	1949	345	3474544	128033	110806	11584
2015	1766	275	3752106	166723	113402	10682
2016	1736	240	3338221	167029	112944	10473
2017	1623	194	2188572	93783	109683	8411
2018	1534	176	1572077	76380	109683	7681
2019	1545	202	1333365	61919	104524	8334

B-2-11 福利彩票

年份	福利彩票发行管理单位（个）	福利彩票销售额（亿元）	公益金（亿元）	公益金支出（亿元）
“六五”时期				
1981				
1982				
1983				
1984				
1985				
“七五”时期		**14.2**	**4.6**	
1986				
1987		0.2	0.1	
1988		3.8	1.2	
1989		3.8	1.3	
1990		6.5	2.0	
“八五”时期		**115.2**	**34.3**	
1991		7.7	2.5	
1992		13.8	4.1	
1993		18.4	5.5	
1994		18.0	5.3	
1995		57.3	16.9	
“九五”时期		**358.7**	**103.4**	**72.7**
1996		64.8	19.1	
1997		36.4	10.1	
1998		63.2	19.6	14.1
1999	1169	104.4	30.4	19.9
2000	1253	89.9	24.2	38.7
“十五”时期		**1145.2**	**393.6**	**161.9**
2001	1185	139.6	41.9	19.7
2002	1121	168.0	58.8	25.5
2003	1145	200.1	70.0	30.6
2004	1128	226.4	79.2	33.8
2005	1113	411.2	143.7	52.3
“十一五”时期		**3455.4**	**1130.2**	**484.0**
2006	989	495.7	171.5	52.6
2007	985	631.6	215.7	77.6
2008	999	604.0	199.0	119.2
2009	988	756.1	246.3	113.4
2010	993	968.0	297.7	121.2
“十二五”时期		**8628.4**	**2488.2**	**1002.6**
2011	974	1278.0	382.0	127.9
2012	955	1510.3	446.1	159.0
2013	940	1765.3	510.7	195.5
2014	893	2059.7	585.7	231.3
2015	861	2015.1	563.7	288.9
“十三五”时期		**8392.7**	**2414.3**	**1054.8**
2016	788	2064.9	592.0	268.3
2017	729	2169.8	621.4	275.2
2018	700	2245.6	643.6	251.4
2019	702	1912.4	557.3	259.9

B-2-12　社区服务机构和设施

单位：个

年份	合计	社区服务中心	其他社区服务机构	便民利民网点
1988	69699		69699	
1989	71357		71357	
1990	84757		84757	
1991	89918		89918	
1992	112171		112171	
1993	92946	3711	89235	169503
1994	98679	4034	94645	204229
1995	115175	4380	110795	234024
1996	132309	5055	127254	259201
1997	138366	5113	133253	307226
1998	154196	6154	148042	345075
1999	164962	7623	157339	405740
2000	187888	6444	181444	451567
2001	201758	6179	195579	539544
2002	206743	7898	198845	622986
2003	203945	7520	196425	668418
2004	205926	7804	198122	703760
2005	203275	8479	194796	664764
2006	160007	8565	151442	457896

年份	社区服务机构和设施合计	社区指导中心	社区服务中心	社区服务站	其他社区服务机构	便民利民网点
2007	134852		9319	50116	75417	892656
2008	146322		9873	30021	106428	748684
2009	146341		10003	53170	83168	692625
2010	152941		12720	44237	95984	539136
2011	160352		14391	56156	89805	452868
2012	200162	809	15497	87931	95925	397222
2013	251939	890	19014	108377	123658	358518

年份	社区服务机构和设施合计	社区指导中心	社区服务中心	社区服务站	社区养老照料机构和设施	社区互助型的养老设施	未登记的特困人员供养机构	其他社区服务机构和设施
2014	310652	918	23088	120188	18927	40357		107174
2015	360956	863	24138	128083	26067	62027		119778
2016	386186	809	23493	137533	34924	76374		113053
2017	407453	619	25015	142823	43212	82648		113136
2018	426524	569	27635	148779	44558	91057	3991	109935
2019	527757	548	27489	224986	63618	101276	4312	105528

B-3-1 社会组织

单位：个、亿元

年份	社会组织合计	社会团体	基金会	民办非企业单位	社会组织捐赠收入合计
1979					
1980					
1981					
1982					
1983					
1984					
1985					
1986					
1987					
1988	4446	4446			
1989	4544	4544			
1990	10855	10855			
1991	82814	82814			
1992	154502	154502			
1993	167506	167506			
1994	174060	174060			
1995	180583	180583			
1996	184821	184821			
1997	181318	181318			
1998	165600	165600			
1999	142665	136764		5901	2.0
2000	153322	130668		22654	3.9
2001	210939	128805		82134	4.1
2002	244509	133297		111212	7.9
2003	266612	141167	954	124491	11.9
2004	289432	153359	892	135181	16.9
2005	319762	171150	975	147637	29.0
2006	354393	191946	1144	161303	40.1
2007	386916	211661	1340	173915	81.9
2008	413660	229681	1597	182382	265.2
2009	431069	238747	1843	190479	417.2
2010	445631	245256	2200	198175	417.0
2011	461971	254969	2614	204388	393.5
2012	499268	271131	3029	225108	470.8
2013	547245	289026	3549	254670	458.8
2014	606048	309736	4117	292195	524.9
2015	662425	328500	4784	329141	610.3
2016	702405	335932	5559	360914	786.7
2017	761539	354794	6307	400438	729.2
2018	817360	366234	7034	444092	919.7
2019	866335	371638	7585	487112	873.2

注：2001年以前的基金会含在社会团体内。

B-3-2 自治组织

年份	自治组织合计（万个）	居民委员会（个）	居民小组（万个）	居民委员会成员（万人）	村民委员会（万个）	村民小组（万个）	村民委员会成员（万人）
1979		46810					
1980							
1981		57169					
1982							
1983	37.7	65519			31.2		
1984	100.3	75609			92.7		
1985	103.0	80943		34.9	94.9		379.6
1986	95.3	86824		36.2	86.6		365.9
1987	93.2	86799		37.0	84.5		359.9
1988	97.8	95684		36.1	88.3		366.6
1989	102.8	93691		36.6	93.4		379.4
1990	110.0	98814		43.1	100.1		409.4
1991	111.9	100347		44.1	101.9		424.4
1992	110.8	104136		46.5	100.4		430.9
1993	112.0	107173		47.9	101.3		456.0
1994	111.7	110112		48.0	100.7		458.5
1995	104.4	111860		48.0	93.2		400.5
1996	104.2	113690		49.3	92.8		397.5
1997	102.4	117915	108.3	49.8	90.6	535.8	378.8
1998	95.2	119042	117.2	50.8	83.3	537.1	358.6
1999	91.6	114815	124.7	50.1	80.1	555.7	351.3
2000	84.0	108424	127.2	48.4	73.2	553.4	315.0
2001	79.2	91893	125.9	46.4	70.0	541.9	316.4
2002	76.7	86087	124.4	39.6	68.1	528.6	294.2
2003	74.1	77431	122.2	39.7	66.3	519.2	319.1
2004	72.2	77884	129.6	42.5	64.4	507.9	292.1
2005	70.9	79947	123.3	45.4	62.9	490.5	265.7
2006	70.4	80717	123.5	44.3	62.4	453.3	243.0
2007	69.5	82006	122.3	41.6	61.3	466.9	241.1
2008	68.8	83413	128.7	42.2	60.4	480.9	233.9
2009	68.4	84689	129.5	43.1	59.9	480.5	234.0
2010	68.2	87057	130.7	43.9	59.5	479.1	233.4
2011	67.9	89480	134.0	45.4	59.0	476.4	231.9
2012	68.0	91153	133.5	46.9	58.8	469.4	232.3
2013	68.3	94620	135.7	48.4	58.9	466.4	232.3
2014	68.2	96693	135.8	49.7	58.5	470.4	230.5
2015	68.1	96679	134.7	51.2	58.1	469.2	229.7
2016	66.2	103292	142.0	54.0	55.9	447.8	225.3
2017	66.1	106491	137.1	56.5	55.4	439.7	224.3
2018	65.0	107869	156.3	57.9	54.2	449.1	221.5
2019	64.3	109620	145.6	59.6	53.3	419.3	218.0

B-3-3 结婚登记

年份	结婚登记（万对）	内地居民登记结婚（万对）	涉外华侨港澳台登记结婚（万对）	结婚登记人数（万人）	初婚人数（万人）	再婚人数（万人）	#女（万人）	#恢复结婚（万对）	结婚率（‰）
1978	597.8	597.8							6.2
1979	637.1	636.3	0.8						6.7
1980	720.9	719.8	1.1						7.3
1981	1041.7	1040.3	1.4						10.4
1982	836.9	835.5	1.4						8.3
1983	765.4	764.2	1.3						7.5
1984	784.8	783.4	1.4						7.5
1985	831.3	829.1	2.2						7.9
1986	884.0	882.3	1.7						8.2
1987	926.7	924.7	2.0						8.6
1988	899.2	897.2	2.0						8.3
1989	937.2	935.2	2.0						8.4
1990	951.1	948.7	2.4						8.2
1991	953.6	951.0	2.6						8.3
1992	957.5	954.5	3.0						8.3
1993	915.4	912.2	3.3						7.8
1994	932.4	929.0	3.4						7.8
1995	934.1	929.7	4.4						7.7
1996	938.7	934.0	4.7	1877.4	1781.7	86.2	41.1	4.8	7.7
1997	914.1	909.1	5.1	1828.3	1726.0	92.2	46.3	6.3	7.4
1998	891.7	886.7	5.0	1783.4	1675.4	97.9	49.8	6.9	7.2
1999	885.3	879.9	5.4	1770.6	1659.4	100.5	50.0	5.8	7.1
2000	848.5	842.0	6.5	1697.0	1581.4	102.6	50.8	5.6	6.7
2001	805.0	797.1	7.9	1610.0	1481.7	112.5	58.0	6.3	6.3
2002	786.0	778.8	7.3	1572.0	1440.3	117.2	60.2	6.8	6.1
2003	811.4	803.5	7.8	1622.8	1483.9	123.3	60.7	6.8	6.3
2004	867.2	860.8	6.4	1734.4	1569.6	152.0	77.1	8.5	6.7
2005	823.1	816.6	6.4	1646.2	1483.0	163.1	74.3	11.5	6.3
2006	945.0	938.2	6.8	1890.0	1705.6	184.4	86.7	10.7	7.2
2007	991.4	986.3	5.1	1982.8	1779.7	203.1	97.3	13.9	7.5
2008	1098.3	1093.2	5.1	2196.6	1972.5	224.1	108.0	16.2	8.3
2009	1212.4	1207.5	4.9	2424.8	2168.8	256.0	124.7	18.1	9.1
2010	1241.0	1236.1	4.9	2482.0	2200.9	281.1	138.8	19.0	9.3
2011	1302.4	1297.5	4.9	2604.8	2309.9	294.9	146.5	21.0	9.7
2012	1323.6	1318.3	5.3	2647.2	2361.2	286.0	145.8	23.0	9.8
2013	1346.9	1341.4	5.5	2693.8	2386.0	307.9	156.5	30.0	9.9
2014	1306.7	1302.0	4.7	2613.5	2286.8	326.7	168.7	34.8	9.6
2015	1224.7	1220.6	4.1	2449.4	2109.0	340.4	177.2	39.9	9.0
2016	1142.8	1138.6	4.2	2285.6	1913.3	372.4	195.0	47.4	8.3
2017	1063.1	1059.0	4.1	2126.2	1746.3	379.9	201.4	52.3	7.7
2018	1013.9	1009.1	4.8	2027.9	1598.7	429.2	230.6	56.3	7.3
2019	927.3	922.4	4.9	1854.7	1398.7	455.9	246.8	61.9	6.6

注：结婚率 $= \dfrac{\text{登记结婚对数}}{（\text{当年期初人口数}+\text{当年期末人口数}）/2} \times 1000‰$

B-3-4 离婚登记

年份	离婚总数（万对）	民政部门登记离婚数（万对）	内地居民登记离婚数（万对）	涉外华侨港澳台登记离婚数（对）	法院部门判决、调解离婚数（万件）	离婚率（‰）
1978	28.5	17.0	17		11.5	0.2
1979	31.9	19.3	19.3	82	12.6	0.3
1980	34.1	18.0	18	330	16.1	0.4
1981	38.9	18.7	18.7	46	20.2	0.4
1982	42.8	21.1	21.1	116	21.7	0.4
1983	41.8	19.7	19.7	126	22.1	0.4
1984	45.4	19.9	19.9	110	25.5	0.4
1985	45.8	19.6	19.6	108	26.2	0.4
1986	50.6	21.4	21.4	205	29.2	0.5
1987	58.1	23.6	23.6	220	34.5	0.6
1988	65.5	26.4	26.4	310	39.1	0.6
1989	75.3	28.8	28.7	518	46.5	0.7
1990	80.0	30.1	30	602	49.9	0.7
1991	83.1	30.1	30	588	53	0.7
1992	85.0	31.6	31.5	833	53.4	0.7
1993	91.0	33.6	33.5	968	57.4	0.8
1994	98.2	35.5	35.4	737	62.7	0.8
1995	105.6	36.8	36.7	813	68.8	0.9
1996	113.4	39.4	39.3	1175	74	0.9
1997	119.9	44.0	43.9	1385	75.9	1.0
1998	119.2	46.6	46.5	948	72.6	1.0
1999	120.2	47.8	47.7	975	72.4	1.0
2000	121.3	48.9	48.8	1075	72.4	1.0
2001	125.0	52.8	52.5	2856	72.2	1.0
2002	117.7	57.3	56.8	5221	60.4	0.9
2003	133.0	69	68.7	3333	64	1.1
2004	166.5	104.6	104.0	5830	61.9	1.3
2005	178.5	118.4	117.5	8267	60.1	1.4
2006	191.3	129.1	128.3	8414	62.2	1.5
2007	209.8	145.7	144.8	8852	64.1	1.6
2008	226.9	161.0	160.0	9470	65.9	1.7
2009	246.8	180.2	179.6	5608	66.6	1.9
2010	267.8	201.0	200.4	5783	66.8	2.0
2011	287.4	220.7	220.2	5761	66.7	2.1
2012	310.4	242.3	241.7	6161	68.1	2.3
2013	350.0	281.5	280.9	6538	68.5	2.6
2014	363.9	295.7	295.1	6714	67.9	2.7
2015	384.3	314.9	314.3	6237	69.3	2.8
2016	415.8	348.6	348.0	6315	67.2	3.0
2017	437.4	370.4	369.8	6307	66.9	3.2
2018	446.1	381.2	380.5	7567	64.9	3.2
2019	470.1	404.7	404.0	7104	65.3	3.4

注：$离婚率=\frac{离婚对数}{（当年期初人口数+当年期末人口数）/2}\times 1000‰$

B-3-5 殡葬服务

年份	殡仪馆（个）	公墓（个）	殡葬服务站（个）	殡葬管理机构（个）	火化炉（台）	火化遗体（万具）	火化率（%）
1978					*1712*	*117.5*	
1979					*2300*	*102.1*	
1980					*2510*	*98.7*	
1981					*2586*	*85.4*	
1982					*2622*	*96.2*	
1983					*2622*	*108.0*	
1984					*2686*	*128.2*	
1985	*9*	*24*		*122*	*2729*	*155.2*	
1986	*5*	*25*		*143*	*2745*	*155.5*	*26.2*
1987	*6*	*29*		*195*	*2752*	*162.0*	*27.0*
1988	*14*	*37*		*219*	*2729*	*180.9*	*29.5*
1989	*17*	*50*		*217*	*2768*	*182.3*	*30.1*
1990	1260	73		211	2795	201.3	31.5
1991	1283	84		234	2714	215.6	34.0
1992	1288	88		228	2852	242.6	31.2
1993	1264	136		296	2891	247.6	31.6
1994	1272	163		284	2882	257.1	33.4
1995	1281	209		302	2927	262.7	33.2
1996	1283	256		313	3005	282.7	35.2
1997	1289	359		340	2959	295.0	36.8
1998	1310	425		374	3157	319.7	39.6
1999	1318	624		402	3340	336.4	41.5
2000	1363	692		466	3565	373.7	46.0
2001	1415	757		540	4299	386.7	47.3
2002	1486	854		542	3945	415.2	50.6
2003	1515	855		599	4159	434.9	52.7
2004	1549	937		633	4792	436.9	52.5
2005	1594	1009		681	5037	450.2	53.0
2006	1635	1109		805	5649	430.2	48.2
2007	1708	1162		799	4838	442.1	48.4
2008	1692	1209		853	4789	453.4	48.5
2009	1729	1266		901	5123	454.2	48.2
2010	1724	1308		919	5229	474.1	49.0
2011	1745	1406		952	5209	468.1	48.8
2012	1782	1597		978	5539	477.7	49.5
2013	1784	1535		1063	5743	468.9	48.2
2014	1801	1617		1141	5908	459.3	47.0
2015	1821	1582		1127	6063	459.5	47.1
2016	1775	1386		1005	6206	471.8	48.3
2017	1760	1420		952	6361	482.0	48.9
2018	1730	1367		946	6444	501.7	50.5
2019	1677	1443	50	890	6400	522.7	52.4

注：1．斜体数据经过修正。1989年以前部分数据统计不完全。

2．$火化率=\frac{当年火化遗体数}{当年死亡人数}\times100\%$

第五部分

当年分省统计资料

C-1-1 省级行政区划

单位：个

地区	省级合计	直辖市	省	自治区	特别行政区
全国	**34**	**4**	**23**	**5**	**2**
北京	1	1			
天津	1	1			
河北	1		1		
山西	1		1		
内蒙古	1			1	
辽宁	1		1		
吉林	1		1		
黑龙江	1		1		
上海	1	1			
江苏	1		1		
浙江	1		1		
安徽	1		1		
福建	1		1		
江西	1		1		
山东	1		1		
河南	1		1		
湖北	1		1		
湖南	1		1		
广东	1		1		
广西	1			1	
海南	1		1		
重庆	1	1			
四川	1		1		
贵州	1		1		
云南	1		1		
西藏	1			1	
陕西	1		1		
甘肃	1		1		
青海	1		1		
宁夏	1			1	
新疆	1			1	
香港	1				1
澳门	1				1
台湾	1		1		

C−1−2 地级与县级行政区划

单位：个

地区	地级合计	地级市	地区	自治州	盟	县级合计	市辖区	县级市	县	自治县	旗	自治旗	特区	林区
全 国	**333**	**293**	**7**	**30**	**3**	**2846**	**965**	**387**	**1323**	**117**	**49**	**3**	**1**	**1**
北 京						16	16							
天 津						16	16							
河 北	11	11				168	47	21	94	6				
山 西	11	11				117	26	11	80					
内蒙古	12	9			3	103	23	11	17		49	3		
辽 宁	14	14				100	59	16	17	8				
吉 林	9	8		1		60	21	20	16	3				
黑龙江	13	12	1			121	54	21	45	1				
上 海						16	16							
江 苏	13	13				96	55	22	19					
浙 江	11	11				90	37	20	32	1				
安 徽	16	16				105	44	9	52					
福 建	9	9				85	29	12	44					
江 西	11	11				100	27	11	62					
山 东	16	16				137	57	27	53					
河 南	17	17				158	53	22	83					
湖 北	13	12		1		103	39	25	36	2				1
湖 南	14	13		1		122	36	18	61	7				
广 东	21	21				122	65	20	34	3				
广 西	14	14				111	41	9	49	12				
海 南	4	4				23	8	5	4	6				
重 庆						38	26		8	4				
四 川	21	18		3		183	54	18	107	4				
贵 州	9	6		3		88	15	9	52	11			1	
云 南	16	8		8		129	17	17	66	29				
西 藏	7	6	1			74	8		66					
陕 西	10	10				107	30	6	71					
甘 肃	14	12		2		86	17	5	57	7				
青 海	8	2		6		44	7	4	26	7				
宁 夏	5	5				22	9	2	11					
新 疆	14	4	5	5		106	13	26	61	6				

C-1-3 乡镇级行政区划

单位：个

地区	乡镇级合计	镇	乡合计	乡	民族乡	苏木	民族苏木	街道	区公所
全国	**38755**	**21013**	**9221**	**8101**	**966**	**153**	**1**	**8519**	**2**
北京	333	143	38	33	5			152	
天津	248	126	3	2	1			119	
河北	2255	1155	789	743	46			310	1
山西	1396	577	612	612				207	
内蒙古	1024	508	270	99	17	153	1	246	
辽宁	1355	640	201	147	54			514	
吉林	937	426	182	154	28			329	
黑龙江	1240	557	345	293	52			338	
上海	215	106	2	2				107	
江苏	1261	718	40	39	1			503	
浙江	1360	619	259	245	14			482	
安徽	1498	968	271	262	9			259	
福建	1107	653	270	251	19			184	
江西	1563	828	570	562	8			165	
山东	1824	1087	68	68				669	
河南	2451	1173	618	606	12			660	
湖北	1249	760	162	152	10			327	
湖南	1937	1134	392	309	83			411	
广东	1606	1114	11	4	7			481	
广西	1250	806	312	253	59			132	
海南	218	175	21	21				22	
重庆	1029	629	172	158	14			228	
四川	3440	1926	1065	982	83			449	
贵州	1440	837	315	122	193			288	
云南	1407	679	540	400	140			188	
西藏	697	142	534	525	9			21	
陕西	1312	975	21	21				316	
甘肃	1357	892	337	305	32			128	
青海	403	144	222	194	28			37	
宁夏	240	103	90	90				47	
新疆	1103	413	489	447	42			200	1

C-1-4 民政部门

地区	单位数	年末职工人数	#女性	受教育程度	
				大学专科	大学本科及以上
全国	**3447**	**86179**	**30610**	**30349**	**42880**
中央级	1	313	94	2	311
北京	18	1176	516	85	965
天津	17	523	178	119	347
河北	186	6074	2461	2199	2284
山西	129	2472	858	860	1110
内蒙古	118	3002	1064	1084	1524
辽宁	112	2292	776	634	1489
吉林	70	905	228	171	614
黑龙江	139	2462	926	948	1269
上海	17	608	282	64	527
江苏	115	3193	975	785	2129
浙江	103	2574	812	733	1624
安徽	122	2230	676	781	1225
福建	96	1700	485	557	815
江西	115	3177	874	1225	1062
山东	169	4441	1496	1346	2766
河南	179	6615	2311	2439	2585
湖北	120	3688	1307	1573	1575
湖南	142	5626	2080	2181	2360
广东	150	4074	1484	1176	2482
广西	126	1967	736	686	1054
海南	25	782	255	367	293
重庆	40	1012	410	305	675
四川	209	5235	1888	2084	2509
贵州	100	3545	1264	1588	1677
云南	147	4070	1461	1542	1992
西藏	82	1186	566	422	483
陕西	118	3271	1039	1331	1521
甘肃	102	3140	1047	1097	1329
青海	54	878	312	290	412
宁夏	28	717	282	224	482
新疆	298	3231	1467	1451	1390

行政机构

单位：个、人

职业资格水平		年龄结构			
助理社会工作师	社会工作师	35岁及以下	36岁至45岁	46岁至55岁	56岁及以上
2042	**2276**	**20488**	**30481**	**27871**	**7339**
		70	162	59	22
25	19	268	374	419	115
		121	140	197	65
66	113	1338	2215	2016	505
53	44	538	924	802	208
28	59	756	1060	915	271
28	24	408	778	829	277
3		110	301	385	109
39	28	615	902	818	127
10	8	123	199	202	84
340	270	572	1028	1209	384
94	133	477	785	976	336
140	129	456	743	807	224
40	136	362	451	666	221
46	46	601	1202	1073	301
145	285	961	1552	1511	417
141	135	1909	2406	1844	456
86	85	721	1060	1352	555
163	173	1221	2161	1735	509
160	170	1041	1409	1344	280
10	25	324	489	926	228
21	9	253	263	217	49
49	47	213	296	379	124
97	88	1247	2009	1618	361
32	23	1113	1323	948	161
57	37	785	1574	1408	303
4	1	668	402	111	5
50	41	878	1078	1052	263
69	73	1027	1167	767	179
14	34	229	371	236	42
10	21	142	264	263	48
22	20	941	1393	787	110

C−1−4续表

地 区	职工按行政层级分				乡、镇、街道民政助理员
	中央级	省级	地级	县级	
全 国	**313**	**3463**	**11788**	**70615**	**58120**
中央级	313				
北 京		282		894	626
天 津		119		404	313
河 北		111	554	5409	3652
山 西		76	304	2092	1674
内蒙古		82	379	2541	1560
辽 宁		72	589	1631	1617
吉 林		97	230	578	937
黑龙江		112	451	1899	1501
上 海		163		445	274
江 苏		126	567	2500	1703
浙 江		103	384	2087	1906
安 徽		97	426	1707	2036
福 建		111	247	1342	1505
江 西		80	358	2739	2005
山 东		102	624	3715	4158
河 南		124	753	5738	3628
湖 北		106	486	3096	1928
湖 南		143	614	4869	3602
广 东		125	870	3079	2112
广 西		77	340	1550	2555
海 南		76	104	602	303
重 庆		173		839	2379
四 川		121	688	4426	4176
贵 州		67	411	3067	2490
云 南		142	507	3421	2543
西 藏		102	375	709	427
陕 西		90	361	2820	2325
甘 肃		116	561	2463	2085
青 海		74	162	642	469
宁 夏		102	113	502	287
新 疆		92	330	2809	1344

单位：人、人次、时、万元

志愿服务		行政单位会计制度财务指标		
志愿者服务人次数	志愿服务时间	固定资产原价	本年收入合计	本年支出合计
34255	**123015.5**	**2857961.3**	**10167158.3**	**10393954.2**
		33954.7	35860.0	31028.5
254	1607.0	96680.5	680452.8	702944.1
		21493.3	158522.4	158610.0
514	1738.0	116088.2	474611.2	499254.0
15	55.0	59401.1	270160.3	288646.2
219	441.0	140099.6	231996.7	266167.8
146	564.0	64552.8	227783.6	230863.8
		47069.7	54901.4	52152.6
4069	8811.0	46518.2	81932.6	92943.3
326	1107.0	73797.9	722513.0	719606.9
4030	17416.5	101311.0	613072.5	595678.4
2413	7759.0	113837.9	838307.4	844225.8
2790	8816.0	75153.3	341146.5	340100.4
1750	5856.0	51773.1	226109.5	250138.0
829	3308.0	41710.5	113365.1	115370.4
		121286.0	367467.0	368728.7
1707	4594.0	62402.6	195862.7	193433.8
1902	7883.0	115938.6	238142.6	247246.9
1275	4322.0	106395.2	451642.1	463252.9
398	2211.0	169886.0	921813.1	931912.6
56	120.0	98993.1	439765.8	447724.6
		16568.0	155510.3	162718.5
922	3590.0	48753.0	158402.9	162596.1
1503	5149.0	140428.4	430564.9	434992.5
4131	16205.0	88482.1	378082.6	394210.3
726	2331.0	163270.1	551035.1	573540.2
		93790.6	25145.9	40556.0
272	1147.0	89334.1	231524.6	225088.8
2708	13500.0	35605.5	71599.8	89001.9
128	472.0	105913.7	149980.7	151742.2
161	402.0	61239.1	119400.3	115809.9
1011	3611.0	256233.4	210482.9	203668.1

C-1-5 民政部门登记和管理

地 区	机构和设施数	按登记类型分				
		市场监管部门登记	编制部门登记	民政部门登记	自治组织	设施和多牌子机构
全 国	**2014933**	**3463**	**24747**	**866335**	**642693**	**477675**
中央级	2314		19	2295		
北 京	31392	95	550	12849	7122	10776
天 津	13713	24	86	5614	5162	2827
河 北	121197	81	535	30026	53070	37485
山 西	52840	26	403	16875	27991	7542
内蒙古	36067	31	547	16998	13548	4943
辽 宁	49282	74	255	24782	16056	8115
吉 林	42011	364	837	13422	11223	16165
黑龙江	34618	47	397	19731	11549	2894
上 海	28856	69	244	16880	6038	5620
江 苏	138888	294	1468	97013	21520	18593
浙 江	126715	240	1031	69277	25403	30760
安 徽	58578	114	366	32320	17969	7809
福 建	60359	65	560	31691	17012	11031
江 西	63557	25	1821	26140	20690	14881
山 东	160386	310	794	56022	77140	26112
河 南	136817	218	2051	44012	51678	38858
湖 北	92865	107	1623	31031	27284	32820
湖 南	86790	116	2403	36876	29264	18131
广 东	169678	221	1844	70860	26676	70077
广 西	58060	96	484	27118	16359	14003
海 南	14144	12	33	7888	3195	3016
重 庆	42865	275	589	17553	11184	13264
四 川	122795	283	2325	44932	51167	24088
贵 州	55799	79	1048	13753	17541	23378
云 南	45144	51	1013	23640	14501	5939
西 藏	6167		25	536	5524	82
陕 西	61705	53	612	30548	19858	10634
甘 肃	53362	33	258	24644	17433	10994
青 海	12521	11	48	6084	4622	1756
宁 夏	11758	21	81	6083	2799	2774
新 疆	23690	28	397	8842	12115	2308

的机构和设施总表

单位：个、人

按行业分类分				年末职工人数	#女性	受教育程度	
*社会工作	*成员组织	*其他社会服务	其他事业单位			大学专科人数	大学本科及以上人数
566387	**1509028**	**5128**	**1541**	**15456660**	**5494807**	**2819759**	**2199947**
2	2295		17	43760	19468	8088	35565
12747	19971	64	61	346557	199307	136731	133316
3288	10776	35	20	137628	49424	23708	28226
39315	83096	211	25	757723	271030	108743	77552
8381	44866	85	50	355773	113897	51647	26623
5875	30546	156	21	262587	94723	60613	36337
10280	40838	401	50	381582	183872	89408	73729
17907	24645	191	5	181300	59489	25614	8264
5363	31280	176	19	200143	74621	28667	16586
10102	22918	95	41	427561	128026	149196	51735
47178	118533	298	61	1193082	328566	167320	142180
40540	94680	285	134	1010515	376957	174126	160588
10097	50289	172	21	579224	182578	142593	101022
12090	48703	151	48	341020	115283	43894	35382
16752	46830	143	321	507074	140815	45710	39293
30728	133162	299	47	1364758	587300	324039	317774
42089	95690	281	102	907623	319182	168749	83471
34999	58315	223	60	540226	218851	96906	69068
21043	66140	218	90	604186	182401	92979	55330
73216	97536	314	29	1323537	555662	291787	274498
14808	43477	145	39	343971	132057	48888	33680
3250	11083	16	6	101148	34661	15249	11828
14907	28737	146	22	349275	169831	93252	76418
28283	96099	310	129	871410	328583	130158	118418
24628	31294	133	35	461241	126244	65697	44575
7001	38141	182	24	498331	125472	63422	44182
108	6060	32		36228	7971	2806	3490
11747	50406	149	28	577893	162277	78117	46878
11604	42077	73	15	332705	64231	35712	19775
2060	10706	17	5	110851	30774	13579	9814
2981	8882	40	2	63203	22721	9145	4171
3018	20957	87	14	244545	88533	33216	20179

注：“成员组织”中的一些机构，也隶属于行业分类中的“社会工作”类和“其他社会服务”类行业，在计算“机构和设施数”时，对其进行了剔重处理。

C−1−5续表1

地 区	按登记类型分				职业资格水平	
	市场监管部门登记	编制部门登记	民政部门登记	设施和多牌子机构	助理社会工作师人数	社会工作师人数
全 国	**71769**	**308273**	**10596975**	**4479643**	**189233**	**129191**
中央级		1420	42340		158	6486
北 京	3104	10500	254445	78508	8132	3718
天 津	541	2179	97102	37806	4187	1464
河 北	1433	11072	473920	271298	4410	5186
山 西	666	6311	211846	136950	2804	2646
内蒙古	492	7029	180926	74140	2119	1527
辽 宁	1388	8087	250223	121884	16682	4874
吉 林	4422	11181	98954	66743	1769	3007
黑龙江	712	9938	114556	74937	2837	1503
上 海	3956	8390	308496	106719	2740	3720
江 苏	6458	23109	962524	200991	15771	8106
浙 江	4441	13487	782475	210112	20933	10170
安 徽	2023	6493	450767	119941	5892	2789
福 建	1805	5158	238318	95739	3825	2920
江 西	382	11218	344409	151065	4069	3627
山 东	4667	13198	952867	394026	25448	25617
河 南	2083	23097	474081	408362	6655	5052
湖 北	2294	17763	306499	213670	4354	2228
湖 南	2564	19218	416491	165913	4902	2600
广 东	8587	25959	932503	356488	23174	12673
广 西	1744	8011	225895	108321	1600	846
海 南	583	656	68913	30996	1636	292
重 庆	4795	6062	221811	116607	7006	4713
四 川	5155	21185	571304	273766	7069	4373
贵 州	3153	10249	263856	183983	2599	1260
云 南	1326	6627	389376	101002	1113	609
西 藏		449	6829	28950	50	49
陕 西	1372	8648	444857	123016	3542	4168
甘 肃	814	3735	233826	94330	1669	746
青 海	134	850	83468	26399	662	944
宁 夏	214	1806	37626	23557	315	212
新 疆	461	5188	155472	83424	1111	1066

单位：人、人次、时

年龄结构				志愿服务	
35岁及以下人数	36岁至45岁人数	46岁至55岁人数	56岁及以上人数	志愿者服务人次数	志愿服务时间
5188618	**5447075**	**3475645**	**1345322**	**16641516**	**43268929.1**
9003	13211	12973	8573		
123695	80122	117155	25585	7186215	13649798.5
35189	47970	43364	11105	11316	29231.0
257329	250962	175891	73541	89905	266177.1
114419	121524	83048	36782	97330	270673.5
89066	91182	58872	23467	30529	72066.0
129228	131642	86210	34502	417520	1526284.0
54370	83364	33654	9912	830	1212.0
51791	85391	47150	15811	393059	1202125.0
133655	152220	99916	41770	86196	182838.0
391857	456999	254721	89505	857994	1866339.2
304570	393029	220482	92434	1184101	2969362.2
192703	230550	120559	35412	371306	983322.0
111880	127478	73070	28592	121681	524382.5
188379	229509	66541	22645	45586	83302.0
447335	439333	326757	151333	411303	1024374.3
306575	297429	205453	98166	701032	3703200.6
175391	188162	132205	44468	648485	1268461.0
222262	223248	113569	45107	299559	973357.5
591707	378692	253402	99736	913121	4756214.3
95619	117250	87268	43834	118488	344200.0
32545	40863	19975	7765	12291	5536.0
133672	104392	80893	30318	863115	2049863.5
292229	326619	164864	87698	915821	3115223.0
164342	164388	99252	33259	154176	567625.9
141133	169715	130484	56999	61184	96236.0
9440	12486	10128	4174	4979	48500.0
165832	176538	180731	54792	319147	886663.0
96417	140024	77052	19212	57216	179691.0
35879	47316	21019	6637	886	1275.0
18679	24802	15594	4128	2050	4246.0
72427	100665	63393	8060	265095	617149.0

C-1-5续表2

地　区	企业会计制度财务指标			
	固定资产原价	营业收入	费用合计	营业利润
全　国	**2712293.6**	**1577452.2**	**549435.5**	**311392.7**
中央级	33372.5	19066.9	12364.8	-1013.9
北　京	115186.4	115503.0	50555.0	10116.1
天　津	31403.0	8916.1	4617.4	2580.5
河　北	29870.0	22239.7	13069.6	-501.8
山　西	31365.2	14855.7	13399.7	1016.5
内蒙古	17922.2	8613.9	4596.2	1096.5
辽　宁	60783.8	15236.4	10250.4	-492.0
吉　林	34113.2	3878.6	1112.3	45.0
黑龙江	25382.6	9916.1	5277.1	1574.9
上　海	326390.7	542464.8	124387.5	194594.7
江　苏	285176.5	93248.3	23482.9	44277.1
浙　江	84663.1	84662.8	23896.1	16068.8
安　徽	53521.8	21139.2	7649.0	3090.4
福　建	62698.2	29307.5	10162.9	2120.2
江　西	13332.6	13538.1	5860.7	2549.6
山　东	157692.3	25819.3	11781.3	-998.0
河　南	117917.2	12053.9	4439.9	1930.2
湖　北	95593.1	39633.1	13960.2	6759.1
湖　南	73537.4	21406.4	11046.8	1107.5
广　东	278846.8	142633.1	59521.9	1926.8
广　西	110982.3	58760.0	20915.3	9844.6
海　南	29291.8	9320.8	4757.8	-711.1
重　庆	157412.6	58694.9	24439.9	2229.8
四　川	197579.3	70143.4	34056.0	3384.2
贵　州	125275.8	71120.8	31984.4	4800.7
云　南	31629.4	7120.4	3033.5	1721.3
西　藏	5559.2	436.0	456.0	2.0
陕　西	53231.6	33130.0	15473.6	1664.2
甘　肃	12524.8	21833.5	2038.6	493.7
青　海	2561.0	30.0	30.0	
宁　夏	15122.8	1402.8	486.0	95.0
新　疆	42354.4	1326.7	332.7	20.1

单位：万元

事业单位会计制度财务指标			民间非营利组织会计制度财务指标		
固定资产原价	本年收入合计	本年支出合计	固定资产原价	本年收入合计	本年费用合计
11411255.7	**6923478.0**	**6386999.1**	**51029911.3**	**45306767.5**	**45311750.3**
327766.2	228858.1	180196.2	1514824.3	4372243.4	4410526.5
419599.1	562879.1	511928.6	2292244.5	4319141.8	5896080.2
125502.7	111143.8	112937.6	256769.8	350198.3	309037.7
410424.4	199181.8	191948.5	3569830.9	2064250.8	1649322.8
217081.8	138243.8	115851.8	1079607.6	244917.7	256628.3
241742.7	123615.6	110710.2	247682.8	106533.1	108882.2
281268.0	168895.7	157325.4	1346001.7	731264.9	728776.2
240097.5	130230.6	115438.9	58511.6	31188.3	33138.0
343582.0	124205.5	122750.6	395935.5	220234.5	96128.6
227840.4	271916.0	260033.4	1305415.0	4398790.0	3797914.0
1052936.4	464714.0	441487.1	3714438.6	2642521.9	4545866.5
378400.5	406576.9	394018.1	3272147.9	3916217.4	3821265.5
212554.7	138878.3	134596.1	1995823.4	647134.8	716364.8
165885.9	142584.2	124431.0	411253.1	327861.7	325340.4
270687.4	276370.5	104120.8	654175.3	325425.4	387269.3
592606.5	293663.3	287130.3	6156691.4	507326.9	4183116.3
375547.2	263897.3	260607.4	1391838.2	2139075.9	782243.3
654973.7	311353.1	295411.6	795469.9	1008682.2	893501.8
552284.7	291787.7	274789.3	791422.0	826868.5	725345.8
1175227.9	912103.5	889234.5	9372972.3	7187948.6	6073233.1
212368.3	157717.7	152031.6	563294.8	614485.9	599500.1
29945.7	34891.2	33125.7	139708.5	21435.3	50463.6
319045.4	179346.0	176415.9	2497949.2	1758030.5	1549312.2
739226.2	285868.2	292436.8	3805972.9	5287890.3	2067565.9
310960.9	140739.4	133885.3	535458.1	394902.6	354277.7
385511.8	106307.2	106878.7	693216.2	292096.2	333870.5
19465.6	26803.0	21709.9	181177.8	4643.1	10860.3
409939.7	179271.4	154908.9	1364611.5	349089.6	416420.3
226735.5	74252.6	72467.0	229897.6	53465.3	58455.5
35629.8	12305.4	13336.9	95134.6	34612.0	24614.8
134475.0	34881.7	33913.4	156194.4	67294.3	51584.3
321942.1	129995.4	110941.6	144239.9	60996.3	54843.8

C-1-6　分省份民政事业

地　区	人均民政事业费支出（元/人）	民政事业费占财政支出比重（%）	每万人拥有民政服务机构和设施（个/万人）	每万人拥有民政服务机构和设施职工（人/万人）
全　国	**305.6**	**1.8**	**4.0**	**17.7**
北　京	760.7	2.2	5.9	33.3
天　津	446.5	2.0	2.1	14.6
河　北	191.1	1.7	5.2	14.6
山　西	286.5	2.3	2.2	9.6
内蒙古	489.3	2.4	2.3	11.9
辽　宁	261.1	2.0	2.4	15.2
吉　林	321.6	2.2	6.7	19.3
黑龙江	250.4	1.9	1.4	10.3
上　海	675.2	2.0	4.2	55.2
江　苏	311.3	2.0	5.8	30.9
浙　江	275.4	1.6	6.9	25.4
安　徽	299.6	2.6	1.6	9.1
福　建	225.6	1.8	3.0	9.2
江　西	307.4	2.2	3.6	17.4
山　东	167.9	1.6	3.1	15.1
河　南	205.3	1.9	4.4	22.7
湖　北	312.1	2.3	5.9	20.7
湖　南	250.2	2.1	3.0	11.2
广　东	245.3	1.6	6.4	23.3
广　西	289.8	2.5	3.0	7.5
海　南	274.4	1.4	3.6	15.0
重　庆	343.0	2.2	4.8	24.0
四　川	299.9	2.4	3.4	12.8
贵　州	398.9	2.4	6.8	30.3
云　南	384.0	2.8	1.4	7.2
西　藏	573.3	0.9	0.3	3.3
陕　西	382.7	2.6	3.0	14.3
甘　肃	484.9	3.2	4.4	10.9
青　海	755.3	2.5	3.4	13.0
宁　夏	556.7	2.7	4.3	18.0
新　疆	455.3	2.2	1.2	10.1

孤儿集中养育标准占当地人均消费支出比重(%)	孤儿社会散居标准占当地人均消费支出比重(%)	城市低保标准占当地城镇居民人均消费支出比重(%)	农村低保标准占当地农村居民人均消费支出比重(%)
83.5	**59.8**	**26.7**	**40.0**
55.8	50.2	28.5	60.3
96.4	95.7	33.8	65.9
86.7	59.7	33.9	39.7
103.6	74.1	31.2	48.9
101.3	85.1	32.6	42.3
91.9	70.3	27.9	42.2
99.4	72.8	26.9	35.5
102.7	77.4	31.6	33.0
55.1	49.8	28.8	62.0
98.4	72.5	27.5	47.7
68.0	54.3	26.0	45.6
89.7	64.3	30.1	47.2
72.6	46.5	23.9	45.0
82.7	58.5	33.6	37.1
85.1	56.6	25.9	41.4
94.3	66.7	29.4	35.4
114.4	71.6	28.9	37.1
82.2	57.0	23.0	32.3
76.8	54.1	28.1	45.0
87.5	58.2	37.0	37.1
83.7	61.0	26.7	42.2
81.1	69.7	27.0	40.7
86.2	56.1	26.1	31.8
115.9	79.5	34.4	43.1
149.6	97.0	31.7	42.4
112.7	90.7	39.0	51.5
72.1	57.1	31.0	42.7
94.5	74.7	26.0	43.0
72.2	48.7	29.0	36.3
69.5	47.6	28.5	35.2
76.3	54.5	21.9	41.2

注：人口数、居民人均消费支出数据使用国家统计局发布数据。

C-1-6续表

地 区	每千名老年人拥有养老床位数(张/千人)	老龄补贴人数占老年人比例(%)	城市社区综合服务设施覆盖率(%)	农村社区综合服务设施覆盖率(%)
全 国	**30.5**	**14.1**	**92.9**	**59.3**
北 京	33.5	18.8	91.9	134.4
天 津	23.4	2.6	88.9	32.2
河 北	29.1	9.3	46.8	69.2
山 西	23.6	4.4	37.2	22.8
内蒙古	53.2	16.4	77.1	20.0
辽 宁	21.2	2.8	88.2	24.0
吉 林	28.1	1.5	116.8	126.9
黑龙江	27.0	3.4	67.6	6.4
上 海	26.9	53.2	95.3	91.7
江 苏	40.9	24.3	110.2	129.5
浙 江	53.7	10.6	149.2	101.1
安 徽	34.9	18.7	80.0	22.1
福 建	28.9	14.7	88.6	45.0
江 西	29.1	13.1	80.4	55.7
山 东	27.8	5.9	58.4	25.8
河 南	21.8	13.5	143.9	61.7
湖 北	37.3	11.7	99.5	104.2
湖 南	25.1	6.1	63.6	46.5
广 东	31.9	18.8	122.8	199.4
广 西	30.1	16.6	70.5	79.7
海 南	11.1	16.8	87.1	94.5
重 庆	26.2	6.6	105.6	103.5
四 川	27.9	18.1	93.7	27.2
贵 州	30.8	13.0	114.3	133.0
云 南	16.5	14.2	98.3	20.6
西 藏	23.0	6.2	0.4	1.1
陕 西	26.0	42.3	82.8	43.4
甘 肃	30.5	3.6	106.4	52.1
青 海	28.6	63.8	81.2	27.1
宁 夏	26.9	4.2	116.5	89.2
新 疆	15.5	12.6	64.1	1.8

残疾人两项补贴对象人数占持证残疾人数比例（%）	人均福利彩票销售额（元/人）	每万人口拥有持证社会工作者（人/万人）	火化率（%）
68.8	**136.6**	**3.8**	**52.4**
41.1	182.6	16.9	85.6
52.8	211.5	6.9	82.5
61.7	71.2	1.1	39.7
55.9	89.1	1.7	13.1
69.5	166.0	2.1	51.7
62.1	204.7	4.3	101.9
67.4	96.3	4.0	61.1
60.2	103.0	2.2	74.7
52.0	212.4	10.8	99.4
67.3	156.4	8.2	94.6
70.7	263.0	11.2	102.2
93.2	108.7	2.1	77.8
73.9	107.6	4.3	86.8
74.0	84.4	1.1	82.1
62.4	135.0	2.8	89.5
71.9	67.1	1.0	19.7
75.5	137.1	2.8	57.1
75.9	109.1	1.8	21.9
85.6	169.1	8.3	94.2
72.1	91.2	1.1	32.0
92.7	93.6	0.9	8.0
54.8	138.5	7.2	31.2
64.1	118.0	0.3	38.9
40.6	67.0	1.4	46.8
78.3	159.6	0.0	44.2
109.3	540.5	32.3	5.7
69.0	245.8	4.2	27.0
75.4	128.1	1.4	12.2
88.3	230.2	1.1	13.8
87.1	193.0	3.1	9.8
63.1	191.6	1.4	21.6

注：1.残疾人两项补贴人数占比、老龄补贴人数占比均采用简单加总数据计算，暂无法区分1人同时享受2种或多种补贴情况，数据仅供参考分析。

2.持证残疾人数为残联发布的2018年度数据。

C-1-7 社会工作师、

地区	社会工作师和助理社会工作师累计合格人数	社会工作师		
		累计合格人数	当年考试通过人数	当年报考人数
全　国	**533594**	**128190**	**21285**	**167447**
北　京	36336	9482	1152	9739
天　津	10752	2367	291	2643
河　北	8073	2730	409	3249
山　西	6413	2114	366	2409
内蒙古	5402	2178	581	5589
辽　宁	18728	5080	671	4512
吉　林	10832	2261	366	3061
黑龙江	8189	2083	350	2820
上　海	26189	6968	913	10153
江　苏	65894	14831	2019	14030
浙　江	65244	15963	3656	31566
安　徽	13106	3277	489	4396
福　建	17072	4871	833	6410
江　西	5147	1188	160	1528
山　东	28283	9472	1917	13415
河　南	9778	2699	366	2495
湖　北	16459	3177	613	4549
湖　南	12341	2880	502	4289
广　东	95218	18051	2655	17667
广　西	5400	1169	163	1617
海　南	893	156	32	322
重　庆	22373	4200	929	7366
四　川	2533	430	104	1013
贵　州	5152	1161	196	1634
云　南	60	11	3	28
西　藏	11331	2640	435	3017
陕　西	16282	4269	687	2668
甘　肃	3661	814	198	2032
青　海	685	140	36	453
宁　夏	2153	522	111	1204
新　疆	3615	1006	82	1573

助理社会工作师

单位：人

	助理社会工作师			
当年实考人数	累计合格人数	当年考试通过人数	当年报考人数	当年实考人数
130891	**405404**	**73220**	**386066**	**311483**
8024	26854	2888	16467	13926
2206	8385	1357	5077	4103
2617	5343	1127	5624	4604
1998	4299	886	3795	3178
4265	3224	846	4796	3637
3952	13648	1523	8016	6752
2555	8571	1329	8875	7808
2329	6106	1121	6639	5462
6804	19221	2671	16399	11513
11520	51063	8192	36881	30828
23257	49281	13311	72985	56005
3544	9829	1838	10141	8385
4845	12201	2727	13408	10455
1186	3959	695	3457	2726
10191	18811	5139	19703	15991
2054	7079	1248	4865	4155
3896	13282	2924	15213	13165
3189	9461	2288	12933	10393
14337	77167	11031	60409	49520
1260	4231	572	3269	2599
262	737	169	1225	1012
5981	18173	4324	22259	18793
696	2103	420	2861	2074
1249	3991	819	4136	3430
23	49	11	114	87
2353	8691	1726	9732	7793
2179	12013	539	1879	1441
1546	2847	657	4393	3395
373	545	112	2129	1775
1008	1631	316	2814	2309
1192	2609	414	5572	4169

C-1-8 民政职业

地 区	累计鉴定合格人数	2019年鉴定合格人数	养老护理员		假肢类技能人员	
			累计鉴定合格人数	2019年鉴定合格人数	累计鉴定合格人数	2019年鉴定合格人数
全 国	**164426**	**1328**	**44224**		**3658**	**370**
中央级	12032	30	5164		1251	25
北 京	13242	370	238		191	133
天 津	772		144		2	
河 北	1435	12	929		10	
山 西	4136	60	2093			
内蒙古	3581		1404		58	
辽 宁	3075	92	509		249	70
吉 林	3474	22	613		5	
黑龙江	3903	22	981		4	
上 海	2992	10	85		350	10
江 苏	3804		217		270	
浙 江	32209	103	331		162	21
安 徽	2506		182		24	
福 建	3176	30	1587		11	
江 西	2750		69		42	
山 东	11063		5992		203	
河 南	8012	214	3688		176	59
湖 北	2771		360		27	
湖 南	6126		124		31	
广 东	12025	126	7621		267	31
广 西	4241	60	2405		123	
海 南	526	17	360			
重 庆	5240	30	810		45	
四 川	7265		5236		2	
贵 州	2673		383		8	
云 南	3167	15	297		38	
西 藏	320		199			
陕 西	671		73			
甘 肃	1266	47	201		95	21
青 海	522	27	361			
宁 夏	3913	13	840			
新 疆	1538	28	728		14	

注：1.以上数据为民政部职业技能鉴定指导中心及分布在全国31个省、自治区、直辖市76个鉴定站鉴定人数和竞赛晋级人数（不含地方自行组织的鉴定人数）。

2.殡葬类职业包括：殡仪服务员（初、中、高、技师4个级别）、遗体接运工（初、中、高3个级别）、遗体防腐师（初、中、高、技师、

技能人员

单位：人

孤残儿童护理员		灾害信息员		殡葬类技能人员	
累计鉴定合格人数	2019年鉴定合格人数	累计鉴定合格人数	2019年鉴定合格人数	累计鉴定合格人数	2019年鉴定合格人数
14632	**958**	**81946**		**19966**	
1877	5	1005		2735	
554	237	10651		1608	
150		246		230	
358	12	11		127	
550	60	1493			
548		1145		426	
241	22	1573		503	
190	22	2666			
259	22	2440		219	
126		2420		11	
499		1869		949	
487	82	30671		558	
176		1498		626	
178	30	1396		4	
511		1840		288	
454		3052		1362	
1894	155	2041		213	
437		1691		256	
429		2157		3385	
1133	95	1238		1766	
670	60	177		866	
128	17	30		8	
204	30	3058		1123	
413		1245		369	
359		1603		320	
311	15	1517		1004	
93				28	
591		7			
221	26	479		270	
156	27	5			
161	13	2611		301	
274	28	111		411	

高级技师5个级别）、遗体整容师（初、中、高、技师、高级技师5个级别）、遗体火化师（初、中、高、技师、高级技师5个级别）、墓地管理员（初、中、高、技师4个级别）。

3.假肢类职业包括：假肢师（初、中、高、技师、高级技师5个级别）、矫形器师（初、中、高、技师、高级技师5个级别）。

C-1-9 1952－2019年民政

地区	1952年	1953年	1954年	1955年	1956年	1957年	1958年
全国	**28265**	**35484**	**60390**	**49842**	**56906**	**53119**	**32693**
中央级	6	443	20619	8736	270	85	82
北京	198	237	276	247	584	302	376
天津	208	315	131	157	217	240	194
河北	2849	4558	4764	4526	9681	6640	2494
山西	1253	1398	1531	1373	2096	1953	2279
内蒙古	912	370	306	364	625	417	505
辽宁	611	1434	1392	1298	1638	1339	1098
吉林	346	595	880	856	1331	1610	1126
黑龙江	640	831	912	952	1442	1336	948
上海	550	306	411	729	1121	1073	464
江苏	1980	1993	2051	3003	4052	5051	2617
浙江	398	426	505	757	1430	988	672
安徽	2051	4061	3382	3453	4748	4306	1642
福建	828	732	789	933	1473	866	823
江西	1519	1040	1368	2253	1889	1802	1717
山东	2624	3993	5082	3975	3664	5261	3795
河南	1440	2745	2307	2494	4360	5539	2990
湖北	2719	1058	2765	2664	1306	1505	1210
湖南	1255	1089	3381	2205	2259	2177	1344
广东	1762	1454	1270	1407	2725	2729	1223
广西	516	645	735	700	1414	1589	582
海南							
重庆							
四川	1583	2035	2052	2646	3570	2606	1982
贵州	368	686	633	567	618	494	331
云南	630	695	875	740	908	599	514
西藏			43	207	91		2
陕西	519	1023	984	1135	1794	1250	588
甘肃	390	1074	675	1171	1083	871	539
青海	52	134	140	154	281	237	164
宁夏							92
新疆	58	114	131	140	236	254	300

事业费支出情况

单位：万元

1959年	1960年	1961年	1962年	1963年	1964年	1965年
44786	**72444**	**98912**	**74475**	**87533**	**161510**	**107869**
192	262	39			31	2325
751	824	658	542	638	816	1047
4148	5070	10807	5780	15681	31433	18545
1656	2659	2896	2556	2640	2361	2899
873	525	785	1468	1124	1360	1440
1249	4475	4392	3933	3467	3382	2942
764	1055	1271	1660	2138	2235	1798
782	991	1485	2151	2362	2796	2611
475	471	422	539	874	1074	1220
2956	4843	4107	4873	7282	11070	5506
874	857	1414	1597	1166	1152	1351
3169	3161	4704	3530	5431	10567	3347
4141	2823	2798	1493	1687	1394	1463
1691	2179	3224	3168	2273	3081	1989
4494	8141	11332	6963	7201	11079	15807
2672	10271	11417	8107	10099	48554	17841
2466	4428	4569	3767	3468	3319	2790
967	1690	4299	2697	2834	4522	2482
2982	4608	3475	2830	3146	3056	2664
903	997	2687	1505	2125	4006	1983
2583	6315	9758	5918	4227	4495	5179
613	750	2390	1429	1792	1808	1726
675	880	1692	773	1250	1494	1596
1	25	48	117		133	192
1109	1113	1530	1422	1640	1918	3137
681	1778	4522	2464	2988	2310	1611
447	576	1028	1005		465	695
239	428	303	365		378	284
233	249	860	1823		1212	1399

C−1−9续表1

地　区	1966年	1967年	1968年	1969年	1970年	1971年	1972年
全　国	**88112**	**81887**	**56154**	**66683**	**65349**	**68269**	**81549**
中央级	454	534	308	11			
北　京	914	939	868	820	895	974	1192
天　津		473	439	572	405	407	546
河　北	12395	6983	4443	5333	2054	3591	5482
山　西	4447	2692	2478	2579	4777	4563	4025
内蒙古	2182	2401	1194	842	891	649	1020
辽　宁	2572	2781	2473	3542	2867	3922	4574
吉　林	1704	1745	1579	1890	1837	1968	1753
黑龙江	2548	2169	1775	2355	2247	2317	2768
上　海	1472	1654	1410	1359	1442	1554	1676
江　苏	7298	5400	3756	3839	4191	4969	7368
浙　江	1142	1366	1486	1481	1496	1517	2399
安　徽	4119	6861	4025	4246	5547	3365	4639
福　建	1673	1738	1727	1922	1463	1481	1721
江　西	2145	2318	1637	1924	2047	2357	2357
山　东	9458	9844	5878	7622	6442	9034	8801
河　南	9303	8611	4105	6983	4947	4699	4799
湖　北	2579	3177	2651	3509	4197	3116	3462
湖　南	2141	2562	1848	2019	1668	1602	2272
广　东	2454	2644	2046	2639	2734	2410	2800
广　西	1997	2541	1641	1607	1555	1827	1713
海　南							
重　庆							
四　川	4774	4067	3374	3439	3678	4518	5615
贵　州	1730	1926	1224	1314	1646	1535	2116
云　南	1772	1412	807	1018	2460	1454	1746
西　藏	374			96	100	104	173
陕　西	3623	1874	1477	1733	1778	2099	2415
甘　肃	1161	1963	671	989	952	968	2206
青　海	409	185	190	246	207	291	366
宁　夏	272	287	200	238	242	354	810
新　疆	1000	740	444	516	584	651	727

单位：万元

1973年	1974年	1975年	1976年	1977年	1978年	1979年
99675	**90406**	**127082**	**161690**	**185288**	**137135**	**183279**
8	10				11	44
1506	1284	1461	1742	3068	1990	2238
762	937	881	933	13670	1061	1482
8727	5925	5960	7041	36568	11605	9140
4696	3587	3420	4111	4813	5437	8154
1914	1575	1559	2502	1873	2040	5922
5590	3902	18731	14705	7427	6103	5607
2174	2500	2448	2834	3677	3869	3477
3701	3884	3701	4176	5463	5545	5149
1885	2088	2263	2469	2581	2777	3290
6988	7258	8001	7719	8031	9208	10019
2103	1973	1984	2424	2641	2853	3475
4625	3981	5828	15690	6300	6756	13263
2142	2150	1991	2432	2826	2730	3272
4039	3220	2964	3606	3981	3953	8610
8110	8601	10417	9746	10599	12292	15169
5474	4190	24152	40056	21437	14140	19495
4747	3487	4471	5463	5160	6149	9597
3321	2580	2942	3442	3550	4380	6747
4041	5051	3836	4884	5546	5435	8146
1597	1669	1653	1963	2355	2073	4019
6780	5936	6061	9037	12602	8511	12722
3574	1955	2352	2748	3296	2740	4767
1509	2245	2242	3428	3783	2948	3478
228	195	206	289	270	379	1366
3435	2986	2579	3174	4575	4834	5780
3421	4183	2603	2240	5485	4030	5204
311	342	521	407	514	696	853
1369	1813	600	1150	1780	1090	1040
896	909	1255	1279	1417	1500	1754

C−1−9续表2

地 区	1980年	1981年	1982年	1983年	1984年	1985年	1986年
全 国	**174769**	**192267**	**191874**	**216116**	**242371**	**295841**	**344064**
中央级	103	138	78	163	286	443	2526
北 京	2802	3167	3416	4063	4904	5719	7287
天 津	1474	1670	1669	2194	3101	3583	4113
河 北	11165	13597	10179	9692	12427	16654	16581
山 西	6749	7893	7854	7015	7924	10683	10193
内蒙古	5714	6218	5135	7379	7909	9030	11684
辽 宁	6671	8073	10591	11727	11741	18341	22112
吉 林	4482	4970	4951	6300	5952	8391	13570
黑龙江	5370	6562	8005	9546	8782	10119	13791
上 海	3375	3381	3215	3170	3540	4467	5503
江 苏	11269	12914	11991	14750	16403	16254	20586
浙 江	3703	3897	4070	4808	6480	8174	10211
安 徽	9385	9550	7521	12093	14059	14340	13524
福 建	3625	4268	4773	5506	5601	8298	7657
江 西	6289	5309	6183	7093	8360	8364	9768
山 东	16327	14126	18998	17811	17413	22757	22496
河 南	12007	10921	12862	15216	13710	18456	20939
湖 北	9265	12458	7956	10798	10760	11860	14581
湖 南	7026	8924	7546	10428	10373	12357	15013
广 东	8337	7767	9550	9035	12337	14516	15526
广 西	3213	3674	3897	4779	6382	9438	9634
海 南							
重 庆							
四 川	12063	15429	14542	13943	17823	20667	24973
贵 州	4123	4718	4354	5211	5833	9182	8657
云 南	4172	4599	4231	5251	7025	10137	13752
西 藏	1704	1208	1151	1357	1821	1391	1789
陕 西	5390	8198	6271	5820	6313	7545	8586
甘 肃	4801	4338	5778	4902	8983	6541	7655
青 海	862	915	1068	1270	1674	1918	2134
宁 夏	1385	1118	1819	2329	1497	1826	1990
新 疆	1918	2267	2220	2467	2958	4395	4768

单位：万元

1987年	1988年	1989年	1990年	1991年	1992年	1993年
359278	**395646**	**466492**	**519383**	**625359**	**637097**	**698708**
2742	1297	1185	1517	1792	3217	3108
8906	11355	12805	14738	16249	19073	26105
4531	5209	5861	6585	7176	8173	9218
20578	24272	26484	32162	30785	33344	38161
11833	13977	15845	15976	17378	19264	19515
10867	11254	10975	13510	13449	14250	15314
18104	19595	22233	26318	26380	29561	32903
14016	10692	11439	14155	14619	16553	18461
13686	14205	15127	15982	18411	19734	19377
5603	3965	4741	5364	6270	7742	10368
21208	23816	27647	33150	50604	48290	47590
12353	16113	18710	21111	22094	22124	26924
12942	14854	16444	19755	80611	39002	26982
9238	10332	11213	13935	15070	18423	20141
11546	13240	15076	15791	16915	21249	21410
29017	31890	39382	44965	46744	52525	62616
2260	21784	26566	24275	27675	31304	34498
14846	17804	20704	21092	23318	23677	28918
15167	19110	22384	24981	23436	24712	29096
17076	16675	20206	21863	25022	29602	43983
9054	9757	11955	11313	12728	14317	16760
	2338	3659	3366	3843	4270	4630
25524	28123	32186	36228	39004	42563	49037
9092	9408	11568	12079	11043	11761	15154
12712	14934	31640	33901	38725	41026	30502
1828	1795	2116	2909	3499	2647	2598
9299	10602	12277	13688	13412	16805	20107
7238	8346	7681	8813	9124	11256	12186
1837	1750	1802	2086	2036	2387	2965
1780	2609	1805	2000	2206	2456	2464
4896	4549	4776	5775	5741	5790	7617

C-1-9续表3

地　区	1994年	1995年	1996年	1997年	1998年	1999年
全　国	**870194**	**1034502**	**1211500**	**1335202**	**1618445**	**1946843**
中央级	4077	3703	6371	5954	50783	11856
北　京	36146	44073	54012	61184	74406	97748
天　津	11970	15023	17254	19738	20952	20611
河　北	48303	58804	74364	71151	79064	88202
山　西	22995	31008	37882	37150	39519	45466
内蒙古	18378	20470	26012	26773	35484	35659
辽　宁	44239	60067	59580	65370	74946	85394
吉　林	24648	30876	31416	33928	52337	53311
黑龙江	26195	28798	30459	33020	55977	60566
上　海	15557	19773	23984	30860	37336	54151
江　苏	59349	69907	80163	93383	108862	121349
浙　江	40044	43610	50852	60657	65733	88269
安　徽	26883	37348	43979	50559	56473	72895
福　建	25502	31904	34498	46134	49421	50996
江　西	23815	30354	33883	35962	47177	45334
山　东	71995	76826	88009	101613	112960	131746
河　南	44163	52458	59353	64155	68311	80338
湖　北	39148	40291	50385	58511	85285	75622
湖　南	35093	42680	53778	48234	54533	73272
广　东	53653	64806	75354	88748	96993	112133
广　西	30480	28730	36280	28944	30995	31950
海　南	6163	7210	8828	8274	9472	10818
重　庆				25048	35054	51123
四　川	59629	70257	77059	63016	72283	89492
贵　州	15641	20528	26419	27866	27126	30834
云　南	31529	36916	46048	52043	53384	63169
西　藏	5304	4466	5228	6987	11749	6824
陕　西	20404	26336	32108	31702	25791	43230
甘　肃	13897	17748	21484	20366	20554	26371
青　海	3454	4342	6473	8088	8669	23784
宁　夏	3244	3458	4279	4397	5442	8651
新　疆	8297	11732	15706	25387	22690	55676

单位：万元

2000年	2001年	2002年	2003年	2004年	2005年	2006年
2296954	**2847548**	**3922695**	**4989171.8**	**5773906.5**	**7184146**	**9153527**
29338	13965	18467	18027.2	39289.8	37423	27907
150746	196540	233429	303795.3	327957.0	370918	450229
30547	41580	58202	62682.2	71091.4	92462	121917
113381	125698	153525	185640.8	216769.6	283480	356510
56815	71776	105897	124002.5	147569.6	192257	236469
44674	55328	70606	99367.7	126236.7	141727	187147
131675	180547	227704	279736.9	304551.2	368476	437608
51153	76026	118392	166702.2	182133.4	218688	284676
61753	80658	177852	167487.2	193823.3	222865	376619
87021	121538	167719	222539.6	228764.3	282196	316864
159691	170800	205763	256062.6	309196.0	419996	502744
97755	124023	159432	189645.4	294720.4	354320	415110
72568	89476	138918	208605.9	195411.9	250782	312519
67797	68897	85353	94060.8	139539.3	157015	226313
49521	57966	92013	149217.2	176371.5	225667	340990
159315	180470	233918	283989.3	311522.3	408419	526836
102698	117574	159157	221712.8	251438.9	337872	425038
113381	122382	167653	229233.9	270653.4	345556	440298
80343	104818	158443	210815.4	252891.5	326694	422998
144461	198362	278022	341821.0	386221.4	483430	635940
35135	49819	82929	109901.0	113722.5	156841	175928
13568	15372	18032	24304.1	27949.8	38103	49003
55934	70571	117114	125112.4	145713.0	174682	216847
105249	139493	194774	244374.4	302566.3	376043	500440
36085	51264	67973	82093.5	102696.6	151257	181266
78944	98782	115945	150814.0	183854.7	202346	228950
9920	14979	15358	17912.7	23199.7	22574	30224
54365	72136	103474	147038.8	149120.1	186935	244342
35251	42851	58315	75346.0	91876.1	111530	149598
16159	19790	24812	36616.0	39139.1	47402	51844
13775	21289	28724	30448.1	34071.3	35346	57593
56940	52768	104762	130065.0	133844.4	160847	222762

C−1−9续表4

地　区	2007年	2008年	2009年	2010年	2011年	2012年
全　国	**12154874**	**21464484**	**21819430.2**	**26975149.0**	**32291356.0**	**36837379.4**
中央级	32841	263213	55240.2	488035.9	93505.4	100110.8
北　京	575756	575302	745435.4	982144.3	1031493.0	1260515.9
天　津	149046	196893	244982.6	313824.7	375011.5	444250.9
河　北	488387	678036	843485.2	969269.1	1244217.3	1438698.1
山　西	339210	457567	562518.4	634004.6	876097.5	936468.5
内蒙古	283105	420111	575897.9	768526.2	968084.5	1127395.6
辽　宁	575209	724799	887386.5	1066504.6	1347428.2	1567755.2
吉　林	341920	470519	642777.6	750632.3	801698.3	765275
黑龙江	478896	643011	800947.6	854398.8	1050480.9	1152380.1
上　海	406118	515828	557187.9	572521.7	662862.5	727872.8
江　苏	632560	811832	996449.2	1265312.3	1711513.8	1970955.5
浙　江	508925	610800	704117.9	884859.5	1061597.3	1253870.2
安　徽	490974	659432	804010.6	971558.4	1263090.4	1421837.3
福　建	247500	282403	322487.9	422187.8	503195.6	614533.8
江　西	434664	596019	693704.1	847650.9	986614.7	1075144.7
山　东	715079	885720	1122739.0	1437374.8	1691804.7	2183629.3
河　南	598726	785189	1035342.8	1230796.6	1586875.1	1740800.2
湖　北	514067	748412	897367.7	1082788.8	1408483.1	1531263.7
湖　南	521304	771404	997685.9	1165255.4	1545645.5	2003252.4
广　东	720130	834465	1021108.9	1154286.9	1480652.6	1668953.2
广　西	247212	410162	492763.3	731162.4	971372.9	1173997.1
海　南	65929	96527	142315.6	190264.1	223849.3	240254.6
重　庆	307697	435014	514479.6	674873.3	783120.4	907587.4
四　川	734868	4848630	2289514.1	2408738.2	2168767.6	2375722.4
贵　州	264299	443051	560108.4	728242.8	1116447.6	1248670.9
云　南	420914	687354	930167.6	1224026.2	1432131.1	1730472.3
西　藏	38363	69982	82169.4	85017.8	130279.7	155073.7
陕　西	365358	849627	867024.3	1139380.6	1356364.3	1424205.1
甘　肃	226791	1063855	577204.8	740624.8	1000902.5	1051754.7
青　海	81455	123508	189659.7	330701.5	359785.5	341516.9
宁　夏	79705	110375	143479.2	161335.6	195226.4	220055.6
新　疆	267867	395446	519670.9	698848.1	862756.8	983105.5

单位：万元

2013年	2014年	2015年	2016年	2017年	2018年	2019年
42765370.8	**44041244.2**	**49264448.4**	**54401503.4**	**59326813.1**	**40769320.0**	**42792437.9**
137419.9	128646.0	155949.2	165749.1	269330.6	128747.8	121352.7
1555734.8	1600353.6	2220633.5	2558934.6	2830370.7	1410839.6	1638311.6
552118.0	591814.0	769084.9	895069.9	976094.3	723647.0	697325.4
1672465.7	1653297.9	1805161.2	2115331.3	2491031.8	1267321.2	1451118.4
1130400.3	1144649.5	1201392.7	1291517.7	1427974.2	965414.8	1068424.9
1236610.0	1409253.2	1410121.9	1400524.5	1530138.7	1229044.8	1242620.6
1672890.8	1694087.8	1844543.3	1845473.1	2000385.4	1345926.0	1136119.9
986245.5	942015.8	1057440.4	1041251.7	1229440.2	833078.7	865328.9
1589618.1	1373441.2	1504605.0	1526756.7	1621673.2	1016669.9	939507.0
832211.6	857287.8	966471.0	1532275.2	1774025.0	1440387.9	1639409.9
2335259.9	2460508.3	2605552.1	2872252.8	3252262.8	2541719.9	2511988.2
1428845.7	1502557.1	1674651.1	1899440.0	2100207.6	1423390.2	1610842.0
1601142.2	1699609.2	1812233.9	1970515.8	2205766.4	1654232.3	1907107.4
729824.6	775607.4	903162.9	1041706.7	1038592.5	812950.4	896362.5
1224409.1	1472214.2	1571857.7	1717261.4	1868755.5	1436320.2	1434244.3
2502270.9	2706751.9	2871388.9	3048812.9	3394553.1	1570595.4	1691002.8
2097496.0	2054924.0	2292633.2	2469598.6	2606924.3	1762338.9	1979422.4
1849392.5	1852790.6	2269799.1	2423266.1	2564107.9	1776866.8	1849894.4
1996276.3	2085354.4	2305544.2	2716411.4	2759086.8	1707022.3	1730690.3
1981669.0	2237116.3	2595187.3	3056715.3	3723480.8	2631089.6	2826465.3
1292515.6	1391271.4	1492923.0	1577969.5	1785362.3	1301233.1	1437469.5
254400.4	287775.5	296623.7	300733.3	299638.3	299986.6	259235.4
999446.7	1027739.5	1146517.8	1299701.7	1563300.9	1091804.0	1071546.9
2880631.2	2917857.6	3152459.5	3486433.8	3663630.9	2489797.5	2512033.7
1341494.8	1391678.3	1472311.4	1602657.5	1734040.9	1363187.2	1445052.1
1845730.7	1979476.0	2310934.8	2348845.7	2404442.3	1799879.2	1865562.9
156074.8	136789.5	175034.3	235821.1	273337.7	221186.6	201015.4
1838401.7	1679000.3	1847868.8	2020674.1	2099088.3	1385599.4	1483555.2
1299304.5	1214834.5	1367615.6	1631306.1	1490098.4	1254450.3	1283731.0
377594.3	381598.0	462567.9	492304.9	577580.9	404933.9	459092.4
266258.2	264662.5	409809.1	420877.6	426405.6	375733.0	386732.1
1101217.0	1126280.9	1292369.0	1395313.3	1345684.8	1103925.5	1149872.4

C-1-10 民政事业费中央

地区	合计	困难群众救助补助资金
全国	**15666288**	**14717084**
北京	22318	16560
天津	62683	57168
河北	667580	637269
山西	581969	554574
内蒙古	519859	489972
辽宁	486071	462808
吉林	475687	450401
黑龙江	615389	586007
上海	25530	18190
江苏	178864	164486
浙江	103933	91023
安徽	714123	672921
福建	186755	157890
江西	657939	602130
山东	516333	486437
河南	863381	823827
湖北	697847	649384
湖南	858098	807941
广东	246007	230549
广西	790576	747125
海南	143902	135653
重庆	400737	372306
四川	1058774	995705
贵州	823103	778778
云南	946472	897536
西藏	146340	128394
陕西	622116	577007
甘肃	910963	875105
青海	292856	269146
宁夏	209361	195018
新疆	780153	738384
兵团	55166	47390

专项拨款对账单简表

单位：万元

彩票公益金	中央预算内投资
485301	**463903**
5758	
5515	
15789	14522
12638	14757
10988	18899
15320	7943
12730	12556
14006	20779
7340	
13520	858
10829	2081
21114	20088
12451	16414
22133	33676
17641	12255
22742	16812
20966	27497
21991	28166
15158	300
19740	23711
8249	
12776	15655
30729	32340
15855	28470
16654	32282
13746	4200
19023	26086
16119	19739
12410	11300
9407	4936
25942	15827
6022	1754

C－1－11　民政事业费中央

地　区	困难群众救助补助资金合计	财社〔2019〕42号 财政部 民政部关于下达2019年中央财政困难群众救助补助预算的通知	财社〔2019〕43号 财政部 民政部关于下达新疆生产建设兵团2019年中央财政困难群众救助补助预算的通知	财社〔2018〕143号 财政部 民政部关于提前下达2019年中央财政困难群众救助补助预算指标的通知	财社〔2018〕144号 财政部 民政部关于提前下达新疆生产建设兵团2019年中央财政困难群众救助补助预算指标的通知
全　国	**14717084**	**4895327**	**15488**	**9774367**	**31902**
北　京	16560	3398		13162	
天　津	57168	12413		44755	
河　北	637269	196255		441014	
山　西	554574	164827		389747	
内蒙古	489972	137609		352363	
辽　宁	462808	133782		329026	
吉　林	450401	118722		331679	
黑龙江	586007	180461		405546	
上　海	18190	4536		13654	
江　苏	164486	45949		118537	
浙　江	91023	34128		56895	
安　徽	672921	240368		432553	
福　建	157890	55299		102591	
江　西	602130	180418		421712	
山　东	486437	165261		321176	
河　南	823827	275002		548825	
湖　北	649384	220584		428800	
湖　南	807941	251682		556259	
广　东	230549	81723		148826	
广　西	747125	268894		478231	
海　南	135653	38964		96689	
重　庆	372306	96775		275531	
四　川	995705	356513		639192	
贵　州	778778	277326		501452	
云　南	897536	312638		584898	
西　藏	128394	55054		73340	
陕　西	577007	182297		394710	
甘　肃	875105	345449		529656	
青　海	269146	94192		174954	
宁　夏	195018	68445		126573	
新　疆	738384	296363		442021	
兵　团	47390		15488		31902

专项拨款对账单明细表

单位：万元

彩票公益金合计	中央集中彩票公益金合计	财社〔2019〕74号 财政部 民政部关于下达2019年中央集中彩票公益金支持社会福利事业专项资金预算的通知	财社〔2019〕75号 财政部 民政部关于下达新疆生产建设兵团2019年中央集中彩票公益金支持社会福利事业专项资金预算的通知
485301	**385301**	**380976**	**4325**
5758	4126	4126	
5515	4246	4246	
15789	13628	13628	
12638	10912	10912	
10988	9086	9086	
15320	11088	11088	
12730	10667	10667	
14006	9826	9826	
7340	5695	5695	
13520	9972	9972	
10829	7329	7329	
21114	15522	15522	
12451	7177	7177	
22133	16625	16625	
17641	13839	13839	
22742	19080	19080	
20966	15416	15416	
21991	16227	16227	
15158	13467	13467	
19740	15975	15975	
8249	6678	6678	
12776	9170	9170	
30729	26626	26626	
15855	11890	11890	
16654	14935	14935	
13746	13746	13746	
19023	13458	13458	
16119	14228	14228	
12410	10702	10702	
9407	7681	7681	
25942	21959	21959	
6022	4325		4325

C-1-11续表1

地　区	中央专项彩票公益金合计	财社〔2019〕130号 财政部关于下达2019年中央专项彩票公益金支持开展居家和社区养老服务改革试点补助资金预算的通知	财社〔2019〕154号 财政部关于下达2019年中央专项彩票公益金支持开展居家和社区养老服务改革试点补助资金预算的通知	财社〔2019〕155号 财政部关于下达新疆生产建设兵团2019年中央专项彩票公益金支持开展居家和社区养老服务改革试点补助资金预算的通知
全　国	**100000**	**1000**	**97303**	**1697**
北　京	1632	100	1532	
天　津	1269		1269	
河　北	2161	100	2061	
山　西	1726		1726	
内蒙古	1902		1902	
辽　宁	4232		4232	
吉　林	2063		2063	
黑龙江	4180	100	4080	
上　海	1645	100	1545	
江　苏	3548	100	3448	
浙　江	3500		3500	
安　徽	5592		5592	
福　建	5274	100	5174	
江　西	5508		5508	
山　东	3802		3802	
河　南	3662		3662	
湖　北	5550		5550	
湖　南	5764	100	5664	
广　东	1691		1691	
广　西	3765	100	3665	
海　南	1571		1571	
重　庆	3606	100	3506	
四　川	4103	100	4003	
贵　州	3965		3965	
云　南	1719		1719	
西　藏				
陕　西	5565		5565	
甘　肃	1891		1891	
青　海	1708		1708	
宁　夏	1726		1726	
新　疆	3983		3983	
兵　团	1697			1697

单位：万元、个

中央预算内投资					
国家发展改革委关于下达社会服务兜底工程2019年中央预算内投资计划的通知（发改投资〔2019〕176号）					
项目个数			本次下达投资		
养老	社会福利	小计	养老	社会福利	小计
135	**27**	**162**	**320000**	**143903**	**463903**
10	1	11	10592	3930	14522
5	1	6	11597	3160	14757
4	1	5	11274	7625	18899
1	1	2	5603	2340	7943
1	1	2	10096	2460	12556
12	1	13	16579	4200	20779
1	1	2	458	400	858
2	1	3	1311	770	2081
6	1	7	14973	5115	20088
6	1	7	11521	4893	16414
3	1	4	26219	7457	33676
5	1	6	9733	2522	12255
4	1	5	10537	6275	16812
4	1	5	20257	7240	27497
8	1	9	18839	9327	28166
	1	1		300	300
10	1	11	18831	4880	23711
2	1	3	14935	720	15655
7	1	8	22690	9650	32340
9	1	10	18960	9510	28470
9	1	10	18354	13928	32282
	1	1		4200	4200
6	1	7	15510	10576	26086
7	1	8	13014	6725	19739
3	1	4	9300	2000	11300
3	1	4	2536	2400	4936
4	1	5	4527	11300	15827
3		3	1754		1754

C-1-12 民政事业费预算

地 区	本年预算指标合计	上年结转预算指标	本级财政安排预算指标	本年上级下达预算指标
全 国	**44954581.0**	**2115983.0**	**42992073.8**	**56275852.0**
中央级	199908.4	67876.1	15798320.3	
北 京	1400916.5	57310.2	1322879.7	205743.4
天 津	697854.8	30053.8	605118.0	124021.0
河 北	1520411.4	76124.7	781668.8	2415048.8
山 西	1232546.0	171503.6	486802.8	2069275.4
内蒙古	1324637.8	98478.4	708960.7	2137694.3
辽 宁	1307888.8	65602.6	760496.9	1575893.8
吉 林	889251.5		413564.5	1190507.6
黑龙江	1009490.9	7588.8	382384.1	1958305.0
上 海	1658899.9	47500.7	1585869.2	57519.6
江 苏	2569197.2	25439.2	2367988.4	1299470.2
浙 江	1682294.8	64265.3	1515085.8	517521.4
安 徽	1921739.2	12286.5	1207142.4	1769078.4
福 建	947301.8	29033.4	733021.3	873894.9
江 西	1442064.6	12692.1	771433.5	2457292.0
山 东	1772908.2	117911.1	1160588.3	2141649.0
河 南	2052286.3	24044.3	1164939.9	3576204.7
湖 北	2094310.8	254983.4	1153259.4	2846971.4
湖 南	1806403.1	26510.2	923235.6	3231579.6
广 东	2802962.5	53496.2	2507123.9	2592462.7
广 西	1607552.9	162105.8	658335.9	2321215.9
海 南	385355.6	38949.3	193234.0	317972.0
重 庆	1192314.1	137755.0	653822.1	1064978.0
四 川	2598905.3	75267.2	1470008.7	3891042.7
贵 州	1556555.8	111546.8	627066.0	2741731.3
云 南	1826224.5	38941.5	847275.7	3511393.6
西 藏	269889.2	30132.9	96467.9	323018.4
陕 西	1626425.2	99242.8	924431.7	2734076.7
甘 肃	1339960.4	59737.6	410148.8	2124015.7
青 海	611217.7	40384.4	277977.3	1003544.3
宁 夏	442156.1	60122.7	172672.4	501312.5
新 疆	1164749.7	19096.4	310749.8	2701417.7

指标来源情况表

单位：万元

本年下达所属地方预算指标	划转平级其他部门预算指标	一般公共预算财政拨款	上年结转预算指标	本级财政安排预算指标
56275852.0	**153475.8**	**40314851.6**	**1640219.2**	**38741543.1**
15666288.0		94968.7	13652.0	14798400.7
183425.4	1591.4	1095032.9	39952.5	1040111.8
61338.0		630953.5	20384.9	553400.6
1747468.8	4962.1	1401653.8	63109.3	706192.6
1487306.4	7729.4	1131912.3	147331.0	432878.6
1617835.3	2660.3	1167713.6	50720.0	629081.1
1089822.8	4281.7	1156947.1	50137.0	650823.9
714820.6		833098.8		382114.3
1337513.0	1274.0	918777.6	5326.8	328135.8
31989.6		1527230.8	38397.0	1470643.8
1120606.2	3094.4	2360849.9	19325.1	2179239.9
413588.4	989.3	1409161.1	26461.4	1292234.6
1054955.4	11812.7	1739974.8	6382.0	1065955.7
687139.9	1507.9	828120.2	23011.2	647366.2
1799353.0		1335168.2	10670.7	718783.6
1625316.0	21924.2	1552011.9	99874.7	979176.7
2712823.7	78.9	1818353.0	14856.8	979689.1
2149124.4	11779.0	1946474.1	249412.2	1035714.9
2373481.6	1440.7	1576307.9	11007.6	747115.0
2346455.7	3664.6	2560264.5	49732.9	2283617.2
1530639.9	3464.8	1429356.1	121511.1	562093.8
174070.0	-9270.3	365004.4	35250.3	184628.2
664241.0		1055395.6	121738.1	561351.5
2832268.7	5144.6	2430371.9	54781.7	1373850.2
1918628.3	5160.0	1449808.1	87970.7	583259.4
2564921.6	6464.7	1692358.3	33691.3	765421.7
176678.4	3051.6	248336.6	28182.9	94811.3
2111960.7	19365.3	1396291.6	83359.5	753536.3
1213052.7	40889.0	1230277.4	47755.1	347840.3
710688.3		543858.3	36740.6	235934.5
291951.5		372083.7	44397.3	132098.4
1866098.7	415.5	1016734.9	5095.5	226041.4

C-1-12续表1

地　区	本年上级下达预算指标	本年下达所属地方预算指标	划转平级其他部门预算指标	彩票公益金预算指标
全　国	**51906224.0**	**51852087.2**	**121047.5**	**3237759.2**
中央级		14717084.0		6371.0
北　京	120032.4	103472.4	1591.4	124384.9
天　津	114336.0	57168.0		64144.4
河　北	2266015.2	1628701.2	4962.1	92422.6
山　西	1968394.5	1413377.1	3314.7	86702.5
内蒙古	1975706.0	1485734.2	2059.3	111678.4
辽　宁	1458021.2	997814.9	4220.1	104593.5
吉　林	1132003.9	681019.4		44788.7
黑龙江	1833206.9	1247891.9		47111.4
上　海	41544.6	23354.6		87074.1
江　苏	1241159.7	1076130.4	2744.4	151507.9
浙　江	418012.4	326989.4	557.9	234204.7
安　徽	1635143.2	956380.2	11125.9	95570.9
福　建	731564.7	573674.7	147.2	84506.3
江　西	2274828.3	1669114.4		54555.1
山　东	1902699.3	1416262.5	13476.3	200491.7
河　南	3257132.6	2433305.6	19.9	166131.9
湖　北	2663354.0	1990736.0	11271.0	118695.4
湖　南	2917108.4	2097482.4	1440.7	133930.3
广　东	2452507.5	2221958.5	3634.6	202211.5
广　西	2118420.7	1371295.7	1373.8	135604.7
海　南	297116.6	161261.0	-9270.3	18805.4
重　庆	995594.5	623288.5		78906.1
四　川	3661927.9	2657990.2	2197.7	137159.6
贵　州	2595756.4	1816978.4	200.0	69239.3
云　南	3279954.7	2382418.7	4290.7	90752.5
西　藏	285788.4	157394.4	3051.6	15706.0
陕　西	2455325.3	1878318.3	17611.2	155039.6
甘　肃	2017207.7	1141636.7	40889.0	87563.7
青　海	908482.5	637299.3		42950.3
宁　夏	440358.2	244770.2		65706.4
新　疆	2447520.3	1661784.0	138.3	129248.4

单位：万元

上年结转 预算指标	本级财政安排 预算指标	本年上级下达 预算指标	本年下达所属地方 预算指标	划转平级其他部门 预算指标
373982.4	**2886449.9**	**3163878.5**	**3170808.7**	**15742.9**
4772.0	486900.0		485301.0	
12669.5	105957.4	85711.0	79953.0	
9668.9	48960.5	9685.0	4170.0	
10470.2	66208.4	105517.6	89773.6	
24172.6	52116.6	62843.3	50391.3	2038.7
43236.4	57664.8	111154.3	100166.1	211.0
12318.2	77492.6	98212.2	83384.9	44.6
	31450.2	34499.7	21161.2	
1117.6	32041.8	69231.1	55279.1	
6263.4	73470.7	15975.0	8635.0	
6114.1	132419.0	56255.6	42930.8	350.0
37616.6	186190.5	94579.0	83750.0	431.4
4540.7	70604.0	94745.2	73632.2	686.8
5997.7	66256.3	93088.2	80637.2	198.7
1519.4	31096.6	84799.7	62860.6	
17964.4	171669.0	202303.7	184662.5	6782.9
9181.9	134267.0	268686.1	245944.1	59.0
4655.2	94051.2	144873.4	124613.4	271.0
6587.5	110201.5	244710.5	227569.2	
2309.7	184773.8	139355.2	124197.2	30.0
32143.6	84228.1	145990.2	126250.2	507.0
3699.0	7060.0	20855.4	12809.0	
12339.5	53790.6	38073.5	25297.5	
19180.6	88317.2	148552.8	117874.5	1016.5
20235.5	33148.8	64164.9	48309.9	
5250.2	69932.3	129235.3	112581.3	1084.0
1950.0	10.0	27430.0	13684.0	
14453.4	123317.3	199826.1	180803.1	1754.1
11456.6	59988.1	67796.0	51677.0	
2891.7	28209.8	50367.8	38519.0	
15725.4	40574.0	51652.3	42245.3	
13480.9	84081.8	203708.4	171745.5	277.2

C-1-12续表2

地　区	预算内投资资金预算指标	上年结转预算指标	本级财政安排预算指标	本年上级下达预算指标	本年下达所属地方预算指标	划转平级其他部门预算指标
全　国	**669971.3**	**57096.4**	**679160.2**	**1190506.9**	**1242291.2**	**14501.0**
中央级	62749.0	36105.0	490547.0		463903.0	
北　京						
天　津						
河　北	18085.7	1057.8	2505.9	43516.0	28994.0	
山　西	13059.2		935.6	38037.6	23538.0	2376.0
内蒙古	44803.9	4522.0	21772.9	50834.0	31935.0	390.0
辽　宁	24990.0	3140.5	11810.2	18662.3	8623.0	
吉　林	11364.0			24004.0	12640.0	
黑龙江	41830.0		21579.0	55867.0	34342.0	1274.0
上　海	22595.9	1347.5	21248.4			
江　苏	9154.0		8767.0	1932.0	1545.0	
浙　江	2939.9		858.9	4930.0	2849.0	
安　徽	48962.7	1357.0	34409.7	38139.0	24943.0	
福　建	16553.3		1301.3	49242.0	32828.0	1162.0
江　西	48834.9	502.0	18125.9	97585.0	67378.0	
山　东	11070.0		480.0	36646.0	24391.0	1665.0
河　南	21419.1		4607.1	50386.0	33574.0	
湖　北	5446.6		1177.6	38044.0	33775.0	
湖　南	25902.1	2376.5	3821.6	68134.0	48430.0	
广　东	5259.7	31.6	4928.1	600.0	300.0	
广　西	28302.8	520.0	5655.8	56805.0	33094.0	1584.0
海　南	1545.8		1545.8			
重　庆	19332.4	3677.4		31310.0	15655.0	
四　川	24755.5		597.5	80562.0	56404.0	
贵　州	24732.7	1222.7		81810.0	53340.0	4960.0
云　南	31192.0			95726.0	63444.0	1090.0
西　藏	5846.6		1646.6	9800.0	5600.0	
陕　西	34065.0		7979.0	74738.0	48652.0	
甘　肃	19323.0		50.0	39012.0	19739.0	
青　海	23323.3	716.4	12782.9	44694.0	34870.0	
宁　夏	4366.0			9302.0	4936.0	
新　疆	18166.2	520.0	26.4	50189.0	32569.2	

单位：万元

其他民政事业费预算指标	上年结转预算指标	本级财政安排预算指标	本年上级下达预算指标	本年下达所属地方预算指标	划转平级其他部门预算指标
731998.9	**44685.0**	**684920.6**	**15242.6**	**10664.9**	**2184.4**
35819.7	13347.1	22472.6			
181498.7	4688.2	176810.5			
2756.9		2756.9			
8249.3	1487.4	6761.9			
872.0		872.0			
441.9		441.9			
21358.2	6.9	20370.2	998.1		17.0
1771.9	1144.4	627.5			
21999.1	1492.8	20506.3			
47685.4		47562.5	122.9		
35989.1	187.3	35801.8			
37230.8	6.8	36173.0	1051.0		
18122.0	24.5	18097.5			
3506.4		3427.4	79.0		
9334.6	72.0	9262.6			
46382.3	5.6	46376.7			
23694.7	916.0	22315.7	700.0		237.0
70262.8	6538.6	62097.5	1626.7		
35226.8	1422.0	33804.8			
14289.3	7931.1	6358.2			
38680.0		38680.0			
6618.3	1304.9	7243.8			1930.4
12775.7	2117.9	10657.8			
11921.7		11921.7	6477.6	6477.6	
41029.0	1429.9	39599.1	4187.3	4187.3	
2796.3	525.9	2270.4			
1085.8	35.7	1050.1			
600.2		600.2			

C-1-13 民政事业费预

地区	预算指标合计			
	2019年	2018年	增长（%）	2019年
全国	**42361577.3**	**40270030.0**	**5.2**	**15830376.7**
中央级	164088.7	133680.0	22.7	164088.7
北京	1168387.2	1264739.4	-7.6	22318.0
天津	665044.1	698969.9	-4.9	62683.0
河北	1442486.9	1340493.8	7.6	667580.0
山西	1067899.8	1048205.2	1.9	581969.0
内蒙古	1228377.8	1188032.7	3.4	519859.0
辽宁	1226197.7	1372290.8	-10.6	486071.0
吉林	889251.5	915709.4	-2.9	475687.0
黑龙江	1002548.6	1035167.0	-3.2	620792.0
上海	1590892.9	1448693.5	9.8	25530.0
江苏	2499289.9	2471798.7	1.1	178864.0
浙江	1583217.0	1474215.8	7.4	103933.0
安徽	1885092.4	1632177.1	15.5	714123.0
福建	901678.8	784353.8	15.0	186755.0
江西	1425945.1	1408802.2	1.2	657939.0
山东	1667658.7	1564133.0	6.6	516333.0
河南	1981839.3	1728237.5	14.7	863381.0
湖北	1828790.7	1741207.0	5.0	697847.0
湖南	1719236.1	1629677.9	5.5	858098.0
广东	2719326.1	2617172.5	3.9	246007.0
广西	1442553.7	1298365.2	11.1	790576.0
海南	337136.0	337583.4	-0.1	143902.0
重庆	1015879.1	1074668.6	-5.5	400737.0
四川	2521538.9	2292811.5	10.0	1058774.0
贵州	1439511.2	1225562.2	17.5	823103.0
云南	1781826.0	1781452.2	0.0	946472.0
西藏	242807.9	219547.5	10.6	146340.0
陕西	1506948.6	1414413.5	6.5	622116.0
甘肃	1318841.4	1194867.2	10.4	910963.0
青海	569783.2	479509.7	18.8	292856.0
宁夏	382033.4	351495.2	8.7	209361.0
新疆	1145468.6	1101996.6	3.9	835319.0

算与上年比较

单位：万元

中央安排预算指标		地方安排预算指标		
2018年	增长（%）	2019年	2018年	增长（%）
15015224.0	**5.4**	**26531200.6**	**25254806.0**	**5.1**
133680.0	22.7			
26684.0	-16.4	1146069.2	1238055.4	-7.4
67430.0	-7.0	602361.1	631539.9	-4.6
669088.0	-0.2	774906.9	671405.8	15.4
581583.0	0.1	485930.8	466622.2	4.1
531609.0	-2.2	708518.8	656423.7	7.9
496097.0	-2.0	740126.7	876193.8	-15.5
501552.0	-5.2	413564.5	414157.4	-0.1
608570.0	2.0	381756.6	426597.0	-10.5
29332.0	-13.0	1565362.9	1419361.5	10.3
185099.0	-3.4	2320425.9	2286699.7	1.5
95410.0	8.9	1479284.0	1378805.8	7.3
648101.0	10.2	1170969.4	984076.1	19.0
168545.0	10.8	714923.8	615808.8	16.1
650578.0	1.1	768006.1	758224.2	1.3
483958.0	6.7	1151325.7	1080175.0	6.6
826243.0	4.5	1118458.3	901994.5	24.0
650231.0	7.3	1130943.7	1090976.0	3.7
836306.0	2.6	861138.1	793371.9	8.5
224175.0	9.7	2473319.1	2392997.5	3.4
721722.0	9.5	651977.7	576643.2	13.1
145944.0	-1.4	193234.0	191639.4	0.8
423366.0	-5.3	615142.1	651302.6	-5.6
964435.0	9.8	1462764.9	1328376.5	10.1
758370.0	8.5	616408.2	467192.2	31.9
876253.0	8.0	835354.0	905199.2	-7.7
119630.0	22.3	96467.9	99917.5	-3.5
602549.0	3.2	884832.6	811864.5	9.0
787748.0	15.6	407878.4	407119.2	0.2
263900.0	11.0	276927.2	215609.7	28.4
196754.0	6.4	172672.4	154741.2	11.6
740282.0	12.8	310149.6	361714.6	-14.3

C-1-14 民政事业费预算

地 区	全国预算安排合计	中央安排合计	全省安排合计	省级	市级
全 国	**42361577.3**	**15830376.7**	**26531200.6**	**7640749.1**	**4335815.8**
中央级	164088.7	164088.7			
北 京	1168387.2	22318.0	1146069.2	341361.9	
天 津	665044.1	62683.0	602361.1	73095.2	
河 北	1442486.9	667580.0	774906.9	196167.6	137532.4
山 西	1067899.8	581969.0	485930.8	159587.6	148706.3
内蒙古	1228377.8	519859.0	708518.8	266126.0	135637.2
辽 宁	1226197.7	486071.0	740126.7	125394.8	234629.6
吉 林	889251.5	475687.0	413564.5	94504.3	91433.2
黑龙江	1002548.6	620792.0	381756.6	103345.2	53765.0
上 海	1590892.9	25530.0	1565362.9	137349.5	
江 苏	2499289.9	178864.0	2320425.9	412752.1	348913.4
浙 江	1583217.0	103933.0	1479284.0	305936.8	153086.8
安 徽	1885092.4	714123.0	1170969.4	164279.6	178436.5
福 建	901678.8	186755.0	714923.8	138751.5	156072.7
江 西	1425945.1	657939.0	768006.1	311081.0	94174.1
山 东	1667658.7	516333.0	1151325.7	213701.5	348927.1
河 南	1981839.3	863381.0	1118458.3	532614.2	138028.3
湖 北	1828790.7	697847.0	1130943.7	389224.1	197595.0
湖 南	1719236.1	858098.0	861138.1	336357.1	142376.1
广 东	2719326.1	246007.0	2473319.1	843516.7	658389.7
广 西	1442553.7	790576.0	651977.7	296491.2	105913.0
海 南	337136.0	143902.0	193234.0	25900.2	35246.7
重 庆	1015879.1	400737.0	615142.1	315760.8	
四 川	2521538.9	1058774.0	1462764.9	339497.5	263143.0
贵 州	1439511.2	823103.0	616408.2	168818.8	120250.7
云 南	1781826.0	946472.0	835354.0	296732.3	159032.6
西 藏	242807.9	146340.0	96467.9	6385.8	21553.3
陕 西	1506948.6	622116.0	884832.6	362861.4	266994.2
甘 肃	1318841.4	910963.0	407878.4	305531.7	43245.4
青 海	569783.2	292856.0	276927.2	154073.0	14694.8
宁 夏	382033.4	209361.0	172672.4	102752.2	14575.9
新 疆	1145468.6	835319.0	310149.6	120797.5	73462.8

指标各级安排情况表

单位：万元

县级及以下	一般公共预算财政拨款	中央安排	全省安排	省级
14554635.7	**38755090.2**	**14812052.7**	**23943037.5**	**6362941.3**
	94968.7	94968.7		
804707.3	1056671.8	16560.0	1040111.8	249226.7
529265.9	610568.6	57168.0	553400.6	55240.5
441206.9	1343461.6	637269.0	706192.6	166392.4
177636.9	987452.6	554574.0	432878.6	140003.5
306755.6	1119053.1	489972.0	629081.1	210042.0
380102.3	1113631.9	462808.0	650823.9	89298.1
227627.0	832515.3	450401.0	382114.3	78063.3
224646.4	914142.8	586007.0	328135.8	81839.4
1428013.4	1488833.8	18190.0	1470643.8	114680.1
1558760.4	2343725.9	164486.0	2179239.9	405132.6
1020260.4	1383257.6	91023.0	1292234.6	232670.0
828253.3	1738876.7	672921.0	1065955.7	132726.0
420099.6	805256.2	157890.0	647366.2	111120.0
362751.0	1320913.6	602130.0	718783.6	281622.0
588697.1	1465613.7	486437.0	979176.7	154549.2
447815.8	1803411.2	823827.0	979584.2	409721.0
544124.6	1685098.9	649384.0	1035714.9	344448.1
382404.9	1555056.0	807941.0	747115.0	228258.7
971412.7	2514166.2	230549.0	2283617.2	820557.9
249573.5	1309218.8	747125.0	562093.8	226048.7
132087.1	320281.2	135653.0	184628.2	20807.2
299381.3	933657.5	372306.0	561351.5	295150.8
860124.4	2369555.2	995705.0	1373850.2	301537.5
327338.7	1362037.4	778778.0	583259.4	135786.8
379589.1	1662957.7	897536.0	765421.7	259028.3
68528.8	223205.3	128394.0	94811.3	6385.8
254977.0	1330543.3	577007.0	753536.3	303058.0
59101.3	1222945.3	875105.0	347840.3	266531.7
108159.4	505080.5	269146.0	235934.5	123151.4
55344.3	327116.4	195018.0	132098.4	62696.1
115889.3	1011815.4	785774.0	226041.4	57167.5

C-1-14续表1

地 区	市级	县级及以下	彩票公益金	中央安排	全省安排
全 国	**3619332.2**	**13960764.0**	**2891221.9**	**491672.0**	**2399549.9**
中央级			6371.0	6371.0	
北 京		790885.1	111715.4	5758.0	105957.4
天 津		498160.1	54475.5	5515.0	48960.5
河 北	118618.4	421181.8	81997.4	15789.0	66208.4
山 西	118344.7	174530.4	64754.6	12638.0	52116.6
内蒙古	135023.2	284015.9	68652.8	10988.0	57664.8
辽 宁	196958.1	364567.7	92812.6	15320.0	77492.6
吉 林	81374.5	222676.5	44180.2	12730.0	31450.2
黑龙江	39904.5	206391.9	46047.8	14006.0	32041.8
上 海		1355963.7	80810.7	7340.0	73470.7
江 苏	289772.8	1484334.5	145939.0	13520.0	132419.0
浙 江	107261.4	952303.2	197019.5	10829.0	186190.5
安 徽	147028.5	786201.2	91718.0	21114.0	70604.0
福 建	136820.3	399425.9	78707.3	12451.0	66256.3
江 西	80930.5	356231.1	53229.6	22133.0	31096.6
山 东	249663.3	574964.2	189310.0	17641.0	171669.0
河 南	128325.3	441537.9	157009.0	22742.0	134267.0
湖 北	163884.3	527382.5	115017.2	20966.0	94051.2
湖 南	142376.1	376480.2	132192.5	21991.0	110201.5
广 东	532588.9	930470.4	199931.8	15158.0	184773.8
广 西	94919.0	241126.1	103968.1	19740.0	84228.1
海 南	35246.7	128574.3	15309.0	8249.0	7060.0
重 庆		266200.7	66566.6	12776.0	53790.6
四 川	231446.3	840866.4	119046.2	30729.0	88317.2
贵 州	120250.7	327221.9	49003.8	15855.0	33148.8
云 南	132918.8	373474.6	86586.3	16654.0	69932.3
西 藏	21543.3	66882.2	13756.0	13746.0	10.0
陕 西	207458.5	243019.8	142340.3	19023.0	123317.3
甘 肃	29704.4	51604.2	76107.1	16119.0	59988.1
青 海	7966.6	104816.5	40619.8	12410.0	28209.8
宁 夏	14575.9	54826.4	49981.0	9407.0	40574.0
新 疆	54427.2	114446.7	116045.8	31964.0	84081.8

单位：万元

省级	市级	县级及以下	预算内投资资金	中央安排
1243226.3	**697323.7**	**458999.9**	**715265.2**	**526652.0**
			62749.0	62749.0
92135.2		13822.2		
17854.7		31105.8		
29775.2	18914.0	17519.2	17027.9	14522.0
19584.1	30361.6	2170.9	15692.6	14757.0
55979.0	614.0	1071.8	40671.9	18899.0
36096.7	35200.3	6195.6	19753.2	7943.0
16441.0	10058.7	4950.5	12556.0	12556.0
21505.8	5868.5	4667.5	42358.0	20779.0
15547.9		57922.8	21248.4	
7469.5	59140.6	65808.9	9625.0	858.0
73266.8	45481.4	67442.3	2939.9	2081.0
26698.6	31408.0	12497.4	54497.7	20088.0
27631.5	19252.4	19372.4	17715.3	16414.0
16899.0	10883.6	3314.0	51801.9	33676.0
58672.3	99263.8	13732.9	12735.0	12255.0
122893.2	9703.0	1670.8	21419.1	16812.0
44776.0	33710.7	15564.5	28674.6	27497.0
108098.4		2103.1	31987.6	28166.0
22958.8	123351.7	38463.3	5228.1	300.0
70442.5	7615.7	6169.9	29366.8	23711.0
5093.0		1967.0	1545.8	
20610.0		33180.6	15655.0	15655.0
37960.0	31696.7	18660.5	32937.5	32340.0
33032.0		116.8	28470.0	28470.0
37704.0	26113.8	6114.5	32282.0	32282.0
	10.0		5846.6	4200.0
59803.4	59535.7	3978.2	34065.0	26086.0
39000.0	13541.0	7447.1	19789.0	19739.0
21611.6	6562.9	35.3	24082.9	11300.0
40056.1		517.9	4936.0	4936.0
63630.0	19035.6	1416.2	17607.4	17581.0

C-1-14续表2

地　区	全省安排	省级	市级	县级及以下
全　国	**188613.2**	**34581.5**	**19159.9**	**134871.8**
中央级				
北　京				
天　津				
河　北	2505.9			2505.9
山　西	935.6			935.6
内蒙古	21772.9	105.0		21667.9
辽　宁	11810.2		2471.2	9339.0
吉　林				
黑龙江	21579.0		7992.0	13587.0
上　海	21248.4	7121.5		14126.9
江　苏	8767.0	150.0		8617.0
浙　江	858.9		344.0	514.9
安　徽	34409.7	4855.0		29554.7
福　建	1301.3			1301.3
江　西	18125.9	12560.0	2360.0	3205.9
山　东	480.0	480.0		
河　南	4607.1			4607.1
湖　北	1177.6			1177.6
湖　南	3821.6			3821.6
广　东	4928.1		2449.1	2479.0
广　西	5655.8		3378.3	2277.5
海　南	1545.8			1545.8
重　庆				
四　川	597.5			597.5
贵　州				
云　南				
西　藏	1646.6			1646.6
陕　西	7979.0			7979.0
甘　肃	50.0			50.0
青　海	12782.9	9310.0	165.3	3307.6
宁　夏				
新　疆	26.4			26.4

单位：万元

其他民政事业费支出	中央安排	全省安排	省级	市级
698267.7	**35819.7**	**662448.0**	**210163.0**	**172054.5**
35819.7	35819.7			
176810.5		176810.5		
2756.9		2756.9	2667.5	
6761.9		6761.9		6468.8
872.0		872.0		
441.9		441.9		441.9
20370.2		20370.2	17609.8	2471.6
627.5		627.5		420.7
20506.3		20506.3	20506.3	
47562.5		47562.5	220.0	6624.6
35801.8		35801.8	19078.2	11057.4
36173.0		36173.0	17184.3	14314.0
18097.5		18097.5	14005.4	2940.8
3427.4		3427.4		233.0
9262.6		9262.6		9262.6
46376.7		46376.7	26111.0	16028.9
22315.7		22315.7		10468.0
62097.5		62097.5	15855.2	39748.5
33804.8		33804.8		27012.4
6358.2		6358.2		3905.6
38680.0		38680.0	36744.5	
7243.8		7243.8		4500.0
10657.8		10657.8	10657.8	
11921.7		11921.7	6017.1	680.2
39599.1		39599.1	23505.9	14225.3
2270.4		2270.4		650.0
1050.1		1050.1		
600.2		600.2		600.2

C-1-15 民政事业费

地区	民政事业费实际支出	社会福利	儿童福利	集中养育孤儿生活补助	社会散居孤儿生活补助	其他儿童福利
全　国	**42792437.9**	**12288169.8**	**538990.0**	**138757.2**	**232834.9**	**167397.9**
中央级	121352.7					
北　京	1638311.6	578738.9	13459.3	10027.8	1042.8	2388.7
天　津	697325.4	180416.1	7067.7	1608.0	574.1	4885.6
河　北	1451118.4	395198.5	20554.6	4246.4	13166.6	3141.6
山　西	1068424.9	209275.3	12657.7	3695.9	6669.1	2292.7
内蒙古	1242620.6	291513.4	9283.0	2342.8	3542.1	3398.1
辽　宁	1136119.9	204952.9	12138.3	5735.5	4935.7	1467.1
吉　林	865328.9	171297.1	5781.8	1731.5	2825.2	1225.1
黑龙江	939507.0	199278.4	7948.7	2421.3	5468.1	59.3
上　海	1639409.9	1009441.0	6033.2	4259.5	170.5	1603.2
江　苏	2511988.2	1197515.4	31878.4	5750.7	12221.1	13906.6
浙　江	1610842.0	605049.4	35191.0	4582.9	2399.1	28209.0
安　徽	1907107.4	425077.3	33873.0	3806.5	11670.6	18395.9
福　建	896362.5	341802.2	5625.7	2678.2	2314.8	632.7
江　西	1434244.3	353488.3	12116.3	3986.1	6013.3	2116.9
山　东	1691002.8	610950.4	26493.0	4405.2	10465.9	11621.9
河　南	1979422.4	564947.4	28719.1	7772.8	15933.1	5013.2
湖　北	1849894.4	455281.7	15560.7	5080.3	8280.1	2200.3
湖　南	1730690.3	411556.0	30315.5	5154.6	19039.6	6121.3
广　东	2826465.3	1094978.6	53264.3	17986.8	17242.6	18034.9
广　西	1437469.5	316412.4	19704.9	3924.0	11515.8	4265.1
海　南	259235.4	73703.0	3606.8	486.2	1750.6	1370.0
重　庆	1071546.9	226915.3	6078.5	1612.8	3668.9	796.8
四　川	2512033.7	726670.5	34903.9	4981.1	22384.1	7538.7
贵　州	1445052.1	208628.2	19642.6	3095.7	12023.6	4523.3
云　南	1865562.9	298835.6	19515.8	3487.9	14378.7	1649.2
西　藏	201015.4	51005.5	5785.3	5177.5	392.7	215.1
陕　西	1483555.2	493593.1	13602.7	3852.9	4598.5	5151.3
甘　肃	1283731.0	184493.9	13328.9	3109.7	8606.7	1612.5
青　海	459092.4	108630.5	8093.9	2411.8	3858.9	1823.2
宁　夏	386732.1	71526.4	6713.8	528.9	409.3	5775.6
新　疆	1149872.4	226997.1	20051.6	8815.9	5272.7	5963.0

支出情况

单位：万元

老年人福利	老年人补贴				
		高龄补贴	护理补贴	养老服务补贴	综合补贴
4529919.6	**2774453.4**	**2296693.2**	**82558.9**	**336790.9**	**58410.4**
151446.9	93554.9	49060.3	12208.9	29508.2	2777.5
42737.7	22523.9	13467.7			9056.2
131337.1	80943.5	63649.9	3878.7	12427.4	987.5
73842.2	12957.5	8939.6	2930.1	768.4	319.4
98443.8	70855.6	68401.5		606.9	1847.2
54320.7	26908.1	20090.6	2261.2	3672.9	883.4
32283.9	13607.0	5915.0	613.0	5457.5	1621.5
39858.0	24869.0	21505.3	2942.3	313.8	107.6
815187.0	624030.9	568750.0	1528.0	53579.9	173.0
378385.5	243654.3	182546.5	13590.4	44618.0	2899.4
237722.7	86863.5	44117.1	2155.9	37684.2	2906.3
146276.8	99351.8	64572.4	3259.5	31144.6	375.3
97359.7	30461.2	22755.2	1270.3	6286.6	149.1
124856.4	72339.8	64041.2	3901.7	4070.3	326.6
215580.5	96666.8	61472.4	3482.8	14314.3	17397.3
235446.0	147639.0	140015.3	2488.3	4079.4	1056.0
150415.1	100497.1	93238.3	3163.3	3720.0	375.5
131749.6	58036.1	43456.9	2987.9	9580.7	2010.6
285445.3	211395.7	189675.7	5687.2	15007.9	1024.9
96722.3	63689.6	62274.6	310.9	1037.6	66.5
34719.6	27331.3	26507.3	426.1	373.7	24.2
70489.4	35599.6	19249.6	5290.6	11021.9	37.5
259403.6	146838.5	118810.6		27646.2	381.7
90267.9	43749.3	42290.0	859.9	340.7	258.7
80142.6	37326.2	34209.5	531.4	1076.3	1509.0
9247.3	1062.2	873.6	181.3		7.3
257291.8	193126.4	190706.7	790.5	895.7	733.5
51761.0	16472.8	1077.7	2897.3	7268.0	5229.8
66529.0	49862.0	36449.9	2088.2	9951.7	1372.2
30373.5	14244.6	13873.6	123.2	83.9	163.9
40276.7	27995.2	24699.2	710.0	254.2	2331.8

C-1-15续表1

地 区	养老机构补贴	养老机构建设补贴	养老机构运营补贴	其他老年人福利	残疾人福利	困难残疾人生活补贴
全 国	**802578.5**	**472758.0**	**329820.5**	**952887.7**	**2798422.4**	**1311735.7**
中央级						
北 京	25385.9	6277.0	19108.9	32506.1	122138.0	81414.8
天 津	7718.6	3401.0	4317.6	12495.2	46784.4	14495.9
河 北	28669.8	14287.4	14382.4	21723.8	86645.9	37207.3
山 西	21340.9	11949.6	9391.3	39543.8	32706.5	13139.4
内蒙古	7923.3	3273.7	4649.6	19664.9	69790.3	32939.2
辽 宁	17686.1	6166.7	11519.4	9726.5	58594.2	27461.0
吉 林	12250.8	5800.4	6450.4	6426.1	56339.4	26952.1
黑龙江	12128.8	5526.4	6602.4	2860.2	64943.1	26274.6
上 海	77011.1	53975.0	23036.1	114145.0	6321.4	
江 苏	61668.7	38751.7	22917.0	73062.5	437763.1	345665.0
浙 江	92890.6	40164.5	52726.1	57968.6	11980.3	4166.3
安 徽	30079.9	12893.7	17186.2	16845.1	122590.5	62761.7
福 建	27701.1	18191.2	9509.9	39197.4	84456.1	39434.5
江 西	9916.4	6753.5	3162.9	42600.2	53004.3	28427.2
山 东	65361.7	37175.7	28186.0	53552.0	168467.0	50571.6
河 南	30103.8	20672.4	9431.4	57703.2	160294.1	63440.5
湖 北	31904.1	14322.1	17582.0	18013.9	113331.2	31653.8
湖 南	30079.9	19342.2	10737.7	43633.6	112755.5	52612.7
广 东	28911.0	15162.4	13748.6	45138.6	334612.7	78473.7
广 西	7520.9	5402.3	2118.6	25511.8	81797.2	30914.9
海 南	341.0	126.5	214.5	7047.3	22146.7	6146.8
重 庆	16859.2	12423.8	4435.4	18030.6	49109.9	15959.0
四 川	54040.0	41917.0	12123.0	58525.1	166292.5	84116.8
贵 州	11108.7	9800.2	1308.5	35409.9	20933.2	
云 南	22228.9	19739.0	2489.9	20587.5	70834.8	33787.4
西 藏	3712.9	1756.7	1956.2	4472.2	23015.0	13397.5
陕 西	34835.2	24864.8	9970.4	29330.2	82682.3	47580.5
甘 肃	18909.1	11731.4	7177.7	16379.1	54315.3	23638.9
青 海	2243.9	1972.5	271.4	14423.1	22094.4	9427.1
宁 夏	8135.5	6491.3	1644.2	7993.4	23771.5	12897.5
新 疆	3910.7	2445.9	1464.8	8370.8	37911.6	16778.0

单位：万元

重度残疾人护理补贴	假肢厂(站)专项拨款	其他残疾人福利	殡葬	补贴火化场	补贴殡葬类单位
1369815.8	**10259.7**	**106611.2**	**1376715.7**	**888820.4**	**487895.3**
34019.3	278.2	6425.7	33880.9	19575.8	14305.1
30475.7		1812.8	39243.0	29323.1	9919.9
47394.0	192.1	1852.5	71398.2	59345.3	12052.9
19147.5		419.6	21772.3	19525.6	2246.7
36691.9		159.2	25434.7	15562.5	9872.2
26072.0	227.0	4834.2	33233.5	27538.9	5694.6
28087.3	1200.0	100.0	24753.1	22361.3	2391.8
38552.4		116.1	22424.5	12335.3	10089.2
	699.0	5622.4	34924.5	34300.0	624.5
77213.1		14885.0	90862.2	74418.5	16443.7
2553.5	418.0	4842.5	134415.7	86990.3	47425.4
58031.3		1797.5	51939.2	35493.2	16446.0
40844.4	1.2	4176.0	41957.2	28755.6	13201.6
23925.4		651.7	90011.8	28763.4	61248.4
114498.7		3396.7	90804.2	56513.3	34290.9
84807.5	650.0	11396.1	27983.7	19866.7	8117.0
77368.5	203.0	4105.9	67948.1	31533.7	36414.4
55410.4	845.5	3886.9	35563.5	17514.6	18048.9
243941.3	560.0	11637.7	140167.3	71266.0	68901.3
47204.5	2039.7	1638.1	27830.5	13849.9	13980.6
14203.2		1796.7	2007.2	157.5	1849.7
24474.5	615.5	8060.9	31687.0	23056.6	8630.4
79368.2	607.7	2199.8	80018.5	33897.6	46120.9
20586.6		346.6	22870.0	17049.9	5820.1
36131.8	21.8	893.8	41519.5	29084.9	12434.6
8914.3		703.2			
33212.9		1888.9	42073.4	37461.6	4611.8
27035.6	240.8	3400.0	19999.9	18481.2	1518.7
11522.4	452.2	692.7	1087.1	339.9	747.2
10363.3		510.7	699.2	533.4	165.8
17764.3	1008.0	2361.3	28205.8	23924.8	4281.0

C-1-15续表2

地 区	社会福利事业单位	社会福利院经费	儿童福利院经费	社会福利医院经费
全 国	**2197035.3**	**761936.3**	**260247.4**	**446799.0**
中央级				
北 京	73494.5	28202.5	21598.1	2639.0
天 津	31170.0	3561.4	5244.8	11928.3
河 北	72052.6	11422.8	2723.4	13500.2
山 西	55955.3	27463.1	1731.5	11620.3
内蒙古	59981.2	18324.0	6338.7	17620.0
辽 宁	43516.9	16439.8	4700.9	
吉 林	43875.1	17229.8	2449.7	16095.2
黑龙江	61888.3	12469.1	6547.3	7940.4
上 海	126108.4	58481.7	13036.2	26435.9
江 苏	185017.8	87262.0	16903.0	54255.5
浙 江	139580.3	59033.9	15213.8	29718.9
安 徽	44034.9	9981.3	8365.9	91.0
福 建	55624.0	20139.2	2849.3	18032.2
江 西	41731.7	19967.9	5446.7	7744.7
山 东	52554.2	19906.2	11268.7	32.5
河 南	80609.2	20247.8	7427.1	12237.8
湖 北	92254.4	38772.7	10436.6	1308.3
湖 南	84590.7	34504.5	8736.1	17529.5
广 东	218481.3	75201.4	20814.2	33683.8
广 西	76792.7	20734.1	3506.2	25441.2
海 南	6432.0	4113.9	183.8	
重 庆	59580.7	22596.4	8096.4	18575.3
四 川	161723.2	49136.6	12912.7	52679.4
贵 州	47716.7	8195.7	4109.3	18193.7
云 南	53313.2	13110.6	7498.3	6371.0
西 藏	12930.9	1001.4	4801.2	
陕 西	69026.8	23913.6	20079.8	5408.0
甘 肃	32980.4	14933.1	5491.5	2854.1
青 海	9553.3	2045.3	297.2	4880.2
宁 夏	9127.6	462.9	2713.0	5387.2
新 疆	95337.0	23081.6	18726.0	24595.4

单位：万元

补贴安置农场经费	救助管理站经费	未成年人救助保护中心经费	其他社会福利单位	其他社会福利支出
16161.3	**182000.7**	**23424.8**	**506465.8**	**847086.8**
	6581.3	21.9	14451.7	184319.3
	1808.9		8626.6	13413.3
	3688.6	427.0	40290.6	13210.1
3139.4	3815.8	272.8	7912.4	12341.3
	4095.9	13.2	13589.4	28580.4
	4065.9	108.6	18201.7	3149.3
	3286.1	127.5	4686.8	8263.8
4217.0	4618.4	1158.0	24938.1	2215.8
	16047.1		12107.5	20866.5
	7093.1	1228.8	18275.4	73608.4
1117.3	12170.1	46.0	22280.3	46159.4
	4429.5	822.7	20344.5	26362.9
841.1	5111.5	529.0	8121.7	56779.5
5.0	3168.9	982.0	4416.5	31767.8
	7013.1	57.0	14276.7	57051.5
117.1	13976.1	638.0	25965.3	31895.3
	8183.8	1106.3	32446.7	15772.2
41.5	9032.4	2322.5	12424.2	16581.2
	24955.2	2257.2	61569.5	63007.7
251.7	5761.1	1531.1	19567.3	13564.8
	1191.8	174.7	767.8	4790.7
	2835.8	174.8	7302.0	9969.8
5.0	12118.8	925.8	33944.9	24328.8
3506.3	3237.9	157.3	10316.5	7197.8
2382.7	5068.0	69.2	18813.4	33509.7
			7128.3	27.0
30.0	5452.3	1192.3	12950.8	28916.1
92.2	1610.0	583.9	7415.6	12108.4
15.0		643.0	1672.6	1272.8
	119.5	5.0	440.0	840.8
400.0	1463.8	5849.2	21221.0	5214.4

C−1−15续表3

地区	社会救助	最低生活保障	城市最低生活保障	城市最低生活保障金	城市最低生活保障对象临时补助
全国	**22814341.3**	**16466961.6**	**5195209.7**	**4935925.7**	**252213.8**
中央级					
北京	199038.5	141610.4	95340.5	92256.1	3084.4
天津	227430.2	172157.6	109365.8	96921.8	12444.0
河北	812614.6	557103.4	111654.5	105786.4	5868.1
山西	699415.7	540699.6	164215.3	156703.6	7460.8
内蒙古	807550.9	662935.3	226218.8	221618.5	4600.3
辽宁	614802.9	476346.5	268226.8	244712.6	22495.2
吉林	560387.9	462544.2	293169.2	274021.3	19147.9
黑龙江	642632.2	537013.3	347854.9	330911.3	16943.6
上海	462594.2	227496.8	196438.2	187100.7	9337.5
江苏	814854.7	490768.5	97477.0	90351.4	7125.6
浙江	626998.1	484201.1	151374.9	141265.7	8737.6
安徽	1309285.2	1001211.3	222838.0	218128.8	4479.2
福建	355918.6	225200.5	35814.0	32877.9	2936.1
江西	948738.5	795678.9	247124.5	242676.0	4309.5
山东	748798.9	500753.8	82402.9	68958.6	12956.1
河南	1139748.2	774900.7	174819.6	171008.9	3810.7
湖北	1124719.8	734124.9	211593.5	182031.4	29021.1
湖南	1023438.2	615089.6	255791.7	250684.8	5057.9
广东	1032590.9	646105.3	134570.0	126440.8	8129.2
广西	884555.5	638684.7	79430.4	75089.5	2341.0
海南	113405.0	78303.2	23558.4	23292.1	266.3
重庆	706031.6	444768.8	181691.2	170898.5	10792.7
四川	1518784.1	1124913.7	307422.2	298962.7	8401.3
贵州	1074439.7	867687.5	208169.2	201194.4	6974.8
云南	1235893.5	974042.0	268504.2	265406.1	2783.8
西藏	94042.5	70924.6	19835.8	19835.8	
陕西	749793.6	544028.5	157658.5	140560.4	16578.1
甘肃	970378.0	591355.1	224653.6	220083.0	4570.6
青海	251999.4	186761.0	53248.4	49595.5	3652.9
宁夏	224988.7	188845.2	57207.1	53112.5	4094.6
新疆	838471.5	710705.6	187540.6	183438.6	3812.9

单位：万元

农村最低生活保障	农村最低生活保障金	农村最低生活保障对象临时补助	临时救助合计	临时救助	流浪乞讨人员救助
11271751.9	**10792973.3**	**466074.2**	**1718628.1**	**1411417.9**	**307210.2**
46269.9	45139.7	1130.2	16829.0	4273.2	12555.8
62791.8	57521.8	5270.0	16298.3	13823.8	2474.5
445448.9	423928.0	21520.9	56065.1	43636.7	12428.4
376484.3	359573.5	16842.2	45176.4	38095.8	7080.6
436716.5	430406.6	6309.9	33851.9	30244.8	3607.1
208119.7	188886.7	18609.6	24710.9	17721.3	6989.6
169375.0	155574.2	13800.8	26934.6	21702.4	5232.2
189158.4	186655.2	2503.2	27770.4	23812.1	3958.3
31058.6	28988.8	2069.8	11291.9	5928.0	5363.9
393291.5	366827.3	25662.2	59546.1	33884.0	25662.1
332826.2	313796.9	18911.6	45360.6	33907.6	11453.0
778373.3	765518.4	11987.6	36215.4	23678.2	12537.2
189386.5	179349.8	9907.0	32023.8	25080.8	6943.0
548554.4	538186.5	9656.9	32249.8	22204.0	10045.8
418350.9	369075.7	48456.0	39567.0	27871.6	11695.4
600081.1	588554.5	11526.0	45054.1	29769.6	15284.5
522531.4	461343.4	59845.6	65899.4	49657.3	16242.1
359297.9	351815.0	7482.9	121738.7	102260.7	19478.0
511535.3	495430.7	16102.6	79066.5	30000.6	49065.9
559254.3	542052.9	12939.7	33778.2	21256.7	12521.5
54744.8	53325.1	1419.7	9924.7	8223.4	1701.3
263077.6	247842.1	15235.5	52904.6	45758.8	7145.8
817491.5	788004.2	29377.4	58901.3	43891.6	15009.7
659518.3	640380.2	18958.8	96846.3	91698.9	5147.4
705537.8	697365.5	7951.6	131771.3	125421.0	6350.3
51088.8	50929.0	159.8	5654.5	5376.2	278.3
386370.0	353890.3	32324.7	89116.8	80778.8	8338.0
366701.5	359794.1	6907.4	256440.7	251479.6	4961.1
133512.6	126109.4	7403.2	36313.7	35410.4	903.3
131638.1	123147.2	8490.9	24895.3	24220.8	674.5
523165.0	503560.6	17310.5	106430.8	100349.2	6081.6

C-1-15续表4

地区	特困人员供养	城市特困人员供养	城市特困人员供养金	城市特困人员供养临时补助	农村特困人员供养
全国	**3830003.4**	**370305.6**	**347815.3**	**22490.3**	**3459697.8**
中央级					
北京	19372.6	4225.6	4058.4	167.2	15147.0
天津	25174.4	4248.9	4111.7	137.2	20925.5
河北	193742.4	6429.4	4136.7	2292.7	187313.0
山西	105439.6	1732.6	1407.8	324.8	103707.0
内蒙古	95014.0	20632.6	19026.4	1606.2	74381.4
辽宁	98790.9	11780.6	9904.6	1876.0	87010.3
吉林	66166.5	9837.2	9392.4	444.8	56329.3
黑龙江	76460.3	15873.6	15058.2	815.4	60586.7
上海	8305.8	3577.3	2658.8	918.5	4728.5
江苏	197631.9	7240.2	7044.2	196.0	190391.7
浙江	42388.3	4810.2	4741.5	68.7	37578.1
安徽	253275.0	10762.3	10653.3	109.0	242512.7
福建	88368.2	6806.0	6599.9	206.1	81562.2
江西	92665.3	8920.1	7786.4	1133.7	83745.2
山东	192033.6	4469.7	4249.2	220.5	187563.9
河南	304609.4	6065.4	5926.6	138.8	298544.0
湖北	299288.4	18639.1	16666.5	1972.6	280649.3
湖南	273331.4	20887.2	18903.1	1984.1	252444.2
广东	278935.4	26147.6	25486.5	661.1	252787.8
广西	154770.8	11883.7	11433.2	450.5	142887.1
海南	22034.6	2536.8	1175.0	1361.8	19497.8
重庆	173833.0	81728.5	80186.9	1541.6	92104.5
四川	295596.0	35049.1	33489.5	1559.6	260546.9
贵州	104300.1	9706.1	9440.6	265.5	94594.0
云南	109950.4	14424.5	13333.3	1091.2	95525.9
西藏	17062.5	165.2	141.2	24.0	16897.3
陕西	107382.4	6170.2	5914.2	256.0	101212.2
甘肃	78209.1	4721.8	4566.7	155.1	73487.3
青海	28057.5	5257.1	5180.1	77.0	22800.4
宁夏	9549.0	1579.0	1277.7	301.3	7970.0
新疆	18264.6	3998.0	3864.7	133.3	14266.6

单位：万元

农村特困人员供养金	农村特困人员供养临时补助	其他社会救助	其他城市生活救助（含传统救济）	其他农村生活救助（含传统救济）
3328968.8	**130729.0**	**798748.2**	**395887.4**	**402860.8**
15021.9	125.1	21226.5	16290.5	4936.0
19476.2	1449.3	13799.9	9473.3	4326.6
176197.0	11116.0	5703.7	1830.1	3873.6
100141.6	3565.4	8100.1	1341.7	6758.4
73022.3	1359.1	15749.7	6304.6	9445.1
81904.2	5106.1	14954.6	9051.2	5903.4
54561.5	1767.8	4742.6	3440.3	1302.3
58888.8	1697.9	1388.2	804.8	583.4
3635.9	1092.6	215499.7	208035.8	7463.9
183790.8	6600.9	66908.2	21203.8	45704.4
35157.8	2420.3	55048.1	13417.7	41630.4
232965.8	9546.9	18583.5	4732.5	13851.0
79742.0	1820.2	10326.1	3221.0	7105.1
82288.3	1456.9	28144.5	12332.8	15811.7
171219.3	16344.6	16444.5	3331.6	13112.9
293995.6	4548.4	15184.0	2914.2	12269.8
259953.5	20695.8	25407.1	9930.4	15476.7
250371.7	2072.5	13278.5	3244.0	10034.5
248569.9	4217.9	28483.7	14031.4	14452.3
139109.3	3777.8	57321.8	1555.1	55766.7
18198.9	1298.9	3142.5	273.0	2869.5
89918.4	2186.1	34525.2	18217.8	16307.4
253040.8	7506.1	39373.1	6439.2	32933.9
89456.7	5137.3	5605.8	1176.7	4429.1
93436.5	2089.4	20129.8	3100.4	17029.4
16887.5	9.8	400.9	391.0	9.9
91879.2	9333.0	9265.9	3305.7	5960.2
72889.7	597.6	44373.1	14132.0	30241.1
21775.1	1025.3	867.2	480.1	387.1
7864.8	105.2	1699.2	663.9	1035.3
13607.8	658.8	3070.5	1220.8	1849.7

C-1-15续表5

地　区	民政管理事务	行政运行	一般行政管理事务	机关服务	民间组织管理
全　国	**4977223.5**	**1291681.4**	**419939.8**	**56343.6**	**112311.1**
中央级	59632.0	9586.9	14863.9	2884.8	11666.0
北　京	379012.8	57654.4	53562.9	5619.2	3482.8
天　津	252569.7	25040.5	1960.5	107.0	2862.2
河　北	185812.7	59558.4	40247.5	3727.9	499.8
山　西	93718.6	25220.2	5886.1	749.2	233.9
内蒙古	87244.9	27089.3	7603.0	1791.8	437.3
辽　宁	262819.4	37964.3	8344.3	1857.3	758.7
吉　林	80938.2	11933.4	10745.5	2070.0	889.5
黑龙江	69990.5	21707.1	7183.3	824.9	146.0
上　海	129035.7	22632.3	1758.8		10187.4
江　苏	270420.9	86405.4	19185.0	1637.8	9470.2
浙　江	291937.0	81012.2	9644.7	1261.4	15511.9
安　徽	115122.2	31877.5	12860.7	1273.7	1987.9
福　建	118327.6	33887.9	8707.6	657.5	1041.0
江　西	99469.3	27279.9	9555.6	1534.2	412.5
山　东	248051.5	52707.0	31584.0	3139.0	3705.7
河　南	149430.7	58100.8	17529.1	6881.9	1641.9
湖　北	224685.1	55196.9	25663.1	1949.8	3362.1
湖　南	203146.0	68427.4	17531.0	1532.2	3833.2
广　东	446999.7	103929.0	33114.8	3475.3	26930.2
广　西	113844.7	34487.2	8321.6	516.9	778.5
海　南	38908.9	7668.8	2647.6	230.7	386.1
重　庆	115244.8	30401.6	3231.7	742.3	2523.4
四　川	178077.7	73421.7	14796.9	3440.6	2686.4
贵　州	128238.2	52797.4	7378.8	1018.8	131.2
云　南	204560.2	59275.7	10766.8	1599.0	732.3
西　藏	52765.1	31955.1	7095.6	66.3	4213.7
陕　西	176167.0	31447.6	9640.1	1885.0	1071.6
甘　肃	49018.5	23643.0	4549.8	1195.4	219.6
青　海	47813.3	8072.5	2278.6	329.7	77.0
宁　夏	41944.5	10399.7	2085.2	586.2	373.7
新　疆	62276.1	30900.3	9615.7	1757.8	57.4

单位：万元

行政区划和地名管理	基层政权和社区建设	其他民政管理事务支出	行政事业单位离退休	其他
107006.1	**1506584.4**	**1483357.1**	**461103.2**	**2251600.1**
2738.1	879.0	17013.3	7906.9	53813.8
257.1	126582.2	131854.2	174391.4	307130.0
99.0	199918.0	22582.5	6541.0	30368.4
4976.2	23292.8	53510.1	16989.1	40503.5
3416.8	34325.3	23887.1	4989.4	61025.9
1556.2	9901.3	38866.0	9033.6	47277.8
1520.2	155774.3	56600.3	8841.0	44703.7
1179.3	32289.2	21831.3	3580.8	49124.9
3478.7	19985.3	16665.2	9005.4	18600.5
353.9	12529.5	81573.8	5176.5	33162.5
3197.2	88313.7	62211.6	20488.9	208708.3
9376.7	96530.7	78599.4	17135.6	69721.9
3223.1	21404.3	42495.0	8390.6	49232.1
4129.5	28256.7	41647.4	16391.0	63923.1
3038.3	29559.1	28089.7	4600.4	27947.8
8439.5	106480.7	41995.6	11434.0	71768.0
5711.2	19054.7	40511.1	15060.6	110235.5
4954.5	95083.2	38475.5	9762.4	35445.4
5124.4	61732.1	44965.7	5172.9	87377.2
7849.6	77571.9	194128.9	41779.7	210116.4
4212.1	20267.1	45261.3	9631.2	113025.7
1211.6	5151.9	21612.2	1368.4	31850.1
2519.0	49486.9	26339.9	9125.1	14230.1
7295.2	20308.1	56128.8	17761.5	70739.9
3203.9	22807.9	40900.2	2520.7	31225.3
2557.4	27554.2	102074.8	10443.6	115830.0
1558.6	100.7	7775.1	360.9	2841.4
3014.0	85070.9	44037.8	2371.0	61630.5
2273.0	2331.2	14806.5	3171.5	76669.1
1023.1	20143.2	15889.2	2010.8	48638.4
2269.3	6670.5	19559.9	2134.0	46138.5
1249.4	7227.8	11467.7	3533.3	18594.4

C-1-16 民政事业费

地区	集中养育孤儿支出水平	社会散居孤儿支出水平	困难残疾人生活补贴支出水平	重度残疾人护理补贴支出水平
全国	**22105.3**	**13807.0**	**1208.2**	**1001.0**
北京	75510.5	29541.1	6749.4	3552.9
天津	36880.7	28995.0	3101.9	2323.6
河北	23816.0	10837.6	753.3	703.7
山西	13138.6	13467.5	603.5	596.5
内蒙古	23664.7	20462.7	1113.4	1340.0
辽宁	21377.2	16082.4	1014.0	675.1
吉林	11551.0	11489.2	989.3	933.4
黑龙江	24783.0	17987.2	834.8	1075.9
上海	32098.7	20792.7		
江苏	23981.2	22059.8	5598.0	1620.5
浙江	28482.9	18355.8	118.6	46.8
安徽	20564.6	14914.5	733.0	724.3
福建	21898.6	11166.4	1238.1	1118.7
江西	22948.2	11397.5	639.0	625.2
山东	21807.9	14204.5	1158.3	1172.1
河南	19768.1	11242.7	744.4	759.1
湖北	36313.8	17068.9	667.9	1131.0
湖南	21925.1	11528.0	931.3	743.2
广东	26834.0	16546.0	2041.0	2600.9
广西	23246.5	11559.7	729.1	855.5
海南	19448.0	30658.5	1224.2	1232.9
重庆	17530.4	14829.8	794.4	874.2
四川	18754.1	11452.6	1138.0	776.0
贵州	17842.7	13038.0		619.5
云南	22372.7	16350.6	617.7	664.3
西藏	10220.1	9817.5	1603.3	3074.2
陕西	20849.0	12114.1	773.4	1032.8
甘肃	18688.1	12975.6	922.9	806.7
青海	19608.1	13757.2	1147.3	1493.4
宁夏	15555.9	10031.9	1245.7	1017.6
新疆	18536.4	82001.6	958.6	925.4

注：表中支出水平是按照民政事业费支出项目与民政对象、民政机构简单算术平均计算。

支出水平

单位：元/人·年、元/个·年

康复辅具机构（站）补助水平	补贴火化人员水平	殡葬类单位补助水平	社会福利院补助水平	儿童福利院补助水平
2303000.0	**1700.5**	**829445.4**	**3501452.5**	**3993237.6**
2782000.0	1934.7	2699075.5	28101600.0	20819400.0
	4296.4	2865593.8	14024000.0	12945000.0
	3225.2	472265.9	3103724.1	2027250.0
	6850.4	281295.1	6016200.0	888100.0
	2095.4	429429.7	2834240.0	6661625.0
	855.7	130469.2	2323744.7	3601900.0
	1965.2	44900.8	1858064.5	1954250.0
	651.6	555688.9	1920458.3	2016428.6
	2585.6	85548.0	22017400.0	42100333.3
	1386.6	425056.3	11159796.6	11409714.3
	2661.7	1295141.0	4631629.6	5076611.1
	1190.1	804671.4	1495584.9	2633172.4
	1372.7	436577.2	2575492.3	2331700.0
	1247.0	2668414.4	1046352.3	736384.6
	837.4	1222963.0	5110370.4	6687785.7
	1536.1	283970.6	2010350.0	3107476.2
	1317.4	1996028.2	2270491.9	4018500.0
4227500.0	1591.1	891183.1	2623843.4	2245590.9
3680000.0	1482.9	2341054.7	5892203.7	5524636.4
5000000.0	1427.5	1138739.1	1664305.9	1066526.3
	342.1	786800.0	7172500.0	819000.0
	3133.9	623133.3	6488142.9	12484800.0
	1471.5	1101954.9	2371709.7	1884592.6
	1451.7	308586.2	1168606.6	2036789.5
218000.0	2190.0	464543.8	2039500.0	2289458.3
			3338000.0	4221500.0
	5710.6	210867.8	4689875.0	8865857.1
	8496.3	99169.2	1409883.7	3123333.3
4522000.0	670.7	115411.8	2444125.0	250250.0
	1385.1	40718.0	555000.0	6539500.0
1800000.0	9950.0	509612.9	1706466.7	1225571.4

C-1-16续表

地　区	社会福利医院补助水平	城市居民最低生活保障支出水平（不含春节补助）	农村最低生活保障支出水平（不含春节补助）	城市特困人员供养支出水平
全　国	**26055637.7**	**5733.6**	**3123.5**	**12555.1**
北　京	26390000.0	14101.5	11982.6	32256.5
天　津	115852000.0	12790.7	8823.2	27376.9
河　北	124657000.0	5433.3	2692.9	17849.5
山　西	20919333.3	5588.3	3740.0	12158.6
内蒙古	28171250.0	6539.7	3339.8	18189.7
辽　宁		6250.3	3133.1	13658.7
吉　林	19909571.4	6255.7	3016.0	13453.5
黑龙江	7497333.3	5534.1	2327.0	14914.6
上　海	86319333.3	12601.9	9213.6	24654.0
江　苏	47659363.6	7372.6	5327.0	10090.9
浙　江	79874500.0	7269.0	6811.5	16673.1
安　徽	303333.3	5946.2	4291.5	10221.6
福　建	10319461.5	5315.6	4326.5	13445.3
江　西	25211500.0	6752.1	3783.1	14158.9
山　东		5191.2	3133.9	13967.8
河　南	19893000.0	3880.8	2159.1	9278.6
湖　北	6295500.0	5717.4	3312.3	19285.2
湖　南	16296900.0	4945.9	2620.6	13869.3
广　东	213929000.0	8076.0	3971.8	18965.4
广　西	61069750.0	2463.0	2195.3	12363.4
海　南		6321.5	3628.8	23230.8
重　庆	28240166.7	6082.4	4281.0	9497.2
四　川	24246500.0	3890.8	2227.6	9009.1
贵　州	7968176.5	4121.3	3088.6	13299.7
云　南	12170800.0	6066.0	2777.2	15404.2
西　藏		7852.7	3844.8	4049.0
陕　西	47295000.0	6517.2	4131.2	17594.0
甘　肃	11193500.0	5547.2	2605.0	14149.8
青　海	24401000.0	7665.1	4476.0	32856.9
宁　夏	51717000.0	5698.0	3213.1	15805.8
新　疆	19170166.7	6016.9	3023.4	7534.9

单位：元/人·年、元/个·年

农村特困人员供养支出水平	流浪乞讨人员救助单位补助水平	救助流浪乞讨人员每次支出水平	临时救助支出水平
7878.5	**1758501.4**	**2304.0**	**1421.1**
28375.8	6277900.0	1958.3	3282.3
20223.7	2474500.0	4319.3	1682.2
7181.2	3452333.3	2250.1	1404.3
7793.1	1287381.8	974.7	1164.4
8865.8	924897.4	1149.9	1465.0
6848.8	1205103.5	1522.4	1201.2
7364.8	1090041.7	1664.9	1354.4
6369.6	694438.6	1723.9	1347.2
22230.8	2823105.3	4487.5	947.1
9345.4	2851344.4	4889.7	1256.4
14380.1	1762000.0	2628.8	2314.1
6815.9	2365509.4	2508.9	2292.0
12938.6	1653095.2	2410.4	1688.9
6569.4	1646852.5	2244.0	1584.7
7768.5	1886354.8	3708.2	2132.2
6066.1	1528450.0	1947.1	1211.5
11556.2	1561740.4	3241.2	1706.8
6918.2	1609752.1	1260.5	1362.8
11792.4	5639758.6	5256.4	2251.2
6049.2	1422897.7	3344.7	1498.1
8932.5	2835500.0	7059.3	1410.4
9334.8	1931297.3	2866.0	2667.8
5961.7	789984.2	1323.1	1200.5
11465.7	1072375.0	1452.7	1738.9
8406.1	881986.1	1751.8	928.3
12499.9	463833.3	1173.8	3531.2
8203.7	1042250.0	1434.8	1279.1
7838.4	1378083.3	2088.8	1611.3
13935.8	1290428.6	586.3	2343.0
8864.4	562083.3	684.9	1604.9
7411.2	1600421.1	12129.2	1044.8

C-1-17 民政事业费

地区	收入合计	上年结余	本年收入合计	本年实际支出
全国	**46259756.6**	**3216111.0**	**43043645.6**	**42792437.9**
中央级	199908.5	67876.1	132032.4	121352.7
北京	1800679.5	102623.8	1698055.7	1638311.6
天津	779809.2	70539.2	709270.0	697325.4
河北	1617680.3	168454.1	1449226.2	1451118.4
山西	1373122.2	299667.5	1073454.7	1068424.9
内蒙古	1332440.3	99606.2	1232834.1	1242620.6
辽宁	1216788.4	66078.8	1150709.6	1136119.9
吉林	865328.9		865328.9	865328.9
黑龙江	987159.0	13226.7	973932.3	939507.0
上海	1763352.4	144979.5	1618372.9	1639409.9
江苏	2550210.9	34269.8	2515941.1	2511988.2
浙江	1706710.7	89870.9	1616839.8	1610842.0
安徽	1928184.0	12103.9	1916080.1	1907107.4
福建	1012998.9	92325.9	920673.0	896362.5
江西	1468375.4	27887.1	1440488.3	1434244.3
山东	1825447.3	131596.7	1693850.6	1691002.8
河南	2103308.7	86010.7	2017298.0	1979422.4
湖北	2121472.6	296151.6	1825321.0	1849894.4
湖南	1765421.3	25377.5	1740043.8	1730690.3
广东	2945843.3	120091.9	2825751.4	2826465.3
广西	1657369.9	215957.6	1441412.3	1437469.5
海南	360602.7	83270.3	277332.4	259235.4
重庆	1164372.3	97543.7	1066828.6	1071546.9
四川	2679573.4	111150.1	2568423.3	2512033.7
贵州	1653901.9	219661.1	1434240.8	1445052.1
云南	2005062.7	166268.4	1838794.3	1865562.9
西藏	231552.0	25631.0	205921.0	201015.4
陕西	1531297.7	53247.0	1478050.7	1483555.2
甘肃	1393793.6	97969.8	1295823.8	1283731.0
青海	523709.6	43999.0	479710.6	459092.4
宁夏	514313.6	129216.0	385097.6	386732.1
新疆	1179965.4	23459.1	1156506.3	1149872.4

收支简表

单位：万元

收支结余	用事业基金弥补收支差额	结余分配	年末净结余
3467318.7	**7424.2**	**50148.1**	**3424594.8**
78555.8	947.6	4871.1	74632.3
162367.9	399.1	6331.1	156435.9
82483.8	1381.6	5976.9	77888.5
166561.9			166561.9
304697.3	473.4	371.4	304799.3
89819.7			89819.7
80668.5		903.9	79764.6
47652.0			47652.0
123942.5		4956.8	118985.7
38222.7		4.2	38218.5
95868.7		7280.3	88588.4
21076.6	1.7		21078.3
116636.4	94.9	692.8	116038.5
34131.1			34131.1
134444.5	57.5	636.5	133865.5
123886.3	8.0		123894.3
271578.2		1132.4	270445.8
34731.0			34731.0
119378.0	1767.1	8126.2	113018.9
219900.4	341.6	111.8	220130.2
101367.3			101367.3
92825.4	1085.1	2342.6	91567.9
167539.7	2.5	5449.7	162092.5
208849.8	322.9	195.1	208977.6
139499.8		193.7	139306.1
30536.6			30536.6
47742.5	541.2	571.6	47712.1
110062.6			110062.6
64617.2			64617.2
127581.5			127581.5
30093.0			30093.0

C-1-18 民政事业费

地区	上年结余合计	社会福利	社会救助	民政管理事务	行政事业单位离退休	其他款项用于民政支出
全国	**3216111.0**	**896443.8**	**1514349.5**	**357037.8**	**9170.0**	**439109.9**
中央级	67876.1			28717.7	1607.6	37550.8
北京	102623.8	46001.6	9238.4	16867.5	507.4	30008.9
天津	70539.2	16478.0	16218.3	26356.0	711.8	10775.1
河北	168454.1	47250.6	84831.7	12774.9	89.3	23507.6
山西	299667.5	42925.6	221835.9	7246.8	11.2	27648.0
内蒙古	99606.2	37855.9	29986.9	14364.1	246.4	17152.9
辽宁	66078.8	15184.0	38697.1	5973.4	204.6	6019.7
吉林						
黑龙江	13226.7	7537.3	4105.1	808.7		775.6
上海	144979.5	93847.6	16329.6	20291.7	141.9	14368.7
江苏	34269.8	24193.0	4921.1	1222.4		3933.3
浙江	89870.9	44211.4	12443.5	18341.9	306.4	14567.7
安徽	12103.9	6867.2	4074.1	182.8	1.0	978.8
福建	92325.9	33384.1	28208.9	21166.0	1195.3	8371.6
江西	27887.1	7899.7	2064.4	14181.0	166.3	3575.7
山东	131596.7	43413.3	72692.2	11138.7	2.2	4350.3
河南	86010.7	36880.3	36410.9	5310.2	129.2	7280.1
湖北	296151.6	7760.0	280394.2	5551.5		2445.9
湖南	25377.5	2177.7	10991.3	1795.8		10412.7
广东	120091.9	40207.2	44278.6	11492.2	599.6	23514.3
广西	215957.6	50160.0	116129.0	16563.9	1006.1	32098.6
海南	83270.3	14048.9	42375.7	7593.5	42.8	19209.4
重庆	97543.7	18606.6	66223.5	12462.8	146.5	104.3
四川	111150.1	47158.1	34479.9	11699.8	1019.8	16792.5
贵州	219661.1	86946.2	99902.2	20539.0	340.0	11933.7
云南	166268.4	24827.1	68479.1	23201.7	142.5	49618.0
西藏	25631.0	1618.4	7491.1	12173.6		4347.9
陕西	53247.0	16081.1	31247.2	5333.8	70.7	514.2
甘肃	97969.8	26907.9	60577.6	2632.4	30.5	7821.4
青海	43999.0	14036.0	22781.0	1008.8	27.7	6145.5
宁夏	129216.0	25572.0	42177.2	19533.7	423.2	41509.9
新疆	23459.1	16407.0	4763.8	511.5		1776.8

收支明细表

单位：万元

本年收入合计	社会福利	社会救助	民政管理事务	行政事业单位离退休	其他款项用于民政支出
43043645.6	**12405444.6**	**22803137.6**	**5024077.7**	**465474.9**	**2345510.8**
132032.4			73159.9	11655.2	47217.3
1698055.7	515705.7	199687.6	398041.3	174852.2	409768.9
709270.0	196152.7	220785.9	250572.7	6293.0	35465.7
1449226.2	399416.8	812962.7	181274.0	17056.1	38516.6
1073454.7	215299.1	709227.7	90535.4	5005.3	53387.2
1232834.1	295358.0	796115.2	85131.7	9021.3	47207.9
1150709.6	202760.9	619077.7	271074.5	9319.8	48476.7
865328.9	171297.1	560387.9	80938.2	3580.8	49124.9
973932.3	205581.8	664331.6	75801.0	9005.4	19212.5
1618372.9	982886.2	470499.7	126430.8	5257.1	33299.1
2515941.1	1196705.7	815175.7	270963.5	20515.0	212581.2
1616839.8	608071.2	626628.0	290972.4	17078.2	74090.0
1916080.1	431399.3	1309245.9	116369.5	8389.8	50675.6
920673.0	365301.5	357067.5	115734.9	16507.8	66061.3
1440488.3	359427.5	950946.7	99792.3	5055.4	25266.4
1693850.6	624647.3	738686.0	247447.1	11440.1	71630.1
2017298.0	587337.9	1147196.5	151479.3	15169.1	116115.2
1825321.0	459075.8	1096594.7	224057.1	9762.4	35831.0
1740043.8	417370.8	1025971.6	202009.8	5282.2	89409.4
2825751.4	1083565.2	1040270.2	450939.5	41506.1	209470.4
1441412.3	332033.5	866568.1	118482.1	9160.1	115168.5
277332.4	77830.6	124183.8	40442.0	1356.0	33520.0
1066828.6	234178.3	690353.7	118809.3	9353.5	14133.8
2568423.3	772201.0	1532286.9	178239.6	17387.8	68308.0
1434240.8	233505.2	1045804.2	129324.1	2261.7	23345.6
1838794.3	309446.0	1212305.6	204103.9	10457.2	102481.6
205921.0	51758.9	96196.8	55409.7	360.9	2194.7
1478050.7	484542.7	749521.6	174313.5	2372.4	67300.5
1295823.8	180836.4	984661.2	48790.5	3214.8	78320.9
479710.6	111325.5	270902.4	50417.2	1984.7	45080.8
385097.6	69114.6	228507.2	40430.4	2280.2	44765.2
1156506.3	231311.4	840987.3	62590.5	3533.3	18083.8

C-1-18续表

地　区	本年支出合计	社会福利	社会救助	民政管理事务	行政事业单位离退休	其他款项用于民政支出
全　国	**42792437.9**	**12288169.8**	**22814341.3**	**4977223.5**	**461103.2**	**2251600.1**
中央级	121352.7			59632.0	7906.9	53813.8
北　京	1638311.6	578738.9	199038.5	379012.8	174391.4	307130.0
天　津	697325.4	180416.1	227430.2	252569.7	6541.0	30368.4
河　北	1451118.4	395198.5	812614.6	185812.7	16989.1	40503.5
山　西	1068424.9	209275.3	699415.7	93718.6	4989.4	61025.9
内蒙古	1242620.6	291513.4	807550.9	87244.9	9033.6	47277.8
辽　宁	1136119.9	204952.9	614802.9	262819.4	8841.0	44703.7
吉　林	865328.9	171297.1	560387.9	80938.2	3580.8	49124.9
黑龙江	939507.0	199278.4	642632.2	69990.5	9005.4	18600.5
上　海	1639409.9	1009441.0	462594.2	129035.7	5176.5	33162.5
江　苏	2511988.2	1197515.4	814854.7	270420.9	20488.9	208708.3
浙　江	1610842.0	605049.4	626998.1	291937.0	17135.6	69721.9
安　徽	1907107.4	425077.3	1309285.2	115122.2	8390.6	49232.1
福　建	896362.5	341802.2	355918.6	118327.6	16391.0	63923.1
江　西	1434244.3	353488.3	948738.5	99469.3	4600.4	27947.8
山　东	1691002.8	610950.4	748798.9	248051.5	11434.0	71768.0
河　南	1979422.4	564947.4	1139748.2	149430.7	15060.6	110235.5
湖　北	1849894.4	455281.7	1124719.8	224685.1	9762.4	35445.4
湖　南	1730690.3	411556.0	1023438.2	203146.0	5172.9	87377.2
广　东	2826465.3	1094978.6	1032590.9	446999.7	41779.7	210116.4
广　西	1437469.5	316412.4	884555.5	113844.7	9631.2	113025.7
海　南	259235.4	73703.0	113405.0	38908.9	1368.4	31850.1
重　庆	1071546.9	226915.3	706031.6	115244.8	9125.1	14230.1
四　川	2512033.7	726670.5	1518784.1	178077.7	17761.5	70739.9
贵　州	1445052.1	208628.2	1074439.7	128238.2	2520.7	31225.3
云　南	1865562.9	298835.6	1235893.5	204560.2	10443.6	115830.0
西　藏	201015.4	51005.5	94042.5	52765.1	360.9	2841.4
陕　西	1483555.2	493593.1	749793.6	176167.0	2371.0	61630.5
甘　肃	1283731.0	184493.9	970378.0	49018.5	3171.5	76669.1
青　海	459092.4	108630.5	251999.4	47813.3	2010.8	48638.4
宁　夏	386732.1	71526.4	224988.7	41944.5	2134.0	46138.5
新　疆	1149872.4	226997.1	838471.5	62276.1	3533.3	18594.4

单位：万元

年末结余合计	社会福利	社会救助	民政管理事务	行政事业单位离退休	其他款项用于民政支出
3424594.8	**1103124.4**	**1506309.1**	**391283.1**	**13444.3**	**410433.9**
74632.3			40690.7	5342.4	28599.2
156435.9	75388.8	9883.5	27490.2	987.6	42685.8
77888.5	24251.4	9569.9	24077.4	463.8	19526.0
166561.9	51514.9	85116.5	8263.1	156.3	21511.1
304799.3	53438.2	231647.9	4101.2	27.1	15584.9
89819.7	42140.3	18551.2	11861.7	234.1	17032.4
79764.6	14813.7	42971.9	11502.9	683.4	9792.7
47652.0	13840.7	25804.5	6619.2		1387.6
118985.7	62869.1	24116.6	17324.5	222.5	14453.0
38218.5	23350.1	5277.7	1808.5	26.1	7756.1
88588.4	44986.2	12012.7	17376.2	282.4	13930.9
21078.3	13487.2	4034.8	1431.8	0.2	2124.3
116038.5	56302.6	29356.8	18566.4	1303.4	10509.3
34131.1	13836.8	4272.6	14371.6	621.3	1028.8
133865.5	57110.2	62579.3	10200.4	8.3	3967.3
123894.3	59281.5	43859.8	7358.2	237.7	13157.1
270445.8	10345.6	252268.9	4923.5		2907.8
34731.0	7992.5	13524.7	1558.3	16.3	11639.2
113018.9	28087.0	51957.8	15979.5	326.0	16668.6
220130.2	69433.3	98220.6	21796.3	549.5	30130.5
101367.3	18376.4	53825.7	8923.8	177.1	20064.3
91567.9	25001.8	50545.6	15487.9	170.5	362.1
162092.5	88562.5	47986.0	11818.0	646.1	13079.9
208977.6	111951.0	71266.7	21624.9	81.0	4054.0
139306.1	37298.8	44891.2	22745.4	156.1	34214.6
30536.6	2371.8	9645.4	14818.2		3701.2
47712.1	12205.0	30975.2	3474.6	72.1	985.2
110062.6	25410.4	74860.8	2404.5	73.8	7313.1
64617.2	18220.6	41684.0	3847.1	1.6	863.9
127581.5	23160.2	45695.7	18011.4	577.6	40136.6
30093.0	18095.8	9905.1	825.7		1266.4

C−1−19　民政事业基本

地　区	在建项目规模	使用彩票公益金项目规模	在建项目总投资	开工累计完成投资	本年计划投资	本年实际完成投资
全　国	**22723283**	**5322739**	**7359959.2**	**3888231.8**	**1559862.6**	**1848148.7**
中央级	207688		219155.0	167233.9	26644.0	22565.5
北　京	396353	28452	204559.1	126563.4	14526.6	22334.9
天　津	135210	135210	114488.1	78621.7	10220.3	8898.2
河　北	565016	67960	162609.8	77587.3	44165.5	47592.7
山　西	972845	78353	214952.3	122156.4	56663.9	67890.5
内蒙古	517346	221635	248856.6	122974.4	34605.4	48932.7
辽　宁	83854	40500	24321.5	18471.1	6656.6	6144.2
吉　林	11370	5575	4220.0	4220.0	85.0	4220.0
黑龙江	47294	3265	19378.0	5985.0	15060.0	5283.0
上　海	99403		127224.7	65045.6	5873.1	15128.1
江　苏	622630	100677	331819.3	178530.8	100251.5	97857.0
浙　江	836887	308827	464519.4	263593.8	67807.3	75786.0
安　徽	357392	15703	113139.8	67007.8	41328.8	43941.3
福　建	718739	85768	222721.2	148351.7	73157.9	82115.7
江　西	2323499	465268	382874.4	274630.7	146191.8	213389.9
山　东	1143477	362806	260939.9	137531.0	53266.4	56021.3
河　南	438069	108117	138249.3	72764.7	21252.5	28159.4
湖　北	1616417	186285	329168.7	204915.6	74193.5	113503.1
湖　南	2340248	462021	446858.2	165736.3	130811.0	92192.4
广　东	1670499	956944	1016803.6	378097.3	120413.8	109849.0
广　西	861647	312268	224556.4	117895.9	44571.2	50763.6
海　南	305066	25157	41700.0	27260.4	11221.3	15027.3
重　庆	905040	275098	269069.4	167971.5	67748.8	74389.8
四　川	629973	50642	515818.9	204004.2	60321.0	161152.6
贵　州	1204349	237865	358768.7	182428.1	95103.4	74209.3
云　南	1059542	304364	191742.2	116432.7	59922.4	76562.4
西　藏	7000	100	4833.5	4653.5	4333.5	4653.5
陕　西	1195008	202516	382066.9	198465.9	42765.7	84127.3
甘　肃	614216	81787	115874.5	61899.1	48441.9	53100.0
青　海	367849	65033	62930.6	40898.6	24797.9	27173.6
宁　夏	117109	33775	58079.8	28564.6	16174.6	19263.3
新　疆	358248	101248	88043.4	58122.8	41286.0	46305.1

建设投资情况总表

单位：平方米、万元、张

国家预算内投资	国内贷款	利用外资	彩票公益金	其他	本年完工项目规模	未投入使用项目建设床位数
726420.2	**33982.5**	**1224.2**	**379377.5**	**707144.3**	**8999086**	**224806**
22565.5						
14990.6			90.6	7253.7	87627	3341
647.9			8250.3		22344	340
26635.9			6767.4	14189.4	238236	7265
11851.8			23671.2	32367.5	524328	7329
9024.4			33909.0	5999.3	150276	9427
1103.0			2457.6	2583.6	15700	850
1664.0			1073.0	1483.0	5908	654
1992.0			147.0	3144.0	25028	763
15128.1					22896	2960
35314.2			11956.0	50586.8	200233	9620
26267.7			32173.5	17344.8	205316	8912
29088.5		35.2	3321.8	11495.8	216865	3728
47441.0	1084.0		9348.2	24242.5	354903	4384
59847.7			23693.3	129848.9	1777035	22248
32459.8			7860.4	15701.1	624776	13782
14683.4	550.0		10223.1	2702.9	101978	5799
53238.1	11848.9	1189.0	15399.6	31827.5	563430	8018
26993.9	800.0		20773.4	43625.1	396681	15965
71798.6	1300.0		15336.4	21414.0	156803	29941
20512.3			22818.4	7432.9	311343	12632
9269.3			297.8	5460.2	48405	907
35374.9	4784.0		18717.4	15513.5	388840	6893
20550.0	2500.0		5106.6	132996.0	231116	9906
16801.8	2920.0		15752.5	38735.0	483911	11855
20912.7			26091.9	29557.8	464649	7420
4333.5			320.0		400	10
39496.7			22811.4	21819.2	301326	6848
12874.2	8195.6		7591.9	24438.3	561455	2962
14890.9			8120.6	4162.1	279075	2371
10654.4			7305.1	1303.8	52916	2420
18013.4			18022.1	10269.6	191287	5256

C－1－20　提供住宿的民政服务

地　区	在建项目规模	使用彩票公益金项目规模	在建项目总投资	开工累计完成投资	本年计划投资	本年实际完成投资
全　国	**11319451**	**3725876**	**4761325.4**	**2409649.3**	**971564.1**	**1146270.9**
北　京	157888	28452	91032.9	38684.3	4853.8	11544.1
天　津	21368	21368	12117.0	10181.6	1970.0	647.9
河　北	355442	17437	91938.3	51558.0	33697.9	33010.6
山　西	347731	69466	155894.5	81913.7	40390.7	30818.9
内蒙古	348139	182710	131228.6	84417.1	25617.6	40847.7
辽　宁	58723	32700	18728.5	17069.1	4161.6	4742.2
吉　林	11370	5575	4220.0	4220.0	85.0	4220.0
黑龙江	20978	265	8604.0	4809.0	5372.0	4107.0
上　海	98583		127081.0	64924.6	5873.1	15007.1
江　苏	391900	100282	212214.3	105846.4	50809.3	51715.6
浙　江	589992	251052	346322.2	206730.9	43496.3	52887.2
安　徽	216774	8000	76584.8	37153.5	26117.8	27919.0
福　建	282294	24441	116164.4	74676.7	30791.8	30933.5
江　西	993817	262403	302944.2	200782.9	95649.3	140667.1
山　东	790476	321995	229286.5	117793.9	37162.2	39524.2
河　南	328293	46460	105486.1	65731.9	18070.2	24103.5
湖　北	395921	131405	153909.8	118522.7	25972.4	61091.2
湖　南	830589	217376	277919.1	107591.4	89913.2	47517.7
广　东	1514295	953774	792967.3	249196.6	98453.3	88258.4
广　西	549220	216820	149780.3	69803.4	28311.4	33375.9
海　南	47531	23299	18360.6	14735.1	6517.5	10216.6
重　庆	560296	197293	165036.8	116162.5	41423.1	42344.3
四　川	434645	39592	390054.2	162547.1	32781.9	124109.0
贵　州	542423	193385	293993.1	150566.8	83882.0	46750.7
云　南	301891	80713	92345.7	62390.4	33023.6	45637.8
西　藏	1000		500.0	320.0		320.0
陕　西	323235	77178	151086.3	59337.0	20995.2	36088.3
甘　肃	160281	72755	90178.3	36880.4	28614.9	32163.9
青　海	304075	49493	44484.7	31865.9	13556.5	18140.9
宁　夏	93776	26467	42935.7	22353.2	11888.6	15384.3
新　疆	246505	73720	67926.2	40883.2	32111.9	32176.3

机构基本建设投资情况

单位：平方米、万元、张

国家预算内投资	国内贷款	利用外资	彩票公益金	其他	本年完工项目规模	未投入使用项目建设床位数
475939.6	**1555.6**	**1224.2**	**276923.7**	**390627.8**	**4575785**	**222588**
9232.5			90.6	2221.0	43528	3341
647.9					21368	340
19265.1			3432.5	10313.0	183155	7265
8363.1			22088.3	367.5	54753	7329
7956.1			31983.1	908.5	131341	9427
			2158.6	2583.6	7900	850
1664.0			1073.0	1483.0	5908	654
1752.0			47.0	2308.0	16928	763
15007.1					22076	2960
5525.1			11145.7	35044.8	140919	9420
17596.3			26148.5	9142.4	200095	8912
20915.2		35.2	1552.6	5416.0	86553	3638
26071.0			3704.5	1158.0	152805	4187
35969.3			19175.0	85522.8	626190	22097
18675.4			6969.7	13879.1	450776	13782
12704.4	550.0		8146.2	2702.9	75212	5789
44141.5	610.0	1189.0	6455.6	8695.1	273373	8018
11711.7			14236.9	21569.1	264008	15465
68075.3			14892.9	5290.2	112823	29941
13922.8			15932.4	3520.7	201509	12493
7501.0			137.8	2577.8	30458	907
25922.2			12544.0	3878.1	255915	6793
14060.4			4941.6	105107.0	153986	9886
14867.8	200.0		11260.9	20422.0	197709	11679
12998.7			16232.6	16406.5	221585	7142
			320.0		400	10
17538.6			11207.7	7342.0	103344	6715
8798.9	195.6		6751.1	16418.3	123642	2962
9914.8			4757.7	3468.4	229013	2167
10654.4			4524.2	205.7	45302	2400
14487.0			15013.0	2676.3	143211	5256

C-1-21 不提供住宿的民政服务

地 区	在建项目规模	使用彩票公益金项目规模	在建项目总投资	开工累计完成投资	本年计划投资	本年实际完成投资
全 国	**389938**	**137334**	**73850.6**	**60268.4**	**46868.9**	**52849.2**
北 京						
天 津						
河 北	1436		187.8	187.8	177.8	187.8
山 西						
内蒙古	16000		263.5	263.5	263.5	263.5
辽 宁	7800	7800	275.0	324.0	275.0	324.0
吉 林						
黑龙江				100.0		100.0
上 海	820		143.7	121.0		121.0
江 苏	35316		20030.9	14603.9	10080.9	10080.9
浙 江						
安 徽	11171	7241	707.0	813.3	707.0	813.3
福 建	28370	7590	4343.0	3987.0	3658.0	3550.0
江 西	20924	13203	1489.1	2423.6	974.1	2418.6
山 东	2400	460	535.5	535.5	80.0	185.5
河 南	4721	21	305.0	185.0		5.0
湖 北	73391	14880	7579.0	7549.0	7067.0	7549.0
湖 南	11050	6570	1983.0	1003.0	378.0	1003.0
广 东	830	750	61.1	128.6	61.1	128.6
广 西	8748	5832	2937.6	1619.9	1168.6	1619.9
海 南	1448	1448	120.0	120.0	120.0	120.0
重 庆	65078	42495	9621.3	9428.3	8541.3	9368.3
四 川	3920	50	1150.0	1150.0	1150.0	1150.0
贵 州	14260	5440	920.0	803.3	751.4	750.6
云 南	11550	4489	2318.6	3293.2	1036.1	1831.7
西 藏						
陕 西	32075	13890	7852.0	7438.3	6198.9	7088.3
甘 肃						
青 海	33922	2867	9893.4	3579.4	3579.4	3579.4
宁 夏	2308	2308	534.1	510.8	500.8	510.8
新 疆	2400		600.0	100.0	100.0	100.0

机构基本建设投资情况

单位：平方米、万元、张

国家预算内投资	国内贷款	利用外资	彩票公益金	其他	本年完工项目规模	未投入使用项目建设床位数
17393.7			**16336.4**	**19119.1**	**367469**	**2218**
20.0			10.0	157.8	1436	
			263.5		16000	
25.0			299.0		7800	
			100.0			
121.0					820	
8363.1				1717.8	24756	200
389.3			384.0	40.0	11171	90
937.0			1049.0	1564.0	30758	197
872.0			967.3	579.3	19810	151
0.8			184.7		2400	
			5.0		1321	10
260.0			138.0	7151.0	79391	
			732.0	271.0	7800	500
			42.0	86.6	830	
329.8			868.2	421.9	7223	139
120.0					1448	
3582.5			3965.8	1820.0	65078	100
			15.0	1135.0	3720	20
20.0			251.6	479.0	13690	176
197.0			1542.7	92.0	9599	278
813.9			3322.4	2952.0	25945	133
1270.3			1685.4	623.7	31965	204
			510.8		2108	20
72.0				28.0	2400	

C-1-22 其他社会服务机构

地 区	在建项目规模	使用彩票公益金项目规模	在建项目总投资	开工累计完成投资	本年计划投资	本年实际完成投资
全 国	**9616380**	**1107236**	**1950393.2**	**1000638.7**	**430750.0**	**530759.2**
北 京	11200		18971.5	15121.2	380.0	380.0
天 津	113842	113842	102371.1	68440.1	8250.3	8250.3
河 北	162792	27861	58666.8	19212.3	6966.8	9617.0
山 西	598112	2220	53589.1	35221.9	16105.0	35221.9
内蒙古	110602	2500	98080.5	24599.2	5854.3	4237.5
辽 宁	11656		4098.0	68.0	1000.0	68.0
吉 林						
黑龙江	26316	3000	10774.0	1076.0	9688.0	1076.0
上 海						
江 苏	195414	395	99574.1	58080.5	39361.3	36060.5
浙 江	174405	5520	85535.2	34934.4	19761.4	19215.2
安 徽	103807		30780.0	27804.0	13428.0	14133.0
福 建	290762	300	79376.7	46850.9	20659.0	29725.6
江 西	1288658	172149	77513.9	69666.7	49101.2	68546.7
山 东	335559	37051	29542.5	18379.6	15202.2	15489.6
河 南	83710	41796	27982.6	3951.8	1136.0	1629.0
湖 北	1019572	20000	128979.9	53628.9	41154.1	37864.9
湖 南	1357530	231744	145379.5	46876.5	31388.1	36543.7
广 东	155317	2363	223763.2	128358.5	21887.4	21048.4
广 西	201575	38539	38288.0	21698.7	4833.6	6455.0
海 南	233613		17989.4	9643.4	2974.8	1928.8
重 庆	236730	19450	82668.3	37557.7	15297.4	20034.6
四 川	178508	11000	122077.7	36720.0	26389.1	35596.3
贵 州	644046	39040	63585.6	30788.0	10200.0	26438.0
云 南	736636	218992	93035.4	50001.4	25075.2	28345.2
西 藏						
陕 西	809058	111198	208438.5	122901.8	14547.5	39926.6
甘 肃	442677	974	20883.5	20510.7	19192.0	19824.1
青 海	7970	181	2752.0	2170.0	2170.0	2170.0
宁 夏	19499	5000	13960.0	5434.6	3785.2	3102.2
新 疆	72814	2601	12120.2	11325.9	4962.1	8215.1

基本建设投资情况

单位：平方米、万元

国家预算内投资	国内贷款	利用外资	彩票公益金	其他	本年完工项目规模
182861.7	**31626.9**		**56824.2**	**259446.4**	**3625325**
380.0					
			8250.3		976
6534.3			463.9	2618.8	29210
3136.9			85.0	32000.0	449240
1068.3			129.4	3039.8	2382
68.0					
240.0				836.0	8100
21426.0			810.3	13824.2	34558
8483.4			2771.0	7960.8	5221
7784.0			923.2	5425.8	93501
17736.6	1084.0		75.0	10830.0	89206
23006.4			3171.5	42368.8	1112455
13783.6			396.0	1310.0	161109
1579.0			50.0		4100
8836.6	10438.9		7606.0	10983.4	200666
15282.2	800.0		4992.5	15469.0	103959
3723.3	1300.0		389.5	15635.6	43093
1372.8			1747.9	3334.3	41895
196.4				1732.4	9423
4690.2	4784.0		745.0	9815.4	42117
6192.3	2500.0		150.0	26754.0	68868
1914.0	2720.0		4240.0	17564.0	268892
7717.0			7700.7	12927.5	216973
20220.1			8181.3	11525.2	171787
3391.3	8000.0		412.8	8020.0	435513
2080.0			90.0		7770
			2004.1	1098.1	5506
2019.0			1468.8	4727.3	24805

C−1−23 其他基本

地　区	在建项目规模	使用彩票公益金项目规模	在建项目总投资	开工累计完成投资	本年计划投资	本年实际完成投资
全　国	**1397514**	**352293**	**574390.0**	**417675.4**	**110679.6**	**118269.4**
中央级	207688		219155.0	167233.9	26644.0	22565.5
北　京	227265		94554.7	72757.9	9292.8	10410.8
天　津						
河　北	45346	22662	11816.9	6629.2	3323.0	4777.3
山　西	27002	6667	5468.7	5020.8	168.2	1849.7
内蒙古	42605	36425	19284.0	13694.6	2870.0	3584.0
辽　宁	5675		1220.0	1010.0	1220.0	1010.0
吉　林						
黑龙江						
上　海						
江　苏						
浙　江	72490	52255	32662.0	21928.5	4549.6	3683.6
安　徽	25640	462	5068.0	1237.0	1076.0	1076.0
福　建	117313	53437	22837.1	22837.1	18049.1	17906.6
江　西	20100	17513	927.2	1757.5	467.2	1757.5
山　东	15042	3300	1575.4	822.0	822.0	822.0
河　南	21345	19840	4475.6	2896.0	2046.3	2421.9
湖　北	127533	20000	38700.0	25215.0		6998.0
湖　南	141079	6331	21576.6	10265.4	9131.7	7128.0
广　东	57	57	12.0	413.6	12.0	413.6
广　西	102104	51077	33550.5	24773.9	10257.6	9312.8
海　南	22474	410	5230.0	2761.9	1609.0	2761.9
重　庆	42936	15860	11743.0	4823.0	2487.0	2642.6
四　川	12900		2537.0	3587.1		297.3
贵　州	3620		270.0	270.0	270.0	270.0
云　南	9465	170	4042.5	747.7	787.5	747.7
西　藏	6000	100	4333.5	4333.5	4333.5	4333.5
陕　西	30640	250	14690.1	8788.8	1024.1	1024.1
甘　肃	11258	8058	4812.7	4508.0	635.0	1112.0
青　海	21882	12492	5800.5	3283.3	5492.0	3283.3
宁　夏	1526		650.0	266.0		266.0
新　疆	36529	24927	7397.0	5813.7	4112.0	5813.7

建设投资情况

单位：平方米、万元

国家预算内投资	国内贷款	利用外资	彩票公益金	其他	本年完工项目规模
50225.2	**800.0**		**29293.2**	**37951.0**	**430507**
22565.5					
5378.1				5032.7	44099
816.5			2861.0	1099.8	24435
351.8			1497.9		20335
			1533.0	2051.0	553
1010.0					
188.0			3254.0	241.6	
			462.0	614.0	25640
2696.4			4519.7	10690.5	82134
			379.5	1378.0	18580
			310.0	512.0	10491
400.0			2021.9		21345
	800.0		1200.0	4998.0	10000
			812.0	6316.0	20914
			12.0	401.6	57
4886.9			4269.9	156.0	60716
1451.9			160.0	1150.0	7076
1180.0			1462.6		25730
297.3					4542
				270.0	3620
			615.9	131.8	16492
4333.5					
924.1			100.0		250
684.0			428.0		2300
1625.8			1587.5	70.0	10327
			266.0		
1435.4			1540.3	2838.0	20871

C-2-1 社会

地　区	机构和设施数	市场监管部门登记	编制部门登记	民政部门登记	设施及多牌子机构
全　国	**566387**	**2305**	**19658**	**66749**	**477675**
中央级	2		2		
北　京	12747	60	432	1479	10776
天　津	3288	21	40	400	2827
河　北	39315	64	312	1454	37485
山　西	8381	5	295	539	7542
内蒙古	5875	4	401	527	4943
辽　宁	10280	20	154	1991	8115
吉　林	17907	312	687	743	16165
黑龙江	5363	19	245	2205	2894
上　海	10102	13	170	4299	5620
江　苏	47178	230	1188	27167	18593
浙　江	40540	145	717	8918	30760
安　徽	10097	82	218	1988	7809
福　建	12090	31	397	631	11031
江　西	16752	8	1387	476	14881
山　东	30728	219	500	3897	26112
河　南	42089	167	1707	1357	38858
湖　北	34999	81	1369	729	32820
湖　南	21043	72	2132	708	18131
广　东	73216	149	1595	1395	70077
广　西	14808	64	328	413	14003
海　南	3250	6	19	209	3016
重　庆	14907	238	474	931	13264
四　川	28283	225	1953	2017	24088
贵　州	24628	11	954	285	23378
云　南	7001	30	831	201	5939
西　藏	108		22	4	82
陕　西	11747	13	489	611	10634
甘　肃	11604	7	207	396	10994
青　海	2060		39	265	1756
宁　夏	2981	2	69	136	2774
新　疆	3018	7	325	378	2308

工作总表

单位：个、人

年末职工人数	#女性	按登记类型分			
		市场监管部门登记	编制部门登记	民政部门登记	设施及多牌子机构
2484135	**1011218**	**56688**	**222978**	**501150**	**1703319**
345	215		345		
71798	40234	3434	7832	18986	41546
22757	13002	547	1303	6188	14719
110680	45055	1047	7634	21679	80320
35889	12892	194	5157	6515	24023
30262	15204	422	5025	6009	18806
66246	40489	412	2463	17260	46111
51814	22434	3116	8069	11382	29247
38578	19368	708	6553	13352	17965
134010	57024	1226	6968	49342	76474
249238	86425	6036	18585	135199	89418
148670	62728	3496	9534	40224	95416
57756	25122	2220	3167	17058	35311
36393	15370	636	3407	6998	25352
81100	23151	229	8554	5467	66850
152117	67813	4432	8169	36772	102744
218725	71619	1996	16421	15417	184891
122835	54507	2292	13379	8704	98460
77455	32799	2002	15780	7069	52604
267871	99973	7903	18634	18300	223034
36970	17105	1624	5261	6890	23195
14147	5351	366	503	1319	11959
75052	34670	4130	4695	8220	58007
107516	44042	4117	16606	16234	70559
109601	30632	452	8680	3205	97264
34946	13875	1264	4985	2561	26136
1153	695	124	219	32	778
55462	25718	608	6535	11154	37165
28832	10623	655	2646	1972	23559
7916	3315	81	685	1905	5245
12508	6154	275	1421	861	9951
25493	13614	644	3763	4876	16210

C−2−1续表1

地 区	受教育程度		职业资格水平	
	大学专科人数	大学本科及以上人数	助理社会工作师人数	社会工作师人数
全 国	**472292**	**270660**	**55361**	**31350**
中央级	53	288		2
北 京	16502	16701	3960	1737
天 津	4710	6309	2010	704
河 北	10026	5053	913	814
山 西	5094	3170	633	565
内蒙古	7809	4740	524	419
辽 宁	18816	11844	2729	1782
吉 林	1760	1728	138	105
黑龙江	9101	4415	955	615
上 海	29812	21765	861	881
江 苏	42873	23866	4077	2264
浙 江	26572	17231	7040	2304
安 徽	12984	4630	1216	681
福 建	4713	2619	857	647
江 西	4557	2239	535	231
山 东	38133	21497	2831	2175
河 南	34277	14575	2953	1164
湖 北	24382	8598	1840	968
湖 南	16091	8031	1264	886
广 东	53284	37503	10323	5829
广 西	5787	4290	568	520
海 南	1376	607	62	29
重 庆	21274	9259	2809	1435
四 川	25335	9809	2676	1649
贵 州	20998	8802	518	330
云 南	6318	3365	397	267
西 藏	178	104	2	1
陕 西	10963	6820	1419	1235
甘 肃	5780	3513	374	239
青 海	2406	858	179	176
宁 夏	2423	944	163	82
新 疆	7905	5487	535	614

单位：人、人次、时

年龄结构				志愿服务	
35岁及以下人数	36岁至45岁人数	46岁至55岁人数	56岁及以上人数	志愿者服务人次数	志愿服务时间
663808	**918121**	**659579**	**242627**	**9933137**	**21227933.3**
179	104	48	14		
18824	21858	23265	7851	7168582	13583585.5
7767	7383	5843	1764	1526	3410.0
25165	39171	33981	12363	30410	67070.0
7790	11670	10015	6414	95176	262322.5
8520	11241	7960	2541	14969	29714.0
17259	24911	18454	5622	64008	111230.0
19145	18304	12938	1427	425	606.0
9786	15497	9142	4153	4512	11472.0
46696	43284	33402	10628	10534	46271.0
66552	91846	69410	21430	294297	634124.1
37916	55870	40935	13949	277105	728991.7
15119	22394	15129	5114	44109	133434.5
9075	12852	9922	4544	101783	481251.0
9343	58095	9476	4186	9137	18840.0
43717	54690	36740	16970	286398	697569.3
39263	68075	71321	40066	249614	1006221.1
28416	47040	35849	11530	138012	299320.5
18908	29204	21447	7896	112204	309040.5
86658	97116	62797	21300	238984	603574.1
10143	12816	10739	3272	24323	48444.0
3706	5256	3936	1249	2028	5536.0
20563	23956	22780	7753	394079	1089468.5
29803	40019	27751	9943	30287	71430.0
33643	41843	26759	7356	53571	163271.0
9730	15346	7929	1941	5544	12346.0
686	407	53	7	4966	412.0
13908	18181	15965	7408	198212	514725.5
10115	11303	6118	1296	35057	84223.5
2880	3396	1011	629	678	
3229	5285	3153	841	1544	4216.0
9304	9708	5311	1170	41063	205813.0

C-2-1续表2

地区	企业会计制度财务指标			
	固定资产原价	营业收入	费用合计	营业利润
全　国	**1434525.3**	**233987.1**	**129610.8**	**-46625.7**
中央级				
北　京	82209.6	48604.4	26593.3	-15782.1
天　津	14155.8	3975.9	2808.2	587.7
河　北	14786.0	4150.4	5127.6	-67.3
山　西	838.0	1.0		
内蒙古	2527.0	1837.0	127.6	55.8
辽　宁	11926.2	91.9	154.8	-409.9
吉　林	12833.6		235.7	
黑龙江	3128.8	23.0	17.0	1.0
上　海	47911.9	7500.6	1426.5	-2137.1
江　苏	237653.3	13461.1	7908.7	-929.2
浙　江	55996.7	19095.2	7009.1	256.3
安　徽	34676.2	5274.4	1832.0	562.4
福　建	10718.6	2477.3	1549.5	-2302.7
江　西	1776.0	194.0	157.0	
山　东	121199.1	10910.9	5275.7	-3361.1
河　南	88470.5	993.0	137.4	-31.1
湖　北	68701.1	9112.1	2413.5	-832.6
湖　南	35340.5	6622.9	3811.7	-145.4
广　东	215561.7	50041.0	34980.2	-16734.6
广　西	73580.6	5517.5	2272.9	-355.2
海　南	22765.1	4059.6	1319.5	-1219.5
重　庆	119124.1	22847.1	8817.0	-2128.0
四　川	103696.6	11495.9	13492.0	-1676.1
贵　州	4719.7	491.8	47.2	-14.9
云　南	13847.1	799.2	596.3	70.0
西　藏	4907.0	436.0	456.0	2.0
陕　西	16092.2	3466.2	1013.6	-51.6
甘　肃	2542.0			
青　海				
宁　夏	8917.7		3.0	
新　疆	3922.6	507.7	27.8	17.5

单位：万元

事业单位会计制度财务指标			民间非营利组织会计制度财务指标		
固定资产原价	本年收入合计	本年支出合计	固定资产原价	本年收入合计	本年费用合计
8180697.2	**5006920.2**	**4643487.6**	**5935013.1**	**3726722.0**	**1805356.9**
216173.7	145580.3	101936.3			
220857.6	260833.8	249344.8	195376.9	131162.7	135085.8
75678.8	61793.2	65120.2	49268.8	41388.8	32045.5
303606.0	152367.7	143319.5	1555819.4	469722.4	93383.6
152471.9	122986.6	101086.5	128306.7	13137.3	23137.7
204814.1	109252.9	98377.9	91483.7	27191.5	19481.6
127821.1	46485.8	43735.8	186616.1	56378.6	32349.4
165116.7	122797.0	111464.7	26262.5	7614.9	9038.5
252999.7	97862.4	98283.6	247427.6	177556.5	15996.7
183078.1	236671.0	225091.0	226856.3	524633.4	516475.8
753462.0	346875.7	328528.9	727922.7	296195.8	245826.9
262532.4	247709.3	242966.4	185018.5	116220.1	101543.3
143920.4	83492.3	80065.8	273644.3	50375.9	52836.5
111136.5	129185.8	102238.6	46776.7	16515.3	16108.0
235314.2	245450.9	72445.6	200041.2	8369.3	9588.0
447290.5	184195.4	176282.0	655073.0	136466.1	172489.5
292283.9	237444.3	232229.1	150552.7	1313360.6	22648.5
498140.4	199264.4	198531.9	76628.5	24523.9	23476.5
453658.1	252533.7	234418.8	58302.6	45536.7	14677.9
604093.9	475674.9	493201.4	79548.7	82662.9	88218.2
126733.8	139939.9	124810.8	186044.1	24257.0	25590.3
20623.2	20461.9	18716.9	1655.7	1572.9	1776.0
249795.7	146157.2	148195.3	102785.0	40064.0	37780.2
545759.2	333107.9	300076.4	123937.8	47405.7	46822.9
251996.4	135956.2	127324.4	56436.5	11736.1	16253.3
328995.9	87358.4	93136.8	33129.4	3682.5	6259.1
16535.3	22339.9	20640.5	50.0	120.0	20.0
329381.8	141791.2	119204.2	160311.2	34575.5	30417.0
191407.6	59347.6	57486.6	28457.6	1599.1	1836.6
34095.7	15633.6	16977.3	10512.1	2159.5	1463.5
123863.5	30139.7	31299.1	19544.1	6909.9	1820.1
257059.1	116229.3	186950.5	51222.7	13627.1	10910.0

C-2-2 提供住宿的民政

地 区	单位数	按登记类型分			
		市场监管部门登记	编制部门登记	民政部门登记	一个机构多块牌子
全 国	**37021**	**2268**	**17272**	**16783**	**698**
中央级	1		1		
北 京	591	57	206	328	
天 津	374	18	27	329	
河 北	1489	64	289	1125	11
山 西	634	5	213	408	8
内蒙古	750	4	321	410	15
辽 宁	1940	20	141	1612	167
吉 林	1522	312	578	632	
黑龙江	1556	16	197	1343	
上 海	703	12	50	639	2
江 苏	2539	227	1087	1193	32
浙 江	1765	144	642	961	18
安 徽	1924	80	155	1674	15
福 建	609	31	364	201	13
江 西	1657	8	1325	324	
山 东	2027	217	433	1367	10
河 南	2686	166	1589	922	9
湖 北	1850	79	1246	474	51
湖 南	2405	70	1993	301	41
广 东	1909	148	1419	322	20
广 西	594	59	182	302	51
海 南	30	6	12	12	
重 庆	961	238	437	286	
四 川	2749	219	1868	494	168
贵 州	1041	10	793	212	26
云 南	942	30	767	144	1
西 藏	22		20		2
陕 西	785	13	410	347	15
甘 肃	296	7	148	133	8
青 海	90		33	55	2
宁 夏	126	2	60	59	5
新 疆	454	6	266	174	8

服务机构总表

单位：个

按床位数分						
0-49张	50-99张	100-199张	200-299张	300-399张	400-499张	500张以上
9853	**10968**	**9801**	**3228**	**1447**	**597**	**1127**
		1				
74	159	170	87	34	19	48
93	79	123	37	12	2	28
331	444	411	131	96	33	43
196	192	166	44	21	5	10
198	210	231	60	32	4	15
891	502	331	110	51	23	32
691	425	258	63	32	18	35
678	423	254	86	46	20	49
29	181	246	104	61	36	46
329	593	844	386	193	83	111
319	458	466	249	109	59	105
277	541	707	259	84	28	28
323	70	92	52	40	11	21
481	544	437	107	41	22	25
298	528	681	244	118	38	120
814	1013	580	179	52	15	33
190	558	748	213	59	28	54
684	1112	459	62	31	19	38
691	547	344	134	72	42	79
170	148	157	57	26	11	25
9	2	8	3	2		6
267	325	247	70	19	7	26
582	890	860	237	83	33	64
378	349	231	56	14	5	8
338	252	252	59	17	8	16
1	4	4	1	2	5	5
203	170	233	71	71	8	29
115	85	60	18	9	2	7
48	20	15	4			3
33	32	31	10	8	4	8
122	**112**	**154**	**35**	**12**	**9**	**10**

C-2-2续表1

地　区	年末职工人数	#女性	按登记类型分			
			市场监管部门登记	编制部门登记	民政部门登记	一个机构多块牌子
全　国	**508897**	**294324**	**44946**	**198743**	**258550**	**6658**
中央级	231	165		231		
北　京	20175	13485	2831	5889	11455	
天　津	7575	4629	410	1311	5854	
河　北	26526	16873	989	7197	18263	77
山　西	9943	4581	147	4360	5283	153
内蒙古	9256	5221	48	3883	5236	89
辽　宁	18488	11922	302	2332	14416	1438
吉　林	19901	6784	2725	6633	10543	
黑龙江	16082	8523	226	6419	9437	
上　海	28531	21276	924	3470	24116	21
江　苏	46603	25628	5518	17704	22831	550
浙　江	27257	16307	2887	9240	15020	110
安　徽	19588	9844	1481	2662	15282	163
福　建	8457	4749	512	3098	4729	118
江　西	12684	5494	70	8199	4415	
山　东	34529	20951	4033	7309	23056	131
河　南	29004	15525	1334	15690	11877	103
湖　北	21882	12825	1870	12481	7089	442
湖　南	21960	11828	1635	14671	4822	832
广　东	33718	21312	6702	17029	9740	247
广　西	12119	8609	954	4504	5976	685
海　南	1104	696	366	436	302	
重　庆	12507	7415	3839	4498	4170	
四　川	27636	15295	3259	16132	7259	986
贵　州	7576	3930	193	4438	2843	102
云　南	7981	4608	1027	4751	2200	3
西　藏	308	154		296		12
陕　西	13341	7523	300	5713	7045	283
甘　肃	3629	1860	268	2416	901	44
青　海	1190	579		645	540	5
宁　夏	2024	1311	23	1275	678	48
新　疆	7092	4422	73	3831	3172	16

单位：人

受教育程度		职业资格水平		年龄结构	
大学专科人数	大学本科及以上人数	助理社会工作师人数	社会工作师人数	35岁及以下人数	36岁至45岁人数
89022	**56544**	**9340**	**8107**	**119936**	**161974**
48	179		2	145	57
3175	2310	183	165	3997	4511
1042	1042	220	79	1573	2720
3815	1898	293	323	5963	8547
1814	1184	117	248	3523	2904
1937	1066	83	168	1960	3083
2674	1419	120	246	3389	5658
1239	1134	91	97	2085	5123
3594	1865	332	277	3812	5982
4464	2137	210	141	4384	8006
7547	6704	929	659	11338	13547
3755	2479	458	505	5550	8174
2925	1398	452	332	4064	6528
1481	1149	245	234	2421	2567
1724	599	168	69	3365	4565
8000	4805	977	709	9864	11447
4217	2400	415	405	6738	9819
3563	1606	221	258	3993	7770
4950	2824	476	423	5565	8004
5391	4420	1171	641	7577	11000
2722	2024	235	300	3543	4101
189	121	19	5	399	252
2058	1440	180	263	2476	3060
6656	3801	778	539	8480	8930
1930	1169	187	219	2388	2634
1587	1451	103	162	2573	3002
71	74	2	1	195	81
3139	1735	238	297	4355	4322
940	513	100	107	1227	1376
295	175	79	34	356	465
394	413	51	66	565	889
1686	1010	207	133	2073	2850

C−2−2续表2

地区	年龄结构		人员性质		志愿服务	
	46岁至55岁人数	56岁及以上人数	管理人员	专业技术技能人员	志愿者服务人次数	志愿服务时间
全　国	**166775**	**60212**	**149073**	**359824**	**753064**	**1848012.6**
中央级	23	6	17	214		
北　京	8875	2792	3590	16585	37200	122672.0
天　津	2313	969	1609	5966	1166	2690.0
河　北	8857	3159	5488	21038	14041	37391.0
山　西	2567	949	3120	6823	8167	24147.5
内蒙古	3148	1065	2787	6469	5387	11267.0
辽　宁	6768	2673	6627	11861	15891	37181.0
吉　林	11472	1221	6890	13011	10	
黑龙江	4736	1552	6330	9752	1771	5840.0
上　海	11024	5117	8918	19613	1770	6188.0
江　苏	15305	6413	9518	37085	87264	213436.5
浙　江	9172	4361	7476	19781	58486	126514.5
安　徽	6292	2704	7317	12271	16900	60666.0
福　建	2402	1067	2626	5831	26912	47912.0
江　西	3615	1139	4853	7831	7530	16030.0
山　东	9763	3455	7824	26705	70329	175561.8
河　南	8208	4239	10192	18812	37986	79158.5
湖　北	7319	2800	7184	14698	34006	67901.5
湖　南	6600	1791	6576	15384	76394	210732.0
广　东	11710	3431	8827	24891	127157	285695.3
广　西	3333	1142	2976	9143	12403	30000.0
海　南	387	66	236	868		
重　庆	4715	2256	3668	8839	31888	81181.5
四　川	7561	2665	10875	16761	15232	27760.0
贵　州	1919	635	3832	3744	21437	66411.0
云　南	1935	471	2144	5837	4176	10312.0
西　藏	31	1	97	211		412.0
陕　西	3393	1271	3751	9590	29690	73041.0
甘　肃	821	205	1340	2289	4247	8826.5
青　海	226	143	450	740		
宁　夏	471	99	479	1545	1500	4114.0
新　疆	1814	355	1456	5636	4124	14970.0

单位：人、人次、时、张

年末床位数	按机构登记类型分			
	市场监管部门登记	编制部门登记	民政部门登记	一个机构多块牌子
4673659	**363356**	**2055738**	**2187039**	**67526**
150		150		
115476	10737	35269	69470	
59351	7556	6405	45390	
205348	13478	58392	132099	1379
62889	1375	22824	38076	614
88302	426	37730	48801	1345
176240	5092	19998	123032	28118
145081	21574	53085	70422	
165587	1814	50675	113098	
143459	3978	14704	123977	800
442316	45290	202137	191594	3295
320440	29372	122284	168396	388
257762	12622	21855	221481	1804
73845	3716	29514	39747	868
180291	1028	139685	39578	
339593	38426	68791	230988	1388
249603	15843	136627	96816	317
266374	23068	177618	61365	4323
208928	10330	152957	41710	3931
245304	40395	136489	66892	1528
80272	11920	19809	45482	3061
6168	1979	2109	2080	
105181	21929	50176	33076	
329141	29125	226348	63007	10661
86529	2254	61758	20984	1533
89321	6638	67123	15540	20
13493		13493		
108500	1726	60019	45326	1429
27730	998	17629	8924	179
8120		4918	3142	60
20070	240	10375	9129	326
52795	427	34792	17417	159

C-2-2续表3

地　区	年末收养人数	#女性	按登记类型分		
			市场监管部门登记	编制部门登记	民政部门登记
全　国	**2316184**	**700737**	**136955**	**1104961**	**1046608**
中央级	149	78		149	
北　京	50337	25141	4279	16177	29881
天　津	27776	11094	1567	4126	22083
河　北	93258	27664	2980	24920	65057
山　西	31451	5035	446	13527	17188
内蒙古	45026	10950	287	17046	27291
辽　宁	93797	28624	1392	10149	69329
吉　林	75544	28710	11984	26999	36561
黑龙江	89907	25305	807	27574	61526
上　海	88570	52395	1801	9370	77043
江　苏	203156	57090	16680	101063	84367
浙　江	131584	45596	9705	51239	70619
安　徽	109000	26930	5159	9389	94004
福　建	30994	11319	927	12209	17539
江　西	119402	33910	393	104736	14273
山　东	148550	49110	13219	32400	102477
河　南	137356	30366	6501	81699	48984
湖　北	133170	39727	6870	91479	32837
湖　南	120737	29600	4679	95121	18740
广　东	98700	44090	16617	51677	30037
广　西	30943	11955	2600	8988	18406
海　南	2266	886	668	877	721
重　庆	59063	19501	12116	27692	19255
四　川	194945	36460	10580	148868	31591
贵　州	41601	9530	1022	30998	8917
云　南	33267	7412	1853	24777	6637
西　藏	6996	2264		6996	
陕　西	59234	13025	755	36200	21613
甘　肃	14235	2947	598	9167	4434
青　海	4193	610		2349	1844
宁　夏	7761	2007	90	4911	2682
新　疆	33216	11406	380	22089	10672

	按年龄分			年末在院（站）人天数
一个机构多块牌子	老年人	青壮年	少年儿童	
27660	**2094762**	**117686**	**80765**	**621349596**
	57	28	64	47998
	44427	2033	1454	16882641
	25411	1240	786	6916627
301	88073	2863	1657	27326226
290	26669	1917	2111	7274415
402	39712	3511	1685	11225159
12927	86805	5062	1614	20746907
	71585	2064	1828	33030974
	81627	6505	1487	18911628
356	82576	3662	1609	28695837
1046	192080	6531	3412	54399103
21	125690	3136	1950	32223783
448	102326	1929	3421	31769574
319	25893	3725	1302	8739276
	110218	3592	4228	27446293
454	142909	2861	2059	42335296
172	124190	5869	5125	30265429
1984	123988	5238	2447	37361720
2197	107564	7494	4125	31133677
369	80004	8601	7773	29397683
949	24840	2816	2780	8109537
	1828	89	276	413424
	54721	3028	1033	17726839
3906	174726	14178	4678	52464594
664	34590	3857	2661	10784144
	27243	3946	1900	7328032
	980	3	5712	1476215
666	52053	4288	2276	13982023
36	10884	1398	1800	2785905
	2680	175	1338	671041
78	5846	1366	492	1857834
75	22567	4681	5682	7619762

C−2−2续表4

地　区	企业会计制度财务指标			
	固定资产原价	营业收入	费用合计	营业利润
全　国	**1400307.7**	**205617.6**	**125273.7**	**-45652.4**
中央级				
北　京	77588.9	44584.1	25035.0	-14383.3
天　津	13972.8	3950.9	2802.2	603.7
河　北	14735.1	4150.4	4895.6	-64.4
山　西	815.0	1.0		
内蒙古	2020.0	396.0	127.6	55.8
辽　宁	11926.2	91.9	154.8	-409.9
吉　林	12827.6		235.7	
黑龙江	1208.0	9.0	3.0	1.0
上　海	45267.9	4410.5	1426.5	-2808.3
江　苏	236499.7	12567.2	7780.0	-870.5
浙　江	52120.2	15782.1	6198.0	258.8
安　徽	33784.2	4645.3	1832.0	562.4
福　建	10718.6	2467.3	1546.5	-2302.7
江　西	1775.0	194.0	157.0	
山　东	114782.8	7593.3	4764.5	-2773.4
河　南	88245.5	993.0	137.4	-31.1
湖　北	67823.1	4291.1	2413.5	-1382.6
湖　南	33428.7	4427.9	2911.7	-145.4
广　东	211500.3	47071.8	34980.2	-16522.4
广　西	71929.6	5517.5	2272.9	-355.2
海　南	22765.1	4059.6	1319.5	-1219.5
重　庆	119124.1	22847.1	8817.0	-2128.0
四　川	103591.1	11492.9	13489.5	-1679.1
贵　州	4419.7	488.8	47.2	-14.9
云　南	13687.1	798.2	594.6	70.0
西　藏	4907.0	436.0	456.0	2.0
陕　西	13462.1	1843.0	845.0	-132.9
甘　肃	2542.0			
青　海				
宁　夏	8917.7		3.0	
新　疆	3922.6	507.7	27.8	17.5

单位：万元

事业单位会计制度财务指标			民间非营利组织会计制度财务指标		
固定资产原价	本年收入合计	本年支出合计	固定资产原价	本年收入合计	本年费用合计
6543664.5	**2912582.1**	**2700077.8**	**5358678.3**	**2983676.1**	**1117595.3**
9684.3	13384.3	12658.5			
162530.6	110094.0	105262.1	183519.8	105137.5	113152.3
54947.4	42441.3	45952.4	48316.6	37281.0	30786.8
227795.9	75147.3	70115.6	1549745.3	467560.6	88803.1
115776.9	68582.9	64808.3	123658.6	7388.2	17374.9
148755.9	56919.4	59713.9	90166.0	25443.0	17784.1
43519.5	19804.0	21627.3	182281.7	54369.7	28587.1
145077.8	53451.3	52259.4	26193.4	7581.9	8957.9
224146.2	70964.5	71266.7	243456.3	176798.0	15324.2
159977.4	109256.7	105785.5	158236.5	224178.6	196169.2
639483.8	235667.9	227526.4	466210.7	90868.8	81260.7
194426.5	166353.3	162660.0	153659.1	68774.8	62277.4
82916.4	35447.7	33475.9	267513.2	45463.1	49524.8
103043.8	94526.4	71760.6	42377.1	12240.4	14096.9
200221.1	211783.5	40381.4	197774.7	5880.5	7060.2
270338.0	80519.9	75628.1	596287.7	106629.8	136837.8
210148.8	168932.8	165599.7	145748.2	1311716.0	21412.5
434848.3	108285.7	105325.5	74956.9	23215.9	22397.8
398972.9	167097.8	153787.8	54167.8	12416.1	11961.7
544489.3	283029.3	289326.0	51238.0	49615.2	50256.7
94168.5	73890.8	63438.0	174915.3	23325.9	24464.4
17171.5	5673.7	4017.9	949.7	878.7	1030.0
228619.8	99661.2	101486.8	98086.1	31427.8	29169.5
514223.6	241916.4	207530.8	90177.7	30344.5	28193.8
210437.4	41831.0	41499.2	48694.2	10275.6	13552.9
281112.9	47832.6	42511.9	31335.5	3570.2	5810.7
16018.4	7937.8	7818.5			
281879.8	78293.7	75064.5	156998.3	32626.2	27985.2
169803.3	34921.6	34729.5	25021.5	1023.1	1516.1
25073.6	7545.8	8480.3	8199.5	659.9	46.1
111830.6	19077.7	21480.3	19336.2	3730.5	1813.9
222224.3	82309.8	157099.0	49456.7	13254.6	9986.6

C—2—3 养老

地 区	单位数	按登记类型分			
		市场监管部门登记	编制部门登记	民政部门登记	一个机构多块牌子
全 国	**34369**	**2268**	**15276**	**16526**	**299**
北 京	560	57	176	327	
天 津	360	18	14	328	
河 北	1432	64	241	1117	10
山 西	554	5	155	393	1
内蒙古	691	4	270	404	13
辽 宁	1836	20	124	1577	115
吉 林	1455	312	512	631	
黑龙江	1478	16	120	1342	
上 海	673	12	24	635	2
江 苏	2412	227	996	1184	5
浙 江	1675	144	574	957	
安 徽	1828	80	82	1665	1
福 建	535	31	300	197	7
江 西	1580	8	1257	315	
山 东	1950	217	364	1367	2
河 南	2549	166	1467	913	3
湖 北	1710	79	1156	464	11
湖 南	2236	70	1860	287	19
广 东	1768	148	1316	300	4
广 西	477	59	112	295	11
海 南	22	6	6	10	
重 庆	903	238	381	284	
四 川	2436	219	1690	460	67
贵 州	939	10	721	194	14
云 南	837	30	667	140	
西 藏	8		8		
陕 西	687	13	322	344	8
甘 肃	235	7	106	120	2
青 海	70		22	48	
宁 夏	105	2	47	55	1
新 疆	368	6	186	173	3

机构总表

单位：个

按床位数分						
0-49张	50-99张	100-199张	200-299张	300-399张	400-499张	500张以上
8559	**10411**	**9407**	**3064**	**1364**	**544**	**1020**
65	153	164	82	33	19	44
86	79	120	36	12	2	25
299	430	406	127	96	32	42
153	176	155	39	19	3	9
167	200	223	55	30	4	12
841	474	317	103	50	21	30
656	415	248	61	30	18	27
631	414	246	82	43	18	44
16	173	245	102	61	35	41
274	564	824	378	188	77	107
275	435	460	239	106	58	102
248	515	683	251	80	25	26
284	58	87	44	31	11	20
441	527	428	102	38	19	25
262	509	671	239	114	36	119
748	978	558	176	49	10	30
115	532	725	204	57	26	51
605	1067	429	58	28	18	31
637	519	309	124	65	40	74
105	120	143	53	24	9	23
5	2	5	2	2		6
246	303	240	68	18	7	21
415	838	817	212	76	29	49
328	333	214	48	11	3	2
278	233	237	52	16	8	13
		3	1	2		2
144	150	223	69	68	7	26
81	75	53	14	4	2	6
35	18	12	3			2
23	27	30	9	7	2	7
96	94	132	31	6	5	4

C-2-3续表1

地　区	年末职工人数	#女性	按登记类型分			
			市场监管部门登记	编制部门登记	民政部门登记	一个机构多块牌子
全　国	**451979**	**263522**	**44946**	**148558**	**255082**	**3393**
北　京	18999	12773	2831	4749	11419	
天　津	6965	4313	410	735	5820	
河　北	25652	16446	989	6420	18182	61
山　西	7423	3797	147	2073	5199	4
内蒙古	8123	4680	48	2779	5221	75
辽　宁	17556	11562	302	2035	14072	1147
吉　林	18063	5959	2725	4802	10536	
黑龙江	13209	7512	226	3550	9433	
上　海	26833	20133	924	1850	24038	21
江　苏	43687	23884	5518	14949	22806	414
浙　江	25757	15443	2887	7942	14928	
安　徽	17984	8923	1481	1282	15216	5
福　建	6736	3746	512	1478	4672	74
江　西	11833	5091	70	7423	4340	
山　东	33270	20253	4033	6128	23056	53
河　南	26147	13993	1334	12992	11792	29
湖　北	19892	11837	1870	10984	6919	119
湖　南	18660	10054	1635	11715	4726	584
广　东	29182	18905	6702	13283	9126	71
广　西	9132	6651	954	2125	5934	119
海　南	1002	659	366	350	286	
重　庆	11210	6712	3839	3230	4141	
四　川	19764	10287	3259	9765	6339	401
贵　州	6061	3060	193	3179	2657	32
云　南	6647	3894	1027	3495	2125	
西　藏	136	73		136		
陕　西	11844	6858	300	4398	6999	147
甘　肃	2643	1355	268	1540	820	15
青　海	730	324		276	454	
宁　夏	1518	977	23	823	659	13
新　疆	5321	3368	73	2072	3167	9

单位：人

受教育程度		职业资格水平		年龄结构	
大学专科人数	大学本科及以上人数	助理社会工作师人数	社会工作师人数	35岁及以下人数	36岁至45岁人数
70439	**36968**	**7314**	**5916**	**97663**	**143662**
2925	1614	139	130	3643	4100
868	720	209	50	1352	2483
3562	1654	283	290	5698	8228
1315	613	97	190	1992	2440
1553	622	67	111	1567	2799
2293	1226	106	217	3127	5326
835	643	86	94	1649	4309
2187	1051	267	199	2630	5211
3963	1471	122	114	3705	7419
6786	5217	779	481	10233	12683
3383	1774	394	412	4979	7687
2440	964	397	251	3499	6024
926	578	189	132	1678	2080
1469	359	150	58	3075	4266
7573	4289	841	503	9326	11047
3388	1458	357	271	5588	8833
2893	1068	163	204	3430	7002
3645	1794	364	320	4271	6869
4111	2832	943	461	6109	9356
1812	886	144	204	2455	3076
162	86	16	1	368	220
1677	717	125	137	1972	2639
3595	1500	358	369	4837	6794
1242	670	143	173	1739	2209
1181	849	62	84	2104	2478
18	15			98	33
2643	1233	179	248	3873	3721
647	260	78	71	838	1077
118	61	49	23	177	295
280	244	28	28	357	698
949	500	179	90	1294	2260

C-2-3续表2

地　区	年龄结构		人员性质		志愿服务	
	46岁至55岁人数	56岁及以上人数	管理人员	专业技术技能人员	志愿者服务人次数	志愿服务时间
全　国	**153872**	**56782**	**131250**	**320729**	**666221**	**1626108.7**
北　京	8516	2740	3053	15946	36269	120353.0
天　津	2205	925	1400	5565	1160	2660.0
河　北	8639	3087	5256	20396	13471	36564.0
山　西	2144	847	2716	4707	7800	22920.0
内蒙古	2793	964	2361	5762	4585	9513.0
辽　宁	6486	2617	6248	11308	14561	35115.0
吉　林	11005	1100	6203	11860	10	
黑龙江	4032	1336	5513	7696	824	2320.0
上　海	10719	4990	8429	18404	449	1258.0
江　苏	14548	6223	8860	34827	81511	198141.5
浙　江	8830	4261	6888	18869	52039	113903.5
安　徽	5866	2595	6696	11288	14615	53448.0
福　建	2037	941	2172	4564	24613	42723.0
江　西	3417	1075	4457	7376	6065	12359.0
山　东	9523	3374	7434	25836	61834	153054.8
河　南	7601	4125	9205	16942	36418	75812.5
湖　北	6807	2653	6460	13432	31935	62548.0
湖　南	5887	1633	5639	13021	66214	184399.0
广　东	10483	3234	7048	22134	119129	269322.4
广　西	2625	976	2134	6998	10104	24504.0
海　南	358	56	197	805		
重　庆	4410	2189	3153	8057	18154	44077.5
四　川	6010	2123	9094	10670	11891	21822.0
贵　州	1588	525	3205	2856	13312	40025.0
云　南	1687	378	1655	4992	4037	9634.0
西　藏	5		27	109		
陕　西	3069	1181	3037	8807	26313	64857.0
甘　肃	578	150	974	1669	3810	7674.5
青　海	143	115	328	402		
宁　夏	390	73	388	1130	1118	2322.0
新　疆	1471	296	1020	4301	3980	14778.0

单位：人、人次、时、张、人天

年末床位数	按机构登记类型分				年在院总人天数	年末收养人数	
	市场监管部门登记	编制部门登记	民政部门登记	一个机构多块牌子			#女性
4387879	**363356**	**1812696**	**2166387**	**45440**	**577915947**	**2175309**	**656803**
108563	10737	28556	69270		15969147	46653	23839
57078	7556	4277	45245		6417902	26120	10568
201360	13478	54895	131610	1377	26791494	91555	27119
56769	1375	18618	36746	30	6408213	28212	4052
82918	426	32555	48617	1320	10369608	42414	10306
168377	5092	17961	121742	23582	20192957	91425	27886
134747	21574	42851	70322		30687241	71239	27974
156034	1814	41126	113094		17230628	84737	23872
136440	3978	7886	123776	800	27009744	83646	50601
427268	45290	188987	191551	1440	52254719	195545	54845
311731	29372	114261	168098		31164642	127973	44219
246226	12622	12518	220946	140	30325761	104248	25332
66293	3716	22554	39388	635	7171219	26535	9994
174133	1028	134198	38907		26963941	116872	33554
332118	38426	62104	230988	600	41440896	146116	48179
236975	15843	124489	96534	109	28555539	130593	27513
254619	23068	169355	59821	2375	36002094	128713	38285
193187	10330	139380	40522	2955	28589007	112631	27139
228408	40395	123570	64122	321	26371271	91214	41580
71522	11920	13856	44956	790	6487173	26573	10249
5455	1979	1621	1855		379868	2181	881
97435	21929	42580	32926		16456389	55417	18256
293830	29125	199221	58720	6764	45853606	173149	29404
75966	2254	52550	20414	748	9588441	36561	7982
81110	6638	59273	15199		6158078	29105	6493
3118		3118			538063	2664	946
101323	1726	53075	45256	1266	13051897	56354	12132
22349	998	13434	7896	21	2221199	12015	2371
5604		3549	2055		408583	2678	523
17446	240	8732	8414	60	1649831	6805	1686
39477	427	21546	17397	107	5206796	25366	9023

C-2-3续表3

地区	按登记类型分				按在院人员性质分		
	市场监管部门登记	编制部门登记	民政部门登记	一个机构多块牌子	自费人员	特困人员	其他
全国	**136955**	**980917**	**1034504**	**22933**	**1172703**	**923774**	**78832**
北京	4279	12584	29790		41883	2960	1810
天津	1567	2613	21940		25397	712	11
河北	2980	23502	64772	301	65108	25391	1056
山西	446	11220	16534	12	14169	12742	1301
内蒙古	287	14523	27202	402	28250	13304	860
辽宁	1392	9719	68160	12154	71167	18451	1807
吉林	11984	22745	36510		51131	18733	1375
黑龙江	807	22408	61522		63784	18337	2616
上海	1801	4593	76896	356	77667	2275	3704
江苏	16680	93866	84332	667	111282	79050	5213
浙江	9705	47769	70499		95462	26756	5755
安徽	5159	5373	93662	54	38485	60015	5748
福建	927	7984	17360	264	19217	5487	1831
江西	393	102771	13708		23595	82076	11201
山东	13219	30085	102477	335	91439	51106	3571
河南	6501	75185	48799	108	49768	73006	7819
湖北	6870	88423	31975	1445	53702	70968	4043
湖南	4679	87562	18438	1952	31356	75217	6058
广东	16617	45560	28866	171	64686	22725	3803
广西	2600	5520	18278	175	20564	5098	911
海南	668	804	709		1762	407	12
重庆	12116	24141	19160		36303	18694	420
四川	10580	131534	27786	3249	43326	126926	2897
贵州	1022	26461	8569	509	7800	27384	1377
云南	1853	20767	6485		6312	22234	559
西藏		2664				2664	
陕西	755	33383	21559	657	21249	33958	1147
甘肃	598	7445	3955	17	2947	8767	301
青海		1382	1296		584	1921	173
宁夏	90	4055	2613	47	2925	3880	
新疆	380	14276	10652	58	11383	12530	1453

单位：人、人次、平方米

按年龄分			按自理能力分			康复和医疗门诊人次数	机构建筑面积
老年人	青壮年	少年儿童	能力完好（自理）	部分失能（介助）	完全失能（介护）		
2065711	**78358**	**31240**	**1210734**	**533020**	**431555**	**5863780**	**114410689**
44421	2033	199	11532	17567	17554	724334	3326499
25165	867	88	8445	6765	10910	164532	2260619
87736	2540	1279	37167	26184	28204	118772	6029381
25583	1185	1444	18962	4479	4771	16290	1942530
39323	2501	590	24539	10004	7871	134518	2183496
85588	4993	844	47575	24571	19279	130709	3130849
70908	90	241	35906	16539	18794	29518	3246744
80318	4195	224	66816	10091	7830	57473	3029165
81721	1769	156	19506	25673	38467	206397	3817655
189485	4397	1663	105474	49923	40148	661523	10640044
124513	2916	544	74302	32099	21572	361420	7302862
101829	1738	681	65266	27299	11683	71605	5362006
24901	918	716	10485	7753	8297	79536	2347431
110115	3573	3184	87296	23240	6336	35985	4275743
142674	2848	594	66276	39256	40584	436388	11174801
123620	4857	2116	85934	28362	16297	150074	6019584
122905	4915	893	74199	33255	21259	353818	6302729
105542	4946	2143	65730	31496	15405	196670	5475196
79024	7579	4611	34072	23991	33151	844740	6145415
24295	1027	1251	7094	7465	12014	93510	2025923
1828	89	264	835	430	916	10691	210039
53468	1771	178	34917	10140	10360	228204	2693469
166073	5676	1400	126414	31921	14814	277388	5907183
34089	1029	1443	26737	6516	3308	81769	1865235
26845	1914	346	17045	7791	4269	122546	2034262
980	3	1681	2185	234	245		26575
51949	3948	457	30489	15623	10242	176052	2869377
10468	1031	516	6985	3535	1495	51959	664956
2498	120	60	1206	1262	210	492	215692
5624	1116	65	3135	2599	1071	12608	673293
22223	1774	1369	14210	6957	4199	34259	1211937

C−2−3续表4

地 区	企业会计制度财务指标			
	固定资产原价	营业收入	费用合计	营业利润
全 国	**1400307.7**	**205617.6**	**125273.7**	**-45652.4**
北 京	77588.9	44584.1	25035.0	-14383.3
天 津	13972.8	3950.9	2802.2	603.7
河 北	14735.1	4150.4	4895.6	-64.4
山 西	815.0	1.0		
内蒙古	2020.0	396.0	127.6	55.8
辽 宁	11926.2	91.9	154.8	-409.9
吉 林	12827.6		235.7	
黑龙江	1208.0	9.0	3.0	1.0
上 海	45267.9	4410.5	1426.5	-2808.3
江 苏	236499.7	12567.2	7780.0	-870.5
浙 江	52120.2	15782.1	6198.0	258.8
安 徽	33784.2	4645.3	1832.0	562.4
福 建	10718.6	2467.3	1546.5	-2302.7
江 西	1775.0	194.0	157.0	
山 东	114782.8	7593.3	4764.5	-2773.4
河 南	88245.5	993.0	137.4	-31.1
湖 北	67823.1	4291.1	2413.5	-1382.6
湖 南	33428.7	4427.9	2911.7	-145.4
广 东	211500.3	47071.8	34980.2	-16522.4
广 西	71929.6	5517.5	2272.9	-355.2
海 南	22765.1	4059.6	1319.5	-1219.5
重 庆	119124.1	22847.1	8817.0	-2128.0
四 川	103591.1	11492.9	13489.5	-1679.1
贵 州	4419.7	488.8	47.2	-14.9
云 南	13687.1	798.2	594.6	70.0
西 藏	4907.0	436.0	456.0	2.0
陕 西	13462.1	1843.0	845.0	-132.9
甘 肃	2542.0			
青 海				
宁 夏	8917.7		3.0	
新 疆	3922.6	507.7	27.8	17.5

单位：万元

事业单位会计制度财务指标			民间非营利组织会计制度财务指标		
固定资产原价	本年收入合计	本年支出合计	固定资产原价	本年收入合计	本年费用合计
4887145.7	**1815575.3**	**1594546.4**	**5327086.7**	**2966437.9**	**1100270.5**
119516.1	70918.9	67860.4	183419.8	105137.5	113152.3
40480.3	23384.7	27265.0	48266.6	37281.0	30786.8
203979.1	60140.2	55432.5	1548777.9	467444.1	88678.0
75212.4	42421.1	41319.4	121749.3	7363.4	17304.9
106605.3	30486.2	30682.2	90062.5	25423.0	17757.8
37533.4	16821.0	18732.9	179925.3	53202.6	27611.6
94895.7	31246.3	28358.6	26143.4	7581.9	8957.9
149570.2	36078.4	35332.5	243453.3	176798.0	15324.2
88892.3	50793.6	49599.3	157950.7	223993.6	196006.2
428446.7	149359.4	142193.2	466005.7	90868.8	81214.7
151860.0	114318.3	111609.2	153439.1	68774.8	62273.4
43645.4	15947.5	17006.3	265933.2	45407.1	49182.3
68790.9	33425.5	29365.7	41560.0	11701.5	13829.9
183632.8	203737.0	34372.8	196893.7	5880.5	7058.2
229169.8	59777.9	55633.2	596287.7	106629.8	136837.8
159982.7	132548.3	130136.6	144478.0	1310935.2	21296.6
381863.4	89305.4	85769.9	73527.9	22845.3	22129.2
324859.3	117655.6	101858.9	53305.7	12163.3	11768.6
423052.5	214037.1	219414.7	48075.8	46118.9	46338.1
52297.9	27732.9	27000.3	174512.3	23312.6	24447.3
14900.5	5673.7	4017.9	444.7	878.7	990.0
165101.9	63512.0	63830.7	98016.1	31195.5	28956.4
322885.3	60267.8	68686.6	83485.9	21492.9	19859.2
178588.5	17738.5	17408.8	46932.1	9373.6	11594.3
211457.2	25812.8	21464.6	30950.5	3568.0	5803.5
6430.8	1357.9	3140.1			
226542.5	47171.3	43767.9	156878.3	32626.2	27985.2
127233.0	25207.2	25748.7	19812.1	812.1	1283.8
16094.8	2446.5	2575.7	8043.2	657.9	46.0
99751.8	12547.4	15535.5	19309.2	3715.5	1809.7
153873.2	33704.9	19426.3	49446.7	13254.6	9986.6

C-2-4 社会

地　区	单位数	按床位数量分						
		0-49张	50-99张	100-199张	200-299张	300-399张	400-499张	500张以上
全　国	**1527**	**181**	**271**	**406**	**232**	**141**	**98**	**198**
北　京	10			1	2		4	3
天　津	2			1	1			
河　北	29	6	4	10	5		3	1
山　西	25	8	3	6	3	2	1	2
内蒙古	50	5	13	17	8	3		4
辽　宁	47	4	7	13	8	6	6	3
吉　林	62		10	21	9	6	7	9
黑龙江	48	2	6	8	12	10		10
上　海	20			7	5	3	1	4
江　苏	59	6	3	10	8	6	7	19
浙　江	81	7	8	15	9	12	8	22
安　徽	53	6	16	18	7	1		5
福　建	65	14	9	20	8	8	2	4
江　西	88	10	14	29	14	10	5	6
山　东	27	1	4	6	2	5	4	5
河　南	60	17	11	12	13	1	2	4
湖　北	124	4	13	34	20	14	13	26
湖　南	83	6	27	18	10	6	7	9
广　东	108	12	18	32	11	8	8	19
广　西	85	26	18	16	13	5	3	4
海　南	4	1	1	1				1
重　庆	28		1	4	7	1	4	11
四　川	124	9	20	36	26	15	5	13
贵　州	61	6	19	24	7	4		1
云　南	46	12	8	15	5	3	1	2
西　藏	3			1				2
陕　西	32	7	6		6	8	2	3
甘　肃	43	4	18	13	6			2
青　海	8	1	3	2	1			1
宁　夏	7	1	3	1			1	1
新　疆	45	6	8	15	6	4	4	2

福利院

单位：个、人

年末职工人数	#女性	受教育程度		职业资格水平		按人员性质分	
		大学专科人数	大学本科及以上人数	助理社会工作师人数	社会工作师人数	管理人员	专业技术技能人员
43925	**27635**	**9860**	**9690**	**1555**	**1572**	**11932**	**31993**
1130	827	280	492	22	15	208	922
101	51	32	46	8	3	21	80
920	574	230	257	27	72	193	727
582	340	148	148	20	13	206	376
1148	684	373	263	35	25	260	888
876	493	171	172	10	7	340	536
2139	822	225	366	12	20	796	1343
1605	881	325	419	13	29	701	904
1670	1288	276	411	28	20	241	1429
3159	2050	613	981	232	210	463	2696
2899	2071	404	450	90	117	629	2270
1093	704	256	225	49	56	347	746
1153	701	192	271	69	94	414	739
1514	783	280	184	54	8	540	974
920	582	275	405	47	91	281	639
1199	659	294	248	51	56	461	738
3464	2057	886	481	69	55	894	2570
3214	2252	928	729	151	120	526	2688
4612	3340	1029	905	226	144	1013	3599
1955	1490	477	368	63	94	502	1453
191	138	45	22	6	1	28	163
1169	704	253	265	60	64	369	800
2567	1531	656	469	86	96	1045	1522
787	428	249	199	15	22	346	441
701	429	156	271	13	45	204	497
40	26	13	10			11	29
882	437	256	247	29	40	246	636
728	418	170	125	37	32	271	457
117	47	19	14	4	2	47	70
381	206	140	122	11	11	72	309
1009	622	209	125	18	10	257	752

C-2-4续表1

地 区	年龄结构				志愿服务	
	35岁及以下人数	36岁至45岁人数	46岁至55岁人数	56岁及以上人数	志愿者服务人次数	志愿服务时间
全 国	**11579**	**15598**	**13491**	**3257**	**163294**	**402297.6**
北 京	370	331	368	61	130	420.0
天 津	41	32	19	9		
河 北	241	362	252	65	1204	1876.0
山 西	109	210	223	40	3299	9050.0
内蒙古	296	410	359	83	598	1346.0
辽 宁	195	299	293	89	869	1488.0
吉 林	500	889	596	154		
黑龙江	345	638	470	152	435	1226.0
上 海	318	552	559	241	369	1098.0
江 苏	994	929	922	314	16726	45943.0
浙 江	523	836	1235	305	14125	39992.5
安 徽	238	398	388	69	3029	7803.5
福 建	284	348	326	195	20272	31817.0
江 西	354	617	445	98	2807	4664.0
山 东	231	332	267	90	4715	10770.2
河 南	501	389	243	66	6378	12582.0
湖 北	848	1313	1045	258	6645	20058.0
湖 南	1048	1025	1018	123	27987	69228.0
广 东	1016	1730	1636	230	32575	92046.4
广 西	495	772	586	102	3013	5119.0
海 南	42	77	67	5		
重 庆	248	361	445	115	4886	12302.5
四 川	851	937	643	136	1293	2510.0
贵 州	252	317	193	25	7305	20726.0
云 南	252	310	122	17	592	1656.0
西 藏	20	15	5			
陕 西	286	289	222	85	1249	2797.0
甘 肃	227	318	136	47	1603	3613.5
青 海	21	50	43	3		
宁 夏	144	128	85	24	140	500.0
新 疆	289	384	280	56	1050	1665.0

单位：人、人次、时、张、人天

年末床位数	年在院总人天数	年末在院人数	#女性	按人员性质分		
				特困人员	自费人员	其他
376146	**58219053**	**193991**	**73316**	**92039**	**88961**	**12991**
4585	748604	2617	1372	1806	734	77
390	125195	343	78	46	292	5
4736	927186	2586	652	202	2111	273
4224	965183	2631	725	741	1213	677
9887	1318273	4235	1130	1032	2986	217
11789	2141146	6680	2360	3037	3337	306
16974	2607219	8695	3517	5572	2653	470
14905	2718442	9592	3031	5006	4276	310
6993	1294592	3834	2535	3528	121	185
25990	4011923	11362	4440	6126	4757	479
29342	4233247	14685	6661	12024	2301	360
8462	1370534	4282	1508	2013	1903	366
12869	1308336	4195	1672	1779	2246	170
19072	2789819	10607	3209	3204	6958	445
8654	1503081	4731	1798	1211	2989	531
9772	1706346	4998	1194	570	4203	225
39793	4910204	19666	7063	11148	7182	1336
20132	3786934	11814	4877	5969	4538	1307
30422	5652486	16284	8376	8855	5244	2185
12480	1566192	5170	2263	2441	2204	525
680	112415	391	164		391	
13184	1933214	6347	3154	4651	1684	12
27651	4328574	14455	4681	6404	7634	417
7700	1154736	3649	1134	723	2396	530
7548	827871	3346	1091	1045	2207	94
1774	444627	1774	891		1774	
7404	1424003	4351	913	457	3336	558
5906	639948	3256	796	353	2756	147
1631	120361	483	122	3	474	6
1517	212180	745	258	343	402	
9680	1336182	6187	1651	1750	3659	778

C-2-4续表2

地　区	按年龄分			按护理类型分			康复和医疗门诊人次数
	老人	青壮年	少年儿童	自理 (完全自理)	介助 (半自理)	介护 (不能自理)	
全　国	**143314**	**26572**	**24105**	**83427**	**50300**	**60264**	**1783294**
北　京	1903	520	194	743	1035	839	50449
天　津	94	249		89	107	147	88
河　北	1142	421	1023	613	834	1139	7814
山　西	1023	251	1357	759	554	1318	1773
内蒙古	2998	921	316	1775	1128	1332	49996
辽　宁	4330	1945	405	2719	1632	2329	89166
吉　林	8390	64	241	5268	1858	1569	3944
黑龙江	7984	1513	95	6727	1425	1440	41251
上　海	3666	168		637	964	2233	20096
江　苏	7839	2204	1319	3607	2627	5128	131171
浙　江	13205	1019	461	7119	3498	4068	178561
安　徽	3157	693	432	1836	1167	1279	17982
福　建	2823	677	695	1652	1131	1412	24783
江　西	8110	639	1858	6636	1963	2008	30783
山　东	3220	1046	465	1748	1990	993	104524
河　南	2307	1066	1625	1771	1535	1692	39092
湖　北	17688	1572	406	9010	5248	5408	75404
湖　南	7725	2277	1812	3883	3531	4400	91642
广　东	10000	1738	4546	3366	4414	8504	455475
广　西	3284	694	1192	960	1199	3011	40697
海　南	49	79	263	101	79	211	7314
重　庆	5374	804	169	2589	1452	2306	78243
四　川	12311	1755	389	7059	4290	3106	118772
贵　州	2402	383	864	2221	715	713	47520
云　南	2685	481	180	1539	1088	719	34065
西　藏	94		1680	1773		1	
陕　西	2070	1861	420	1390	1722	1239	18674
甘　肃	2033	757	466	1273	1223	760	8071
青　海	445	23	15	160	314	9	120
宁　夏	440	257	48	239	317	189	8556
新　疆	4523	495	1169	4165	1260	762	7268

单位：人、人次、平方米、万元

家庭寄养儿童数量	机构建筑面积	事业单位会计制度财务指标			民间非营利组织会计制度财务指标		
		固定资产原价	本年收入合计	本年支出合计	固定资产原价	本年收入合计	本年费用合计
4290	**12157966**	**1853757.0**	**907346.8**	**885982.6**	**31208.6**	**5358.6**	**5649.4**
4	208242	69407.0	48920.8	45809.4	4535.1	2156.4	2095.8
	11220	4054.4	3556.7	3941.9			
230	233368	59714.6	21209.6	19000.6			
785	210240	52253.6	36705.9	35534.3	3002.9		517.1
3	303847	56292.7	19740.1	20734.0			
4	230955	5629.1	7315.5	7218.2			
	562293	54037.0	21475.3	18862.7	425.0	66.0	8.0
1	461836	81158.7	27425.6	26492.5	2049.0		106.3
	223009	57069.7	44034.6	43492.0	166.7	810.2	423.4
138	981287	124081.7	77242.8	74527.2	530.0	978.0	673.3
106	822531	89095.4	65008.3	62955.8	3.0	29.6	19.1
73	340214	39323.0	15158.3	16287.4			
171	457438	47427.0	31168.4	27232.1	157.3	271.9	390.6
388	593635	53201.8	11399.9	15614.4	353.0	97.0	97.0
10	386723	36888.2	32750.8	32114.9	610.0	78.0	78.0
110	302020	35775.4	16813.2	17235.3			
130	1174376	197622.1	50226.3	48986.5	5201.0	59.0	41.0
696	808509	116519.7	58885.6	63545.0	5200.0	229.9	306.2
232	963268	186366.1	120005.5	120850.5	169.3	171.9	173.5
486	445828	51043.6	27388.9	26646.3			
7	20050	3643.3	3840.2	3184.3			
5	445462	80794.6	30380.5	31397.4	668.0	160.0	160.0
98	706706	113031.9	37356.9	43949.8			
68	210676	36246.9	11425.6	11597.2	1285.4		310.6
35	239197	50512.5	14644.4	13067.5	115.0	2.2	19.4
	16911	675.7		1782.2			
60	243359	47090.1	25417.3	21435.8	58.9	51.2	25.3
103	207692	38368.4	12130.6	12032.2	52.0	1.4	61.0
	36923	5202.2	1322.3	1393.4			
	48448	16580.3	9365.9	9277.7	10.0		1.0
347	261702	44650.3	25031.0	9784.1	6617.0	195.9	142.8

C-2-5 特困人员

地 区	单位数	按床位数量分						
		0-49张	50-99张	100-199张	200-299张	300-399张	400-499张	500张以上
全 国	**15932**	**3872**	**5598**	**4649**	**1195**	**389**	**101**	**128**
北 京	5	2	2	1				
天 津	17	2	7	2	3	1	1	1
河 北	285	37	63	88	37	32	11	17
山 西	282	63	119	81	10	6	1	2
内蒙古	245	61	93	68	15	5		3
辽 宁	211	40	65	65	30	7		4
吉 林	454	235	153	58	7		1	
黑龙江	142	32	30	36	17	8	5	14
上 海								
江 苏	1106	69	259	452	190	93	28	15
浙 江	513	52	170	190	63	24	5	9
安 徽	1075	88	269	486	170	44	11	7
福 建	268	248	14	5		1		
江 西	1184	291	435	353	75	16	7	7
山 东	671	55	214	278	83	26	3	12
河 南	1453	445	609	301	87	6	1	4
湖 北	1050	50	344	493	133	20	6	4
湖 南	1779	498	939	319	21	2		
广 东	1156	582	408	111	30	16	6	3
广 西	82	39	23	16	4			
海 南	2	1				1		
重 庆	366	114	123	117	11	1		
四 川	1636	229	641	599	121	26	9	11
贵 州	676	270	248	138	16	4		
云 南	610	219	189	171	23	3	2	3
西 藏	5			2	1	2		
陕 西	345	40	85	135	32	42	3	8
甘 肃	120	54	40	22	1		1	2
青 海	27	10	11	5	1			
宁 夏	54	11	17	18	3	3		2
新 疆	113	35	28	39	11			

供养机构

单位：个、人

年末职工人数	#女性	受教育程度		职业资格水平		按人员性质分	
		大学专科人数	大学本科及以上人数	助理社会工作师人数	社会工作师人数	管理人员	专业技术技能人员
109175	**52975**	**12109**	**4155**	**1277**	**978**	**42628**	**66547**
46	31	6	8			6	40
317	121	2	3	19	2	70	247
4999	3032	661	205	46	37	1113	3886
2780	1286	430	222	10	33	1130	1650
1741	751	295	56	7	12	603	1138
2183	1387	238	89	3	1	856	1327
2753	1264	261	140	23	56	1552	1201
2110	1147	306	66	34	22	1039	1071
11213	6121	1105	367	96	59	2635	8578
4027	2254	255	87	54	50	1322	2705
8096	3199	652	159	117	37	3727	4369
723	269	73	36	6	9	440	283
5978	2263	380	35	44	18	2544	3434
6978	3657	1145	450	204	103	1892	5086
11716	5388	1018	431	142	46	4344	7372
7807	3978	780	137	26	6	2959	4848
8142	3428	920	235	90	125	3295	4847
5989	3200	400	222	114	70	2539	3450
412	247	53	13		2	209	203
38	26	12	4			8	30
1763	773	137	42	5	20	744	1019
7673	3372	1030	334	82	91	4740	2933
2548	949	478	231	9	81	1763	785
2448	1276	320	154	16	19	884	1564
96	47	5	5			16	80
4510	2365	726	272	31	28	1416	3094
600	301	169	55	30	21	320	280
120	63	23	8	21		48	72
511	322	75	69	16	11	171	340
858	458	154	20	32	19	243	615

C−2−5续表1

地 区	年龄结构				志愿
	35岁及以下人数	36岁至45岁人数	46岁至55岁人数	56岁及以上人数	志愿者服务人次数
全 国	**20594**	**38573**	**36071**	**13937**	**220503**
北 京	16	7	17	6	
天 津	12	233	18	54	360
河 北	1282	1799	1419	499	2510
山 西	694	790	894	402	2294
内蒙古	320	638	553	230	3221
辽 宁	297	712	975	199	10091
吉 林	787	1091	774	101	10
黑龙江	400	821	655	234	247
上 海					
江 苏	1854	3175	4297	1887	24954
浙 江	465	1257	1552	753	23578
安 徽	1124	2827	2778	1367	5636
福 建	92	244	299	88	991
江 西	745	2463	2113	657	2213
山 东	1567	2434	2047	930	13308
河 南	2379	4073	3137	2127	11153
湖 北	1112	3124	2687	884	17414
湖 南	1298	3227	2861	756	28276
广 东	849	1824	2361	955	49608
广 西	56	131	171	54	50
海 南	34	1	3		
重 庆	192	454	869	248	5237
四 川	1222	2992	2634	825	1634
贵 州	717	1011	655	165	3670
云 南	677	940	702	129	2797
西 藏	78	18			
陕 西	1546	1505	1168	291	10717
甘 肃	138	261	163	38	389
青 海	29	52	37	2	
宁 夏	114	248	125	24	65
新 疆	498	221	107	32	80

单位：人、人次、时、张、人天

服务 志愿服务时间	年末床位数	年在院总人天数	年末在院人数	#女性
515796.3	**1645102**	**237015427**	**876897**	**152615**
	304	10485	74	27
720.0	3867	336100	954	41
6362.0	52517	7427680	21873	1960
9499.0	25952	3083293	13887	1031
6725.0	25173	3219529	11653	859
25188.0	25447	3325258	13149	2065
	27263	3234815	14747	2406
851.0	28924	3367121	14399	2393
63064.0	182405	25204240	88260	18604
40284.0	70058	7696709	28169	7507
23186.0	150327	19537666	64989	10683
1952.0	11823	1054693	4462	994
4976.0	115507	21512573	92728	26900
34047.8	93224	13463358	42915	8041
21630.5	118455	15682530	70228	7523
30613.0	133547	21303626	70575	16612
89463.0	117595	20195631	74799	12701
100310.0	75609	7316282	21291	6301
50.0	5536	382192	1750	306
	343	11665	62	27
9174.0	28934	4955074	17362	1242
3989.0	178372	33281445	120432	10654
11595.0	46812	6346645	24129	3437
5491.0	47102	3412036	15166	2601
	1344	93436	890	55
24734.0	51935	8131931	32374	3674
1292.0	8267	977050	4554	744
	1729	200832	895	124
200.0	6545	770416	3154	515
400.0	10186	1481116	6977	2588

C-2-5续表2

地区	按人员性质分			按年龄分		
	自费人员	特困人员	其他	老人	青壮年	少年儿童
全国	**110763**	**732632**	**33502**	**845139**	**27586**	**4172**
北京	42	32		71	3	
天津	898	56		954		
河北	3194	18370	309	20829	953	91
山西	3744	9884	259	12995	820	72
内蒙古	2355	9092	206	10379	1112	162
辽宁	1939	11075	135	12267	852	30
吉林	2473	12089	185	14721	26	
黑龙江	4732	9204	463	12765	1610	24
上海						
江苏	21911	63064	3285	87049	929	282
浙江	12571	15046	552	27914	236	19
安徽	7318	53462	4209	64352	619	18
福建	858	2653	951	4365	96	1
江西	11270	71459	9999	88893	2691	1144
山东	4236	38199	480	41714	1180	21
河南	3433	62181	4614	67075	2821	332
湖北	7131	61882	1562	67084	3030	461
湖南	5270	67408	2121	72355	2178	266
广东	5401	15303	587	20774	464	53
广西	607	1093	50	1727	18	5
海南	51	11		62		
重庆	882	16253	227	16849	513	
四川	4817	113417	2198	116292	3594	546
贵州	1395	22369	365	23482	256	391
云南	749	14124	293	14117	975	74
西藏		890		886	3	1
陕西	2729	29466	179	31182	1177	15
甘肃	74	4418	62	4310	206	38
青海		890	5	874	19	2
宁夏	527	2627		2559	578	17
新疆	156	6615	206	6243	627	107

单位：人、人次、平方米

按护理类型分			康复和医疗门诊人次数	机构建筑面积
自理（完全自理）	介助（半自理）	介护（不能自理）		
622351	**181185**	**73361**	**910701**	**38175004**
30	26	18	828	6013
837	34	83	150	108898
12151	5686	4036	4046	1509089
9973	2180	1734	11363	811218
7068	2903	1682	1439	656239
7776	3492	1881	6381	421393
7746	4336	2665	25382	807242
10717	2328	1354	8256	517528
61383	19206	7671	188000	3739627
20715	4505	2949	43552	1550415
47414	13898	3677	17415	2726814
2717	1218	527	88	271297
72849	17537	2342	2141	2840714
24454	11365	7096	33337	3001334
53490	11457	5281	49506	3036988
49353	15015	6207	184649	3072756
50348	19325	5126	16613	3256786
12236	5162	3893	96759	1851303
899	490	361	601	100105
62				19332
13763	2278	1321	19632	747000
96266	17989	6177	104723	2904204
20181	3184	764	11161	1076436
9667	3995	1504	12581	1108173
412	234	244		9664
20571	8491	3312	18576	1251423
3247	1122	185	41393	181258
331	469	95	292	89993
1685	1112	357	2743	214386
4010	2148	819	9094	287376

C-2-5续表3

地 区	企业会计制度财务指标			
	固定资产原价	营业收入	费用合计	营业利润
全 国	**72515.8**	**3721.7**	**1162.6**	**461.9**
北 京				
天 津				
河 北	1095.0	120.0	10.0	
山 西	22.0	1.0		
内蒙古				
辽 宁				
吉 林				
黑龙江				
上 海				
江 苏	3414.5	56.5	25.7	
浙 江	3336.0	287.0	26.3	
安 徽	3467.0	564.2	382.0	105.2
福 建	3476.0		1.0	
江 西	1010.0			
山 东	4211.6	1690.1	15.4	345.8
河 南	17849.5	6.0		
湖 北	5552.5			
湖 南	513.0	164.2		
广 东	6.0			
广 西	2286.0			
海 南				
重 庆	4146.0	309.0	49.5	3.0
四 川	5769.0			
贵 州	960.0	3.0	0.6	
云 南	646.5			
西 藏	4907.0	436.0	456.0	2.0
陕 西	9685.8		182.3	
甘 肃				
青 海				
宁 夏				
新 疆	162.4	84.7	13.8	5.9

单位：万元

事业单位会计制度财务指标			民间非营利组织会计制度财务指标		
固定资产原价	本年收入合计	本年支出合计	固定资产原价	本年收入合计	本年费用合计
2150858.0	**661938.1**	**462649.8**	**631870.8**	**92841.2**	**89379.6**
394.7	202.6	146.8			
			329.2	278.6	803.3
106329.5	29721.5	26796.7	22935.9	4750.3	3330.0
16336.8	3267.7	3146.6	32459.7	2906.2	4428.2
41780.9	8391.6	7924.2	2703.4	1286.8	1009.7
24252.6	6213.8	7061.6	9350.3	1174.8	802.5
40858.7	9771.0	9495.9	380.0	90.0	5.0
49709.6	6542.8	6716.7	23554.8	453.5	1428.6
184566.5	48449.0	44245.1	93848.4	12031.3	10288.3
29239.8	22498.6	22773.8	15736.3	7475.4	5710.0
3790.4	486.1	485.8	146961.6	22907.2	25036.4
13624.8	1632.1	1528.8	3785.9	270.3	371.1
121986.0	192134.1	18555.4	2384.0	517.0	497.0
61546.8	15002.0	15463.9	82839.6	20777.7	21042.1
98819.2	110014.0	107246.2	973.5	288.8	282.5
171026.1	35299.9	34433.8	1506.0	508.8	58.9
182271.2	46520.9	27593.4	565.0	121.0	98.2
165189.4	29258.6	33696.1	802.3	505.8	452.1
1066.1	125.2	130.4	139310.0	180.5	174.8
8500.0			30.0		8.0
56213.3	24337.2	24369.8	7681.0	867.0	866.0
193374.5	22026.7	23198.0	12757.9	2465.1	1284.2
134615.7	5651.5	5322.0	5958.2	1608.8	1563.9
137637.4	7412.5	4780.0	4429.3	426.2	718.6
5755.1	1357.9	1357.9			
178113.0	21237.1	21155.7	8955.8	9653.8	8022.0
20150.9	11772.4	11725.5	3354.7	130.3	441.7
6274.7	172.0	213.5	1390.0	590.9	13.8
10788.3	1351.9	1437.9	5881.0	248.2	501.1
86646.0	1087.4	1648.3	1007.0	326.9	141.6

C-2-6 养老公寓等

地 区	单位数	按床位数量分						
		0-49张	50-99张	100-199张	200-299张	300-399张	400-499张	500张以上
全 国	**16910**	**4506**	**4542**	**4352**	**1637**	**834**	**345**	**694**
北 京	545	63	151	162	80	33	15	41
天 津	341	84	72	117	32	11	1	24
河 北	1118	256	363	308	85	64	18	24
山 西	247	82	54	68	26	11	1	5
内蒙古	396	101	94	138	32	22	4	5
辽 宁	1578	797	402	239	65	37	15	23
吉 林	939	421	252	169	45	24	10	18
黑龙江	1288	597	378	202	53	25	13	20
上 海	653	16	173	238	97	58	34	37
江 苏	1247	199	302	362	180	89	42	73
浙 江	1081	216	257	255	167	70	45	71
安 徽	700	154	230	179	74	35	14	14
福 建	202	22	35	62	36	22	9	16
江 西	308	140	78	46	13	12	7	12
山 东	1252	206	291	387	154	83	29	102
河 南	1036	286	358	245	76	42	7	22
湖 北	536	61	175	198	51	23	7	21
湖 南	374	101	101	92	27	20	11	22
广 东	504	43	93	166	83	41	26	52
广 西	310	40	79	111	36	19	6	19
海 南	16	3	1	4	2	1		5
重 庆	509	132	179	119	50	16	3	10
四 川	676	177	177	182	65	35	15	25
贵 州	202	52	66	52	25	3	3	1
云 南	181	47	36	51	24	10	5	8
西 藏								
陕 西	310	97	59	88	31	18	2	15
甘 肃	72	23	17	18	7	4	1	2
青 海	35	24	4	5	1			1
宁 夏	44	11	7	11	6	4	1	4
新 疆	210	55	58	78	14	2	1	2

各类养老机构

单位：个、人

年末职工人数	#女性	受教育程度		职业资格水平		按人员性质分	
		大学专科人数	大学本科及以上人数	助理社会工作师人数	社会工作师人数	管理人员	专业技术技能人员
298879	**182912**	**48470**	**23123**	**4482**	**3366**	**76690**	**222189**
17823	11915	2639	1114	117	115	2839	14984
6547	4141	834	671	182	45	1309	5238
19733	12840	2671	1192	210	181	3950	15783
4061	2171	737	243	67	144	1380	2681
5234	3245	885	303	25	74	1498	3736
14497	9682	1884	965	93	209	5052	9445
13171	3873	349	137	51	18	3855	9316
9494	5484	1556	566	220	148	3773	5721
25163	18845	3687	1060	94	94	8188	16975
29315	15713	5068	3869	451	212	5762	23553
18831	11118	2724	1237	250	245	4937	13894
8795	5020	1532	580	231	158	2622	6173
4860	2776	661	271	114	29	1318	3542
4341	2045	809	140	52	32	1373	2968
25372	16014	6153	3434	590	309	5261	20111
13232	7946	2076	779	164	169	4400	8832
8621	5802	1227	450	68	143	2607	6014
7304	4374	1797	830	123	75	1818	5486
18581	12365	2682	1705	603	247	3496	15085
6765	4914	1282	505	81	108	1423	5342
773	495	105	60	10		161	612
8278	5235	1287	410	60	53	2040	6238
9524	5384	1909	697	190	182	3309	6215
2726	1683	515	240	119	70	1096	1630
3498	2189	705	424	33	20	567	2931
6452	4056	1661	714	119	180	1375	5077
1315	636	308	80	11	18	383	932
493	214	76	39	24	21	233	260
626	449	65	53	1	6	145	481
3454	2288	586	355	129	61	520	2934

C-2-6续表1

地 区	年龄结构				志愿
	35岁及以下人数	36岁至45岁人数	46岁至55岁人数	56岁及以上人数	志愿者服务人次数
全 国	**65490**	**89491**	**104310**	**39588**	**282424**
北 京	3257	3762	8131	2673	36139
天 津	1299	2218	2168	862	800
河 北	4175	6067	6968	2523	9757
山 西	1189	1440	1027	405	2207
内蒙古	951	1751	1881	651	766
辽 宁	2635	4315	5218	2329	3601
吉 林	362	2329	9635	845	
黑龙江	1885	3752	2907	950	142
上 海	3387	6867	10160	4749	80
江 苏	7385	8579	9329	4022	39831
浙 江	3991	5594	6043	3203	14336
安 徽	2137	2799	2700	1159	5950
福 建	1302	1488	1412	658	3350
江 西	1976	1186	859	320	1045
山 东	7528	8281	7209	2354	43811
河 南	2708	4371	4221	1932	18887
湖 北	1470	2565	3075	1511	7876
湖 南	1925	2617	2008	754	9951
广 东	4244	5802	6486	2049	36946
广 西	1904	2173	1868	820	7041
海 南	292	142	288	51	
重 庆	1532	1824	3096	1826	8031
四 川	2764	2865	2733	1162	8964
贵 州	770	881	740	335	2337
云 南	1175	1228	863	232	648
西 藏					
陕 西	2041	1927	1679	805	14347
甘 肃	473	498	279	65	1818
青 海	127	193	63	110	
宁 夏	99	322	180	25	913
新 疆	507	1655	1084	208	2850

单位：人、人次、时、张、人天

服务				
志愿服务时间	年末床位数	年在院总人天数	年末在院人数	#女性
708014.8	**2366631**	**282681467**	**1104421**	**430872**
119933.0	103674	15210058	43962	22440
1940.0	52821	5956607	24823	10449
28326.0	144107	18436628	67096	24507
4371.0	26593	2359737	11694	2296
1442.0	47858	5831806	26526	8317
8439.0	131141	14726553	71596	23461
	90510	24845207	47797	22051
243.0	112205	11145065	60746	18448
160.0	129447	25715152	79812	48066
89134.5	218873	23038556	95923	31801
33627.0	212331	19234686	85119	30051
22458.5	87437	9417561	34977	13141
8954.0	41601	4808190	17878	7328
2719.0	39554	2661549	13537	3445
108236.8	230240	26474457	98470	38340
41600.0	108748	11166663	55367	18796
11877.0	81279	9788264	38472	14610
25708.0	55460	4606442	26018	9561
76966.0	122377	13402503	53639	26903
19335.0	53506	4538789	19653	7680
	4432	255788	1728	690
22601.0	55317	9568101	31708	13860
15323.0	87807	8243587	38262	14069
7704.0	21454	2087060	8783	3411
2487.0	26460	1918171	10593	2801
37326.0	41984	3495963	19629	7545
2769.0	8176	604201	4205	831
	2244	87390	1300	277
1622.0	9384	667235	2906	913
12713.0	19611	2389498	12202	4784

C−2−6续表2

地　区	按人员性质分			按年龄分		
	自费人员	特困人员	其他	老人	青壮年	少年儿童
全　国	**969901**	**102181**	**32339**	**1077258**	**24200**	**2963**
北　京	40035	2194	1733	42447	1510	5
天　津	24453	364	6	24117	618	88
河　北	61712	4910	474	65765	1166	165
山　西	9684	1645	365	11565	114	15
内蒙古	24863	1226	437	25946	468	112
辽　宁	66191	4039	1366	68991	2196	409
吉　林	43086	3991	720	47797		
黑龙江	54046	4857	1843	59569	1072	105
上　海	74139	2154	3519	78055	1601	156
江　苏	83245	11229	1449	94597	1264	62
浙　江	70867	9409	4843	83394	1661	64
安　徽	29154	4650	1173	34320	426	231
福　建	16580	588	710	17713	145	20
江　西	9121	3659	757	13112	243	182
山　东	85992	9918	2560	97740	622	108
河　南	45765	6622	2980	54238	970	159
湖　北	35423	1904	1145	38133	313	26
湖　南	20117	3271	2630	25462	491	65
广　东	50430	2178	1031	48250	5377	12
广　西	17516	1801	336	19284	315	54
海　南	1711	5	12	1717	10	1
重　庆	30770	757	181	31245	454	9
四　川	32105	5875	282	37470	327	465
贵　州	5682	2619	482	8205	390	188
云　南	4518	5903	172	10043	458	92
西　藏						
陕　西	18063	1156	410	18697	910	22
甘　肃	2520	1593	92	4125	68	12
青　海	581	557	162	1179	78	43
宁　夏	2055	851		2625	281	
新　疆	9477	2256	469	11457	652	93

单位：人、人次、平方米

按护理类型分			康复和医疗门诊人次数	机构建筑面积
自理（完全自理）	介助（半自理）	介护（不能自理）		
504956	**301535**	**297930**	**3169785**	**64077720**
10759	16506	16697	673057	3112244
7519	6624	10680	164294	2140501
24403	19664	23029	106912	4286924
8230	1745	1719	3154	921072
15696	5973	4857	83083	1223410
37080	19447	15069	35162	2478501
22892	10345	14560	192	1877209
49372	6338	5036	7966	2049801
18869	24709	36234	186301	3594646
40484	28090	27349	342352	5919130
46468	24096	14555	139307	4929916
16016	12234	6727	36208	2294978
6116	5404	6358	54665	1618696
7811	3740	1986	3061	841394
40074	25901	32495	298527	7786744
30673	15370	9324	61476	2680576
15836	12992	9644	93765	2055597
11499	8640	5879	88415	1409901
18470	14415	20754	292506	3330844
5235	5776	8642	52212	1479990
672	351	705	3377	170657
18565	6410	6733	130329	1501007
23089	9642	5531	53893	2296273
4335	2617	1831	23088	578123
5839	2708	2046	75900	686891
8528	5410	5691	138802	1374595
2465	1190	550	2495	276006
715	479	106	80	88776
1211	1170	525	1309	410459
6035	3549	2618	17897	662859

C-2-6续表3

地 区	企业会计制度财务指标			
	固定资产原价	营业收入	费用合计	营业利润
全 国	**1327791.9**	**201895.9**	**124111.1**	**-46114.3**
北 京	77588.9	44584.1	25035.0	-14383.3
天 津	13972.8	3950.9	2802.2	603.7
河 北	13640.1	4030.4	4885.6	-64.4
山 西	793.0			
内蒙古	2020.0	396.0	127.6	55.8
辽 宁	11926.2	91.9	154.8	-409.9
吉 林	12827.6		235.7	
黑龙江	1208.0	9.0	3.0	1.0
上 海	45267.9	4410.5	1426.5	-2808.3
江 苏	233085.2	12510.7	7754.3	-870.5
浙 江	48784.2	15495.1	6171.7	258.8
安 徽	30317.2	4081.1	1450.0	457.2
福 建	7242.6	2467.3	1545.5	-2302.7
江 西	765.0	194.0	157.0	
山 东	110571.2	5903.2	4749.1	-3119.2
河 南	70396.0	987.0	137.4	-31.1
湖 北	62270.6	4291.1	2413.5	-1382.6
湖 南	32915.7	4263.7	2911.7	-145.4
广 东	211494.3	47071.8	34980.2	-16522.4
广 西	69643.6	5517.5	2272.9	-355.2
海 南	22765.1	4059.6	1319.5	-1219.5
重 庆	114978.1	22538.1	8767.5	-2131.0
四 川	97822.1	11492.9	13489.5	-1679.1
贵 州	3459.7	485.8	46.6	-14.9
云 南	13040.6	798.2	594.6	70.0
西 藏				
陕 西	3776.3	1843.0	662.7	-132.9
甘 肃	2542.0			
青 海				
宁 夏	8917.7		3.0	
新 疆	3760.2	423.0	14.0	11.6

单位：万元

事业单位会计制度财务指标			民间非营利组织会计制度财务指标		
固定资产原价	本年收入合计	本年支出合计	固定资产原价	本年收入合计	本年费用合计
882530.7	**246290.4**	**245914.0**	**4664007.3**	**2868238.1**	**1005241.5**
49714.4	21795.5	21904.2	178884.7	102981.1	111056.5
36425.9	19828.0	23323.1	47937.4	37002.4	29983.5
37935.0	9209.1	9635.2	1525842.0	462693.8	85348.0
6622.0	2447.5	2638.5	86286.7	4457.2	12359.6
8531.7	2354.5	2024.0	87359.1	24136.2	16748.1
7651.7	3291.7	4453.1	170575.0	52027.8	26809.1
			25338.4	7425.9	8944.9
18701.9	2110.0	2123.3	217849.5	176344.5	13789.3
31822.6	6759.0	6107.3	157784.0	223183.4	195582.8
119798.5	23667.6	23420.9	371627.3	77859.5	70253.1
33524.8	26811.4	25879.6	137699.8	61269.8	56544.3
532.0	303.1	233.1	118971.6	22499.9	24145.9
7739.1	625.0	604.8	37616.8	11159.3	13068.2
8445.0	203.0	203.0	194156.7	5266.5	6464.2
130734.8	12025.1	8054.4	512838.1	85774.1	115717.7
25388.1	5721.1	5655.1	143504.5	1310646.4	21014.1
13215.2	3779.2	2349.6	66820.9	22277.5	22029.3
26068.4	12249.1	10720.5	47540.7	11812.4	11364.2
71497.0	64773.0	64868.1	47104.2	45441.2	45712.5
188.2	218.8	223.6	35202.3	23132.1	24272.5
2757.2	1833.5	833.6	414.7	878.7	982.0
28094.0	8794.3	8063.5	89667.1	30168.5	27930.4
16478.9	884.2	1538.8	70728.0	19027.8	18575.0
7725.9	661.4	489.6	39688.5	7764.8	9719.8
23307.3	3755.9	3617.1	26406.2	3139.6	5065.5
1339.4	516.9	1176.4	147863.6	22921.2	19937.9
68713.7	1304.2	1991.0	16405.4	680.4	781.1
4617.9	952.2	968.8	6653.2	67.0	32.2
72383.2	1829.6	4819.9	13418.2	3467.3	1307.6
22576.9	7586.5	7993.9	41822.7	12731.8	9702.2

C−2−7 社会福

地 区	单位数	按床位数量分						
		0−49张	50−99张	100−199张	200−299张	300−399张	400−499张	500张以上
全 国	**138**	**10**	**6**	**13**	**20**	**17**	**15**	**57**
北 京	1		1					
天 津	1							1
河 北	1							1
山 西	3			1			2	
内蒙古	4				2			2
辽 宁								
吉 林	7							7
黑龙江	6					1	1	4
上 海	3						1	2
江 苏	11			2	1	2	3	3
浙 江	2						1	1
安 徽	3	1	1		1			
福 建	13	1		1	3	7		1
江 西	2		1			1		
山 东								
河 南	6	1		2		1	2	
湖 北	2			1				1
湖 南	10	1	1		1	1		6
广 东	1							1
广 西	4			1		1		2
海 南								
重 庆	6		1	2				3
四 川	18				5		2	11
贵 州	17	5	1	3	3		1	4
云 南	5				3			2
西 藏								
陕 西	1							1
甘 肃	2					2		
青 海	2	1			1			
宁 夏	1						1	
新 疆	6					1	1	4

利医院

单位：个、人

年末职工人数	#女性	受教育程度		职业资格水平		按人员性质分	
		大学专科人数	大学本科及以上人数	助理社会工作师人数	社会工作师人数	管理人员	专业技术技能人员
18888	**12047**	**6894**	**7464**	**471**	**212**	**2261**	**16627**
54	43	5	49	1		3	51
257	144	80	130			28	229
154	82	39	52	1	6	2	152
333	184	95	208	3	4	50	283
324	151	116	92	4	9	68	256
773	418	179	225	2	1	186	587
1044	398	300	424	4	23	220	824
554	375	170	220	17	1	96	458
1488	954	380	806	30	31	126	1362
83	53	8	46	1	1	12	71
203	146	105	57		1	27	176
1068	690	400	281	16	21	83	985
125	82	44	49		1	11	114
845	526	283	435	5	7	123	722
280	154	89	115		2	37	243
1655	1115	682	629	32	14	148	1507
697	442	194	396		2	24	673
1226	930	442	495	8	10	113	1113
474	268	134	253	25	29	70	404
4502	3141	1957	1571	299	16	384	4118
735	431	402	230	6	4	135	600
468	318	165	219		3	94	374
139	61	30	91	5	8	24	115
157	90	71	35	1	1	66	91
250	184	140	86			29	221
124	70		35	8	10	9	115
876	597	384	235	3	7	93	783

C-2-7续表1

地　区	年龄结构				志愿服务	
	35岁及以下人数	36岁至45岁人数	46岁至55岁人数	56岁及以上人数	志愿者服务人次数	志愿服务时间
全　国	**8551**	**5449**	**3850**	**1038**	**17080**	**38549.5**
北　京	3	30	20	1	160	702.0
天　津	80	105	51	21		
河　北	72	44	28	10		
山　西	67	78	149	39	117	409.5
内蒙古	109	70	117	28	520	1200.0
辽　宁						
吉　林	179	344	211	39		
黑龙江	270	332	320	122		
上　海	263	132	106	53		
江　苏	586	431	405	66	1592	3830.0
浙　江	37	27	18	1	20	55.0
安　徽	126	34	21	22	36	109.0
福　建	534	290	188	56	1395	3770.0
江　西	44	33	45	3	60	240.0
山　东						
河　南	392	266	151	36	108	108.0
湖　北	50	91	111	28		
湖　南	793	470	327	65	690	1590.0
广　东	201	323	160	13	135	324.0
广　西	575	375	211	65		
海　南						
重　庆	166	166	114	28	10615	22125.0
四　川	2565	1088	647	202	721	1530.0
贵　州	331	194	168	42	606	1636.0
云　南	254	128	60	26	70	280.0
西　藏						
陕　西	67	33	28	11	15	30.0
甘　肃	80	32	35	10	90	191.0
青　海	143	64	23	20		
宁　夏	52	60	3	9	130	420.0
新　疆	512	209	133	22		

单位：人、人次、时、张、人天

年末床位数	年在院总人天数	年末在院人数	#女性	按人员性质分		
				自费人员	特困人员	其他
65026	**18659726**	**55223**	**16310**	**22496**	**21166**	**11561**
52	8147	23	11	23		
620	220705	619	213	420	199	
570	122749	297	95	188	41	68
1000	200429	853	181	242	313	298
1550	431091	1282	353	557	353	372
4747	1412915	2663	609	1009	1099	555
3705	1294618	3519	893	959	2228	332
1780	584936	1605	481	862	131	612
5497	1094473	4547	1117	1137	2544	866
1004	158587	768	296	303	303	162
315	48756	156	40	36	52	68
3714	1152784	3337	868	1714	1383	240
380	103795	125	60	27	98	
1615	531012	1556	617	967	589	
900	140525	421	79	1	108	312
5446	1706211	4409	1470	2074	1012	1323
1700	551896	1415	500	672	724	19
2467	904965	2295	852	1047	916	332
2701	789160	2279	710	1104	926	249
13725	4276716	13039	4015	6135	3180	3724
3717	710587	3154	872	1458	981	715
2250	646542	2087	498	257	1284	546
750	152935	423	157	80	298	45
600	79870	425	120	162	175	88
310	6477	245	8	11	146	88
450	144000	421	149	184	237	
3461	1184845	3260	1046	867	1846	547

C-2-7续表2

地区	按年龄分			按护理类型分		
	老人	青壮年	少年儿童	自理（完全自理）	介助（半自理）	介护（不能自理）
全国	**17472**	**37160**	**591**	**27172**	**18972**	**9079**
北京	6		17	2		21
天津	246	373			527	92
河北	92	200	5	283	14	
山西	203	634	16	669	158	26
内蒙古	295	978	9	443	443	396
辽宁						
吉林	677	1974	12	1302	829	532
黑龙江	1209	2310		1075	1264	1180
上海	547	1058		614	991	
江苏	2381	2133	33	2517	998	1032
浙江	560	208		474	203	91
安徽	91	49	16	61	29	66
福建	706	2628	3	2275	941	121
江西	103	19	3	100	10	15
山东						
河南	429	1012	115	842	561	153
湖北	92	323	6	135	96	190
湖南	1791	2516	102	2041	1458	910
广东	533	882		172	711	532
广西	496	1783	16	924	1194	177
海南						
重庆	983	1257	39	896	1104	279
四川	4482	8459	98	5836	4603	2600
贵州	436	2702	16	2203	852	99
云南	315	1756	16	1036	860	191
西藏						
陕西	83	337	3	355	48	20
甘肃	67	358		113	310	2
青海	152	54	39	157	53	35
宁夏	153	250	18	69	254	98
新疆	344	2907	9	2578	461	221

单位：人、人次、平方米、万元

康复和医疗门诊人次数	机构建筑面积	事业单位会计制度财务指标		
		固定资产原价	本年收入合计	本年支出合计
2565806	**2434992**	**722448.8**	**682410.1**	**703009.5**
18278	7993	7176.3	10752.6	10376.9
70042	13239	3585.2	11497.5	10898.1
45761	27318	8274.1	10557.5	10266.0
72925	65837	27930.8	15926.3	16168.9
57060	81393	12654.9	16256.9	17727.7
89708	145285	32619.6	10616.2	12873.6
299261	168579	38456.3	23782.2	25029.1
10420	83562	22016.2	29709.1	27016.0
153749	220577	164419.4	65064.6	64399.0
37875	42585		16107.6	16109.8
38450	19700	1126.6	2400.1	2293.7
193363	143284	20178.0	52071.9	35351.4
5106	51799	6308.0	4538.0	4136.0
325661	69330	11198.5	25467.9	24698.8
46061	34035	8737.7	6645.7	7493.3
252954	153616	37500.7	40027.8	43283.1
9451	42602	18497.3	34909.4	32528.5
108715	84731	22163.9	35552.9	26371.4
77699	125337	40136.9	23484.6	24742.8
465836	368064	125596.4	161769.7	117564.3
50337	130399	15950.7	18442.3	19274.3
54629	79268	40843.1	12391.9	11790.3
1718	25150	4080.0	3293.1	3392.0
64	45075	13287.9	3418.0	3189.2
181	20072	6320.7	4975.5	5780.8
8500	12000	1060.0	2364.0	2124.0
72002	174162	32329.6	40386.8	128130.5

C−2−8 儿童福利和救助

地 区	单位数	按登记类型分		
		编制部门登记	民政部门登记	一个机构多块牌子
全 国	**686**	**373**	**48**	**265**
北 京	12	11	1	
天 津	3	2	1	
河 北	8	6	2	
山 西	15	5	4	6
内蒙古	8	8		
辽 宁	12	2	2	8
吉 林	12	11	1	
黑龙江	15	14	1	
上 海	4	3	1	
江 苏	35	11		24
浙 江	34	14	2	18
安 徽	34	23		11
福 建	11	6	2	3
江 西	15	7	8	
山 东	17	12		5
河 南	24	20	3	1
湖 北	47	12		35
湖 南	40	16	3	21
广 东	44	28	3	13
广 西	45	7	1	37
海 南	1		1	
重 庆	5	5		
四 川	93	31	1	61
贵 州	26	14	1	11
云 南	27	26	1	
西 藏	10	9		1
陕 西	18	13	1	4
甘 肃	14	9	3	2
青 海	8	4	4	
宁 夏	7	4		3
新 疆	42	40	1	1

保护机构总表

单位：个

按床位数分						
0—49张	50—99张	100—199张	200—299张	300—399张	400—499张	500张以上
239	**116**	**160**	**73**	**36**	**29**	**33**
1	2	4	2	1		2
		1	1			1
1	3	2	2			
6	5	1	3			
		3	2	2		1
4	4	2			1	1
3	1	5	1	1		1
2	1	6	4		1	1
	3					1
15	6	7	4	1	1	1
21		3	7	2		1
2	9	13	5	2	2	1
5	1	3	1	1		
6	2	2	2	1	2	
2	1	4	3	4	2	1
6	6	6	2		2	2
25	8	8	2	2	1	1
13	11	11	2	1	1	1
16	8	10	4	3	1	2
22	9	7	4	1	2	
1						
		3				2
57	7	13	7	5	2	2
7	4	7	4	2	1	1
7	6	11	2			1
1	1				5	3
5	2	5	2	1	1	2
1	5	2	3	2		1
3	2	2				1
1	3	1	1		1	
6	6	18	3	4	3	2

C-2-8续表1

地　区	年末职工人数	#女性	按登记类型分		
			编制部门登记	民政部门登记	一个机构多块牌子
全　国	**14210**	**9394**	**11481**	**532**	**2197**
北　京	582	434	546	36	
天　津	161	103	127	34	
河　北	101	55	58	43	
山　西	218	124	50	23	145
内蒙古	374	254	374		
辽　宁	219	141	110	23	86
吉　林	398	181	391	7	
黑龙江	442	277	438	4	
上　海	369	305	322	47	
江　苏	607	432	475		132
浙　江	704	499	587	7	110
安　徽	851	577	701		150
福　建	161	116	124	16	21
江　西	239	161	174	65	
山　东	427	288	380		47
河　南	734	566	697	15	22
湖　北	650	432	388		262
湖　南	604	328	320	36	248
广　东	1500	992	1334	33	133
广　西	1036	739	616	14	406
海　南	6	5		6	
重　庆	291	222	291		
四　川	986	599	746	4	236
贵　州	303	195	230	3	70
云　南	299	176	278	21	
西　藏	136	76	130		6
陕　西	383	230	308	8	67
甘　肃	418	271	387	11	20
青　海	152	57	81	71	
宁　夏	292	229	257		35
新　疆	567	330	561	5	1

单位：人

受教育程度		职业资格水平		按人员性质分	
大学专科人数	大学本科及以上人数	助理社会工作师人数	社会工作师人数	管理人员	专业技术技能人员
3844	**4995**	**659**	**894**	**4277**	**9933**
143	269	14	21	121	461
58	79	7	19	46	115
33	7			32	69
40	107	6	10	75	143
123	152	8	31	93	281
112	73	9	9	74	145
41	64	2	1	90	308
155	119	10	22	155	287
111	191	25	12	56	313
158	305	63	65	105	502
178	363	42	56	191	513
200	183	25	47	301	550
37	68	12	22	79	82
49	64	5	2	86	153
101	219	19	55	153	274
155	204	27	42	207	527
217	228	26	24	229	421
191	141	31	30	230	374
345	429	72	70	360	1140
246	349	51	46	272	764
1	1			1	5
66	214	12	73	104	187
323	304	57	75	411	575
90	134	14	21	179	124
74	145	12	36	141	158
48	54	2	1	56	80
111	166	36	22	114	269
94	102	7	17	95	323
25	19	30	6	61	91
91	96	14	27	28	264
228	146	21	32	132	435

C-2-8续表2

地区	年龄结构				志愿
	35岁及以下人数	36岁至45岁人数	46岁至55岁人数	56岁及以上人数	志愿者服务人次数
全国	**5209**	**4999**	**3327**	**675**	**44004**
北京	165	194	208	15	692
天津	76	58	20	7	
河北	35	34	26	6	
山西	62	82	54	20	81
内蒙古	176	112	68	18	130
辽宁	58	61	85	15	280
吉林	121	150	81	46	
黑龙江	157	147	108	30	944
上海	165	122	65	17	1265
江苏	256	171	144	36	2727
浙江	306	206	144	48	2116
安徽	248	312	246	45	1228
福建	41	58	52	10	823
江西	104	70	44	21	290
山东	182	144	84	17	4986
河南	290	256	173	15	400
湖北	228	236	149	37	1172
湖南	207	213	158	26	6761
广东	530	533	389	48	6781
广西	326	415	256	39	2259
海南	2		3	1	
重庆	157	80	48	6	556
四川	353	354	229	50	1933
贵州	128	103	58	14	6365
云南	90	162	39	8	
西藏	85	31	19	1	
陕西	119	153	89	22	1849
甘肃	192	129	84	13	174
青海	23	86	38	5	
宁夏	130	95	54	13	180
新疆	197	232	112	26	12

单位：人、人次、时、张

服务	年末床位数	按机构登记类型分		
志愿服务时间		编制部门登记	民政部门登记	一个机构多块牌子
112482.1	**98662**	**78667**	**4389**	**15606**
1250.0	2968	2768	200	
	851	706	145	
	834	484	350	
243.0	1251	461	210	580
300.0	1951	1951		
420.0	1517	621	61	835
	3222	3122	100	
3513.0	3339	3335	4	
4731.0	2071	2001	70	
7368.0	4008	2159		1849
5150.0	3273	2883	2	388
3501.0	5987	4403		1584
1236.0	1138	838	129	171
880.0	1997	1326	671	
14077.0	4347	3707		640
488.0	4051	3924	107	20
2235.0	4199	2600		1599
16156.0	4293	2932	385	976
12182.1	5661	4504	140	1017
5280.0	3673	1325	160	2188
	40		40	
3496.0	2529	2529		
2907.0	8329	5777	20	2532
21052.0	3543	2608	150	785
	3292	3191	101	
412.0	4203	4203		
3884.0	3054	2904	50	100
385.0	2606	2266	270	70
	1854	850	1004	
1300.0	946	680		266
36.0	7635	7609	20	6

C-2-8续表3

地　区	年末在院人数	#女性	#儿童	按登记类型分		
				编制部门登记	民政部门登记	一个机构多块牌子
全　国	**48022**	**16046**	**48022**	**41481**	**2712**	**3829**
北　京	1238	376	1238	1147	91	
天　津	698	251	698	555	143	
河　北	373	50	373	135	238	
山　西	651	274	651	242	131	278
内蒙古	1086	265	1086	1086		
辽　宁	748	270	748	316	23	409
吉　林	1575	99	1575	1524	51	
黑龙江	1263	469	1263	1259	4	
上　海	1433	569	1433	1363	70	
江　苏	1716	666	1716	1337		379
浙　江	1406	513	1406	1383	2	21
安　徽	2724	1063	2724	2344		380
福　建	581	235	581	447	79	55
江　西	1041	176	1041	476	565	
山　东	1465	567	1465	1362		103
河　南	2809	1153	2809	2750	59	
湖　北	1548	677	1548	1135		413
湖　南	1844	542	1844	1527	72	245
广　东	2676	882	2676	2385	98	193
广　西	1513	670	1513	731	73	709
海　南	12		12		12	
重　庆	765	288	765	765		
四　川	3046	1294	3046	2588	7	451
贵　州	1190	598	1190	885	150	155
云　南	1538	284	1538	1452	86	
西　藏	4031	1318	4031	4031		
陕　西	1816	644	1816	1775	40	1
甘　肃	1284	340	1284	1103	181	
青　海	1239	79	1239	722	517	
宁　夏	409	149	409	378		31
新　疆	4304	1285	4304	4278	20	6

单位：人、万元

事业单位会计制度财务指标			民间非营利组织会计制度财务指标		
固定资产原价	本年收入合计	本年支出合计	固定资产原价	本年收入合计	本年费用合计
496531.2	**360395.2**	**353867.0**	**4909.3**	**1597.2**	**1659.0**
29828.8	28422.5	27024.8	100.0	175.5	212.5
8856.7	7559.1	7789.3	50.0	84.0	220.5
1758.3	645.4	643.9	291.3		167.0
255.4	446.8	444.2	305.0		5.5
20787.9	9821.9	10956.1			
3889.7	2983.0	2894.4	138.0	87.0	114.6
10008.2	11588.8	11027.2	50.0	5.0	2.0
26036.8	11103.9	10905.1	3.0		0.5
19148.1	17427.9	17848.7	45.8		226.6
18798.0	20965.9	20665.2			
27068.9	35334.2	34269.9	50.0	30.0	20.0
18569.3	16327.7	13403.5			
4355.1	4918.6	4604.5	573.2	179.8	196.3
3320.8	3508.5	1872.6	861.0	63.0	163.9
21536.3	15674.0	15184.9			
18401.4	10804.0	10651.7	25.0	1.6	1.8
24650.9	12206.2	11933.9			
16526.4	9323.8	8595.8	306.0	354.1	24.0
42632.0	34075.3	37375.8	528.2	345.2	21.8
9975.4	10605.0	10066.3	326.0	133.4	129.8
			500.0	44.2	56.0
11626.7	11679.9	12008.9			
40168.8	19456.8	20842.2	0.5		11.0
9957.5	5650.2	4816.1	125.0		
16559.9	7263.7	6889.3	350.0	16.3	15.0
9082.3	6579.9	4678.4			
27478.1	27453.9	27529.2	120.0	42.5	40.0
17797.4	6060.1	5458.3	25.0	2.0	24.2
2340.0	123.8	123.8	126.3	33.6	5.0
8991.1	4166.3	3820.8			
26125.0	8218.1	9542.2	10.0		1.0

C−2−9 儿童

地 区	单位数	按床位数量分						
		0−49张	50−99张	100−199张	200−299张	300−399张	400−499张	500张以上
全 国	**484**	**97**	**80**	**145**	**66**	**34**	**29**	**33**
北 京	10	1	2	3	2			2
天 津	3			1	1			1
河 北	8	1	3	2	2			
山 西	10	3	4		3			
内蒙古	8			3	2	2		1
辽 宁	10	3	3	2			1	1
吉 林	12	3	1	5	1	1		1
黑龙江	14	1	1	6	4		1	1
上 海	3		2					1
江 苏	14	2		7	2	1	1	1
浙 江	18	6		3	6	2		1
安 徽	29	1	8	11	4	2	2	1
福 建	10	4	1	3	1	1		
江 西	13	5	2	1	2	1	2	
山 东	14		1	3	3	4	2	1
河 南	21	5	5	6	1		2	2
湖 北	22	7	4	5	2	2	1	1
湖 南	22	2	6	9	2	1	1	1
广 东	33	9	6	9	3	3	1	2
广 西	19	2	5	5	4	1	2	
海 南	1	1						
重 庆	5			3				2
四 川	54	22	6	12	6	4	2	2
贵 州	19	4		7	4	2	1	1
云 南	24	4	6	11	2			1
西 藏	8						5	3
陕 西	14	2	1	5	2	1	1	2
甘 肃	12		4	2	3	2		1
青 海	8	3	2	2				1
宁 夏	4		1	1	1		1	
新 疆	42	6	6	18	3	4	3	2

福利机构

单位：个、人

年末职工人数	#女性	受教育程度		职业资格水平		按人员性质分	
		大学专科人数	大学本科及以上人数	助理社会工作师人数	社会工作师人数	管理人员	专业技术技能人员
12418	**8638**	**3306**	**4347**	**542**	**786**	**3292**	**9126**
543	419	139	234	12	16	82	461
161	103	58	79	7	19	46	115
101	55	33	7			32	69
172	111	30	94	6	9	64	108
374	254	123	152	8	31	93	281
202	138	102	66	9	9	59	143
398	181	41	64	2	1	90	308
434	271	155	111	10	22	152	282
308	250	79	166	21	7	47	261
519	394	112	281	58	58	73	446
603	453	162	323	33	49	136	467
819	570	184	174	25	46	290	529
159	115	36	67	12	20	77	82
224	160	44	64	5	2	71	153
413	280	100	210	18	52	144	269
674	546	131	186	26	39	167	507
456	363	143	181	22	22	120	336
412	264	114	83	20	21	120	292
1238	885	281	296	44	41	242	996
737	590	181	248	36	27	84	653
6	5	1	1			1	5
291	222	66	214	12	73	104	187
845	552	274	257	54	69	329	516
242	166	66	111	13	17	126	116
258	166	70	140	10	33	102	156
124	74	47	53	2	1	48	76
316	181	106	135	6	22	102	214
398	266	87	97	6	17	82	316
152	57	25	19	30	6	61	91
272	217	88	88	14	25	16	256
567	330	228	146	21	32	132	435

C-2-9续表1

地 区	年龄结构				志愿服务	
	35岁及以下人数	36岁至45岁人数	46岁至55岁人数	56岁及以上人数	志愿者服务人次数	志愿服务时间
全 国	**4657**	**4334**	**2899**	**528**	**42017**	**107057.1**
北 京	153	180	196	14	686	1215.0
天 津	76	58	20	7		
河 北	35	34	26	6		
山 西	51	62	47	12	79	237.0
内蒙古	176	112	68	18	130	300.0
辽 宁	56	56	76	14	280	420.0
吉 林	121	150	81	46		
黑龙江	154	142	108	30	944	3513.0
上 海	134	99	59	16	1255	4701.0
江 苏	218	133	136	32	2443	6420.0
浙 江	281	179	118	25	2116	5150.0
安 徽	237	303	235	44	1224	3489.0
福 建	40	57	52	10	820	1230.0
江 西	97	64	42	21	290	880.0
山 东	177	136	83	17	4726	13347.0
河 南	278	223	160	13	400	488.0
湖 北	170	172	97	17	935	1860.0
湖 南	149	134	113	16	6273	14413.0
广 东	432	457	318	31	6781	12182.1
广 西	246	315	164	12	2143	4764.0
海 南	2		3	1		
重 庆	157	80	48	6	556	3496.0
四 川	315	291	205	34	1392	1970.0
贵 州	99	98	38	7	6350	21020.0
云 南	85	127	38	8		
西 藏	78	26	19	1		412.0
陕 西	111	116	73	16	1835	3836.0
甘 肃	185	124	79	10	167	378.0
青 海	23	86	38	5		
宁 夏	124	88	47	13	180	1300.0
新 疆	197	232	112	26	12	36.0

单位：人、人次、时、张、人天、平方米

年末床位数	年在院总人天数	年末在院人数	#女性	家庭寄养儿童数量	机构建筑面积
90328	**14466751**	**47556**	**15948**	**6573**	**2908829**
2518	398255	1206	366	99	151844
851	255135	698	251	133	25376
834	91565	373	50	113	14661
1019	200565	651	274	619	26448
1951	314565	1086	265		55680
1437	371367	748	270	195	17255
3222	908704	1575	99	1	249041
3319	320014	1263	469	99	119857
1991	398580	1423	567	209	35036
3009	548479	1666	636	240	98779
2913	516221	1404	513	77	87278
5443	841194	2723	1063	134	191385
1136	208502	581	235	119	37988
1857	154931	1041	176	6	49878
4207	570758	1463	566	223	149332
3761	714860	2809	1153	373	239061
3370	427634	1512	675	294	89999
3545	392010	1733	526	806	76077
4974	1000454	2614	856	162	157409
2892	473381	1492	662	217	66857
40	2534	12		2	2002
2529	240495	765	288		124900
7071	991030	3015	1294	408	188880
3260	343261	1183	595	102	67988
3217	421625	1538	284	1089	112896
4203	937851	4031	1318	276	69043
2954	628455	1815	644	231	108796
2536	355076	1284	340	30	85947
1854	246121	1239	79		16455
780	53272	309	149	264	21841
7635	1139857	4304	1285	52	170840

C−2−9续表2

地 区	事业单位会计制度财务指标		
	固定资产原价	本年收入合计	本年支出合计
全 国	**482119.4**	**350403.3**	**344598.6**
北 京	29328.3	25481.5	24703.3
天 津	8856.7	7559.1	7789.3
河 北	1758.3	645.4	643.9
山 西	255.4	443.8	441.2
内蒙古	20787.9	9821.9	10956.1
辽 宁	3889.7	2983.0	2894.4
吉 林	10008.2	11588.8	11027.2
黑龙江	24786.8	10810.5	10608.3
上 海	18588.0	15265.3	15684.4
江 苏	18798.0	20965.9	20665.2
浙 江	27068.9	35334.2	34269.9
安 徽	18569.3	16327.7	13403.5
福 建	4355.1	4918.6	4604.5
江 西	3299.8	3433.5	1797.6
山 东	21536.3	15674.0	15184.9
河 南	16873.4	9950.0	10031.7
湖 北	24621.9	12206.2	11933.9
湖 南	16451.8	9142.0	8414.0
广 东	32905.6	30783.4	34033.1
广 西	9963.4	10605.0	10066.3
海 南			
重 庆	11626.7	11679.9	12008.9
四 川	40148.8	19399.9	20785.3
贵 州	9902.5	5635.2	4786.1
云 南	16427.7	7146.4	6794.9
西 藏	8582.3	6579.9	4596.4
陕 西	27478.1	27453.9	27529.2
甘 肃	17797.4	6060.1	5458.3
青 海	2340.0	123.8	123.8
宁 夏	8988.1	4166.3	3820.8
新 疆	26125.0	8218.1	9542.2

单位：万元

民间非营利组织会计制度财务指标		
固定资产原价	本年收入合计	本年费用合计
4909.3	**1597.2**	**1659.0**
100.0	175.5	212.5
50.0	84.0	220.5
291.3		167.0
305.0		5.5
138.0	87.0	114.6
50.0	5.0	2.0
3.0		0.5
45.8		226.6
50.0	30.0	20.0
573.2	179.8	196.3
861.0	63.0	163.9
25.0	1.6	1.8
306.0	354.1	24.0
528.2	345.2	21.8
326.0	133.4	129.8
500.0	44.2	56.0
0.5		11.0
125.0		
350.0	16.3	15.0
120.0	42.5	40.0
25.0	2.0	24.2
126.3	33.6	5.0
10.0		1.0

C-2-10　未成年人

地　区	单位数	按床位数量分				
		0-49张	50-99张	100-199张	200-299张	300-399张
全　国	**202**	**142**	**36**	**15**	**7**	**2**
北　京	2			1		1
天　津						
河　北						
山　西	5	3	1	1		
内蒙古						
辽　宁	2	1	1			
吉　林						
黑龙江	1	1				
上　海	1		1			
江　苏	21	13	6		2	
浙　江	16	15			1	
安　徽	5	1	1	2	1	
福　建	1	1				
江　西	2	1		1		
山　东	3	2		1		
河　南	3	1	1		1	
湖　北	25	18	4	3		
湖　南	18	11	5	2		
广　东	11	7	2	1	1	
广　西	26	20	4	2		
海　南						
重　庆						
四　川	39	35	1	1	1	1
贵　州	7	3	4			
云　南	3	3				
西　藏	2	1	1			
陕　西	4	3	1			
甘　肃	2	1	1			
青　海						
宁　夏	3	1	2			
新　疆						

救助保护中心

单位：个、人

年末职工人数	#女性	受教育程度		职业资格水平		按人员性质分	
		大学专科人数	大学本科及以上人数	助理社会工作师人数	社会工作师人数	管理人员	专业技术技能人员
1792	**756**	**538**	**648**	**117**	**108**	**985**	**807**
39	15	4	35	2	5	39	
46	13	10	13		1	11	35
17	3	10	7			15	2
8	6		8			3	5
61	55	32	25	4	5	9	52
88	38	46	24	5	7	32	56
101	46	16	40	9	7	55	46
32	7	16	9		1	11	21
2	1	1	1		2	2	
15	1	5				15	
14	8	1	9	1	3	9	5
60	20	24	18	1	3	40	20
194	69	74	47	4	2	109	85
192	64	77	58	11	9	110	82
262	107	64	133	28	29	118	144
299	149	65	101	15	19	188	111
141	47	49	47	3	6	82	59
61	29	24	23	1	4	53	8
41	10	4	5	2	3	39	2
12	2	1	1			8	4
67	49	5	31	30		12	55
20	5	7	5	1		13	7
20	12	3	8		2	12	8

C-2-10续表1

地区	年龄结构				志愿服务	
	35岁及以下人数	36岁至45岁人数	46岁至55岁人数	56岁及以上人数	志愿者服务人次数	志愿服务时间
全国	**552**	**665**	**428**	**147**	**1987**	**5425.0**
北京	12	14	12	1	6	35.0
天津						
河北						
山西	11	20	7	8	2	6.0
内蒙古						
辽宁	2	5	9	1		
吉林						
黑龙江	3	5				
上海	31	23	6	1	10	30.0
江苏	38	38	8	4	284	948.0
浙江	25	27	26	23		
安徽	11	9	11	1	4	12.0
福建	1	1			3	6.0
江西	7	6	2			
山东	5	8	1		260	730.0
河南	12	33	13	2		
湖北	58	64	52	20	237	375.0
湖南	58	79	45	10	488	1743.0
广东	98	76	71	17		
广西	80	100	92	27	116	516.0
海南						
重庆						
四川	38	63	24	16	541	937.0
贵州	29	5	20	7	15	32.0
云南	5	35	1			
西藏	7	5				
陕西	8	37	16	6	14	48.0
甘肃	7	5	5	3	7	7.0
青海						
宁夏	6	7	7			
新疆						

单位：人、人次、时

在站救助人次数	有身份信息的救助人次数	#从其他站转入的	#女性	#肢体残疾人	#智障及精神病人	#救治的危重病人	#跨省接送
17926	**17329**	**1719**	**3836**	**228**	**2078**	**27**	**1052**
278	278		74	11	2		
307	307		9		1		
58	58	2	23	2	2		
6	1						
10	10		2				
964	963	23	205	33	13	15	23
215	206	14	32	5	16		14
193	193	19	80	1	1		13
4	4						
183	171						
1563	1550	5	464		1533		5
144	107	69	35	1	13		25
793	685	18	162	10	23	2	34
887	735	88	220	31	32	6	42
1103	929	344	307	32	25		487
1028	981	154	221	5	90	1	49
6969	6943	883	1726	94	151	2	340
417	408	76	204		160		9
43	40		14				
537	537						
65	64	3	21	3	5	1	
1953	1953	11	17				11
206	206	10	20		11		

C-2-10续表2

地区	#家暴庇护救助	#寻亲成功返乡	无身份信息的救助人次数	年末床位数	本年在站人天数	年末在站人数	#女性
全国	**9**	**512**	**597**	**8334**	**133649**	**466**	**98**
北京				450	13054	32	10
天津							
河北							
山西				232			
内蒙古							
辽宁				80			
吉林							
黑龙江			5	20			
上海				80	4557	10	2
江苏			1	999	25857	50	30
浙江	1	1	9	360	188	2	
安徽	1	10		544	406	1	
福建				2			
江西			12	140	20		
山东			13	140	1571	2	1
河南	3	15	37	290	538		
湖北		6	108	829	12048	36	2
湖南	2	54	152	748	24123	111	16
广东	1	203	174	687	27225	62	26
广西	1	60	47	781	6388	21	8
海南							
重庆							
四川		97	26	1258	16273	31	
贵州		5	9	283	624	7	3
云南			3	75	3		
西藏							
陕西			1	100	33	1	
甘肃		61		70	20		
青海							
宁夏				166	721	100	
新疆							

单位：人次、张、人天、人、平方米、万元

在站滞留三个月以上人数	残疾人	机构建筑面积	事业单位会计制度财务指标		
			固定资产原价	本年收入合计	本年支出合计
185	**105**	**172778**	**14411.8**	**9991.9**	**9268.4**
39	9	6154	500.5	2941.0	2321.5
		2730		3.0	3.0
			1250.0	293.4	296.8
		4081	560.1	2162.6	2164.3
		21000			
		17290			
		3667			
		300			
			21.0	75.0	75.0
2	1	8710			
		13101	1528.0	854.0	620.0
14	10	7953	29.0		
48	39	10524	74.6	181.8	181.8
44	33	22761	9726.4	3291.9	3342.7
16	10	25559	12.0		
21	3	10238	20.0	56.9	56.9
1		6214	55.0	15.0	30.0
		1452	132.2	117.3	94.4
		1236	500.0		82.0
		2480			
		4180			
		3148	3.0		

C-2-11 其他提供住宿

地区	单位数	按登记类型分		
		编制部门登记	民政部门登记	一个机构多块牌子
全国	**1828**	**1490**	**209**	**129**
中央级	1	1		
北京	18	18		
天津	10	10		
河北	48	41	6	1
山西	62	50	11	1
内蒙古	47	39	6	2
辽宁	92	15	33	44
吉林	48	48		
黑龙江	57	57		
上海	23	20	3	
江苏	81	70	9	2
浙江	54	52	2	
安徽	59	47	9	3
福建	50	45	2	3
江西	60	59	1	
山东	60	57		3
河南	107	96	6	5
湖北	91	76	10	5
湖南	119	108	11	
广东	96	74	19	3
广西	68	59	6	3
海南	7	6	1	
重庆	47	45	2	
四川	202	129	33	40
贵州	59	42	17	
云南	73	69	3	1
西藏	4	3		1
陕西	79	74	2	3
甘肃	45	31	10	4
青海	10	6	3	1
宁夏	13	9	4	
新疆	38	34		4

机构总表

单位：个

按床位数分						
0–49张	50–99张	100–199张	200–299张	300–399张	400–499张	500张以上
1045	**435**	**221**	**71**	**30**	**9**	**17**
		1				
8	3	2	3			2
7		2				1
31	11	3	2		1	
37	11	9	2	2		1
31	10	5	1			
46	24	12	7	1	1	1
32	9	5	1	1		
45	8	2		2		
13	5	1	2			2
40	23	11	3	2	2	
23	23	3	3	1		1
26	16	11	2	2	1	1
33	11	1	4	1		
34	14	7	3	1	1	
34	18	6	2			
59	29	14	1	2	1	1
50	18	14	7		1	1
65	33	19	1	1		
38	20	25	6	4	1	2
43	19	6				
3		3	1			
21	21	2	2	1		
110	45	30	13	2		2
38	11	7	1	1		1
53	13	4	2	1		
	3	1				
54	18	5		2		
33	5	5	1	1		
9		1				
9	2			1		1
20	12	4	1	1		

C-2-11续表1

地　区	年末职工人数	#女性	按登记类型分		
			编制部门登记	民政部门登记	一个机构多块牌子
全　国	**23820**	**9361**	**19816**	**2936**	**1068**
中央级	231	165	231		
北　京	540	235	540		
天　津	192	69	192		
河　北	619	290	565	38	16
山　西	1969	476	1904	61	4
内蒙古	435	136	406	15	14
辽　宁	713	219	187	321	205
吉　林	667	226	667		
黑龙江	1387	336	1387		
上　海	775	463	744	31	
江　苏	821	358	792	25	4
浙　江	713	312	628	85	
安　徽	550	198	476	66	8
福　建	492	197	428	41	23
江　西	487	160	477	10	
山　东	832	410	801		31
河　南	1278	440	1156	70	52
湖　北	1060	402	829	170	61
湖　南	1041	331	981	60	
广　东	2339	973	1715	581	43
广　西	725	289	537	28	160
海　南	96	32	86	10	
重　庆	532	213	503	29	
四　川	2384	1268	1119	916	349
贵　州	477	244	294	183	
云　南	567	220	510	54	3
西　藏	36	5	30		6
陕　西	975	374	868	38	69
甘　肃	411	144	332	70	9
青　海	58	14	38	15	5
宁　夏	90	35	71	19	
新　疆	328	127	322		6

单位：人

受教育程度		职业资格水平		按人员性质分	
大学专科人数	大学本科及以上人数	助理社会工作师人数	社会工作师人数	管理人员	专业技术技能人员
7845	**7117**	**896**	**1085**	**11285**	**12535**
48	179		2	17	214
102	378	29	14	413	127
36	113	4	10	135	57
181	185	9	27	198	421
364	256	11	44	279	1690
145	200	4	17	265	170
269	120	5	20	305	408
184	202	1	1	411	256
952	271	51	33	442	945
220	255	46	14	337	438
223	376	57	82	427	394
186	296	21	36	385	328
180	194	30	33	293	257
118	222	28	59	292	200
162	127	13	8	299	188
326	297	117	151	237	595
391	303	26	85	657	621
364	195	32	28	458	602
432	260	49	59	559	482
741	763	156	108	1395	944
222	294	32	40	457	268
26	34	3	4	38	58
181	256	18	24	341	191
781	426	64	79	986	1398
196	135	24	21	313	164
167	238	29	39	254	313
5	5			14	22
355	245	18	19	576	399
128	116	14	18	205	206
12	9		5	32	26
23	38	1	1	54	36
125	129	4	4	211	117

C-2-11续表2

地　区	年龄结构				志愿服务	
	35岁及以下人数	36岁至45岁人数	46岁至55岁人数	56岁及以上人数	志愿者服务人次数	志愿服务时间
全　国	**8513**	**7864**	**5726**	**1717**	**25759**	**70872.3**
中央级	145	57	23	6		
北　京	186	187	131	36	79	367.0
天　津	65	74	37	16	6	30.0
河　北	158	241	164	56	570	827.0
山　西	1402	304	220	43	169	575.0
内蒙古	108	102	170	55	152	254.0
辽　宁	204	271	197	41	1050	1646.0
吉　林	136	320	175	36		
黑龙江	755	292	276	64	3	7.0
上　海	251	333	134	57	56	199.0
江　苏	263	262	208	88	1434	4097.0
浙　江	228	254	180	51	4311	7406.0
安　徽	191	158	159	42	1021	3608.0
福　建	168	139	125	60	81	183.0
江　西	142	196	109	40	1115	2551.0
山　东	356	256	156	64	3509	8430.0
河　南	468	464	283	63	1060	2750.0
湖　北	285	441	252	82	899	3118.5
湖　南	294	452	228	67	2729	8587.0
广　东	737	788	678	136	1112	3866.8
广　西	187	235	241	62	40	216.0
海　南	29	32	26	9		
重　庆	181	175	143	33	2563	11483.0
四　川	725	694	675	290	687	1501.0
贵　州	190	128	105	54	1154	3698.0
云　南	125	234	149	59	69	398.0
西　藏	12	17	7			
陕　西	296	415	207	57	1513	4270.0
甘　肃	117	138	124	32	173	576.0
青　海	13	20	22	3		
宁　夏	26	36	24	4	72	72.0
新　疆	70	149	98	11	132	156.0

单位：人、人次、时、张、人天

年末床位数	按机构登记类型分			年在院（站）总人天数	年末在院（站）人数	#女性
	编制部门登记	民政部门登记	一个机构多块牌子			
122092	**99349**	**16263**	**6480**	**10173523**	**37630**	**11578**
150	150			47998	149	78
3893	3893			494038	2423	915
802	802			22885	339	62
2584	2443	139	2	320418	1033	400
3869	2745	1120	4	465208	1735	528
1883	1674	184	25	109895	244	26
6346	1416	1229	3701	182583	1624	468
2365	2365			22114	67	28
2509	2509			66368	388	71
3168	3037	131		698020	1886	744
5543	5494	43	6	475575	1348	462
4432	4136	296		384145	1437	568
5234	4619	535	80	553457	1872	495
2700	2408	230	62	206771	541	222
3781	3781			223606	1364	120
3128	2980		148	322071	969	364
6962	6599	175	188	463480	2398	1083
6656	4763	1544	349	779419	2488	686
6002	5199	803		422326	1853	449
9535	6715	2630	190	1446837	3395	1128
2610	2161	366	83	237630	562	184
673	488	185		31022	73	5
2516	2366	150		240795	602	247
13257	7625	4267	1365	1326969	5711	1747
3303	2883	420		141231	696	78
2669	2409	240	20	101784	537	137
6172	6172			301	301	
3373	3290	20	63	148703	641	92
2175	1329	758	88	129740	511	116
352	209	83	60	9860	31	
1228	513	715		10010	126	23
2222	2176		46	88264	286	52

C-2-11续表3

地 区	事业单位会计制度财务指标		
	固定资产原价	本年收入合计	本年支出合计
全 国	**437538.8**	**546884.6**	**512656.1**
中央级	9684.3	13384.3	12658.5
北 京	6009.4	39314.2	31709.7
天 津	2025.2	7610.5	7765.6
河 北	13784.4	17311.3	16880.1
山 西	12378.3	29166.4	15803.3
内蒙古	8707.8	8645.5	8749.4
辽 宁	2096.4	2378.0	2140.6
吉 林	7554.3	8112.1	7751.7
黑龙江	10082.9	6617.3	6862.6
上 海	29920.8	32998.0	32535.9
江 苏	27819.7	30164.9	26364.6
浙 江	15497.6	23180.9	22808.6
安 徽	19575.1	14332.1	14394.0
福 建	9719.8	14905.4	12622.7
江 西	6959.5	8546.8	7637.7
山 东	19631.9	25191.4	22539.4
河 南	20566.2	20265.9	19730.4
湖 北	19596.3	21718.8	21213.8
湖 南	20086.5	24139.6	24984.3
广 东	60307.5	96147.1	97055.7
广 西	9731.3	15026.0	14377.2
海 南	2271.0	4086.4	3664.9
重 庆	11754.3	13000.9	13052.4
四 川	25573.1	20567.3	21063.3
贵 州	5940.7	7713.6	7221.0
云 南	12252.7	11318.5	10564.0
西 藏	505.3		326.6
陕 西	23779.2	16082.6	15369.9
甘 肃	11485.0	6161.1	5853.7
青 海	318.1	913.6	926.8
宁 夏	2027.7	1241.4	1566.3
新 疆	9896.5	6642.7	6461.4

单位：万元

民间非营利组织会计制度财务指标		
固定资产原价	本年收入合计	本年费用合计
26682.3	**17238.2**	**17324.8**
676.1	116.5	125.1
1604.3	24.8	70.0
103.5	20.0	26.3
2218.4	1167.1	975.5
240.0	185.0	163.0
205.0		46.0
170.0		4.0
1580.0	56.0	342.5
243.9	538.9	267.0
20.0		2.0
1245.2	780.8	115.9
1429.0	370.6	268.6
556.1	252.8	193.1
2634.0	3496.3	3918.6
77.0	13.3	17.1
5.0		40.0
70.0	232.3	213.1
6691.3	8851.6	8334.6
1637.1	902.0	1958.6
35.0	2.2	7.2
5184.4	211.0	232.3
30.0	2.0	0.1
27.0	15.0	4.2

C-2-12 流浪乞讨人员

地 区	单位数	按床位数量分						
		0-49张	50-99张	100-199张	200-299张	300-399张	400-499张	500张以上
全 国	**1545**	**909**	**379**	**174**	**47**	**20**	**6**	**10**
北 京	18	8	3	2	3			2
天 津	10	7		2				1
河 北	36	22	9	3	2			
山 西	50	35	6	7		2		
内蒙古	39	26	8	4	1			
辽 宁	56	18	22	9	6	1		
吉 林	48	32	9	5	1	1		
黑龙江	56	45	8	2		1		
上 海	18	10	5	1	1			1
江 苏	69	31	22	10	3	1	2	
浙 江	49	22	22	3	2			
安 徽	48	21	12	11	1	1	1	1
福 建	41	29	8	1	2	1		
江 西	59	33	14	7	3	1	1	
山 东	59	34	18	6	1			
河 南	97	55	23	14	1	2	1	1
湖 北	79	48	17	11	2			1
湖 南	103	58	28	15	1	1		
广 东	76	33	18	15	5	3	1	1
广 西	62	42	16	4				
海 南	6	3		2	1			
重 庆	37	18	16	1	1	1		
四 川	151	96	33	14	7			1
贵 州	41	22	10	7	1			1
云 南	69	51	13	4	1			
西 藏	4		3	1				
陕 西	76	52	17	5		2		
甘 肃	34	26	5	3				
青 海	7	6		1				
宁 夏	9	6	2			1		
新 疆	38	20	12	4	1	1		

救助管理站

单位：个、人

年末职工人数	#女性	受教育程度		职业资格水平		按人员性质分	
		大学专科人数	大学本科及以上人数	助理社会工作师人数	社会工作师人数	管理人员	专业技术技能人员
16408	**5750**	**5646**	**6002**	**664**	**840**	**9941**	**6467**
540	235	102	378	29	14	413	127
192	69	36	113	4	10	135	57
367	126	120	120	9	27	169	198
445	165	157	138	11	23	238	207
395	110	142	185	4	17	252	143
374	112	151	97	5	9	226	148
667	226	184	202	1	1	411	256
587	186	252	171	21	10	392	195
333	122	114	194	27	11	289	44
749	300	210	370	54	81	411	338
501	174	159	233	21	36	301	200
447	151	157	158	28	29	259	188
318	101	77	172	23	49	216	102
477	155	154	127	13	8	296	181
525	173	183	245	28	66	228	297
1151	377	364	293	21	75	627	524
868	290	305	188	32	28	390	478
931	290	411	253	43	49	518	413
1757	590	620	696	143	94	1147	610
697	273	221	292	32	40	441	256
86	28	22	28	3	4	34	52
360	124	121	205	16	24	300	60
1199	466	483	346	48	69	744	455
292	135	124	117	19	9	251	41
429	151	150	181	13	17	231	198
36	5	5	5			14	22
908	328	350	216	7	19	539	369
335	127	115	103	4	15	180	155
43	13	10	9		1	27	16
71	21	22	38	1	1	51	20
328	127	125	129	4	4	211	117

C-2-12续表1

地区	年龄结构				志愿服务	
	35岁及以下人数	36岁至45岁人数	46岁至55岁人数	56岁及以上人数	志愿者服务人次数	志愿服务时间
全国	**4901**	**6018**	**4311**	**1178**	**22642**	**62863.3**
北京	186	187	131	36	79	367.0
天津	65	74	37	16	6	30.0
河北	104	137	89	37	514	626.0
山西	153	142	116	34	101	371.0
内蒙古	95	95	158	47	152	254.0
辽宁	101	137	117	19	995	1556.0
吉林	136	320	175	36		
黑龙江	155	192	176	64	3	7.0
上海	126	100	64	43	30	60.0
江苏	252	244	190	63	1349	4002.0
浙江	156	187	116	42	4311	7406.0
安徽	146	135	132	34	990	3468.0
福建	109	102	75	32	81	183.0
江西	137	194	106	40	390	851.0
山东	170	192	120	43	3509	8430.0
河南	423	418	259	51	1054	2702.0
湖北	235	338	217	78	839	2938.5
湖南	271	405	195	60	1390	5076.0
广东	501	596	549	111	1112	3866.8
广西	171	229	235	62	40	216.0
海南	24	30	24	8		
重庆	109	112	114	25	2251	10921.0
四川	379	471	296	53	673	1458.0
贵州	106	92	75	19	819	2617.0
云南	93	193	112	31	69	398.0
西藏	12	17	7			
陕西	296	370	190	52	1508	4255.0
甘肃	98	113	97	27	173	576.0
青海	8	16	19			
宁夏	14	31	22	4	72	72.0
新疆	70	149	98	11	132	156.0

单位：人、人次、时

在站救助人次数	有身份信息的救助人次数	#从其他站转入的	#女性	#未成年人	#老年人	#肢体残疾人	#智障及精神病人
983032	**873296**	**69499**	**126947**	**43993**	**116468**	**27981**	**88690**
51354	51028	50	2255	1187	1671	172	2526
3029	3013	65	402	138	255	84	381
45157	36634	1659	6217	1577	6793	1589	4125
54859	44951	1574	3023	852	4844	483	3322
23998	23024	9315	8472	580	3336	2049	9439
37655	36240	1528	7032	1333	8553	1789	2655
27256	27165	5579	6516	1271	6256	1859	1272
16015	15339	3123	3332	666	4593	1078	2285
11642	10761	1988	2075	478	1595	631	1408
37310	32816	1017	5201	1933	3175	369	3031
39724	33154	721	5863	1527	3518	773	6361
21804	19085	1963	3775	627	3300	805	2350
21709	20656	586	1236	428	1492	381	377
36059	32849	1377	1980	587	3872	277	1496
21461	13929	1421	3041	2013	2170	1053	5893
59670	29773	3981	5277	1270	4171	997	5648
41105	37090	3235	6374	1729	5117	1358	6097
120647	117613	2708	9057	4797	13910	2774	4672
61563	55863	2339	6570	2267	5086	2414	4072
19863	13753	2234	3058	1020	2044	386	2559
1990	1700		598	393	184		
21751	21289	2197	3661	997	3315	613	1715
76729	72402	9877	16720	9448	13790	2531	8297
22845	21512	2449	3630	2657	1799	423	1781
27980	25207	4459	3017	1431	2513	1348	2078
1343	1338	555		9		5	
51055	49242	2147	4890	1409	5769	906	1924
13900	12584	1094	1895	528	1844	389	2028
1809	1781	24	355	303	174	107	360
8500	8500	104	838	302	683	190	335
3250	3005	130	587	236	646	148	203

C-2-12续表2

地　区	#救治的危重病人	#自主返乡	#跨省接送	#家暴庇护救助	#寻亲成功返乡	#落户安置	无身份信息的救助人次数
全　国	**5981**	**297170**	**22582**	**2759**	**2035**	**90**	**109736**
北　京	257	4677	192	1			326
天　津	233	572	66	1			16
河　北	226	16979	1472	3			8523
山　西	71	15506	128	22	26	1	9908
内蒙古	894	4540	272	867	2		974
辽　宁	651	8100	935	3	33		1415
吉　林	10	1308	120	78			91
黑龙江	223	4146	479	4			676
上　海	179	6702	1154	7			881
江　苏	148	7568	566	41	149	20	4494
浙　江	285	14039	1428	65	32		6570
安　徽	230	6220	259	3	94	34	2719
福　建	19	5053	48		14		1053
江　西	9	5137	739	414	24	9	3210
山　东	200	6580	2716	24	672	6	7532
河　南	147	5761	961	240	129		29897
湖　北	122	10762	298	6	378	16	4015
湖　南	229	50594	1003	229	66		3034
广　东	164	33703	2512	19	298		5700
广　西	89	3514	374	16	87		6110
海　南		49					290
重　庆	199	14357	1322	7	12		462
四　川	572	23114	2041	83			4327
贵　州	49	2660	273	277	7		1333
云　南	178	10994	1557	22			2773
西　藏							5
陕　西	397	26456	1026	180			1813
甘　肃	60	4010	363	129	8	3	1316
青　海	2	162	25				28
宁　夏	28	3270	70				
新　疆	110	637	183	18	4	1	245

单位：人次、张、人天、人

本年不在站救助人次数	床位数	成年人床位数	儿童床位数	本年在站人天数	年末在站人数	#女性	#儿童
332407	**96190**	**78466**	**17724**	**6924491**	**22971**	**6548**	**1079**
12483	3893	3738	155	494038	2423	915	26
2700	802	670	132	22885	339	62	
10077	1887	1336	551	222641	665	240	41
17477	2249	1695	554	238862	754	153	49
7371	1575	1273	302	84804	118	26	4
8198	4473	3391	1082	80198	316	34	49
4170	2365	1784	581	22114	67	28	4
6940	2209	1723	486	65368	288	21	19
301	2017	1800	217	279183	723	276	28
14208	5000	4026	974	397893	1133	370	82
3628	2698	2190	508	235541	808	279	72
27974	4361	3557	804	409017	1324	341	53
7092	2029	1376	653	119853	74	22	20
8525	3781	3285	496	223606	1364	120	63
8515	2868	2256	612	233387	721	329	15
18687	6527	4748	1779	426579	2172	1034	158
8214	4648	3492	1156	436394	1497	376	42
32995	5056	4220	836	376883	1554	320	84
30680	6875	5987	888	1261646	2322	886	69
16546	2244	1774	470	215940	507	148	54
420	488	352	136	31022	73	5	1
3182	1806	1251	555	121455	281	127	8
29742	7541	6214	1327	414966	1363	178	105
12171	2873	2192	681	74431	493	36	12
8228	2129	1864	265	101269	178	18	3
491	6172	6172		301	301		
6991	3303	2644	659	148253	617	91	3
7898	1317	1030	287	83785	153	53	12
13597	269	247	22	3933			
1142	513	493	20	9980	57	8	
1764	2222	1686	536	88264	286	52	3

C-2-12续表3

地　区	在站滞留三个月以上人数	#残疾人	#未成年人	机构建筑面积
全　国	**17086**	**9213**	**788**	**2265353**
北　京	1820	1710	40	140338
天　津	20	5		13991
河　北	559	339	9	56354
山　西	596	460	37	51832
内蒙古	415	115	12	45961
辽　宁	142	83	1	64568
吉　林	29	19	1	77816
黑龙江	405	12	1	26918
上　海	701	659	26	28710
江　苏	1141	711	115	139658
浙　江	614	252	15	77919
安　徽	789	518	10	109868
福　建	555	486	23	49970
江　西	177	62	1	37690
山　东	582	327	4	132694
河　南	1340	693	67	220193
湖　北	1152	613	24	85688
湖　南	1008	412	26	65732
广　东	2358	663	99	317674
广　西	677	309	22	52994
海　南				2201
重　庆	588	230	15	86607
四　川	370	152	13	92769
贵　州	330	27	190	45453
云　南	209	146	28	29975
西　藏				1626
陕　西	338	138	3	120476
甘　肃	16	14		27848
青　海				1464
宁　夏	20	19		9940
新　疆	135	39	6	50426

单位：人、平方米、万元

事业单位会计制度财务指标		
固定资产原价	本年收入合计	本年支出合计
377075.6	**492683.1**	**464001.2**
6009.4	39314.2	31709.7
2025.2	7610.5	7765.6
10932.7	13507.1	13106.9
9734.2	19377.7	8927.5
8612.5	8291.1	8401.5
2096.4	2378.0	2140.6
7554.3	8112.1	7751.7
5996.5	6617.3	6862.6
22697.9	21671.9	21214.4
26009.7	29886.9	26095.6
12719.9	22587.7	22137.5
15156.4	13559.7	13621.6
5939.6	10795.0	10183.7
6959.5	8546.8	7637.7
16125.9	20123.4	17729.4
15730.7	20153.3	19617.8
16766.3	21590.4	21085.4
19946.5	24049.0	24934.3
60257.5	96139.6	97048.7
9731.3	15026.0	14377.2
2271.0	4086.4	3664.9
9704.4	12016.2	12148.0
22464.9	20145.2	20625.6
5440.7	7713.6	7221.0
9985.9	8954.3	8196.3
505.3		326.6
22900.4	15707.2	14994.5
10558.3	5924.8	5520.4
318.1	913.6	926.8
2027.7	1241.4	1566.3
9896.5	6642.7	6461.4

C-2-13 其他提供

地区	单位数	按床位数量分						
		0-49张	50-99张	100-199张	200-299张	300-399张	400-499张	500张以上
全　国	**283**	**136**	**56**	**47**	**24**	**10**	**3**	**7**
中央级	1			1				
北　京								
天　津								
河　北	12	9	2				1	
山　西	12	2	5	2	2			1
内蒙古	8	5	2	1				
辽　宁	36	28	2	3	1		1	1
吉　林								
黑龙江	1					1		
上　海	5	3			1			1
江　苏	12	9	1	1		1		
浙　江	5	1	1		1	1		1
安　徽	11	5	4		1	1		
福　建	9	4	3		2			
江　西	1	1						
山　东	1				1			
河　南	10	4	6					
湖　北	12	2	1	3	5		1	
湖　南	16	7	5	4				
广　东	20	5	2	10	1	1		1
广　西	6	1	3	2				
海　南	1			1				
重　庆	10	3	5	1	1			
四　川	51	14	12	16	6	2		1
贵　州	18	16	1			1		
云　南	4	2			1	1		
西　藏								
陕　西	3	2	1					
甘　肃	11	7		2	1	1		
青　海	3	3						
宁　夏	4	3						1
新　疆								

住宿机构

单位：个、人

年末职工人数	#女性	受教育程度		职业资格水平		按人员性质分	
		大学专科人数	大学本科及以上人数	助理社会工作师人数	社会工作师人数	管理人员	专业技术技能人员
7412	**3611**	**2199**	**1115**	**232**	**245**	**1344**	**6068**
231	165	48	179		2	17	214
252	164	61	65			29	223
1524	311	207	118		21	41	1483
40	26	3	15			13	27
339	107	118	23		11	79	260
800	150	700	100	30	23	50	750
442	341	106	61	19	3	48	394
72	58	13	6	3	1	16	56
212	138	27	63			84	128
103	47	23	36	2	4	34	69
174	96	41	50	5	10	76	98
10	5	8				3	7
307	237	143	52	89	85	9	298
127	63	27	10	5	10	30	97
192	112	59	7			68	124
110	41	21	7	6	10	41	69
582	383	121	67	13	14	248	334
28	16	1	2			16	12
10	4	4	6			4	6
172	89	60	51	2		41	131
1185	802	298	80	16	10	242	943
185	109	72	18	5	12	62	123
138	69	17	57	16	22	23	115
67	46	5	29	11		37	30
76	17	13	13	10	3	25	51
15	1	2			4	5	10
19	14	1				3	16

C-2-13续表1

地区	年龄结构				志愿服务	
	35岁及以下人数	36岁至45岁人数	46岁至55岁人数	56岁及以上人数	志愿者服务人次数	志愿服务时间
全国	**3612**	**1846**	**1415**	**539**	**3117**	**8009.0**
中央级	145	57	23	6		
北京						
天津						
河北	54	104	75	19	56	201.0
山西	1249	162	104	9	68	204.0
内蒙古	13	7	12	8		
辽宁	103	134	80	22	55	90.0
吉林						
黑龙江	600	100	100			
上海	125	233	70	14	26	139.0
江苏	11	18	18	25	85	95.0
浙江	72	67	64	9		
安徽	45	23	27	8	31	140.0
福建	59	37	50	28		
江西	5	2	3		725	1700.0
山东	186	64	36	21		
河南	45	46	24	12	6	48.0
湖北	50	103	35	4	60	180.0
湖南	23	47	33	7	1339	3511.0
广东	236	192	129	25		
广西	16	6	6			
海南	5	2	2	1		
重庆	72	63	29	8	312	562.0
四川	346	223	379	237	14	43.0
贵州	84	36	30	35	335	1081.0
云南	32	41	37	28		
西藏						
陕西		45	17	5	5	15.0
甘肃	19	25	27	5		
青海	5	4	3	3		
宁夏	12	5	2			
新疆						

单位：人、人次、时、张、人天

年末床位数	年在院总人天数	年末在院人数	#女性	按人员性质分		
				自费人员	特困人员	其他
25902	**3249032**	**14659**	**5030**	**9253**	**4387**	**1019**
150	47998	149	78	149		
697	97777	368	160	109	106	153
1620	226346	981	375	778	122	81
308	25091	126		103	23	
1873	102385	1308	434	894	387	27
300	1000	100	50	20	80	
1151	418837	1163	468	428	735	
543	77682	215	92	135	80	
1734	148604	629	289	615	3	11
873	144440	548	154	234	310	4
671	86918	467	200	306	141	20
260	88684	248	35	4	22	222
435	36901	226	49	43	113	70
2008	343025	991	310	930		61
946	45443	299	129	170	109	20
2660	185191	1073	242	713	360	
366	21690	55	36	4	51	
185						
710	119340	321	120	252	69	
5716	912003	4348	1569	2900	1392	56
430	66800	203	42	28	9	166
540	515	359	119	66	170	123
70	450	24	1	17	5	2
858	45955	358	63	300	58	
83	5927	31		8	20	3
715	30	69	15	47	22	

C-2-13续表2

地区	按年龄分			按护理类型分			康复和医疗门诊人次数
	老人	青壮年	少年儿童	自理（完全自理）	介助（半自理）	介护（不能自理）	
全　国	**11579**	**2168**	**912**	**7798**	**3657**	**3203**	**196639**
中央级	57	28	64	32	106	11	4135
北　京							
天　津							
河　北	245	123		56	272	40	790
山　西	883	98		704	248	29	102
内蒙古	94	32		55	58	13	166
辽　宁	1217	69	22	1075	180	53	
吉　林							
黑龙江	100			20	50	30	11474
上　海	308	835	20	106	281	776	866
江　苏	214	1		145	45	25	1308
浙　江	617	12		210	9	410	435
安　徽	406	142		162	330	56	
福　建	286	179	2	339	53	75	166
江　西							
山　东	235	13		248			39147
河　南	141		85	113	33	80	697
湖　北	991			807	127	56	1199
湖　南	231	32	36	181	84	34	93
广　东	447	140	486	644	250	179	132000
广　西	49	6		32	22	1	
海　南							
重　庆	270		51	216	70	35	1755
四　川	4171	43	134	2207	1152	989	2306
贵　州	65	126	12	94	64	45	
云　南	83	276		44	92	223	
西　藏							
陕　西	21	3		15	5	4	
甘　肃	349	9		231	89	38	
青　海	30	1		5	25	1	
宁　夏	69			57	12		
新　疆							

单位：人、人次、平方米、万元

机构建筑面积	事业单位会计制度财务指标			民间非营利组织会计制度财务指标		
	固定资产原价	本年收入合计	本年支出合计	固定资产原价	本年收入合计	本年费用合计
883629	**60463.2**	**54201.5**	**48654.9**	**26682.3**	**17238.2**	**17324.8**
30000	9684.3	13384.3	12658.5			
27710	2851.7	3804.2	3773.2	676.1	116.5	125.1
75216	2644.1	9788.7	6875.8	1604.3	24.8	70.0
9620	95.3	354.4	347.9	103.5	20.0	26.3
26671				2218.4	1167.1	975.5
8000	4086.4					
33729	7222.9	11326.1	11321.5	240.0	185.0	163.0
25300	1810.0	278.0	269.0	205.0		46.0
37271	2777.7	593.2	671.1	170.0		4.0
38995	4418.7	772.4	772.4	1580.0	56.0	342.5
63049	3780.2	4110.4	2439.0	243.9	538.9	267.0
200				20.0		2.0
7900	3506.0	5068.0	4810.0			
18110	4835.5	112.6	112.6	1245.2	780.8	115.9
20607	2830.0	128.4	128.4	1429.0	370.6	268.6
19510	140.0	90.6	50.0	556.1	252.8	193.1
64116	50.0	7.5	7.0	2634.0	3496.3	3918.6
16560				77.0	13.3	17.1
13000				5.0		40.0
24468	2049.9	984.7	904.4	70.0	232.3	213.1
141096	3108.2	422.1	437.7	6691.3	8851.6	8334.6
37905	500.0			1637.1	902.0	1958.6
30822	2266.8	2364.2	2367.7	35.0	2.2	7.2
1900	878.8	375.4	375.4			
44824	926.7	236.3	333.3	5184.4	211.0	232.3
3000				30.0	2.0	0.1
64050				27.0	15.0	4.2

C−2−14 不提供住宿的民政

地 区	机构和设施数	市场监管部门登记	编制部门登记	民政部门登记	设施
全 国	**529366**	**37**	**2386**	**49966**	**476977**
中央级	1		1		
北 京	12156	3	226	1151	10776
天 津	2914	3	13	71	2827
河 北	37826		23	329	37474
山 西	7747		82	131	7534
内蒙古	5125		80	117	4928
辽 宁	8340		13	379	7948
吉 林	16385		109	111	16165
黑龙江	3807	3	48	862	2894
上 海	9399	1	120	3660	5618
江 苏	44639	3	101	25974	18561
浙 江	38775	1	75	7957	30742
安 徽	8173	2	63	314	7794
福 建	11481		33	430	11018
江 西	15095		62	152	14881
山 东	28701	2	67	2530	26102
河 南	39403	1	118	435	38849
湖 北	33149	2	123	255	32769
湖 南	18638	2	139	407	18090
广 东	71307	1	176	1073	70057
广 西	14214	5	146	111	13952
海 南	3220		7	197	3016
重 庆	13946		37	645	13264
四 川	25534	6	85	1523	23920
贵 州	23587	1	161	73	23352
云 南	6059		64	57	5938
西 藏	86		2	4	80
陕 西	10962		79	264	10619
甘 肃	11308		59	263	10986
青 海	1970		6	210	1754
宁 夏	2855		9	77	2769
新 疆	2564	1	59	204	2300

服务机构和设施总表

单位：个、人

年末职工人数	#女性	按登记类型分			
		市场监管部门登记	编制部门登记	民政部门登记	设施
1975238	**716894**	**656**	**35321**	**242600**	**1696661**
114	50		114		
51623	26749	96	2450	7531	41546
15182	8373	10	119	334	14719
84154	28182		495	3416	80243
25946	8311		844	1232	23870
21006	9983		1516	773	18717
47758	28567		241	2844	44673
31913	15650		1827	839	29247
22496	10845	52	564	3915	17965
105479	35748	41	3759	25226	76453
202635	60797	43	1356	112368	88868
121413	46421	22	881	25204	95306
38168	15278	38	1206	1776	35148
27936	10621		433	2269	25234
68416	17657		514	1052	66850
117588	46862	19	1240	13716	102613
189721	56094	3	1390	3540	184788
100953	41682	50	1270	1615	98018
55495	20971	54	1422	2247	51772
234153	78661	2	2804	8560	222787
24851	8496	64	1363	914	22510
13043	4655		67	1017	11959
62545	27255		488	4050	58007
79880	28747	116	1216	8975	69573
102025	26702	36	4465	362	97162
26965	9267		471	361	26133
845	541		47	32	766
42121	18195		1130	4109	36882
25203	8763		617	1071	23515
6726	2736		121	1365	5240
10484	4843		398	183	9903
18401	9192	10	493	1704	16194

C−2−14续表1

地　区	受教育程度		职业资格水平	
	大学专科人数	大学本科及以上人数	助理社会工作师人数	社会工作师人数
全　国	**399878**	**214116**	**46021**	**23243**
中央级	5	109		
北　京	13327	14391	3777	1572
天　津	3668	5267	1790	625
河　北	6700	3155	620	491
山　西	3246	1986	516	317
内蒙古	6008	3674	441	251
辽　宁	16081	10425	2609	1536
吉　林	565	594	47	8
黑龙江	5523	2550	623	338
上　海	25348	19628	651	740
江　苏	35494	17162	3148	1605
浙　江	22855	14752	6582	1799
安　徽	9617	3232	764	349
福　建	3123	1470	612	413
江　西	2819	1640	367	162
山　东	36360	16692	1854	1466
河　南	29924	12175	2538	759
湖　北	22965	6992	1619	710
湖　南	13703	5207	788	463
广　东	48693	33083	9152	5188
广　西	3179	2266	333	220
海　南	1154	486	43	24
重　庆	19840	7819	2629	1172
四　川	19256	6008	1898	1110
贵　州	20133	7633	331	111
云　南	4705	1914	294	105
西　藏	95	30		
陕　西	9203	5085	1181	938
甘　肃	5513	3000	274	132
青　海	2442	683	100	142
宁　夏	2105	531	112	16
新　疆	6229	4477	328	481

单位：人、人次、时

年龄结构				志愿服务	
35岁及以下人数	36岁至45岁人数	46岁至55岁人数	56岁及以上人数	志愿者服务人次数	志愿服务时间
543872	**756147**	**492804**	**182415**	**9180073**	**19379920.7**
34	47	25	8		
14827	17347	14390	5059	7131382	13460913.5
6194	4663	3530	795	360	720.0
19202	30624	25124	9204	16369	29679.0
4267	8766	7448	5465	87009	238175.0
6560	8158	4812	1476	9582	18447.0
13870	19253	11686	2949	48117	74049.0
17060	13181	1466	206	415	606.0
5974	9515	4406	2601	2741	5632.0
42312	35278	22378	5511	8764	40083.0
55214	78299	54105	15017	207033	420687.6
32366	47696	31763	9588	218619	602477.2
11055	15866	8837	2410	27209	72768.5
6654	10285	7520	3477	74871	433339.0
5978	53530	5861	3047	1607	2810.0
33853	43243	26977	13515	216069	522007.5
32525	58256	63113	35827	211628	927062.6
24423	39270	28530	8730	104006	231419.0
13343	21200	14847	6105	35810	98308.5
79081	86116	51087	17869	111827	317878.8
6600	8715	7406	2130	11920	18444.0
3307	5004	3549	1183	2028	5536.0
18087	20896	18065	5497	362191	1008287.0
21323	31089	20190	7278	15055	43670.0
31255	39209	24840	6721	32134	96860.0
7157	12344	5994	1470	1368	2034.0
491	326	22	6	4966	
9553	13859	12572	6137	168522	441684.5
8888	9927	5297	1091	30810	75397.0
2524	2931	785	486	678	
2664	4396	2682	742	44	102.0
7231	6858	3497	815	36939	190843.0

C-2-14续表2

地 区	企业会计制度财务指标			
	固定资产原价	营业收入	费用合计	营业利润
全 国	**34217.6**	**20632.3**	**4337.1**	**28.0**
中央级				
北 京	4620.7	4020.3	1558.3	-1398.8
天 津	183.0	25.0	6.0	-16.0
河 北	50.9		232.0	-2.9
山 西	23.0			
内蒙古	507.0			
辽 宁				
吉 林	6.0			
黑龙江	1920.8	14.0	14.0	
上 海	2644.0	3090.1		671.2
江 苏	1153.6	893.9	128.7	-58.7
浙 江	3876.5	3313.1	811.1	-2.5
安 徽	892.0	629.1		
福 建		10.0	3.0	
江 西	1.0			
山 东	6416.3	1369.6	511.2	229.3
河 南	225.0			
湖 北	878.0	4821.0		550.0
湖 南	1911.8	2195.0	900.0	
广 东	4061.4	3.0		
广 西	1651.0			
海 南				
重 庆				
四 川	105.5	3.0	2.5	3.0
贵 州	300.0	3.0		
云 南	160.0	1.0	1.7	
西 藏				
陕 西	2630.1	241.2	168.6	53.4
甘 肃				
青 海				
宁 夏				
新 疆				

单位：万元

事业单位会计制度财务指标			民间非营利组织会计制度财务指标		
固定资产原价	本年收入合计	本年支出合计	固定资产原价	本年收入合计	本年费用合计
1637032.7	**1601655.0**	**1479408.6**	**576245.0**	**724005.4**	**668559.7**
206489.4	132196.0	89277.8			
58327.0	111425.6	112373.0	11857.1	25849.7	21721.0
20731.4	11741.4	11402.2	952.2	4023.8	1038.2
75810.1	63713.3	60097.0	6074.1	2045.3	4288.4
36695.0	35026.0	27350.7	4648.1	5724.3	5687.3
56058.2	44042.4	30262.5	1317.7	1728.5	1671.2
84301.6	24303.8	19967.9	4334.4	754.8	2672.2
20038.9	61233.6	51453.6	69.1	28.0	78.6
28853.5	20280.6	20154.3	3971.3	758.5	672.0
23100.7	105742.4	98091.1	68536.0	300087.7	319729.9
113978.2	81320.9	74906.9	261712.0	205327.0	164520.2
68105.9	58768.3	58168.9	31359.4	47415.3	39241.9
61004.0	34484.9	32968.3	6131.1	4856.8	2969.2
8092.7	23864.4	20294.3	4399.6	3556.2	1547.8
35093.1	25120.6	24426.5	2266.5	2425.8	2361.9
176952.5	83552.1	82924.5	58779.3	29813.3	35620.7
82135.1	48358.2	47011.6	4804.5	862.2	1118.3
63292.1	69388.3	72121.0	1671.6	937.4	810.1
54685.2	61386.9	55696.7	4134.8	32513.7	2499.1
59604.6	96506.0	106826.7	28310.7	29206.2	34021.1
32565.3	51023.1	46995.6	11128.8	784.4	979.0
3451.7	10701.8	11034.1	706.0	650.0	650.0
21175.9	34479.8	34560.5	4698.9	8403.9	8397.6
31535.6	71046.3	71920.0	33760.1	8209.6	10283.5
41559.0	86411.6	78604.2	7742.3	558.5	741.8
47883.0	30571.5	42428.6	1793.9	93.8	426.2
516.9	14402.1	12495.4	50.0	120.0	20.0
47502.0	47790.3	29145.2	3312.9	1906.8	2391.8
21604.3	18501.2	17236.7	3436.1	363.0	64.0
9022.1	7174.2	7570.2	2312.6	1464.0	1412.3
12032.9	9820.6	8252.5	207.9	3164.4	2.0
34834.8	27276.8	23390.1	1766.0	372.5	922.4

C-2-15 社区服务

地区	机构和设施数	#农村	按登记类型分			
			市场监管部门登记	编制部门登记	民政部门登记	设施
全国	**527757**	**316100**	**188**	**871**	**49721**	**476977**
北京	12128	5231	30	199	1123	10776
天津	2903	1142	2	3	71	2827
河北	37799	33699	5	5	315	37474
山西	7679	5784		14	131	7534
内蒙古	5085	2214		40	117	4928
辽宁	8330	2784		3	379	7948
吉林	16277	11837	6	1	105	16165
黑龙江	3765	572	2	7	862	2894
上海	9375	1439		112	3645	5618
江苏	44552	18387	6	17	25968	18561
浙江	38711	20622	17	28	7924	30742
安徽	8104	3216	1	18	291	7794
福建	11455	6450	1	7	429	11018
江西	15037	9477		4	152	14881
山东	28662	17950	60	30	2470	26102
河南	39313	28110	14	28	422	38849
湖北	33037	23611	6	12	250	32769
湖南	18509	11089	8	11	400	18090
广东	71249	39485	3	118	1071	70057
广西	14070	11329	9	2	107	13952
海南	3213	2420			197	3016
重庆	13911	8299		2	645	13264
四川	25470	11834	13	21	1516	23920
贵州	23525	17592	1	99	73	23352
云南	5999	2442	2	4	55	5938
西藏	84	56			4	80
陕西	10897	7381	1	14	263	10619
甘肃	11278	8344		31	261	10986
青海	1960	1125			206	1754
宁夏	2836	2016		2	65	2769
新疆	2544	163	1	39	204	2300

机构和设施总表

单位：个、人

年末职工人数	#女性	受教育程度		职业资格水平	
		大学专科人数	大学本科及以上人数	助理社会工作师人数	社会工作师人数
1954055	**707212**	**376209**	**205596**	**45546**	**22741**
51294	26603	13250	14183	3769	1563
15080	8328	3647	5194	1789	622
83728	27980	6082	3024	616	485
25186	7931	2996	1599	510	309
20280	9618	5636	3326	423	222
47538	28487	16105	10289	2607	1529
30092	15098	182	58	12	
22005	10628	5347	2366	615	330
105090	35550	25260	19475	635	733
201451	60268	34890	16715	3093	1552
120710	46065	22589	14497	6564	1781
37262	14814	9739	2908	747	334
27525	10423	3124	1300	606	405
67972	17464	2640	1514	358	150
116642	46423	29798	16239	1829	1410
188567	55581	29627	11754	2522	727
99744	41129	20305	6634	1591	689
54164	20485	10656	4789	762	420
233119	78148	47590	32694	9071	5152
23498	7775	2593	1672	316	196
12976	4630	1158	461	41	18
62065	27041	19126	7450	2598	1160
78801	28160	18226	5647	1889	1091
101109	26273	18782	7145	321	100
26523	9055	4579	1700	281	80
798	522	84	23		
41194	17772	7485	4662	1175	923
24758	8548	4674	2852	271	128
6605	2671	2074	632	99	140
10117	4648	1849	412	109	11
18162	9094	6116	4382	327	481

C-2-15续表1

地区	年龄结构			
	35岁及以下人数	36岁至45岁人数	46岁至55岁人数	56岁及以上人数
全国	**534929**	**748106**	**489210**	**181810**
北京	14705	17241	14312	5036
天津	6155	4624	3516	785
河北	19012	30458	25065	9193
山西	3955	8475	7308	5448
内蒙古	6214	7904	4702	1460
辽宁	13808	19157	11636	2937
吉林	16313	12391	1207	181
黑龙江	5816	9288	4307	2594
上海	42202	35145	22290	5453
江苏	54666	77874	53927	14984
浙江	32064	47417	31655	9574
安徽	10586	15570	8712	2394
福建	6504	10131	7431	3459
江西	5824	53333	5789	3026
山东	33559	42840	26773	13470
河南	31966	57898	62903	35800
湖北	23994	38797	28275	8678
湖南	12795	20695	14596	6078
广东	78661	85738	50890	17830
广西	6060	8153	7181	2104
海南	3290	4981	3525	1180
重庆	17863	20723	17990	5489
四川	20739	30706	20084	7272
贵州	30854	38831	24711	6713
云南	6948	12197	5919	1459
西藏	469	308	16	5
陕西	9115	13539	12426	6114
甘肃	8661	9784	5233	1080
青海	2476	2883	766	480
宁夏	2486	4274	2630	727
新疆	7169	6751	3435	807

单位：人、人次、时、张

志愿服务		床位数合计	社区日间照料床位数	#农村
志愿者服务人次数	志愿服务时间			
9153167	**19308891.4**	**3362036**	**2026519**	**1299165**
7131158	13460196.5	15584	11369	5379
360	720.0	10383	7723	4744
16369	29679.0	240345	180043	161601
86791	237446.0	90630	67206	58132
9582	18447.0	140338	16704	2261
48117	74049.0	59788	30824	19730
405	606.0	20068	20068	9859
2741	5632.0	58911	16587	5454
8764	40083.0	19606	3623	50
196227	398370.3	272439	214743	98997
218497	602191.2	336002	203027	124052
26540	71348.5	163150	23786	14327
74803	433087.0	102311	60291	35765
1451	2386.0	37032	14306	5777
215939	521727.5	313884	249664	191591
211553	926869.6	116938	54256	26513
102093	226855.0	176373	146380	97670
35385	97089.5	129765	81297	52694
111200	316490.8	259728	213301	125132
11542	16290.0	150616	32472	24030
2028	5536.0	9015	2831	2002
361784	1006968.0	70989	26307	13007
14953	43544.0	201347	88620	40120
31322	95083.0	102654	63391	39685
1353	2004.0	33339	21532	10237
4966		4533	1530	1269
167641	438249.5	81251	58021	47586
21963	46998.0	113517	98878	73116
678		15480	8611	5062
23	102.0	8645	6072	2595
36939	190843.0	7375	3056	728

C-2-15续表2

地区	社区全托服务床位数	#农村	#护理型床位	年末照料和全托服务人数	社区日间照料人数
全国	**1335517**	**919831**	**65076**	**1562396**	**987379**
北京	4215	1305	87	3969	2524
天津	2660	1261	101	1370	1138
河北	60302	55035	253	97185	75037
山西	23424	19005	2068	55164	44884
内蒙古	123634	117955		84850	8240
辽宁	28964	19513	103	26486	11615
吉林				20046	20046
黑龙江	42324	13399	471	32401	8498
上海	15983	2062	150	2895	1537
江苏	57696	21929	6873	88767	69763
浙江	132975	61745	29069	115691	69965
安徽	139364	108119	6706	39957	6619
福建	42020	28711	502	53959	34148
江西	22726	12184	1392	26682	10377
山东	64220	46954	4885	191348	158782
河南	62682	52904	837	70882	35814
湖北	29993	12006	613	104960	86822
湖南	48468	26947	4024	83913	55360
广东	46427	18609	219	108253	87686
广西	118144	108005	5341	33933	10065
海南	6184	4920		3549	817
重庆	44682	40491	496	42561	17095
四川	112727	70111	284	97077	45737
贵州	39263	29578	10	45113	23332
云南	11807	7378		5689	3186
西藏	3003	2430		3097	1146
陕西	23230	19586	95	52747	39248
甘肃	14639	10631	63	53879	48595
青海	6869	2947		8480	5583
宁夏	2573	1789	89	3062	2212
新疆	4319	2322	345	4431	1508

单位：张、人、人次、平方米

#农村	社区全托服务人数	#农村	社区养老服务人次数	老年人活动人次数	机构建筑面积
634148	**575017**	**404684**	**159047155**	**40601858**	**164030802**
1466	1445	381	185694	516416	2057596
624	232	153	73332	526	1526502
65012	22148	19810	9652849	2798975	6215215
36819	10280	8167	7116337	2945317	2255229
1660	76610	75696	16004202	392638	4072887
7525	14871	10133	2917717	199679	3724297
9859			98106	38792	2290368
3804	23903	7501	1544309	353931	1521374
40	1358	23	169999	27926	6369452
34268	19004	7029	4335987	3060436	10808580
39030	45726	18987	13579977	1441215	14484377
4226	33338	25892	3209223	559340	4354316
20758	19811	13846	4240617	1042067	3657272
5253	16305	6433	3231702	59958	5348330
123954	32566	25544	20618060	5990445	18025083
17619	35068	29747	4662891	502942	13560610
57508	18138	6435	8839164	1018677	8617553
39147	28553	17152	5254331	1082247	5146557
34549	20567	6815	17656167	7561372	14089010
8767	23868	22848	4228461	472152	3931014
294	2732	2101	330950	15000	742651
8960	25466	23297	4692886	4701737	5433544
26020	51340	34872	11326602	2373446	8468652
13959	21781	17663	3467709	131559	6793553
810	2503	2186	443573	717640	2369792
862	1951	1901	204521	39890	162977
33244	13499	12174	5356354	2263035	3232606
35446	5284	4119	4315086	94546	2183594
1451	2897	1022	610139	122961	524905
833	850	632	551284	11851	812699
381	2923	2125	128926	65142	1250207

C-2-15续表3

地　区	企业会计制度财务指标			
	固定资产原价	营业收入	费用合计	营业利润
全　国	**10905.3**	**8507.3**	**4337.1**	**96.1**
北　京	163.7	124.4	1558.3	-125.5
天　津	97.0		6.0	
河　北	50.9		232.0	-2.9
山　西	23.0			
内蒙古	18.0			
辽　宁				
吉　林	6.0			
黑龙江	35.0	14.0	14.0	
上　海				
江　苏	1153.6	893.9	128.7	-58.7
浙　江	3876.5	3313.1	811.1	-2.5
安　徽	126.0	35.1		
福　建		10.0	3.0	
江　西	1.0			
山　东	998.3	1369.6	511.2	229.3
河　南	225.0			
湖　北	3.0	321.0		
湖　南	1887.0	2175.0	900.0	
广　东	24.0	3.0		
广　西	1651.0			
海　南				
重　庆				
四　川	105.5	3.0	2.5	3.0
贵　州	300.0	3.0		
云　南	160.0	1.0	1.7	
西　藏				
陕　西	0.8	241.2	168.6	53.4
甘　肃				
青　海				
宁　夏				
新　疆				

单位：万元

事业单位会计制度财务指标			民间非营利组织会计制度财务指标		
固定资产原价	本年收入合计	本年支出合计	固定资产原价	本年收入合计	本年费用合计
126169.8	**225628.1**	**214123.1**	**569627.1**	**709132.8**	**662907.0**
42700.1	49719.5	51982.1	11857.1	25849.7	21721.0
186.3	205.1	193.0	952.2	4023.8	1038.2
30224.9	770.4	762.5	6001.9	1621.0	4033.6
1132.1	280.8	290.4	4648.1	5724.3	5687.3
682.2	497.7	497.7	1317.7	1728.5	1671.2
1.0	56.2	56.2	4334.4	754.8	2672.2
	15.3	15.3	69.1	28.0	78.6
185.0	155.0	183.1	3971.3	758.5	672.0
11529.9	79535.2	71769.0	67870.6	295286.1	317055.0
1072.1	1905.6	1873.2	261689.4	204781.2	164520.2
823.7	2799.8	2552.6	29821.8	44921.7	37751.5
632.8	924.8	815.2	4794.9	1711.9	1740.8
32.6	123.3	123.3	4399.6	3556.2	1547.8
33.0	1.0	1.0	2266.5	2425.8	2361.9
6102.0	2557.1	2584.5	58779.3	29813.3	35620.7
141.8	318.5	318.5	4804.5	862.2	1118.3
4677.8	1302.0	1346.2	1671.6	937.4	810.1
3103.6	282.5	226.4	4134.8	32513.7	2499.1
6849.2	11744.6	14860.2	28310.7	29206.2	34021.1
22.6	56.0	52.1	11128.8	784.4	979.0
			706.0	650.0	650.0
13.0	18.7	18.7	4698.9	8403.9	8397.6
363.5	236.5	338.6	33760.1	8209.6	10283.5
11735.1	64845.2	55791.0	7742.3	558.5	741.8
2000.0		2.0	1793.9	93.8	426.2
			50.0	120.0	20.0
1202.5	7037.0	6956.0	3312.9	1906.8	2391.8
58.0			665.1	63.0	64.0
			2304.6	1464.0	1408.1
			3.0	2.0	2.0
665.0	240.3	514.3	1766.0	372.5	922.4

C-2-16 社区服务

地区	机构和设施数	#农村	年末职工人数	#女性	受教育程度	
					大学专科人数	大学本科及以上人数
全国	**548**	**14**	**4866**	**2341**	**1470**	**1612**
北京	17		283	155	56	167
天津	9		48	25	9	27
河北	20		297	147	72	82
山西	10		43	19	6	11
内蒙古	4		44	7	28	12
辽宁	14		95	37	38	32
吉林	4		20	10	6	3
黑龙江	16	1	237	97	93	59
上海	6		103	77	16	87
江苏	55	1	501	247	143	100
浙江	23		160	120	56	68
安徽	37	1	349	126	41	47
福建	3	1	7	4	1	
江西	42	3	207	140	62	29
山东	76		1203	611	467	531
河南	7		67	31	24	12
湖北	16	1	110	76	35	29
湖南	33	3	256	79	56	49
广东	21		165	75	44	100
广西	4		18	13	11	3
海南						
重庆	4		12	6	2	5
四川	51		234	81	77	49
贵州	11	1	60	16	22	10
云南	4		4		2	
西藏						
陕西	36		225	108	91	73
甘肃	11	2	33	8	3	9
青海	1		3			
宁夏	2		49	11		6
新疆	11		33	15	9	12

指导中心

单位：个、人、人次、时

职业资格水平		年龄结构				志愿服务	
助理社会工作师人数	社会工作师人数	35岁及以下人数	36岁至45岁人数	46岁至55岁人数	56岁及以上人数	志愿者服务人次数	志愿服务时间
294	**150**	**1873**	**1884**	**886**	**223**	**1764609**	**4168089.0**
70	21	90	123	58	12	1742561	4117785.0
	1	15	12	21			
5		132	109	44	12	60	130.0
2	1	17	14	10	2	5	18.0
		12	23	9		20	40.0
2	2	27	51	7	10	1203	1503.0
		6	8	6			
5	1	52	68	102	15	32	88.0
5	2	56	35	12		4230	8560.0
35	12	165	220	79	37	651	1219.0
10	13	108	38	7	7	353	1044.0
60	9	146	126	66	11	379	1633.0
		5	2				
2	4	51	109	29	18	50	110.0
34	42	588	428	141	46	7306	18475.0
3	1	22	35	9	1	25	40.0
16	2	27	43	36	4	14	28.0
11	6	68	108	63	17	412	1247.0
7	16	76	59	28	2		
	1	5	10	3			
1		2	5	5		16	56.0
13	5	54	86	79	15	31	121.0
1		26	20	12	2	375	978.0
		2	2				
4	7	78	89	48	10	6793	14664.0
		14	15	4		75	288.0
			3				
8		18	27	4			
	4	11	16	4	2	18	62.0

C-2-16续表1

地　区	床位数合计	社区日间照料床位数	#农村	社区全托服务床位数	#农村	#护理型床位
全　国	**6201**	**4655**	**234**	**1546**	**91**	**65**
北　京	120			120		
天　津	116	116				
河　北	38	35		3		
山　西	17	17				
内蒙古	60	60				
辽　宁						
吉　林	69	69				
黑龙江	111	110		1		
上　海						
江　苏	345	337		8		
浙　江	97	76		21		
安　徽	556	378		178	20	
福　建	23	20		3		1
江　西	548	419	123	129	56	
山　东	11	11				
河　南	578	311		267		
湖　北	67	67				
湖　南	552	429	26	123		62
广　东	837	797		40		
广　西						
海　南						
重　庆	158	8		150		
四　川	954	558		396		2
贵　州	41	36		5		
云　南	268	212		56		
西　藏						
陕　西	221	191		30		
甘　肃	394	378	85	16	15	
青　海						
宁　夏						
新　疆	20	20				

单位：张、人、人次

年末照料和全托服务人数	社区日间照料人数	#农村	社区全托服务人数	#农村	社区养老服务人次数	老年人活动人次数
1283	**967**	**143**	**316**	**55**	**52755**	**132066**
						790
35	35					
						1
						2480
69	69				25185	
12	12					
24	24				600	1300
15	14		1		4378	
78	20		58	2	460	
2	2				426	
296	220	73	76	53		365
6	6					5531
173	102		71		1178	19834
5	5				30	
337	258	15	79		2196	426
						47069
						31560
13	7		6		1064	3345
71	51		20		168	5362
3	2		1			
60	57		3		10230	9203
84	83	55	1		6840	4800

C−2−16续表2

地 区	机构建筑面积	企业会计制度财务指标			
		固定资产原价	营业收入	费用合计	营业利润
全 国	**564379**	**221.6**	**127.4**	**151.2**	**-58.7**
北 京	70855				
天 津	7012				
河 北	13614				
山 西	2070				
内蒙古	5921				
辽 宁	4970				
吉 林	1454				
黑龙江	26119				
上 海	5955				
江 苏	93863	18.6	85.9	128.7	-58.7
浙 江	14916				
安 徽	18901				
福 建	1006				
江 西	24873				
山 东	112121	203.0	41.5	22.5	
河 南	2850				
湖 北	33764				
湖 南	31677				
广 东	16790				
广 西	3208				
海 南					
重 庆	1910				
四 川	20252				
贵 州	4208				
云 南	360				
西 藏					
陕 西	34818				
甘 肃	8840				
青 海	300				
宁 夏	200				
新 疆	1552				

单位：平方米、万元

事业单位会计制度财务指标			民间非营利组织会计制度财务指标		
固定资产原价	本年收入合计	本年支出合计	固定资产原价	本年收入合计	本年费用合计
50840.0	**46580.7**	**45631.9**	**5893.6**	**2310.3**	**2343.7**
27259.9	22850.9	22101.5			
186.3	205.1	193.0	2.1	162.2	125.3
72.1	15.5	15.1	443.6	262.1	418.5
54.1	167.8	175.4			
48.2	82.7	82.7			
	56.2	56.2	23.0	3.2	0.4
	15.3	15.3			
65.0	142.5	142.5	222.0	14.0	18.0
4677.3	4261.9	4295.2	5.7	76.6	76.8
613.2	1738.3	1712.7	402.0	473.0	529.7
804.9	1798.7	1537.5	227.0	426.8	99.0
552.8	616.8	527.2	14.0	5.0	9.0
			10.0	1.0	2.0
2.0	1.0	1.0	334.0		12.2
5712.0	1804.1	1836.5	3398.0	808.3	808.3
122.8	246.8	246.8			
4164.6	1251.0	1295.2			
199.0	282.5	226.4			
4958.0	4210.4	4318.0			
22.6	56.0	52.1			
13.0	13.0	13.0	15.0	15.0	14.0
242.7	188.2	269.6	414.3	31.1	223.8
			14.9		1.2
1069.5	6534.0	6453.0	3.0		3.5
			3.0		
			2.0	2.0	2.0
	42.0	66.0	360.0	30.0	

C-2-17 社区服

地　区	机构和设施数	#农村	按服务功能分				
			#为居民提供便民办事服务	#为居民提供活动场所服务	#为居民提供养老等服务	#农村	#为居民提供便民信息服务
全　国	**27489**	**11209**	**21272**	**4044**	**3028**	**1854**	**3033**
北　京	204	19	161	52	10		69
天　津	322	112	310	5	6		7
河　北	396	170	281	74	32	12	14
山　西	517	249	287	142	19	6	69
内蒙古	1009	211	841	217	7		145
辽　宁	887	328	693	60	99	43	56
吉　林	903	588	903				
黑龙江	597	131	471	170	25		50
上　海	915	207	871	21	3		21
江　苏	3640	1714	1961	586	1114	619	231
浙　江	3505	2298	2341	324	826	733	14
安　徽	1128	590	752	141	157	89	169
福　建	248	119	124	17	108	67	5
江　西	402	69	278	77	21		36
山　东	1316	618	1156	530	41		552
河　南	1807	749	1747	68	22		113
湖　北	1144	555	1019	116	4		96
湖　南	691	186	619	121	40	4	481
广　东	1964	516	1609	209	82	66	159
广　西	236	38	146	36	1		54
海　南	27		22	1	4		
重　庆	180	11	156	34	1		17
四　川	1749	186	1431	249	100	17	261
贵　州	1467	791	1353	316	196	135	221
云　南	404	93	397	34	5	2	34
西　藏	1				1		
陕　西	566	287	390	199	2	1	79
甘　肃	603	307	358	168	75	58	35
青　海	46	34	13	9	21	1	6
宁　夏	57	11	56	1	1		
新　疆	558	22	526	67	5	1	39

务中心

单位：个、人

年末职工人数	#女性	受教育程度		职业资格水平		年龄结构	
		大学专科人数	大学本科及以上人数	助理社会工作师人数	社会工作师人数	35岁及以下人数	36岁至45岁人数
217337	**83221**	**60914**	**42889**	**5324**	**2564**	**80618**	**76585**
2067	1216	493	876	37	28	501	761
1294	637	380	358	99	26	425	476
2132	1018	394	384	32	25	612	915
2793	883	359	255	68	67	679	1274
5921	3329	2011	1251	187	57	2029	2542
7866	2885	1790	1533	365	199	2034	2863
1806	903						903
4695	2036	1858	603	62	30	1437	1730
53012	21111	17079	16534	175	108	27477	16072
27969	5385	7071	1386	656	411	10260	10014
13018	5866	2934	2204	565	334	3015	4869
6157	2591	1566	730	57	32	1864	2644
774	381	104	42	9	9	142	381
1598	703	284	70	109	31	453	668
12778	3332	2606	2015	77	44	3327	3285
14120	5915	5156	3157	77	59	4132	5767
7033	2961	1961	930	283	82	2076	2728
4425	1687	1060	524	95	51	1131	1599
10682	5984	3230	3369	1808	592	5922	3086
976	374	198	106	13	3	267	431
204	43	58	32			78	94
1529	770	612	444	10	6	504	576
7017	2250	1846	591	196	116	2141	2967
11676	4011	3076	2640	68	18	4109	4207
2469	962	737	351	6	7	878	903
2							2
3072	908	616	272	22	8	1001	955
2588	1176	794	588	119	57	1145	975
161	90	74	10	3	36	53	43
570	405	34	22	1	2	120	190
6933	3409	2533	1612	125	126	2806	2665

C−2−17续表1

地　区	年龄结构		志愿服务		床位数合计	社区日间照料床位数
	46岁至55岁人数	56岁及以上人数	志愿者服务人次数	志愿服务时间		
全　国	**44081**	**16053**	**4492860**	**7340716.0**	**103343**	**72373**
北　京	669	136	4249964	6583482.5	695	595
天　津	317	76			1074	1074
河　北	558	47	302	450.0	714	707
山　西	737	103	39260	120365.0	1742	1391
内蒙古	1208	142	4580	8843.0	1857	1828
辽　宁	2282	687	6697	9191.0	3906	1947
吉　林	903					
黑龙江	1379	149	725	664.0	2393	1786
上　海	8023	1440	152	574.0	2611	2003
江　苏	5215	2480	9399	14231.0	18873	14593
浙　江	3961	1173	8629	44058.0	20522	15597
安　徽	1432	217	3449	8226.0	13694	5122
福　建	222	29	571	751.0	488	446
江　西	417	60	60	140.0	1142	1088
山　东	1865	4301	19753	49011.0	647	598
河　南	3399	822	9369	44648.5	2782	1174
湖　北	1605	624	38508	65396.0	2770	2411
湖　南	730	965	1589	4688.0	3697	2505
广　东	1451	223	27051	101308.0	4607	4140
广　西	240	38	20	120.0	89	81
海　南	31	1			252	58
重　庆	389	60	24285	64247.0	226	201
四　川	1016	893	2431	7355.0	7460	4560
贵　州	2790	570	9458	29264.0	4132	3465
云　南	591	97			376	266
西　藏					6	6
陕　西	768	348	5883	14836.0	161	115
甘　肃	385	83	4227	8595.0	4324	3894
青　海	60	5	678		1524	216
宁　夏	253	7			48	48
新　疆	1185	277	25820	160272.0	531	458

单位：人、人次、时、张

#农村	社区全托服务床位数	#农村	#护理型床位	年末收养照料人数合计	社区日间照料人数	#农村
28228	**30970**	**14733**	**223**	**24139**	**17918**	**5743**
39	100			251	197	14
800						
366	7	2		77	74	8
503	351	350		525	504	
400	29			835	835	400
458	1959	1116		694	333	114
414	607	2		1579	1129	378
	608			658	658	
5498	4280	2894	55	5343	3766	1665
8787	4925	666	29	2736	2308	1541
2255	8572	5182		1066	966	
84	42	40		112	112	12
223	54			226	212	152
233	49	35		226	221	115
437	1608	1219	119	1450	746	274
987	359	227		992	729	151
390	1192	726	10	1596	965	100
1396	467	129		1467	1296	570
19	8	1		20	20	1
	194			252	58	
	25			180	160	
178	2900	346	9	1998	1407	53
2590	667	389		582	289	138
20	110			23		
10	46		1	50	50	5
1928	430	205		695	639	45
193	1308	1204		269	7	7
				26	26	
20	73			211	211	

C-2-17续表2

地　区	社区全托服务人数	#农村	社区养老服务人次数	老年人活动人次数	机构建筑面积
全　国	**6221**	**3468**	**1684296**	**1363889**	**12543379**
北　京	54		1160	20404	142061
天　津				260	149965
河　北	3		7291	34565	70395
山　西	21	21	81325	7193	99741
内蒙古			233995	173701	680247
辽　宁	361	307	28322		472912
吉　林				2320	90300
黑龙江	450		9159	118395	218971
上　海			38222	27056	2544178
江　苏	1577	1161	152127	118963	1178728
浙　江	428	132	11336	207611	1026555
安　徽	100	41	29745	2312	406051
福　建			1940		78856
江　西	14		12675	29750	117260
山　东	5	5	20257	204694	1067630
河　南	704	455	3800	40067	764959
湖　北	263	200	150327	19830	346576
湖　南	631	498	85611	360	251901
广　东	171	124	182252	87159	631648
广　西				12	64225
海　南	194		91980		4450
重　庆	20		23463	112231	115050
四　川	591	18	489664	84029	423031
贵　州	293	196	17812	26236	541887
云　南	23		23	298	142477
西　藏					320
陕　西			4592	15693	213442
甘　肃	56	51	702	9018	165272
青　海	262	259	880	730	7780
宁　夏			4114	3650	33808
新　疆			1522	17352	492703

单位：人、人次、平方米、万元

事业单位会计制度财务指标			民间非营利组织会计制度财务指标		
固定资产原价	本年收入合计	本年支出合计	固定资产原价	本年收入合计	本年费用合计
71558.3	**177234.1**	**166801.5**	**19186.8**	**42498.2**	**13734.1**
15440.2	26868.6	29880.6			
			345.5	127.4	172.2
30152.8	754.9	747.4	10.0	20.0	10.0
1025.0	113.0	115.0	17.0	31.0	3.3
633.0	414.0	414.0	6.0	7.8	7.8
			13.1	11.2	16.2
	1.6	1.6	5.0		3.5
6547.6	75030.9	67467.2	546.4	2012.3	1436.5
458.9	57.3	50.5	13647.7	35085.6	6608.2
18.8	936.1	950.1	1685.7	1717.7	1646.0
70.0	190.0	190.0	150.0	93.1	75.0
27.0	93.0	93.0	8.0	3.0	3.0
31.0			3.0		10.0
390.0	753.0	748.0	275.5	938.6	996.0
16.0	43.2	43.2	19.0	9.0	23.0
513.2	51.0	51.0	330.1	430.0	437.1
2904.6			27.2	85.0	92.2
687.3	6448.6	9509.5	1454.6	1734.4	1654.3
			8.0	72.0	72.4
	5.7	5.7	9.0	9.0	4.2
120.8	48.3	46.0	85.0	59.1	25.2
11705.1	64798.9	55744.7			
			225.0	14.0	3.0
			50.0	20.0	20.0
133.0	503.0	503.0			
58.0					
626.0	123.0	241.0	266.0	18.0	415.0

C−2−18 社区

地　区	机构和设施数	#农村	按服务功能分				
			#为居民提供便民办事服务	#为居民提供活动场所服务	#为居民提供养老等服务	#农村	#为居民提供便民信息服务
全　国	**224986**	**140017**	**180743**	**36262**	**14052**	**8046**	**29374**
北　京	6445	3677	5293	2488	251	13	2033
天　津	1703	482	989	668	21	7	75
河　北	4739	2949	3773	720	366	2	546
山　西	1403	711	803	333	146	134	169
内蒙古	1542	425	1147	326	2	1	154
辽　宁	4529	1160	3297	466	738	199	431
吉　林	11223	9325	11223				
黑龙江	1374	110	775	340	69	28	197
上　海	4738	1194	3357	967	13		403
江　苏	14663	8576	7774	1762	5602	3891	1781
浙　江	14566	8333	11891	955	1027	463	711
安　徽	3110	932	2496	479	32	5	479
福　建	3508	1269	2241	664	655	145	142
江　西	11397	8805	11158	199	10		30
山　东	10038	6379	8221	4201	602	384	5071
河　南	32720	25032	30210	3138	34	4	2460
湖　北	13867	9865	9252	2822	556	372	1767
湖　南	4180	1280	3373	1050	395	120	2785
广　东	25627	18652	19898	4965	516	451	1278
广　西	2090	785	1235	380	10	1	529
海　南	2752	2227	2601	173	13	3	138
重　庆	8182	5010	7180	1605	116	27	292
四　川	10359	4775	7933	1081	545	362	2971
贵　州	17523	13284	15026	4283	2079	1325	3444
云　南	3263	992	2867	482	3		262
西　藏							
陕　西	2794	739	2147	683	9	1	327
甘　肃	2531	1323	1652	581	143	76	170
青　海	416	41	302	61			56
宁　夏	2175	1594	1680	157	97	32	277
新　疆	1529	91	949	233	2		396

服务站

单位：个、人

年末职工人数	#女性	受教育程度		职业资格水平	
		大学专科人数	大学本科及以上人数	助理社会工作师人数	社会工作师人数
946226	**341288**	**183915**	**88446**	**21413**	**9635**
30702	16045	8306	7139	2603	1224
9879	5900	2507	3778	1355	449
17145	5683	2767	1528	107	351
5921	2391	1294	871	255	158
8235	3892	2410	1462	205	105
27662	19451	11900	7391	1648	836
22446	11223				
6197	3697	1956	766	153	91
27164	6671	1594	1004	347	149
66885	22200	11380	5635	1237	505
40554	14704	7987	5547	2715	518
14538	6368	4376	1057	221	93
12289	5657	1901	736	405	225
56155	13391	1120	749	5	9
46058	18687	13511	7232	711	979
154506	41195	21144	6581	2110	395
51100	19697	11834	3283	843	316
18089	8002	4382	1870	300	139
96982	32379	18228	11743	2111	765
10668	4092	1632	1018	194	119
10978	4010	862	290	16	6
44650	19780	15151	5001	1945	796
32817	11594	9149	2173	642	332
76014	18193	13276	3693	60	25
19291	6729	3432	1091	251	55
13938	7042	4394	2724	759	609
6198	2985	1806	921	14	18
1840	1058	880	329	18	33
8027	3497	1564	331	67	5
9298	5075	3172	2503	116	330

C−2−18续表1

地 区	年龄结构				志愿服务	
	35岁及以下人数	36岁至45岁人数	46岁至55岁人数	56岁及以上人数	志愿者服务人次数	志愿服务时间
全 国	**246620**	**373708**	**238807**	**87091**	**2110960**	**5230043.6**
北 京	7654	11037	9017	2994	1109088	2691683.0
天 津	4676	2954	1881	368		
河 北	5054	4941	4771	2379	2155	4540.0
山 西	1654	2452	1379	436	40875	97461.0
内蒙古	2741	2914	1849	731	1899	3090.0
辽 宁	9329	11348	5909	1076	39794	62423.0
吉 林	11223	11223			405	606.0
黑龙江	2430	2761	833	173		
上 海	7014	11052	7088	2010	4272	30814.0
江 苏	16794	24384	20816	4891	56823	126505.5
浙 江	11884	17177	8737	2756	134426	275698.0
安 徽	4212	6913	3090	323	10995	26841.5
福 建	4480	4846	2401	562	10954	26223.0
江 西	3002	48799	3250	1104	533	633.0
山 东	14555	18415	9961	3127	119927	290605.5
河 南	23680	44093	53991	32742	26185	116425.1
湖 北	13419	18561	14543	4577	34761	74695.0
湖 南	5258	6342	5118	1371	12908	34794.0
广 东	26342	36161	25814	8665	37929	106973.0
广 西	4165	3617	2318	568	372	1134.0
海 南	2806	4175	2872	1125	2000	5400.0
重 庆	13547	14226	13021	3856	301570	840594.5
四 川	8772	12631	8019	3395	6375	18491.0
贵 州	23399	28965	18754	4896	13622	35612.0
云 南	5218	8858	4202	1013	606	1148.0
西 藏						
陕 西	4545	4873	3807	713	132513	335544.5
甘 肃	2402	2494	1156	146	5719	9575.0
青 海	810	795	227	8		
宁 夏	1876	3383	2093	675	23	102.0
新 疆	3679	3318	1890	411	4231	12432.0

单位：人、人次、时、张

床位数合计	社区日间照料床位数	#农村	社区全托服务床位数	#农村	#护理型床位
331287	**281285**	**150472**	**50002**	**20804**	**801**
2647	2404	769	243		
2522	2048	775	474		101
3644	3573	360	71	17	
4414	4229	3614	185	170	
407	337	7	70		
6409	5302	1022	1107	147	
3623	2543	521	1080	471	
420	420				
90358	84207	51150	6151	3363	
49261	43815	25014	5446	1284	16
11247	4406	1405	6841	1080	
9577	8920	4195	657	285	18
176	160		16		
4977	4901	2098	76	9	
9809	7017	2183	2792	1229	437
16631	15849	10538	782	314	
8410	5153	960	3257	344	157
45556	37901	21079	7655	4769	
577	491	66	86	40	
952	588	405	364	222	
4370	3571	1713	799	326	
15513	10919	3140	4594	2359	35
26435	21957	15577	4478	3440	
1015	831	179	184	111	
3527	2015	730	1512	387	27
4959	4450	2424	509	357	
1277	1257	189	20		
1638	1509	352	129	73	10
936	512	7	424	7	

C-2-18续表2

地区	年末照料和全托服务人数	社区日间照料人数	#农村	社区全托服务人数	#农村
全国	**88719**	**73983**	**46998**	**14736**	**5475**
北京	419	365	163	54	
天津	98	98	17		
河北	893	878	1	15	3
山西	1684	1675	1511	9	
内蒙古	284	214		70	
辽宁	964	745	114	219	28
吉林					
黑龙江	1383	760	89	623	401
上海	175	175			
江苏	19843	19123	14362	720	438
浙江	7556	7214	5287	342	42
安徽	6255	1425	1073	4830	492
福建	1157	1075	305	82	21
江西	31	31			
山东	3496	3430	1836	66	9
河南	4201	3313	1054	888	288
湖北	10907	10600	8026	307	60
湖南	1839	1537	368	302	114
广东	13773	11313	8155	2460	1809
广西	61	56	8	5	1
海南	511	343	44	168	51
重庆	2563	2354	1156	209	53
四川	2870	2011	537	859	202
贵州	5277	3684	2377	1593	1047
云南					
西藏					
陕西	1613	817	352	796	358
甘肃	421	354	139	67	58
青海	33	33	5		
宁夏	282	250	18	32	
新疆	130	110	1	20	

单位：人、人次、平方米、万元

社区养老服务人次数	老年人活动人次数	机构建筑面积	民间非营利组织会计制度财务指标		
			固定资产原价	本年收入合计	本年费用合计
8609611	**6210071**	**63188109**	**109145.6**	**89090.4**	**68752.5**
530	249183	1009175			
		931881			
58568	250610	714777	90.0	25.0	25.0
192466	35773	275959	171.0		40.0
13368	23809	478280	1.0		
193042	3900	1601415	0.1		
	34360	1122300			
57294	2025	355425	3.0	2.0	3.5
60737	320	2865320	12087.9	10635.4	7378.8
799039	1123131	3909336	92314.7	56906.0	43977.0
1379465	325047	4059324	1396.7	20179.5	15014.6
202785	30935	923615	39.0	36.3	38.6
25036	30610	700954	27.3	94.3	40.0
10653	15100	3891261			
58375	260893	5534020	790.0	827.7	901.7
30402	13276	10109246	41.0	13.2	13.2
199673	98103	4289512	58.0	31.0	50.0
73209	91938	892063	255.0	243.1	239.1
3906395	2059978	4684206	539.0	10.0	115.0
	4148	480447			
137240		455870			
312218	1121342	3311171			
369873	237190	2723097	405.7	85.9	215.0
114413	44757	4261310			
	6864	976215	201.0	1.0	311.0
405635	94961	886677			
771	12765	567438			
500		111665	725.2		
7894	8201	563009			
30	30852	503141			390.0

C-2-19 未登记的特困

地 区	设施数	年末职工人数	#女性	受教育程度：大学专科人数	受教育程度：大学本科及以上人数	职业资格水平：助理社会工作师人数	职业资格水平：社会工作师人数
全 国	**4312**	**22895**	**8819**	**2747**	**1279**	**325**	**243**
北 京							
天 津							
河 北	179	1709	924	307	105	43	19
山 西	68	501	230	91	26	42	
内蒙古	26	124	44	14	8		2
辽 宁	147	1166	581	88	222	3	14
吉 林							
黑龙江	4	42	24				
上 海							
江 苏	5	21	14	3			
浙 江	39	130	64	3	2	3	
安 徽	693	4005	1144	573	171	11	8
福 建	465	1582	461	313	39	7	16
江 西	8	19	5	14	5	5	5
山 东	209	1635	780	253	189	45	1
河 南	471	2963	1040	210	143	18	49
湖 北	29	135	60	3	13	1	5
湖 南	52	252	59	32	24	7	10
广 东	45	1619	37	31	26	35	26
广 西	659	1281	557	35	13	18	20
海 南	86	266	122	34	9		
重 庆	428	1626	796	141	44	11	8
四 川	116	1213	769	159	21	8	32
贵 州	382	1296	382	259	170	56	17
云 南	70	310	137	52	20		
西 藏	12	179	176	12			
陕 西	115	801	406	119	29	10	7
甘 肃	2	8	7	1		2	4
青 海							
宁 夏							
新 疆	2	12					

人员供养机构

单位：个、人、人次、时

年龄结构				志愿服务	
35岁及以下人数	36岁至45岁人数	46岁至55岁人数	56岁及以上人数	志愿者服务人次数	志愿服务时间
3471	**7909**	**7137**	**4378**	**21513**	**47659.0**
392	604	526	187	1394	2745.0
101	143	183	74	600	804.0
11	35	29	49		
119	468	389	190	326	815.0
3	25	14			
1	11	7	2	2	5.0
23	61	37	9		
612	1331	1300	762	320	778.0
174	660	495	253	3123	5527.0
5	14				
215	634	550	236	1177	3089.0
391	1106	992	474	2035	7431.0
3	46	40	46	1020	1500.0
43	84	110	15	574	1325.0
40	62	110	1407	60	164.0
157	520	492	112	565	1358.0
21	197	34	14		
184	472	716	254	3046	12113.0
318	423	384	88	12	36.0
274	517	375	130	879	3959.0
92	139	71	8	60	60.0
92	81	6		4961	
191	272	272	66	1358	5949.0
1		5	2		
8	4			1	1.0

C−2−19续表

地 区	床位数合计	#护理型床位	年末收养人数合计
全 国	**341698**	**11713**	**152244**
北 京			
天 津			
河 北	17726	18	7555
山 西	4877	138	1763
内蒙古	1628		744
辽 宁	11881	84	4557
吉 林			
黑龙江	680		326
上 海			
江 苏	103		41
浙 江	3540	1878	698
安 徽	79726	5698	21576
福 建	19482	45	9899
江 西			
山 东	20430	951	9416
河 南	54593	183	32361
湖 北	2279		1147
湖 南	3141	157	1675
广 东	3621		997
广 西	26714	2183	7672
海 南	3131		1059
重 庆	27390	328	15775
四 川	18099	10	9469
贵 州	24264		14494
云 南	5168		1735
西 藏	2424		1901
陕 西	10733	40	7345
甘 肃			
青 海			
宁 夏			
新 疆	68		39

单位：张、人、人次、平方米

社区养老服务人次数	老年人活动人次数	机构建筑面积
18999373	**2528759**	**7462574**
945416	191327	478486
285614	1805	174836
132685	57	35316
732862	500	356100
118170		11000
14606		5874
162169		54408
2217105	399972	1476071
996310	82116	460949
		7545
1554291	503629	646537
2139947	97002	823322
237841		55896
140417	81361	118617
148172	50338	67068
1202458	13870	533762
73627		87281
2514272	792218	550229
1494413	6	429537
1805972	4165	635451
172534	175	191787
193130	38690	36551
1716632	271528	222781
		2820
730		350

C-2-20 社区养老

地 区	机构和设施数	#农村	年末职工人数	#女性	受教育程度	
					大学专科人数	大学本科及以上人数
全 国	**63618**	**33805**	**214721**	**85217**	**31814**	**17084**
北 京	898	322	3514	2080	593	622
天 津	332	284	946	399	104	71
河 北	4169	2701	11503	5166	1138	350
山 西	3691	3285	11083	2622	411	215
内蒙古	806	109	2763	1326	623	170
辽 宁	477	191	3058	1693	475	256
吉 林	1801	398	4909	2485	68	
黑龙江	646	188	4709	2559	652	330
上 海	72	7	237	82	43	17
江 苏	6397	3359	30230	10946	4748	1899
浙 江	9467	6013	40189	14433	6425	3194
安 徽	814	465	3107	1014	539	246
福 建	872	212	2653	1091	325	144
江 西	1340	464	3671	967	693	376
山 东	1664	485	8399	4275	2037	994
河 南	1525	336	6141	2916	914	701
湖 北	4391	2296	10643	5240	1597	680
湖 南	2684	1290	6447	3047	1427	791
广 东	9469	5474	26155	9697	3021	3432
广 西	700	337	1628	700	323	245
海 南	60	46	230	75	5	12
重 庆	855	330	2897	1545	665	285
四 川	5880	2725	16147	6652	2891	1036
贵 州	1087	579	2886	687	534	262
云 南	1534	901	3290	920	236	179
西 藏	48	44	564	334	60	13
陕 西	453	187	1966	621	365	210
甘 肃	967	595	2338	615	262	196
青 海	252	68	1487	619	424	78
宁 夏	172	96	520	293	109	27
新 疆	95	18	411	118	107	53

照料机构和设施

单位：个、人

职业资格水平		年龄结构			
助理社会工作师人数	社会工作师人数	35岁及以下人数	36岁至45岁人数	46岁至55岁人数	56岁及以上人数
6048	**2378**	**57872**	**77722**	**57396**	**21731**
84	68	1067	1128	1034	285
13	13	71	165	619	91
95	33	3032	4352	3357	762
53	24	794	2490	3491	4308
15	45	717	1225	659	162
136	106	649	1104	983	322
		4894	15		
130	38	1022	2165	1074	448
	1	40	73	84	40
375	201	7942	11356	8741	2191
2423	467	10644	13427	12948	3170
74	46	607	1078	990	432
86	50	518	834	964	337
173	82	872	1600	792	407
293	96	1988	2905	2614	892
158	118	1118	2541	1751	731
130	59	1861	4674	2775	1333
144	48	1455	2521	1884	587
781	486	9685	10787	3880	1803
25	24	474	561	390	203
10	6	76	109	40	5
181	75	791	944	905	257
412	106	3967	5912	4831	1437
58	24	887	1228	442	329
16	16	534	1673	833	250
		360	194	5	5
93	70	371	679	519	397
34	7	762	1082	406	88
7	54	408	514	164	401
17	4	150	211	130	29
32	11	116	175	91	29

C-2-20续表1

地　区	志愿服务		床位数合计	社区日间照料床位数	
	志愿者服务人次数	志愿服务时间			#农村
全　国	**396362**	**1261439.1**	**1129577**	**630532**	**310440**
北　京	26510	56765.0	10759	7939	4486
天　津	360	720.0	6589	4403	3169
河　北	4616	10121.0	35133	28279	15934
山　西	5531	17772.0	58792	41401	35087
内蒙古	2733	5652.0	15367	12331	836
辽　宁	57	67.0	22309	8501	5007
吉　林			6959	6959	2154
黑龙江	1407	3965.0	40426	9493	4219
上　海	110	135.0	14156	61	50
江　苏	61495	123201.1	101978	76034	33977
浙　江	25120	82626.2	215739	105941	66166
安　徽	3356	11207.0	27559	3608	1899
福　建	4157	20395.0	20460	7140	1862
江　西	146	369.0	34002	11789	5291
山　东	11985	28179.0	49118	32336	10872
河　南	159617	676111.0	28639	15432	2244
湖　北	21876	70202.0	61970	44309	17109
湖　南	5777	16671.5	36775	18683	7986
广　东	36822	78618.8	106895	82357	50798
广　西	6077	6558.0	23098	7291	3015
海　南			2801	1345	812
重　庆	1033	3979.0	15738	6021	414
四　川	2407	8556.5	105406	36231	14843
贵　州	2366	7186.0	21218	14445	1813
云　南	563	572.0	21460	17235	7886
西　藏	5		2089	1510	1269
陕　西	3526	10277.0	9919	5990	1559
甘　肃	8685	21477.0	20406	17639	8663
青　海			7317	2526	488
宁　夏			2793	2041	383
新　疆	25	56.0	3707	1262	149

单位：人次、时、张、人

社区全托服务床位数	#农村	#护理型床位	年末照料和全托服务人数	社区日间照料人数	#农村
499045	**234221**	**44237**	**585470**	**354797**	**157085**
2820	1305	87	2909	1952	1289
2186	1261		1272	1040	607
6854	3058	235	12754	9820	3812
17391	13761	1715	39454	31219	26383
3036	2641		6918	6115	588
13808	8440	19	15315	6331	3646
			6959	6959	2154
30933	7546	455	24153	5549	3071
14095	2062	150	1066	51	40
25944	8495	4765	50767	38958	16772
109798	51388	24151	93256	51867	28028
23951	13738	509	6441	1092	439
13320	3239	387	11335	5557	1580
22213	12098	1292	25948	9758	4933
16782	4023	3670	30075	22370	8080
13207	7419	98	18435	10827	1503
17661	5756	319	46657	34063	12453
18092	4620	3249	25230	13789	5594
24538	7402	139	52797	39162	16371
15807	11272	2297	3900	1690	592
1456	1005		1036	361	250
9717	7096	160	9462	3465	309
69175	45808	221	57685	24214	10530
6773	1990	10	11990	7441	849
4225	1770		3303	2694	586
579	6		1192	1142	862
3929	2197	22	5775	3965	1330
2767	1863	48	11316	9816	3842
4791	1511		4454	1976	186
752	183	39	977	725	272
2445	1268	200	2639	829	134

C-2-20续表2

地　区	社区全托服务人数	#农村	社区养老服务人次数	老年人活动人次数	机构建筑面积
全　国	**230673**	**101900**	**60671442**	**15271865**	**29796794**
北　京	957	381	183274	229761	311802
天　津	232	153	73332	266	189232
河　北	2934	1373	1913585	343779	881476
山　西	8235	6434	5055707	2628332	1169367
内蒙古	803	449	906019	99747	255373
辽　宁	8984	5507	1140542	3353	672701
吉　林			6959		411156
黑龙江	18604	4295	1311287	194570	480153
上　海	1015	23	20774	550	300371
江　苏	11809	3333	3079826	1024253	1902045
浙　江	41389	16613	11244032	852886	7018666
安　徽	5349	3242	547079	92412	434350
福　建	5778	1271	893620	101693	554548
江　西	16190	6360	3208374	6777	998567
山　东	7705	2088	3230029	829736	1740007
河　南	7608	3777	1614989	327735	903061
湖　北	12594	4124	3729860	330943	1284119
湖　南	11441	3340	1707928	611962	999054
广　东	13635	3032	10360765	4201100	2816948
广　西	2210	1756	315450	242498	515870
海　南	675	452	4994	15000	69228
重　庆	5997	4325	483331	665816	443485
四　川	33471	23342	6334530	1774382	2869163
贵　州	4549	1728	497876	20927	520325
云　南	609	452	247707	503506	845796
西　藏	50		10296	1200	120406
陕　西	1810	1117	534321	84621	308786
甘　肃	1500	946	1552470	20444	291766
青　海	2478	665	264433	46684	216121
宁　夏	252	81	100254		106576
新　疆	1810	1241	97799	16932	166276

单位：人、人次、平方米、万元

企业会计制度财务指标				民间非营利组织会计制度财务指标		
固定资产原价	营业收入	费用合计	营业利润	固定资产原价	本年收入合计	本年费用合计
8758.6	**7520.8**	**4165.9**	**154.8**	**153379.5**	**88873.1**	**67329.0**
160.1	124.4	1558.3	-125.5	205.3	503.3	385.6
				52.0		57.0
50.9		232.0	-2.9	4661.9	876.7	1900.7
23.0				1911.1	5532.7	5488.2
18.0				128.5	110.8	110.8
				335.5	20.0	271.5
6.0						
				2026.3	472.2	452.2
				56.8	734.7	589.8
1041.0	1.0			63658.6	21500.2	23422.9
3876.5	3313.1	811.1	-2.5	3676.5	4141.1	4034.0
				894.1	198.6	324.9
	10.0	3.0		1388.0	251.7	358.3
1.0				332.0	538.8	267.7
795.3	1328.1	488.7	229.3	31217.2	14129.7	18070.9
224.0				4053.2	542.8	918.2
	321.0			877.0	154.0	172.0
1887.0	2175.0	900.0		1317.0	30580.9	674.9
24.0	3.0			998.1	1956.7	1410.8
401.0				10730.1	243.9	378.6
				882.0	593.8	606.0
90.0	3.0	2.5	3.0	12869.9	4470.9	5247.1
				7151.9	353.7	513.9
160.0	1.0	1.7		1317.0	68.7	87.6
0.8	241.2	168.6	53.4	2458.7	587.1	1581.0
				179.0	6.0	1.3
					2.0	
				1.8	302.1	3.1

C-2-21 社区互助型

地 区	单位数	#农村	年末职工人数	#女性	受教育程度	
					大学专科人数	大学本科及以上人数
全 国	**101276**	**90276**	**191067**	**63296**	**19355**	**7266**
北 京						
天 津						
河 北	27344	27095	47074	14096	796	182
山 西	734	705	1947	746	57	18
内蒙古	1444	1439	1692	314	150	51
辽 宁	546	527	1189	429	27	20
吉 林	2221	1526	44	1	44	
黑龙江	57	57	252	43	16	99
上 海						
江 苏	296	179	1588	644	171	52
浙 江	213	179	754	248	41	23
安 徽	128	72	519	257	131	38
福 建	5588	4121	6318	1664	204	47
江 西						
山 东	11476	9296	32478	13010	6480	2871
河 南	1449	1315	2235	552	74	38
湖 北	8977	8095	19343	8421	2149	621
湖 南	9193	7978	19556	5669	2594	1151
广 东	3233	2104	7383	2072	831	232
广 西	9885	9479	7466	1558	149	123
海 南	3	3	5	1	1	
重 庆	1735	1340	3144	1305	765	234
四 川	2260	1750	4695	1414	736	208
贵 州	2803	2427	8084	2487	1324	222
云 南	448	319	492	117	26	3
西 藏	1		2			
陕 西	6386	5847	16332	5428	1498	857
甘 肃	3625	3263	6333	2160	674	125
青 海	968	904	1658	460	331	45
宁 夏	243	240	445	185	76	3
新 疆	20	16	39	15	10	3

养老设施

单位：个、人、人次、时

职业资格水平		年龄结构				志愿服务	
助理社会工作师人数	社会工作师人数	35岁及以下人数	36岁至45岁人数	46岁至55岁人数	56岁及以上人数	志愿者服务人次数	志愿服务时间
1183	**600**	**36525**	**72912**	**59593**	**22037**	**182436**	**745489.5**
216	7	8716	17733	15007	5618	4280	4523.0
2		208	809	632	298		
	2	199	599	697	197	218	654.0
1	10	102	485	502	100		
			44				
		27	157	67	1		
5		242	644	589	113	638	2203.0
	1	108	229	285	132	895	2490.0
12	9	183	176	131	29	65	140.0
18	20	679	2377	2355	907	55249	379374.0
426	79	7816	11845	8529	4288	41697	100234.0
4		259	545	964	467	13555	81192.0
100	124	3190	7586	7084	1483	4514	11649.0
111	116	3543	8055	5237	2721	12874	34030.0
66	57	2049	2444	1970	920	144	259.0
19	2	587	2547	3260	1072	4508	7120.0
		1	2	2			
57	21	713	1224	991	216	19839	46860.5
20	16	975	1795	1298	627	2929	7163.0
5	3	1826	3367	2151	740	3929	14956.0
		63	286	112	31	99	104.0
			2				
113	104	2265	5883	6350	1834	14874	48697.0
6	17	2119	2843	1171	200	2129	3841.0
2	12	436	1014	173	35		
		192	210	35	8		
		27	11	1			

C-2-21续表

地区	床位数合计	社区日间照料床位数	#农村	社区全托服务床位数	#农村	年末照料和全托服务人数
全国	**1073516**	**749574**	**649375**	**323942**	**301555**	**609622**
北京						
天津						
河北	178053	140677	139361	37376	37060	72622
山西	11772	11756	11558	16	14	9706
内蒙古	119928	1502	878	118426	113686	75449
辽宁	5146	3576	3515	1570	869	3559
吉林	12852	12852	7705			12852
黑龙江	2069	155	155	1914	1914	1380
上海						
江苏	3228	1920	1156	1308	798	1764
浙江	3026	2033	1886	993	6	2187
安徽	2478	1005	311	1473	1387	1553
福建	44824	35653	25122	9171	8018	27173
江西						
山东	234718	210325	177825	24393	21998	146692
河南	10650	9173	8233	1477	1387	8386
湖北	72751	67710	60166	5041	3207	40196
湖南	69408	49521	41817	19887	17774	50450
广东	48142	45922	36207	2220	1419	23940
广西	96758	23145	19902	73613	70544	21822
海南	9			9	9	9
重庆	12262	8050	5036	4212	4045	8538
四川	14195	11641	8861	2554	1858	11712
贵州	21473	15854	13312	5619	4988	12101
云南	3254	2490	1902	764	449	532
西藏	14	14				4
陕西	54588	48838	44852	5750	5519	36599
甘肃	44520	39663	34092	4857	3313	35201
青海	4626	4388	3987	238	232	3657
宁夏	2396	1335	1220	1061	1061	1411
新疆	376	376	316			127

单位：张、人、人次、平方米

社区日间照料人数	#农村	社区全托服务人数	#农村	社区养老服务人次数	老年人活动人次数	机构建筑面积
453797	**376336**	**155825**	**148418**	**63355560**	**11429194**	**26693196**
60580	57867	12042	11851	5873164	1960316	3734991
9698	7412	8	6	1358962	11321	233202
596	543	74853	74503	14700984	92844	2486818
2478	2422	1081	604	730643	22161	112845
12852	7705			12852		642415
155	155	1225	1225	19412		22286
1369	813	395	295	104682	588	73732
1793	1691	394	5	5902		89159
577	246	976	971	164856	3417	50325
21765	16182	5408	4478	2122956	823638	1478434
131981	113553	14711	13926	15608520	4002154	6995323
7900	7080	486	438	866124	3928	331593
38511	35587	1685	623	4221953	495011	1563138
37606	32608	12844	11399	3190638	284627	2183885
22788	4862	1152	622	2170937	413513	675630
7813	7715	14009	13870	2643997	169698	2178517
		9		9		300
5700	3495	2838	2734	949950	895603	416385
10081	7955	1631	1759	1473433	196029	499389
8256	7099	3845	3491	1011666	22846	648837
489	223	43		23299	202633	122916
4				1095		120
33875	31256	2724	2668	2678671	1736099	1415184
32389	28158	2812	2313	2736660	17221	569616
3557	1253	100	98	343873	75547	110492
857	363	554	539	314922		53466
127	93			25400		4198

C-2-22 其他社区服务

地 区	机构和设施数	#农村	年末职工人数	#女性	受教育程度	
					大学专科人数	大学本科及以上人数
全 国	**105528**	**36467**	**356943**	**123030**	**75994**	**47020**
北 京	4564	1213	14728	7107	3802	5379
天 津	537	264	2913	1367	647	960
河 北	952	605	3868	946	608	393
山 西	1256	766	2898	1040	778	203
内蒙古	254	4	1501	706	400	372
辽 宁	1730	431	6502	3411	1787	835
吉 林	125		867	476	64	55
黑龙江	1071	81	5873	2172	772	509
上 海	3644	31	24574	7609	6528	1833
江 苏	19496	4553	74257	20832	11374	7643
浙 江	10898	3760	25905	10630	5143	3459
安 徽	2194	463	8587	3314	2513	619
福 建	771	263	3902	1165	276	292
江 西	1848	128	6322	2258	467	285
山 东	3883	963	14091	5728	4444	2407
河 南	1334	207	8535	3932	2105	1122
湖 北	4613	2770	11380	4674	2726	1078
湖 南	1676	300	5139	1942	1105	380
广 东	30890	12694	90133	27904	22205	13792
广 西	496	31	1461	481	245	164
海 南	285	58	1293	379	198	118
重 庆	2527	1180	8207	2839	1790	1437
四 川	5055	2282	16678	5400	3368	1569
贵 州	252	128	1093	497	291	148
云 南	276	67	667	190	94	56
西 藏	22		51	12	12	10
陕 西	547	206	4860	3259	402	497
甘 肃	3539	2852	7260	1597	1134	1013
青 海	277	78	1456	444	365	170
宁 夏	187	75	506	257	66	23
新 疆	329	14	1436	462	285	199

单位：个、人

职业资格水平		年龄结构			
助理社会工作师人数	社会工作师人数	35岁及以下人数	36岁至45岁人数	46岁至55岁人数	56岁及以上人数
10959	**7171**	**107950**	**137386**	**81310**	**30297**
975	222	5393	4192	3534	1609
322	133	968	1017	678	250
118	50	1074	1804	802	188
88	59	502	1293	876	227
16	11	505	566	251	179
452	362	1548	2838	1564	552
12		190	198	298	181
265	170	845	2382	838	1808
108	473	7615	7913	7083	1963
785	423	19262	31245	18480	5270
848	448	6282	11616	5680	2327
312	137	2962	3302	1703	620
81	85	506	1031	994	1371
64	19	1441	2143	1301	1437
243	169	5070	5328	3113	580
152	105	2364	3811	1797	563
218	101	3418	5159	2192	611
94	50	1297	1986	1454	402
4263	3210	34547	33139	17637	4810
47	27	405	467	478	111
15	6	308	404	546	35
393	254	2122	3276	1963	846
598	484	4512	6892	4457	817
73	13	333	527	187	46
8	2	161	336	110	60
		17	29	5	
174	118	664	788	662	2746
96	25	2218	2375	2106	561
69	5	769	514	142	31
16		130	253	115	8
54	10	522	562	264	88

C-2-22续表1

地　区	志愿服务		床位数合计	社区日间照料床位数	
	志愿者服务人次数	志愿服务时间			#农村
全　国	**184427**	**515455.2**	**376414**	**238739**	**111055**
北　京	3035	10481.0	1363	431	85
天　津			82	82	
河　北	3562	7170.0	5037	3439	2247
山　西	520	1026.0	9016	6762	5720
内蒙古	132	168.0	1091	646	140
辽　宁	40	50.0	10137	7149	5379
吉　林			188	188	
黑龙江	577	915.0	9609	2500	145
上　海			2419	1139	
江　苏	67219	131005.7	57554	37649	7213
浙　江	49074	196275.0	43817	35565	22199
安　徽	7976	22523.0	27890	1467	657
福　建	749	817.0	7457	4830	1220
江　西	662	1134.0	1164	850	140
山　东	14094	32134.0	3983	1148	218
河　南	767	1022.0	9887	8063	330
湖　北	1400	3385.0	19905	15181	8017
湖　南	1251	4334.0	7782	4846	1355
广　东	9194	29168.0	50070	40820	14288
广　西			3380	436	
海　南	28	136.0	1870	242	187
重　庆	11995	39118.0	10845	5233	2621
四　川	768	1821.5	39720	23198	11585
贵　州	693	3128.0	5091	1276	35
云　南	25	120.0	1798	348	100
西　藏					
陕　西	2694	8282.0	2102	606	169
甘　肃	1128	3222.0	38914	32854	25924
青　海			736	224	205
宁　夏			1770	1139	640
新　疆	6844	18020.0	1737	428	236

单位：人次、时、张、人

社区全托服务床位数	#农村	#护理型床位	年末照料和全托服务人数	社区日间照料人数	#农村
137675	**56090**	**8037**	**100919**	**62474**	**24400**
932			390	10	
1598	505		3249	2573	2247
2254	1483	215	2032	1114	839
445			620	480	129
2988	1409		1397	544	45
			166	166	
7109	2786	16	3568	893	111
1280			996	653	
19905	6279	2053	10985	6522	655
8252	4861	2995	9243	6769	2483
26423	14786	499	2988	97	26
2627	929	51	4281	3722	764
314	30	100	181	156	95
2835	804	264	1437	586	182
1824	143		5876	5284	66
4724	1076	294	5056	2441	818
2936	502	389	2786	1145	402
9250	2633	80	15279	12759	4223
2944	462	861	458	35	
1628	1151		682	55	
5612	4857	8	6030	2755	1346
16522	3154	7	13272	7279	6251
3815	865		666	180	16
1450	30		96	2	
1496	1016	5	1305	345	162
6060	4878	15	6162	5314	3207
512			67	10	
631	472	40	366	354	180
1309	979	145	1285	231	153

C–2–22续表2

地　区	社区全托服务人数	#农村	社区养老服务人次数	老年人活动人次数	机构建筑面积
全　国	**38445**	**16567**	**5674118**	**3666014**	**23782371**
北　京	380		730	16278	523703
天　津					248412
河　北	676	105	854825	18378	321476
山　西	918	617	142263	260892	300054
内蒙古	140		17151		130932
辽　宁	853	314	92306	169765	503354
吉　林			53110	2112	22743
黑龙江	2675	1254	28987	38941	407420
上　海	343		50266		653628
江　苏	4463	1762	185107	792201	3645002
浙　江	2474	1497	772695	55671	2221349
安　徽	2891	2010	47193	30292	1045003
福　建	559	92	200329	4010	382525
江　西	25	20		7966	308824
山　东	851	288	146588	183808	1929445
河　南	592	70	6451	1100	625579
湖　北	2615	754	299480	74790	1044548
湖　南	1641	186	54332	11573	669360
广　东	2520	599	887646	702215	5196720
广　西	423		66556	10366	154985
海　南	627	539	23100		125522
重　庆	3275	3064	408588	1111182	595314
四　川	5993	776	1164521	76448	1504183
贵　州	486	187	19970	12628	181535
云　南	94		10	4164	90241
西　藏					5580
陕　西	960	825	6273	50930	150918
甘　肃	848	751	17643	30298	577842
青　海	57		453		78547
宁　夏	12	12	124100		55640
新　疆	1054	845	3445	6	81987

单位：人、人次、平方米、万元

事业单位会计制度财务指标			民间非营利组织会计制度财务指标		
固定资产原价	本年收入合计	本年支出合计	固定资产原价	本年收入合计	本年费用合计
3731.5	**1704.4**	**1457.4**	**282021.6**	**486360.8**	**510747.7**
			11651.8	25346.4	21335.4
			552.6	3734.2	683.7
			796.4	437.2	1679.4
53.0			2549.0	160.6	155.8
1.0	1.0	1.0	1182.2	1609.9	1552.6
1.0			3962.7	720.4	2384.1
			69.1	28.0	78.6
120.0	10.9	39.0	1715.0	270.3	194.8
304.0	208.8	6.6	55173.8	281827.1	307573.1
	110.0	110.0	91666.4	90816.4	89982.4
	65.0	65.0	22835.9	18456.6	16957.9
10.0	118.0	98.0	3697.8	1378.9	1293.3
5.6	30.3	30.3	2966.3	3206.2	1144.5
			1597.5	1887.0	2072.0
			23098.6	13109.0	14843.8
3.0	28.5	28.5	691.3	297.2	163.9
			406.5	322.4	151.0
			2535.6	1604.7	1492.9
1203.9	1085.6	1032.7	25319.0	25505.1	30841.0
			390.7	468.5	528.0
			706.0	650.0	650.0
			3792.9	7786.1	7773.4
			19985.2	3562.6	4572.4
30.0	46.3	46.3	590.4	204.8	227.9
2000.0			36.0	10.1	23.4
				100.0	
			851.2	1319.7	807.3
			486.1	57.0	62.7
			1576.4	1462.0	1408.1
			1.0		
			1138.2	22.4	114.3

C-2-23 老年人福利

地区	老年人福利			
	享受高龄补贴的老年人数	享受护理补贴的老年人数	享受养老服务补贴的老年人数	享受综合补贴的老年人数
全　国	**29630000**	**663038**	**5163301**	**335029**
北　京	571389	98218	27204	
天　津	52841			23008
河　北	1232884	42410	134602	
山　西	235970	34805	5125	
内蒙古	534586		2196	150862
辽　宁	217844	36678	42397	
吉　林	41081	12028	28731	
黑龙江	210041	38282	19582	
上　海	2936115	4873	144776	
江　苏	2584547	106835	1470066	
浙　江	958713	22168	299608	
安　徽	1664201	33890	490328	
福　建	616981	15684	228424	
江　西	881795	30704	38313	991
山　东	789197	16775	430605	142028
河　南	2085434	15375	95009	
湖　北	1275510	37042	34778	
湖　南	576186	19101	192371	
广　东	2781749	14206	88043	
广　西	1184614	2005	37145	
海　南	215996	2472	1140	
重　庆	350577	22987	50886	
四　川	2136604		1088015	
贵　州	737196	9400	6504	
云　南	952814	4785	25062	
西　藏	17970	2663		48
陕　西	2957455	6870	7997	20
甘　肃	43490	18999	82193	17985
青　海	379784	3176	86498	70
宁　夏	37622	2710	611	
新　疆	368814	7897	5092	17

和残疾人福利

单位：人、个、人次

老年活动设施			残疾人福利	
老年活动站/中心/室数	老年人参与人数	年末活动人次数	困难残疾人生活补贴人数	重度残疾人护理补贴人数
193719	**26695688**	**123947605**	**10856832**	**13684939**
3049	553714	10821892	120626	95750
453	137844	229866	46733	131156
3915	312194	584070	493922	673482
6483	4290802	4831106	217739	320994
1570	252427	2359711	295856	273822
3222	387778	6749478	270811	386216
61	2887	21202	272434	300910
791	88188	1080642	314730	358334
6040	328829	27601684	84921	208944
14070	3121383	24538609	617476	476464
			351335	545503
6481	1201009	2718567	856197	801250
7968	996891	2151850	318520	365115
7122	753964	1240503	444887	382685
27038	1779520	3504188	436588	976833
28793	920681	2039630	852207	1117209
8753	1241994	8334549	473919	684102
13956	1691682	3314544	564936	745580
13682	2623509	5415637	384486	937919
4169	729001	1801013	424005	551773
62	15841	18363	50211	115203
5475	1188241	3303586	200886	279951
12437	1605070	6113618	739192	1022857
4843	898978	1603014	161633	332299
3313	430594	662880	546961	543896
3	679	680	83561	28997
5767	793664	1525890	615181	321598
1128	97191	533049	256143	335135
74	39171	43726	82169	77158
170	21095	23495	103533	101838
2831	190867	780563	175034	191966

C−2−24 民政部门直属

地 区	单位数	市场监管部门登记	编制部门登记	年末职工人数	受教育程度 大学专科人数	大学本科及以上人数
全 国	**22**	**7**	**15**	**1198**	**397**	**364**
北 京	1	1		90	26	32
天 津	1	1		5	5	
河 北	1		1	16	5	6
山 西						
内蒙古	1		1	45	17	12
辽 宁						
吉 林						
黑龙江	1	1		40	17	13
上 海	1	1		41	8	5
江 苏	1		1	145	80	15
浙 江						
安 徽	1	1		32	7	4
福 建						
江 西	1		1	28	8	9
山 东	1		1	63	20	19
河 南	1		1	79	28	30
湖 北	2	1	1	149	43	34
湖 南	2	1	1	133	42	63
广 东	1		1	47	10	26
广 西	1		1	34	7	14
海 南						
重 庆						
四 川						
贵 州	1		1	49	6	27
云 南	1		1	74	33	9
西 藏						
陕 西	1		1	93	29	28
甘 肃						
青 海	1		1	12	1	11
宁 夏						
新 疆	1		1	23	5	7

康复辅具机构

单位：个、人

职业资格水平		年龄结构			
助理社会工作师人数	社会工作师人数	35岁及以下人数	36岁至45岁人数	46岁至55岁人数	56岁及以上人数
33	**36**	**379**	**295**	**394**	**130**
	1	44	22	18	6
					5
	1	6	4	3	3
2		16	13	10	6
		17	15	7	1
			2	25	14
2	1	77	40	20	8
		15	6	7	4
1	2	6	6	7	9
		2	16	35	10
6	11	26	19	26	8
	1	48	28	52	21
6	6	44	41	43	5
13	5	11	13	18	5
1	5	3	9	16	6
1	1	13	14	20	2
1	1	29	9	34	2
	1	11	28	45	9
		5		3	4
		6	10	5	2

C-2-24续表

地区	企业会计制度财务指标			
	固定资产原价	营业收入	费用合计	营业利润
全国	**23312.3**	**19862.2**	**8329.6**	**-1069.4**
北京	4457.0	3895.9	1840.4	-1273.3
天津	86.0	25.0	28.0	-16.0
河北				
山西				
内蒙古	489.0	1441.0	790.0	
辽宁				
吉林				
黑龙江	1885.8			
上海	2644.0	3090.1	785.2	671.2
江苏				
浙江				
安徽	766.0	594.0	154.0	
福建				
江西				
山东	5418.0	1948.0	1320.0	-817.0
河南				
湖北	875.0	4500.0	745.0	550.0
湖南	24.8	20.0	2.6	
广东	4037.4	2966.2	2238.8	-212.2
广西				
海南				
重庆				
四川				
贵州				
云南				
西藏				
陕西	2629.3	1382.0	425.6	27.9
甘肃				
青海				
宁夏				
新疆				

单位：万元

事业单位会计制度财务指标		
固定资产原价	本年收入合计	本年费用合计
30057.1	**27652.0**	**27038.7**
107.1	409.2	398.6
6544.8	5273.4	5205.3
900.4	2977.4	2171.1
4892.3	3867.6	3254.2
4432.3	4560.5	4785.5
3459.3	3733.1	3190.0
3809.9	3430.0	3491.1
2109.8	1180.7	1145.6
1750.1	129.8	674.3
241.1	498.4	806.4
1810.0	1591.9	1916.6

C−2−25 孤儿和

地区	孤儿数			儿童关爱保护		收养登记合计
		集中养育孤儿	社会散居孤儿	儿童督导员	儿童主任	
全国	**233117**	**64482**	**168635**	**55912**	**674562**	**13044**
北京	1747	1394	353	350	7208	23
天津	635	437	198	781	4756	26
河北	14049	1900	12149	4522	54447	360
山西	7778	2826	4952	1424	25753	105
内蒙古	2725	994	1731	1469	14395	120
辽宁	5798	2729	3069	1810	17107	94
吉林	3958	1499	2459	1115	10716	21
黑龙江	4075	1035	3040	1974	11939	86
上海	1409	1327	82	267	6271	94
江苏	7983	2443	5540	1641	21967	1365
浙江	2945	1638	1307	1576	26307	1363
安徽	9724	1899	7825	1852	19503	278
福建	3326	1253	2073	1560	17824	337
江西	7040	1764	5276	2124	22656	124
山东	9479	2111	7368	3064	85202	1143
河南	18284	4112	14172	2776	53739	397
湖北	6278	1427	4851	1803	29194	615
湖南	18916	2400	16516	2106	29657	502
广东	17199	6778	10421	1716	27409	901
广西	11807	1845	9962	1389	16998	2085
海南	821	250	571	386	3690	104
重庆	3398	924	2474	1576	12887	173
四川	22213	2668	19545	4719	55200	828
贵州	10957	1735	9222	1674	17701	186
云南	10518	1724	8794	1919	15031	1031
西藏	5591	5191	400	2985	6179	14
陕西	5919	2123	3796	1430	19947	310
甘肃	8317	1684	6633	2166	20104	127
青海	4035	1230	2805	2188	5773	42
宁夏	753	345	408	243	2801	20
新疆	5440	4797	643	1307	12201	170

家庭收养登记

单位：人、件

中国公民收养登记	香港居民	澳门居民	台湾居民	华侨	外国人收养登记	协议解除收养关系登记	中国公民
12074	**48**	**3**	**19**	**20**	**970**	**590**	**582**
21					2	5	5
13					13	3	3
345			1	1	15	7	7
71					34	2	2
88					32	1	1
63			1		31	22	22
6					15		
76				1	10	7	7
77				1	17	3	3
1315	1				50	51	48
1337	2			6	26	14	14
271			1		7		
321	3		3	3	16	1	1
45					79		
1103			1	1	40	1	1
288			3		109	6	6
560		1	1		55	19	19
461	2		2	1	41	36	36
729	31	1	2	3	172	43	39
2025	6	1	2	1	60	191	191
104						9	9
165	1		1		8	19	19
809	2		1	1	19	82	82
167					19	10	10
1005				1	26		
14							
251					59	16	15
122					5	2	2
42						8	8
10					10		
170						32	32

C−2−26 被收养的

地　区	被收养人合计	#女性	#残疾儿童	#外国人收养	儿童福利机构抚养的孤儿	社会散居孤儿
全　国	**13044**	**8159**	**906**	**970**	**3019**	**2245**
北　京	23	17	3	2	4	1
天　津	26	10	13	13	13	
河　北	360	188	15	15	72	33
山　西	105	50	2	34	66	2
内蒙古	120	66	30	32	42	1
辽　宁	94	38	27	31	8	25
吉　林	21	5		15	15	
黑龙江	86	39	5	10	29	5
上　海	94	75	22	17	22	8
江　苏	1365	922	50	50	423	152
浙　江	1363	1010	3	26	495	75
安　徽	278	156	17	7	65	32
福　建	337	247	13	16	97	61
江　西	124	80	79	79	24	2
山　东	1143	627	48	40	116	190
河　南	397	195	122	109	97	27
湖　北	615	363	47	55	143	59
湖　南	502	291	30	41	114	50
广　东	901	609	180	172	263	52
广　西	2085	1513	69	60	412	546
海　南	104	74	2			29
重　庆	173	82	6	8	31	17
四　川	828	435	24	19	119	58
贵　州	186	121	22	19	32	22
云　南	1031	592		26	138	749
西　藏	14	2			9	
陕　西	310	169	59	59	104	27
甘　肃	127	58	6	5	9	10
青　海	42	18	1		4	1
宁　夏	20	11	10	10	15	
新　疆	170	96	1		38	11

儿童情况

单位：人

继子女	三代以内同辈旁系血亲的子女	儿童福利机构抚养的弃婴和儿童	非社会福利机构抚养的弃婴	生父母有特殊困难无力抚养的子女	生父母均不具备完全民事行为能力且具有严重危害可能的子女
414	**1394**	**3452**	**1637**	**872**	**11**
2	9	7			
1	7	4		1	
3	72	76	81	21	2
1	6	5	15	10	
4	11	1	5	55	1
6	12	35	5	3	
3		3			
3	32	8	1	8	
2	10	50	2		
8	78	603	79	21	1
13	74	643	60	3	
3	95	22	47	14	
6	34	77	60	2	
	5	90	2	1	
158	78	129	433	38	1
5	49	133	59	27	
4	129	164	47	69	
18	86	115	69	50	
4	121	324	112	25	
33	110	574	318	92	
	8	23	43	1	
8	40	40	2	34	1
65	98	199	66	218	5
5	14	48	47	18	
5	72		1	66	
	5				
11	54	6	39	69	
9	34	36	16	13	
6	17	7	2	5	
	3	2			
28	31	28	26	8	

C-2-27 社会救助

地 区	单位数			年末职工人数	
		编制部门登记	民政部门登记		#女性
全 国	**885**	**882**	**3**	**7826**	**3586**
北 京	10	10		101	64
天 津	2	2		14	5
河 北	2	2		9	2
山 西	56	56		499	258
内蒙古	24	24		306	170
辽 宁	2	2		8	6
吉 林	66	66		1321	436
黑龙江	26	26		253	115
上 海	6	5	1	74	47
江 苏	11	11		53	27
浙 江	13	13		67	44
安 徽	23	23		118	55
福 建	16	16		63	34
江 西	45	45		288	147
山 东	22	20	2	124	65
河 南	49	49		422	189
湖 北	72	72		701	319
湖 南	53	53		527	182
广 东	2	2		28	18
广 西	125	125		707	379
海 南	2	2		15	8
重 庆	34	34		306	169
四 川	61	61		367	163
贵 州	50	50		565	268
云 南	45	45		191	106
西 藏	1	1		6	
陕 西	43	43		491	231
甘 肃	15	15		141	40
青 海	3	3		12	8
宁 夏	4	4		43	26
新 疆	2	2		6	5

服务机构

单位：个、人

受教育程度		职业资格水平		年龄结构	
大学专科人数	大学本科及以上人数	助理社会工作师人数	社会工作师人数	35岁及以下人数	36岁至45岁人数
2466	**3631**	**230**	**273**	**3208**	**3298**
18	77	8	4	36	38
1	13	1	2	11	2
2	4		1	4	4
199	250	6	7	191	205
81	204	15	28	120	122
4	3		1	2	6
262	434	30	7	548	573
83	114	5	1	68	130
5	57	11	7	36	22
4	42	10	14	26	21
11	37	6	7	29	24
21	83	1	6	45	49
15	38	6	7	36	24
132	92	8	9	99	145
45	75	6	20	50	47
160	148	4	18	225	128
320	225	26	20	217	323
211	147	16	24	199	216
1	27	4	1	21	4
227	391	7	9	272	322
8	7		2	2	6
56	240	30	12	153	103
136	149	8	18	146	172
176	319	6	9	230	259
51	125	8	24	82	97
					3
183	246	6	9	258	183
23	55		2	90	37
5	6			2	7
22	21	1	4	7	26
4	2	1		3	

C-2-27续表

地　区	年龄结构		按职工编制类型分组		
	46岁至55岁人数	56岁及以上人数	事业编制	聘用合同	其他
全　国	**1211**	**109**	**6988**	**527**	**311**
北　京	25	2	101		
天　津		1	14		
河　北	1		9		
山　西	93	10	475	14	10
内蒙古	62	2	268	21	17
辽　宁			8		
吉　林	190	10	1198	38	85
黑龙江	51	4	220	28	5
上　海	13	3	57	17	
江　苏	6		43	10	
浙　江	11	3	55	11	1
安　徽	23	1	108	8	2
福　建	2	1	61		2
江　西	37	7	231	38	19
山　东	25	2	106	18	
河　南	63	6	401	7	14
湖　北	139	22	575	102	24
湖　南	99	13	454	51	22
广　东	2	1	28		
广　西	110	3	610	40	57
海　南	5	2	15		
重　庆	48	2	279	12	15
四　川	46	3	351	12	4
贵　州	73	3	529	35	1
云　南	12		179	7	5
西　藏	2	1	5	1	
陕　西	46	4	431	38	22
甘　肃	13	1	116	19	6
青　海	3		12		
宁　夏	8	2	43		
新　疆	3		6		

单位：人、人次、时、万元

志愿服务		事业单位会计制度财务指标		
志愿者服务人次数	志愿服务时间	固定资产原价	本年收入合计	本年支出合计
14089	**43741.0**	**34497.1**	**220659.5**	**211443.2**
80	240.0	396.1	38240.4	38595.1
		232.8	288.7	406.8
		8.0	85.0	82.0
189	636.0	2710.8	19495.1	16614.1
		474.4	3977.1	4151.4
			36.3	36.3
10		1429.8	39030.4	29294.6
		242.9	1453.0	1518.0
		393.0	4488.8	4604.8
88	162.0	77.8	925.1	1083.2
		159.6	7365.5	7351.7
51	237.0	220.1	1284.2	1279.7
68	252.0	68.3	599.6	552.8
156	424.0	412.2	1155.4	1045.4
130	280.0	699.8	1203.0	1206.5
63	166.0	2096.9	2642.6	2717.6
1808	4214.0	11777.9	7931.2	14115.0
135	408.0	1407.3	16214.4	12968.3
		935.0	1359.2	1490.5
378	2154.0	4038.0	21931.9	18210.7
		26.6	3200.3	4708.9
407	1319.0	988.6	5847.6	5818.9
102	126.0	544.7	28996.6	29789.6
762	1677.0	1448.1	2749.0	3065.1
15	30.0	1962.6	4853.7	5034.7
		4.6		
813	3138.0	1050.9	4800.6	4969.7
8813	28278.0	190.2	220.0	393.0
		473.0		88.0
21		26.3	283.5	249.5
		0.8	1.3	1.3

C-2-28 城市居民

地 区	城市最低生活保障人数	按人员性质分类				
		#女性	#残疾人	重度残疾人	老年人	成年人
全 国	**8608708**	**3862860**	**1393696**	**601742**	**1585864**	**5633598**
北 京	65423	12085	14832	11248	15121	39442
天 津	75775	34594	16413	8653	10090	50917
河 北	194699	84273	31237	15491	33571	132108
山 西	280415	134151	38228	18298	36986	193075
内蒙古	338880	166871	68152	28781	65375	244092
辽 宁	391521	158553	94866	39775	54719	268669
吉 林	438036	210090	87781	46142	102736	301726
黑龙江	597948	266774	124246	31807	88073	440713
上 海	148470	58708	33335	29270	9604	110804
江 苏	122551	52905	24657	9181	33015	74821
浙 江	194340	79021	76987	44623	63290	113185
安 徽	366838	164474	69690	21628	111131	214613
福 建	61852	28412	16938	9292	15044	40137
江 西	359408	153105	41630	7153	63980	240539
山 东	132837	62979	26492	18567	23102	93899
河 南	440656	180845	52130	23435	120832	259834
湖 北	318383	148645	33753	4041	64623	218867
湖 南	506859	238729	47290	29329	72154	383956
广 东	156563	70495	36871	22375	27317	100627
广 西	304874	141363	51325	14636	47531	196007
海 南	36846	16168	6641	3769	2491	24544
重 庆	280973	125721	63930	42434	36770	187010
四 川	768376	316260	109808	30065	145757	513138
贵 州	488184	213849	46713	16763	105734	258188
云 南	437531	211998	56391	27828	109114	271466
西 藏	25260	9329	2155	288	6084	15916
陕 西	215676	106556	26290	1078	16222	107932
甘 肃	396744	176419	24629	8057	40174	271815
青 海	64703	35574	4506	526	11142	40840
宁 夏	93212	47293	20341	9380	9568	67212
新 疆	304875	156621	45439	27829	44514	157506

最低生活保障

单位：人、户

按年龄分类					城市最低生活保障户数
在职人员	灵活就业	登记失业	无就业条件	未成年人	
102440	**1718246**	**809788**	**3003124**	**1389246**	**5249324**
1708	11567	20780	5387	10860	39487
1825	9264	20425	19403	14768	49205
2206	35659	25112	69131	29020	125944
8270	70473	24615	89717	50354	155876
297	148180	30548	65067	29413	211580
3608	42093	104956	118012	68133	257871
	68	74	301584	33574	314165
1730	42894	43635	352454	69162	413945
6134	7359	34699	62612	28062	106708
854	7857	14373	51737	14715	78414
2278	35254	9666	65987	17865	137843
4273	52954	23328	134058	41094	244230
177	6040	3235	30685	6671	40319
6234	116406	28216	89683	54889	223054
835	5796	7702	79566	15836	82012
1836	76764	43651	137583	59990	296041
30448	110138	21296	56985	34893	203739
1155	117766	57527	207508	50749	322057
3259	18264	6681	72423	28619	84529
302	176702	13504	5499	61336	139028
43	2204	726	21571	9811	18987
405	92640	30315	63650	57193	180499
8014	137100	93241	274783	109481	466511
1908	59185	11917	185178	124262	216424
821	150363	26434	93848	56951	278828
5015	3348	2560	4993	3260	13893
753	56896	22797	27486	91522	116681
3315	90904	65218	112378	84755	177209
125	3817	1556	35342	12721	34815
4	40	35	67133	16432	53798
4608	30251	20966	101681	102855	165632

C−2−29 农村居民

地 区	农村最低生活保障人数	纳入扶贫建档立卡对象	按人员性质分类		
			#女性	#残疾人	#重度残疾人
全 国	**34553896**	**11534211**	**15027899**	**4903013**	**2081769**
北 京	37671	1	6094	14573	10038
天 津	65194		25213	11047	6362
河 北	1574256	352009	633680	263737	158971
山 西	961434	399455	430102	154986	68169
内蒙古	1288734	244329	683846	172952	87581
辽 宁	602876	102047	235649	104653	40752
吉 林	515838		260364	105182	
黑龙江	802115	102134	387181	114701	31272
上 海	31463	2	15290	16767	15285
江 苏	688625	291919	278040	98140	50212
浙 江	460688	15886	186795	162925	96038
安 徽	1783789	992211	753679	286639	68592
福 建	414534	70415	175247	79005	45353
江 西	1422597	115926	577440	135491	16410
山 东	1177686	460189	486947	203218	138398
河 南	2725942	443838	1035051	388495	152363
湖 北	1392808	704528	643405	244784	9686
湖 南	1342493	1206802	613890	209961	155188
广 东	1247362	547329	532901	188625	110078
广 西	2469207	1317354	1137145	312206	95192
海 南	146949	11166	65921	20255	13620
重 庆	578941	51429	262175	109132	72705
四 川	3537479	706314	1339813	473344	189207
贵 州	2073393	672642	906964	169513	60175
云 南	2511001	1413014	1155886	384272	198784
西 藏	132462	87208	58627	8466	182
陕 西	856623	183297	382094	171929	79271
甘 肃	1381176	190471	538822	93314	30810
青 海	281744	163299	141766	10004	1689
宁 夏	383268		183709	91030	25670
新 疆	1665548	688997	894163	103667	53716

最低生活保障

单位：人、户

按人员年龄分类					农村最低生活保障户数
老年人	成年人	有劳动条件	无劳动条件	未成年人	
12882407	**16262775**	**8886538**	**7375901**	**5408714**	**18923396**
17704	15919	2065	13854	4048	23090
15145	37996	21646	16350	12053	33527
792834	627035	252283	374752	154387	1100062
547598	360289	163429	196860	53547	685125
848542	389836	205628	184208	50356	829015
279022	276812	80085	196727	47042	404851
279767	202809	45170	157639	33262	340993
458793	304268	145891	158377	39054	535269
11323	19247	7065	12182	893	27623
283933	321716	132407	189310	82976	389214
190073	224336	155513	68823	46279	316293
773852	817271	465148	352160	192666	1045680
119928	235100	108515	126585	59506	228283
467181	758751	433728	325023	196665	867449
560266	505269	322388	182881	112151	807434
1312400	1096787	554526	542261	316755	1926206
519024	714019	509498	204521	159765	784395
423556	719388	374988	344400	199549	713632
292941	666995	281748	385246	287426	501966
514078	1375700	703588	672112	579429	839141
27785	76619	47299	29320	42545	60168
108630	372135	122890	249245	98176	313891
1466388	1589957	1050532	538884	481134	1962933
626261	933889	769062	164833	513243	887623
780856	1317209	598684	718525	412936	1287427
56502	40643	23383	17422	35317	38794
267357	468251	135294	332957	121015	352333
323712	816411	581010	235401	241053	460512
42116	155631	129370	26261	83997	88606
159582	191097	22016	169081	32589	280554
315258	631390	441689	189701	718900	791307

C-2-30 城市特

地 区	城市特困人员	#女性	#残疾人	#老年人	#未成年人	按自理能力分		
						全自理	半护理	全护理
全 国	**294945**	**46325**	**93053**	**208755**	**4343**	**183833**	**64073**	**47039**
北 京	1310	338	1162	818	6	133	561	616
天 津	1552	401	637	870	32	519	357	676
河 北	3602	567	1327	2362	32	2040	760	802
山 西	1425	200	689	652	34	599	528	298
内蒙古	11343	1780	7524	5713	36	5809	3049	2485
辽 宁	8625	1902	3856	5245	31	4024	2279	2322
吉 林	7312	2029	3827	3966	33	3272	2622	1418
黑龙江	10643	2508	6344	5153	49	3766	4027	2850
上 海	1451	40	120	1381	7	1002	303	146
江 苏	7175	1720	2521	4758	39	2855	1868	2452
浙 江	2885	538	918	2413	19	1571	607	707
安 徽	10529	674	681	9263	31	6745	3093	691
福 建	5062	1070	2205	2915	69	2661	1224	1177
江 西	6300	1392	851	4210	279	3441	1501	1358
山 东	3200	795	1685	1626	34	1302	1107	791
河 南	6537	758	1204	5161	88	4434	1380	723
湖 北	9665	2424	3843	5761	243	6020	1710	1935
湖 南	15060	3716	5592	8053	110	8153	4123	2784
广 东	13787	3366	5709	8063	58	6977	3552	3258
广 西	9612	1758	3012	6479	123	6977	1196	1439
海 南	1092	211	220	811	20	886	93	113
重 庆	86055	5377	17144	72627	1719	72838	7998	5219
四 川	38904	5245	9641	30804	372	21168	10467	7269
贵 州	7298	987	1733	5293	211	5251	1314	733
云 南	9364	2525	4665	6163	178	4810	2957	1597
西 藏	408	82	57	299	2	344	43	21
陕 西	3507	746	1758	1685	76	1389	1467	651
甘 肃	3337	759	1498	1728	99	1488	1303	546
青 海	1600	669	329	1005	69	636	672	292
宁 夏	999	236	710	462	8	407	369	223
新 疆	5306	1512	1591	3016	236	2316	1543	1447

困人员

单位：人

集中供养	全自理	半护理	全护理	分散供养	全自理	半护理	全护理
107756	**50872**	**30231**	**26653**	**187189**	**132961**	**33842**	**20386**
600	22	249	329	710	111	312	287
454	139	122	193	1098	380	235	483
1036	408	273	355	2566	1632	487	447
241	60	90	91	1184	539	438	207
3667	1225	1241	1201	7676	4584	1808	1284
2298	656	552	1090	6327	3368	1727	1232
2176	590	1032	554	5136	2682	1590	864
5141	1260	2037	1844	5502	2506	1990	1006
326	97	126	103	1125	905	177	43
3642	450	1072	2120	3533	2405	796	332
1934	883	454	597	951	688	153	110
4371	2367	1462	542	6158	4378	1631	149
2026	353	755	918	3036	2308	469	259
2274	1074	621	579	4026	2367	880	779
1306	386	568	352	1894	916	539	439
1091	532	303	256	5446	3902	1077	467
5089	1984	1430	1675	4576	4036	280	260
5203	2264	1718	1221	9857	5889	2405	1563
3413	874	1234	1305	10374	6103	2318	1953
5659	3686	899	1074	3953	3291	297	365
211	167	40	4	881	719	53	109
18020	12640	3329	2051	68035	60198	4669	3168
23814	12733	6132	4949	15090	8435	4335	2320
3988	2841	716	431	3310	2410	598	302
3450	1378	1172	900	5914	3432	1785	697
161	115	28	18	247	229	15	3
1659	277	899	483	1848	1112	568	168
919	253	435	231	2418	1235	868	315
496	123	242	131	1104	513	430	161
469	125	215	129	530	282	154	94
2622	910	785	927	2684	1406	758	520

C-2-31　农村特

地　区	农村特困人员	#女性	#残疾人	#老年人	#未成年人	按自理能力分		
						全自理	半护理	全护理
全　国	**4391294**	**469874**	**805609**	**3652791**	**47760**	**3327893**	**703668**	**359733**
北　京	5338	337	4930	4568	8	278	3407	1653
天　津	10347	841	1878	8993	7	6954	2450	943
河　北	260838	13269	43189	224857	1184	217771	25816	17251
山　西	133076	7049	40663	93687	2109	99177	21820	12079
内蒙古	83897	4361	27439	64276	88	66775	10296	6826
辽　宁	127044	10225	22646	107775	512	96574	22860	7610
吉　林	76485	10326	17832	53375	292	58781	11133	6571
黑龙江	95118	16173	44770	61343	451	69915	18818	6385
上　海	2127	118	394	1837	1	1327	653	147
江　苏	203728	17284	19612	193468	591	134013	45288	24427
浙　江	26132	1777	4412	24602	10	14554	6186	5392
安　徽	355803	39571	44537	317878	1905	276155	62988	16660
福　建	63038	5714	15782	47321	828	50473	8235	4330
江　西	127477	26437	14019	106580	4055	70475	22457	34545
山　东	241442	18161	24753	222110	283	183617	40582	17243
河　南	492154	46100	60011	437789	5515	371613	83795	36746
湖　北	242857	30945	57925	201081	680	211937	17305	13615
湖　南	364898	46412	63534	280259	2655	287768	50729	26401
广　东	214366	20661	25981	186869	1517	149092	35027	30247
广　西	236210	25684	34588	193840	4120	220988	7551	7671
海　南	21828	3262	1755	19282	138	19677	1206	945
重　庆	98668	7362	17842	82589	2622	85086	9034	4548
四　川	437035	39813	79538	375424	5222	314548	84849	37638
贵　州	82502	8308	13699	66331	2041	67927	10158	4417
云　南	113639	25675	51762	67355	5375	73496	28385	11758
西　藏	13518	6241	1659	8985	559	7338	4477	1703
陕　西	123374	9977	41640	96281	1572	91755	24816	6803
甘　肃	93753	13371	19735	72669	1732	57656	27144	8953
青　海	16361	5922	3219	12441	244	7252	7204	1905
宁　夏	8991	2251	1686	5795	22	5150	3329	512
新　疆	19250	6247	4179	13131	1422	9771	5670	3809

困人员

单位：人

集中供养	全自理	半护理	全护理	分散供养	全自理	半护理	全护理
750184	**449766**	**189105**	**111313**	**3641110**	**2878127**	**514563**	**248420**
1587	48	798	741	3751	230	2609	912
911	414	250	247	9436	6540	2200	696
29462	15077	8408	5977	231376	202694	17408	11274
14924	8007	4213	2704	118152	91170	17607	9375
9872	5072	2787	2013	74025	61703	7509	4813
21190	12546	5969	2675	105854	84028	16891	4935
12519	6698	3376	2445	63966	52083	7757	4126
15288	7302	5720	2266	79830	62613	13098	4119
772	375	276	121	1355	952	377	26
47511	29064	10507	7940	156217	104949	34781	16487
18702	9357	5043	4302	7430	5197	1143	1090
57128	39203	13211	4714	298675	236952	49777	11946
8828	2966	3637	2225	54210	47507	4598	2105
47919	28000	8020	11899	79558	42475	14437	22646
55984	28329	18649	9006	185458	155288	21933	8237
73373	51280	14790	7303	418781	320333	69005	29443
46520	25309	11444	9767	196337	186628	5861	3848
50876	29025	13816	8035	314022	258743	36913	18366
14758	8258	3515	2985	199608	140834	31512	27262
12284	10995	712	577	223926	209993	6839	7094
1654	1438	102	114	20174	18239	1104	831
11546	8606	1741	1199	87122	76480	7293	3349
91477	60470	21445	9562	345558	254078	63404	28076
22477	17163	3562	1752	60025	50764	6596	2665
13619	6593	4578	2448	100020	66903	23807	9310
7438	4319	2285	834	6080	3019	2192	869
36340	23413	9743	3184	87034	68342	15073	3619
7855	3398	3338	1119	85898	54258	23806	7834
2870	948	1416	506	13491	6304	5788	1399
2996	391	2439	166	5995	4759	890	346
11504	5702	3315	2487	7746	4069	2355	1322

C-2-32　临时救助

地　区	临时救助	#纳入扶贫建档立卡人员	#未成年人	按属地分类	
				本地户籍	非本地户籍
全　国	**9931713**	**2836813**	**260205**	**9885548**	**46165**
北　京	13019		63	13007	12
天　津	82178		336	81765	413
河　北	310745	80522	3349	310536	209
山　西	327172	77594	721	326227	945
内蒙古	206451	17861	341	203628	2823
辽　宁	147527	21848	641	146584	943
吉　林	160240	20420	540	160217	23
黑龙江	176758	10872	1159	176714	44
上　海	62594	4221	292	62477	117
江　苏	269685	27194	2654	268407	1278
浙　江	146529	36320	2543	146159	370
安　徽	103306	9428	221	102767	539
福　建	148506	14504	4634	148041	465
江　西	140117	23349	2568	139700	417
山　东	130718	33168	558	129928	790
河　南	245733	49001	2760	242898	2835
湖　北	290939	67006	761	290121	818
湖　南	750394	256004	6082	743263	7131
广　东	133266	25759	3081	132323	943
广　西	141896	54579	4819	141790	106
海　南	58306	3212	629	58303	3
重　庆	171523	19875	1883	170928	595
四　川	365618	44926	3515	364734	884
贵　州	527348	352405	35467	527072	276
云　南	1351122	686122	13764	1332742	18380
西　藏	15225	517	56	15067	158
陕　西	631555	180226	52190	630073	1482
甘　肃	1560682	525423	72061	1559943	739
青　海	151134	5963	1415	150976	158
宁　夏	150916	16108	1966	150138	778
新　疆	960511	172386	39136	959020	1491

和传统救济

单位：人、人次

按对象分类				传统救济
低保人员	#纳入低保的扶贫建档立卡人员	特困人员	其他	
3185705	**868241**	**470107**	**6275901**	**373615**
7584		44	5391	
53542		3295	25341	
82244	33341	16040	212461	4448
119522	41790	22885	184765	11553
95864	9191	11702	98885	13753
75026	14551	8226	64275	7476
109001	11333	8362	42877	179
109014	6735	6953	60791	370
43088	1547	280	19226	21
28111	8268	13887	227687	19236
44153	18883	1316	101060	1734
21466	3681	13441	68399	30243
36894	7327	5893	105719	2169
43492	10311	9951	86674	20519
29709	14610	4400	96609	239
45905	12345	18663	181165	19625
69513	19122	6101	215325	4801
98738	40765	31709	619947	41027
24576	7371	12391	96299	1068
34944	20262	4863	102089	104082
3404	374	141	54761	22
36402	4786	22398	112723	12651
114859	18112	28898	221861	32536
66055	41266	2603	458690	8622
413133	145638	10857	927132	29752
5937	597	4427	4861	1093
247803	99622	18033	365719	1123
543721	172283	123255	893706	3882
15141	2203	7081	128912	453
36708	8016	4905	109303	3
530156	93911	47107	383248	935

C-2-33 福利彩票

地 区	单位数	编制部门登记	民政部门登记	年末职工人数	#女性	受教育程度 大学专科人数	大学本科及以上人数
全 国	**702**	**618**	**84**	**12159**	**5693**	**4198**	**4525**
中央级	1	1		114	50	5	109
北 京	17	17		138	56	33	99
天 津	8	8		83	40	15	60
河 北	24	15	9	401	195	122	121
山 西	12	12		261	122	85	137
内蒙古	15	15		375	181	138	132
辽 宁	8	8		212	74	33	133
吉 林	42	42		500	116	77	102
黑龙江	15	15		198	82	60	57
上 海	17	3	14	274	136	75	91
江 苏	75	72	3	986	450	352	390
浙 江	51	34	17	636	312	217	218
安 徽	45	22	23	756	400	292	237
福 建	10	10		348	164	93	132
江 西	12	12		128	36	53	25
山 东	16	16		759	351	270	359
河 南	40	40		653	298	245	243
湖 北	38	38		359	195	151	99
湖 南	74	74		671	253	232	208
广 东	55	55		959	484	292	336
广 西	18	18		612	335	238	189
海 南	5	5		52	17	21	18
重 庆	1	1		174	45	34	129
四 川	3	3		712	424	317	212
贵 州	11	11		302	144	104	142
云 南	14	14		177	73	68	80
西 藏	1	1		41	19	23	7
陕 西	21	21		343	163	127	149
甘 肃	15	13	2	304	175	143	93
青 海	6	2	4	97	54	31	34
宁 夏	15	3	12	324	169	158	98
新 疆	17	17		210	80	94	86

发行机构

单位：个、人、人次、时

职业资格水平		年龄结构				志愿服务	
助理社会工作师人数	社会工作师人数	35岁及以下人数	36岁至45岁人数	46岁至55岁人数	56岁及以上人数	志愿者服务人次数	志愿服务时间
212	**193**	**5356**	**4448**	**1989**	**366**	**12817**	**27288.3**
		34	47	25	8		
	4	42	46	35	15	144	477.0
	1	28	37	14	4		
4	4	180	158	55	8		
	1	121	86	47	7	29	93.0
1	1	210	119	38	8		
2	6	60	90	50	12		
5	1	199	217	69	15		
3	7	73	82	41	2		
5		74	109	50	41		
43	38	445	364	152	25	10718	22155.3
12	11	273	255	97	11	122	286.0
16	9	409	241	95	11	618	1183.0
	1	114	130	87	17		
	1	49	46	28	5		
19	36	242	340	144	33		
6	3	308	211	121	13	12	27.0
2		164	122	64	9	105	350.0
4	13	305	248	109	9	290	811.0
64	30	388	361	177	33	627	1388.0
9	10	265	231	99	17		
2	4	15	17	19	1		
1		71	70	27	6		
1	1	438	211	60	3		
3	1	158	105	36	3	50	100.0
4		98	41	29	9		
		22	15	4			
	5	169	109	55	10	68	297.0
3	2	137	106	51	10	34	121.0
1	2	41	41	13	2		
2	1	171	96	44	13		
		53	97	54	6		

C−2−33续表

地区	事业单位会计制度财务指标		
	固定资产原价	本年收入合计	本年支出合计
全国	**1446308.7**	**1127715.4**	**1026803.6**
中央级	206489.4	132196.0	89277.8
北京	15230.8	23465.7	21795.8
天津	20312.3	11247.6	10802.4
河北	45470.1	62448.7	58853.9
山西	32852.1	15250.1	10446.2
内蒙古	54901.6	39567.6	25613.4
辽宁	84300.6	24211.3	19875.4
吉林	18609.1	22187.9	22143.7
黑龙江	28425.6	18672.6	18453.2
上海	11177.8	21718.4	21717.3
江苏	106283.5	73216.8	66745.2
浙江	67122.6	48603.0	48264.6
安徽	60151.1	32275.9	30873.4
福建	7991.8	23141.5	19618.2
江西	33747.5	20986.8	21209.0
山东	170150.7	79792.0	79133.5
河南	75004.1	41529.5	40721.3
湖北	42404.1	55594.6	51874.3
湖南	46715.0	41156.9	39312.0
广东	51820.4	83402.2	90476.0
广西	24694.8	25605.2	25241.7
海南	3425.1	7501.5	6325.2
重庆	20174.3	28613.5	28722.9
四川	30627.4	41813.2	41791.8
贵州	26266.0	17636.7	18602.5
云南	42170.3	25588.0	36717.6
西藏	512.3	14402.1	12495.4
陕西	45248.6	35952.7	17219.5
甘肃	21356.1	18281.2	16843.7
青海	8308.0	6675.8	6675.8
宁夏	12006.6	9537.1	8003.0
新疆	32359.0	25443.3	20957.9

单位：万元

民间非营利组织会计制度财务指标		
固定资产原价	本年收入合计	本年费用合计
6617.9	**14872.6**	**5652.7**
72.2	424.3	254.8
665.4	4801.6	2674.9
22.6	545.8	
1537.6	2493.6	1490.4
1336.2	3144.9	1228.4
2771.0	300.0	
8.0		4.2
204.9	3162.4	

C-2-34 慈善和

地 区	慈善信托		社会捐赠接收站点和慈善超市
	备案慈善信托数量	慈善信托财产规模	
全 国	**239**	**276000**	**12892**
中央级			
北 京	30	12880	822
天 津	20	1446	601
河 北			9
山 西	1	100	172
内蒙古	2	150	71
辽 宁	1	50	40
吉 林	3	60	18
黑龙江	3	120	114
上 海	10	12981	4033
江 苏	19	9174	1161
浙 江	29	94672	166
安 徽			236
福 建			17
江 西			54
山 东	13	5562	761
河 南	10	10872	141
湖 北	1	10	222
湖 南			1442
广 东	25	65580	704
广 西			287
海 南			2
重 庆	11	476	1092
四 川	10	2137	227
贵 州	7	765	17
云 南	1	4	132
西 藏			9
陕 西	23	2895	41
甘 肃	20	56067	15
青 海			1
宁 夏			
新 疆			285

社工

单位：个、万元、人

社会捐赠接收站点	慈善超市	全国志愿服务信息系统中汇集的注册志愿者
9364	**3528**	**139496749**
728	94	4643113
600	1	2031173
6	3	6276176
91	81	3151028
47	24	2218113
35	5	3502441
	18	2108367
4	110	3359489
3546	487	4354648
744	417	674245
73	93	9508898
154	82	9881673
4	13	4884006
35	19	4086158
606	155	9935723
54	87	12172434
144	78	7662585
395	1047	1460713
577	127	10100570
114	173	6324775
2		1011234
918	174	5920243
154	73	8090773
1	16	4018658
108	24	4135209
8	1	80833
34	7	2756878
13	2	2114857
1		253574
		1036395
168	117	1741767

C-3-1 成员组

地区	单位数	年末职工人数	#女性	受教育程度		职业资
				大学专科人数	大学本科及以上人数	助理社会工作师人数
全国	**1509028**	**12868401**	**4447674**	**2318962**	**1907551**	**132285**
中央级	2295	42340	18687	7959	34362	139
北京	19971	272421	158153	119803	115408	4144
天津	10776	113941	36056	18803	21511	2171
河北	83096	643211	224804	97810	71995	3488
山西	44866	318224	100369	46147	22977	2149
内蒙古	30546	230226	78892	52034	31148	1584
辽宁	40838	307263	140495	68570	59540	13765
吉林	24645	125068	36287	22261	6062	1621
黑龙江	31280	158100	54166	18512	11565	1854
上海	22918	289391	69207	118498	28984	1841
江苏	118533	938625	240355	122973	117018	11523
浙江	94680	856803	312715	146363	142131	13800
安徽	50289	518258	156394	128712	96000	4608
福建	48703	301680	99089	38701	32372	2913
江西	46830	423050	116709	40549	36794	3501
山东	133162	1207135	517649	284019	294830	22470
河南	95690	682135	245244	132449	67830	3600
湖北	58315	412800	162568	70902	59786	2441
湖南	66140	522731	148050	75399	46453	3568
广东	97536	1047496	453277	236538	235545	12710
广西	43477	304131	113788	42134	28746	993
海南	11083	86624	29225	13799	11157	1568
重庆	28737	271902	134129	71285	66653	4150
四川	96099	758179	282238	103293	107530	4334
贵州	31294	347320	94022	43769	35196	2056
云南	38141	461681	111098	56489	40403	676
西藏	6060	34969	7266	2609	3366	47
陕西	50406	519375	135416	66484	39577	2105
甘肃	42077	302594	53181	29623	16084	1285
青海	10706	102713	27388	11128	8924	477
宁夏	8882	50257	16439	6659	3167	149
新疆	20957	217758	74318	24688	14437	555

织总表

单位：个、人、人次、时

格水平	年龄结构				志愿服务	
社会工作师人数	35岁及以下人数	36岁至45岁人数	46岁至55岁人数	56岁及以上人数	志愿者服务人次数	志愿服务时间
95884	**4494693**	**4489771**	**2789398**	**1094539**	**6664344**	**21896053.8**
6435	8468	12702	12702	8468		
1937	104170	57519	93201	17531	16516	62237.0
743	27189	40292	37278	9182	9784	25774.0
4331	231066	210220	141023	60902	59242	197734.1
2043	106177	109256	72572	30219	2094	8013.0
1083	79952	79224	50287	20763	15457	42078.0
2835	109890	103592	65555	28226	353380	1414497.0
2896	34025	63449	19541	8053	405	606.0
867	41103	68411	37138	11448	387632	1187960.0
2762	85764	107548	65463	30616	74123	130677.0
5656	323772	363167	183998	67688	560286	1227019.1
7727	265459	335375	178148	77821	898210	2223312.5
2064	176652	206971	104546	30089	326696	848469.5
2194	102014	113414	62434	23818	19707	42538.0
3351	178185	170089	56466	18310	36024	63870.0
23221	402055	382541	288651	133888	120327	315178.0
3797	264702	226885	132782	57766	450822	2694137.5
1195	145551	139367	95243	32639	509369	966754.5
1661	202019	192406	91265	37041	187008	662913.0
6727	502997	278416	188256	77827	660256	4088976.7
266	84512	103443	75855	40321	94153	295724.0
262	28749	35499	15910	6466	10263	
3233	112466	79644	57405	22387	467070	951727.0
2610	260809	284386	135590	77394	885258	3043079.0
909	129504	120849	71371	25596	99240	397445.9
306	130766	153687	122260	54968	55317	82808.0
48	8702	12049	10054	4164	13	48088.0
2900	151051	157325	163890	47109	119756	368981.5
489	85978	128291	70527	17798	21597	93652.5
766	32941	43837	19953	5982	208	1275.0
127	15386	19354	12274	3243	501	30.0
443	62619	90563	57760	6816	223630	410498.0

C-3-1续表

地 区	事业单位会计制度财务指标		
	固定资产原价	本年收入合计	本年支出合计
全 国	**257342.1**	**224675.3**	**194098.7**
中央级			
北 京			
天 津			
河 北			
山 西	5556.8	3181.2	2678.0
内蒙古		105.0	105.0
辽 宁			
吉 林			
黑龙江			
上 海			
江 苏	7639.9	9587.9	9405.0
浙 江			
安 徽			
福 建			
江 西	3204.3	4334.3	4337.0
山 东			
河 南			
湖 北			
湖 南			
广 东	218300.0	188389.5	159680.0
广 西			
海 南	395.0	3965.0	3965.0
重 庆			
四 川			
贵 州			
云 南			
西 藏	400.0	156.7	156.7
陕 西			
甘 肃			
青 海			
宁 夏			
新 疆	21846.1	14955.7	13772.0

单位：万元

民间非营利组织会计制度财务指标		
固定资产原价	本年收入合计	本年费用合计
44998253.1	**49821163.9**	**51089443.4**
1514824.3	7130361.3	6654546.1
2096867.6	4571059.9	6203937.6
207372.9	363633.7	327049.9
2013861.5	1711523.1	1632622.6
950494.4	279267.0	275895.3
154678.1	111064.1	123062.5
1142682.9	768994.1	797657.8
32249.1	39243.6	43133.3
148288.9	54840.7	105014.6
1078558.7	4384808.2	3678658.7
2978812.2	2802018.3	4840983.2
3086269.7	4454461.5	4432254.9
1720508.6	691126.7	763411.0
363842.4	439077.9	417854.7
451689.6	360370.1	445456.3
5498247.0	569974.6	4235249.3
1241280.5	919279.0	809317.5
716320.6	1085604.3	971664.7
733119.4	905850.6	839037.4
9289361.8	8242537.4	7119726.8
377250.7	689743.7	661963.4
138042.8	23876.9	57127.8
2378243.7	1902632.6	1671385.2
3671107.4	5872891.1	2397832.3
478857.7	428341.7	380805.5
660086.8	334213.2	386817.3
180577.8	29659.0	14964.6
1196517.1	398260.4	515873.7
200311.0	86008.1	108419.1
84616.5	48702.1	61518.7
120970.8	67110.5	58942.1
92340.6	54628.5	57259.5

C-3-2 社会组

地　区	单位数	年末职工人数	#女性	受教育程度		职业资格水平	
				大学专科人数	大学本科及以上人数	助理社会工作师人数	社会工作师人数
全　国	**866335**	**10092077**	**3625614**	**2093269**	**1809827**	**93759**	**73747**
中央级	2295	42340	18687	7959	34362	139	6435
北　京	12849	235459	136714	111667	107415	81	149
天　津	5614	90854	25744	15350	17344	565	163
河　北	30026	452233	182219	86249	67898	3051	3875
山　西	16875	205297	71689	39200	20477	661	850
内蒙古	16998	174892	59786	46382	28489	1355	906
辽　宁	24782	231490	106835	58561	54038	11593	1717
吉　林	13422	87572	22700	20852	5010	1445	2795
黑龙江	19731	101128	35237	16058	10334	1331	645
上　海	16880	259146	52175	112896	24104	116	2027
江　苏	97013	827052	206016	110814	110379	6157	3530
浙　江	69277	742107	274740	141587	138863	11393	6213
安　徽	32320	433628	130668	116417	92958	3024	1428
福　建	31691	231293	78314	34124	30995	2081	1579
江　西	26140	338835	95474	35837	35576	2871	2968
山　东	56022	915853	426620	256206	284736	18202	18053
河　南	44012	458664	193686	120430	64377	2927	3183
湖　北	31031	297590	124019	60810	56318	863	607
湖　南	36876	409422	112866	67504	43881	2986	1448
广　东	70860	914042	410589	215481	226452	10143	5622
广　西	27118	219005	90192	37877	27087	538	121
海　南	7888	67587	25246	12284	10950	1566	262
重　庆	17553	213302	111252	56350	61484	1787	2312
四　川	44932	554972	224399	94114	104628	2862	2184
贵　州	13753	260601	71810	39561	34243	2010	893
云　南	23640	386815	94479	54762	39929	451	251
西　藏	536	6797	1919	2029	3223	45	10
陕　西	30548	433524	112795	59511	36444	1524	2187
甘　肃	24644	231823	39823	29011	15677	1175	389
青　海	6084	81559	22853	10248	8491	360	673
宁　夏	6083	36651	10779	5561	2890	51	118
新　疆	8842	150544	55289	17577	10775	406	154

织总表

单位：个、人、人次、时

年龄结构				建立党组织的社会组织	社会组织中中共党员人数	志愿服务	
35岁及以下人数	36岁至45岁人数	46岁至55岁人数	56岁及以上人数			志愿者服务人次数	志愿服务时间
3950858	**3404076**	**1921305**	**815838**	**108776**	**1526831**	**1135165**	**2613803.4**
8468	12702	12702	8468	1139	23738		
95998	45899	80962	12600	1812	38032	9158	35363.0
19655	33397	31197	6605	3183	14488		
207764	146858	69586	28025	8384	49150	45953	164808.6
87088	68633	33529	16047	5434	31683	1759	7393.0
68100	57470	33835	15487	3857	23707	3290	6672.0
93764	75212	42630	19884	3549	33791	1363	2686.0
32102	31155	17197	7118	587	8148	405	606.0
30765	38834	23570	7959	1256	13832	1369	8707.0
78727	97808	56879	25732	4677	48821	2250	7230.0
295326	321070	151669	58987	5881	97161	102253	222341.3
238803	292222	143214	67868	5116	109079	67628	125100.0
158231	172140	77995	25262	3522	56506	18378	68506.0
88396	82514	40617	19766	2880	27972	9513	16185.0
162571	126850	35423	13991	5088	42749	23455	34002.0
352650	272934	192413	97856	1559	336738	85792	228659.0
227092	140868	59717	30987	5470	61402	29754	64438.0
121833	94107	59764	21886	4517	46525	133907	248947.5
179997	144061	56303	29061	4055	37926	121267	323383.0
478416	236696	137150	61780	3119	66081	41366	205431.0
70740	74478	44247	29540	1243	31471	2180	10194.0
25655	28173	9557	4202	907	7306	5	
96927	59588	39194	17593	1138	31360	47245	151218.0
218624	207177	71590	57581	4611	86597	247647	284852.0
109448	86889	45888	18376	3228	38567	6336	28660.0
111319	121516	103024	50956	1852	30821	53336	70647.0
3486	1930	1125	256	138	2475	12	48088.0
137026	127878	131172	37448	3871	38891	64709	187766.0
70938	93554	53532	13799	11069	57817	5038	15789.0
28390	34768	14060	4341	1778	10906	28	35.0
12062	14039	8081	2469	1842	8711	16	30.0
40497	62656	43483	3908	2014	14380	9753	46066.0

C-3-2续表

地区	行政执法	行政处罚数	#并处没收违法经营额/违法所得	#并处罚款	警告	限期（责令）停止活动	撤销登记	取缔非法社会组织
全　国	**7142**	**6695**	**21**	**189**	**2075**	**273**	**4347**	**447**
中央级	11	8	2		2	5	1	3
北　京	376	360			299	18	43	16
天　津	142	142		142	142			
河　北	250	245			71	1	173	5
山　西	162	162			49	8	105	
内蒙古	175	175			47	2	126	
辽　宁	167	162			10	36	116	5
吉　林	54	54				5	49	
黑龙江	27	12		1	3	5	4	15
上　海	35	35				31	4	
江　苏	96	94			58	2	34	2
浙　江	149	115			9	7	99	34
安　徽	475	473		2	209	10	254	2
福　建	66	59			1	1	57	7
江　西	729	713	2	30	48	17	648	16
山　东	1022	956			367	3	586	66
河　南	241	227			144		83	14
湖　北	185	183		1	3	7	173	2
湖　南	652	652			179	19	454	
广　东	455	425			135	18	272	30
广　西	414	412			63		349	2
海　南	4	4			4			
重　庆	39	39		4			39	
四　川	63	61	3	2	26	1	34	2
贵　州	281	273			87	32	154	8
云　南	99	98	10	3	15	1	82	1
西　藏	10	8		1	5	1	2	2
陕　西	275	271			32	4	235	4
甘　肃	102	102			27	3	72	
青　海	17	6	4		6			11
宁　夏	121	121		3	19	31	71	
新　疆	248	48			15	5	28	200

单位：起、个、万元

#并处没收非法财产	当年新登记数	当年年检单位数	民间非营利组织会计制度财务指标		
			固定资产原价	本年收入合计	本年费用合计
2	**81954**	**296533**	**38890767.6**	**47049490.5**	**49853418.4**
	2	2184	1514824.3	7130361.3	6654546.1
1	611	9420	2096867.6	4569050.3	6203937.6
	752	833	182352.9	362157.8	322544.0
	4433	12111	1893122.3	1686223.4	1621931.9
	1882	2507	707984.2	252122.6	244159.8
	1858	5920	154678.1	108839.7	123062.5
	2336	2580	1092613.3	749255.0	780347.0
	2202	163	32247.4	39226.6	43119.3
	1589	448	137312.8	51895.5	103707.6
	1163	14226	308836.8	3983699.5	3452002.9
	7148	17744	2349146.1	2588426.2	4697783.5
	16149	28158	2964476.9	4375526.2	4366612.2
	2479	22345	1451477.3	626726.1	720041.0
	3228	9343	340874.7	433750.2	414745.4
	2188	3239	407510.6	354861.7	438092.4
1	6606	11919	5354219.3	500311.9	4194480.6
	4219	12717	1227793.8	917734.4	809290.6
	2058	10058	491683.5	985755.1	915482.3
	2755	21175	723247.5	873530.6	834092.9
	5001	45944	6533669.2	6940681.9	6853236.4
	2089	10599	377044.2	688439.2	661408.7
	662	557	138042.8	23876.9	57127.8
	760	9900	1975952.6	1604377.8	1411081.3
	2434	10086	3571332.4	5785141.6	2365311.1
	904	6955	469266.3	423925.0	379869.2
	1767	7718	576545.8	321023.9	372646.2
	24	332	180577.8	29659.0	14964.6
	2592	12919	1196217.1	397360.4	515858.7
	1264	2164	199564.5	86008.1	108187.7
	255	265	67569.8	47396.9	60590.2
	112	87	94523.9	67081.6	58940.8
	432	1917	79191.8	45064.1	54216.1

C-3-3 社会

地　区	单位数	年末职工人数	#女性	受教育程度		职业资
				大学专科人数	大学本科及以上人数	助理社会工作师人数
全　国	**371638**	**4093012**	**918283**	**617824**	**574737**	**27257**
中央级	1983	38076	17404	5973	32103	139
北　京	4556	56622	25637	28688	27395	8
天　津	2272	47665	5817	4072	6131	494
河　北	10329	144920	23827	17080	16759	368
山　西	7495	66963	16532	11063	5335	259
内蒙古	8414	96661	24537	23991	15423	156
辽　宁	6705	48391	13144	10896	11479	870
吉　林	5758	46129	8656	5595	1841	893
黑龙江	6865	55622	16278	7372	4333	424
上　海	4305	31735	5195	16464	2769	6
江　苏	38081	228057	45027	33020	28830	1742
浙　江	25428	263271	36378	24590	33588	5359
安　徽	14523	165134	24925	45670	40181	1816
福　建	18430	103645	20091	13576	11600	735
江　西	12138	144035	24870	14189	11608	873
山　东	18153	469276	177659	114609	130986	4226
河　南	12250	99632	24917	16946	8293	533
湖　北	12303	78395	17666	15334	13354	125
湖　南	15862	160979	19736	14824	9842	483
广　东	31494	242489	49431	39082	40624	3744
广　西	12999	102106	22317	12473	14320	39
海　南	3145	28117	6218	4233	5096	54
重　庆	7833	53341	12811	11440	12140	562
四　川	20705	262380	88194	27521	24701	1041
贵　州	7164	169285	28848	19370	15329	1330
云　南	14333	257319	39610	25074	13969	34
西　藏	478	6553	1835	1959	3143	39
陕　西	16922	255023	43930	20834	13625	463
甘　肃	18148	175179	20484	18007	8726	103
青　海	4264	62710	11864	4232	5889	177
宁　夏	3483	22361	4748	2903	897	28
新　疆	4820	110941	39697	6744	4428	134

团体

单位：个、人、人次、时

格水平	年龄结构				志愿服务	
社会工作师人数	35岁及以下人数	36岁至45岁人数	46岁至55岁人数	56岁及以上人数	志愿者服务人次数	志愿服务时间
27302	**1071809**	**1506088**	**1019760**	**495355**	**794541**	**1626839.0**
6435	7615	11423	11423	7615		
30	13616	34242	8641	123	2236	7616.0
54	4416	16789	23222	3238		
358	45271	51123	34296	14230	3284	9089.0
92	14323	26880	16201	9559	959	4306.0
175	30457	30734	22328	13142	2304	4150.0
481	11835	19244	11356	5956	290	600.0
381	15769	16823	10717	2820		
103	14387	21675	13764	5796	575	3639.0
303	7162	10931	6753	6889	2250	7230.0
960	55733	92112	53204	27008	39276	99753.0
1498	44101	119219	70758	29193	44072	78924.0
720	48395	69594	34895	12250	6995	23509.0
556	27529	39010	23940	13166	8872	14448.0
1949	48024	73428	15052	7531	17453	18841.0
5267	137512	146749	121779	63236	26260	73615.0
415	31216	32522	18857	17037	7871	11329.0
167	21275	24454	23312	9354	124781	221499.0
350	46622	66023	28637	19697	95379	241534.0
2920	81517	68202	58414	34356	41081	204678.0
61	20442	34710	24847	22107	802	1640.0
89	8390	13301	3812	2614		
711	12781	18012	14214	8334	21416	65340.0
1241	79544	92909	39991	49936	242398	250856.0
477	65657	57742	31008	14878	1496	4743.0
65	42287	79729	89290	46013	51484	62873.0
10	3388	1868	1064	233		48040.0
762	43209	73163	109197	29454	47638	141790.0
189	46450	73701	43103	11925	3036	9000.0
372	18380	28978	11733	3619	28	35.0
65	6493	9269	5148	1451		
46	18013	51529	38804	2595	2305	17762.0

C-3-3续表1

地　区	社会组织负责人	#女性	社会团体按活动区域分		
			全国性社团	省级社团	地级社团
全　国	**863677**	**149003**	**1983**	**31789**	**89359**
中央级	24432		1983		
北　京	27028	13247		2120	
天　津	5359	371		997	
河　北	17296	2429		1089	3034
山　西	10418	1157		861	2360
内蒙古	17402	4111		927	3282
辽　宁	13846	2329		674	3200
吉　林	8263	844		969	1782
黑龙江	5789	1253		1104	2539
上　海	19550	4333		1363	
江　苏	64792	12717		1023	6517
浙　江	69802	13981		1217	5176
安　徽	24117	3700		1021	4102
福　建	31208	3541		1357	3710
江　西	20476	3528		874	3240
山　东	116911	25833		968	6202
河　南	19292	3232		1075	4405
湖　北	32808	3730		976	3345
湖　南	29150	3793		964	4510
广　东	79983	11111		2067	11374
广　西	25957	4633		943	2973
海　南	7762	996		1252	692
重　庆	29965	5206		1066	
四　川	44198	6650		1159	4700
贵　州	19041	3602		813	1691
云　南	28944	3334		952	2911
西　藏	771	192		268	118
陕　西	30512	5892		1007	2698
甘　肃	23462	1195		636	1875
青　海	3478	364		567	551
宁　夏	2732	46		726	814
新　疆	8933	1653		754	1558

单位：个、人

县级社团	建立党组织的社会组织	社会组织职工中中共党员人数	当年新增单位数	当年年检单位数
248507	**58512**	**869677**	**23426**	**123952**
	1021	21179	2	1896
2436	694	18977	160	3629
1275	1594	7092	243	190
6206	3707	21374	964	4770
4274	2820	15117	570	857
4205	2355	15802	711	2695
2831	1529	12770	242	603
3007	457	6016	603	41
3222	564	7260	362	234
2942	1044	12134	319	3619
30541	2501	38950	2477	8329
19035	2366	41450	1859	12169
9400	1745	24075	1088	9747
13363	1789	17323	1544	5831
8024	2234	18083	834	816
10983	710	281836	1401	3279
6770	2441	17700	834	3253
7982	2042	17094	683	3815
10388	2474	20071	1204	9349
18053	2042	29865	2012	17354
9083	756	22835	736	4738
1201	169	3231	227	82
6767	604	11433	334	4231
14846	2605	47645	939	3634
4660	1917	23962	379	3234
10470	1150	20983	701	4596
92	127	2419	23	303
13217	2393	23999	1155	7891
15637	9128	46664	486	1466
3146	1198	8249	158	214
1943	1207	5067	44	77
2508	1129	9022	132	1010

C-3-3续表2

地 区	行政执法	行政处罚数	#并处没收违法经营额/违法所得	#并处罚款	警告	限期（责令）停止活动	撤销登记
全 国	**3959**	**3832**	**12**	**128**	**1213**	**186**	**2433**
中央级	9	6	2		2	4	
北 京	169	153			124	5	24
天 津	100	100		100	100		
河 北	162	157			44	1	112
山 西	94	94			29	1	64
内蒙古	93	93			37	1	55
辽 宁	108	103			9	35	59
吉 林	10	10				5	5
黑龙江	18	10		1	1	5	4
上 海	24	24				24	
江 苏	52	51			37		14
浙 江	78	67			8	1	58
安 徽	283	282		1	140	1	141
福 建	64	58				1	57
江 西	479	471		22	13	9	449
山 东	465	430			128	1	301
河 南	109	108			64		44
湖 北	106	104			1	3	100
湖 南	401	401			130	19	252
广 东	242	233			125	15	93
广 西	224	222			50		172
海 南	1	1			1		
重 庆	21	21					21
四 川	33	31	1	1	15		16
贵 州	210	205			70	21	114
云 南	35	35	9	1	9	1	25
西 藏	9	7		1	5	1	1
陕 西	156	152			27	1	124
甘 肃	71	71			22	3	46
青 海	4	3			3		
宁 夏	94	94		1	14	23	57
新 疆	35	35			5	5	25

单位：起、万元

取缔非法社会组织		民间非营利组织会计制度财务指标		
	#并处没收非法财产	固定资产原价	本年收入合计	本年费用合计
127	**2**	**4687477.3**	**8251507.6**	**7592512.0**
3		1230010.5	2758117.9	2244019.6
16	1	141963.6	382905.3	442730.7
		25744.7	55877.5	49839.9
5		43642.9	116878.2	76423.3
		79840.9	47471.8	42342.5
		21882.4	32036.9	34041.2
5		44232.6	95945.7	101942.5
		6885.4	15665.2	19031.8
8		13684.4	12316.7	24964.1
		34051.7	510320.8	396703.2
1		504782.8	464125.5	546084.3
11		385071.6	655266.2	714370.6
1		141578.2	95640.6	100312.0
6		43288.5	127014.8	108204.0
8		84818.4	43455.0	69760.4
35	1	138541.5	201713.7	226295.3
1		44503.9	92781.3	49605.2
2		54322.4	101709.9	102667.5
		73054.0	123911.9	128152.4
9		346999.6	1134284.0	1137179.5
2		33384.2	99368.1	87906.7
		44051.7	3977.3	8392.6
		68732.6	187968.8	162646.7
2		540885.6	624364.7	369966.2
5		39716.1	47385.7	40885.0
		51108.4	45781.0	59183.7
2		178560.7	25157.9	4465.3
4		141624.8	84394.6	130711.0
		85261.1	34162.4	51605.8
1		16502.4	16217.0	38362.8
		12423.4	7690.3	10171.7
		16326.3	7600.9	13544.5

C−3−4 基金

地 区	单位数	年末职工人数	#女性	受教育程度		职业资
				大学专科人数	大学本科及以上人数	助理社会工作师人数
全 国	**7585**	**36678**	**7101**	**5678**	**13116**	**443**
中央级	213	2040			2040	
北 京	771	5555	1568	2	4355	
天 津	99	203	126	60	143	
河 北	144	559	243	154	310	3
山 西	117	277	47	3	4	45
内蒙古	140	472	133	165	158	5
辽 宁	104	614	187	127	437	
吉 林	113	565	113			
黑龙江	116	161	130			
上 海	499	2343	233	1602	381	
江 苏	740	2332	284	279	399	13
浙 江	756	1584	289	282	338	31
安 徽	171	1281	67	52	260	1
福 建	380	1665	204	762	374	2
江 西	87	1041	396	241	517	73
山 东	212	484	115	163	219	10
河 南	148	479	56	310	74	1
湖 北	176	922	46	70	58	2
湖 南	354	1609	144	144	185	11
广 东	1184	7814	1363	666	1554	54
广 西	96	320	30	5	38	1
海 南	108	469	63	69	153	136
重 庆	82	483	148	132	255	19
四 川	179	587	287	108	309	1
贵 州	66	157	50	2	72	
云 南	117	406	143	99	211	15
西 藏	22	101	26	23	54	3
陕 西	167	716	56	59	93	17
甘 肃	79	386	77	24	26	
青 海	32	513	251			
宁 夏	74	366	156			
新 疆	39	174	70	75	99	

会

单位：个、人、人次、时

					志愿服务	
格水平	年龄结构					
社会工作师人数	35岁及以下人数	36岁至45岁人数	46岁至55岁人数	56岁及以上人数	志愿者服务人次数	志愿服务时间
548	**12842**	**9744**	**7876**	**6216**	**7256**	**16520.0**
	408	612	612	408		
	4		2569	2982	360	1360.0
	74	47	31	51		
3	153	173	136	97		
21	54	75	61	87		
1	186	161	61	64		
	110	129	146	229		
	226	226	113			
	100	50	11			
91	792	964	234	353		
19	514	856	614	348	5039	7780.0
16	571	582	343	88	316	576.0
1	61	1030	123	67	17	51.0
125	505	689	352	119	396	1177.0
170	486	288	203	64		
13	100	178	144	62	470	1303.0
3	211	218	34	16	50	400.0
1	66	755	74	27		
8	385	485	437	302	31	128.0
28	6063	839	560	352	86	478.0
2	88	146	74	12	25	90.0
2	80	100	225	64		
34	100	234	89	60	420	2950.0
	199	194	120	74		
	64	66	21	6		
4	121	107	85	93	13	47.0
	17	28	36	20	12	48.0
5	148	188	246	134	21	132.0
1	323	46	13	4		
	494	9	8	2		
	95	176	64	31		
	44	93	37			

C-3-4续表1

地　区	社会组织负责人数	#女性	基金会按性质分	
			具有公开募捐资格的基金会	不具有公开募捐资格的基金会
全　国	**17781**	**2980**	**1915**	**5670**
中央级	737	7	80	133
北　京	4953	1568	51	720
天　津	235	63	19	80
河　北	205	67	133	11
山　西	123	2	30	87
内蒙古	213	34	88	52
辽　宁	65	17	48	56
吉　林	565	113	9	104
黑龙江	1	1	42	74
上　海	674	198	52	447
江　苏	955	111	235	505
浙　江	669	117	228	528
安　徽	379	34	13	158
福　建	501	154	33	347
江　西	210	5	24	63
山　东	210	51	41	171
河　南	189	18	49	99
湖　北	799	18	25	151
湖　南	1018	59	154	200
广　东	2271	67	205	979
广　西	743	12	27	69
海　南	278	47	24	84
重　庆	290	46	27	55
四　川	561	32	85	94
贵　州	145	9	29	37
云　南	283	12	40	77
西　藏	52	18	11	11
陕　西	201	82	30	137
甘　肃	103	6	6	73
青　海	35	11	18	14
宁　夏	74		40	34
新　疆	44	1	19	20

单位：人、个

建立党组织的社会组织	社会组织职工中中共党员人数	当年登记单位数	当年年检单位数
1373	**9480**	**589**	**3634**
87	2038		198
240	1109	47	637
99	108	13	
117	527	16	6
2	78	14	93
102	346	8	115
58	421	2	
		5	
9	120	4	76
38	161	43	431
39	290	44	56
22	372	74	146
33	295	14	110
152	581	32	153
8	203	3	2
7	171	19	33
128	405	1	7
6	77	17	6
62	427	43	242
60	496	106	974
4	23	8	13
	70	11	
7	121	5	69
	289	12	
	17	8	55
4	34	13	96
5	34		18
16	131	22	90
46	334	3	3
17	96	2	
5	106		5

C-3-4续表2

地 区	行政执法	行政处罚数	警告	限期（责令）停止活动	撤销登记	取缔非法社会组织
全 国	**105**	**104**	**39**	**6**	**59**	**1**
中央级						
北 京	32	32	31		1	
天 津						
河 北						
山 西						
内蒙古						
辽 宁	1	1		1		
吉 林						
黑龙江	1					1
上 海						
江 苏						
浙 江						
安 徽	2	2	1		1	
福 建	1	1	1			
江 西	6	6		4	2	
山 东	1	1			1	
河 南	1	1	1			
湖 北	22	22			22	
湖 南	29	29			29	
广 东	2	2	2			
广 西	1	1	1			
海 南						
重 庆						
四 川						
贵 州	5	5	2	1	2	
云 南						
西 藏						
陕 西	1	1			1	
甘 肃						
青 海						
宁 夏						
新 疆						

单位：起、万元

民间非营利组织会计制度财务指标		
固定资产原价	本年收入合计	本年费用合计
426123.2	**7434353.4**	**6482598.8**
96500.0	4181802.0	4237335.8
13747.0	496306.4	353284.5
7761.7	45387.9	22016.7
856.1	32666.6	22229.1
1686.8	10718.3	12597.7
3897.6	1591.9	392.6
1602.6	55381.4	40001.1
339.0	339.0	339.0
300.0	100.0	200.0
	352305.0	233367.6
10612.8	74771.2	49929.0
6355.5	39193.3	10018.3
3929.4	5843.6	1019.8
1407.8	43358.3	29952.1
1023.2	14231.9	10591.2
555.2	26599.5	18615.4
2912.6	4173.4	1957.7
1432.7	125493.1	9267.4
11403.7	112934.1	211775.5
35929.9	1255333.8	791161.6
1297.9	34262.1	31847.3
14547.0	4000.0	1200.0
1807.7	114957.2	87089.1
6696.3	200914.6	159345.0
2056.0	103171.5	103622.4
2504.9	28302.1	21946.9
1148.0	3825.0	2309.7
174222.0	18231.6	1392.6
713.2	20.0	362.7
964.6	10052.6	7.0
17764.0	37950.0	17295.0
148.0	136.0	129.0

C−3−5　民办非

地　区	单位数	年末职工人数	#女性	受教育程度		职业资
				大学专科人数	大学本科及以上人数	助理社会工作师人数
全　国	**487112**	**5962387**	**2700230**	**1469767**	**1221974**	**66059**
中央级	99	2224	1283	1986	219	
北　京	7522	173282	109509	82977	75665	73
天　津	3243	42986	19801	11218	11070	71
河　北	19553	306754	158149	69015	50829	2680
山　西	9263	138057	55110	28134	15138	357
内蒙古	8444	77759	35116	22226	12908	1194
辽　宁	17973	182485	93504	47538	42122	10723
吉　林	7551	40878	13931	15257	3169	552
黑龙江	12750	45345	18829	8686	6001	907
上　海	12076	225068	46747	94830	20954	110
江　苏	58192	596663	160705	77515	81150	4402
浙　江	43093	477252	238073	116715	104937	6003
安　徽	17626	267213	105676	70695	52517	1207
福　建	12881	125983	58019	19786	19021	1344
江　西	13915	193759	70208	21407	23451	1925
山　东	37657	446093	248846	141434	153531	13966
河　南	31614	358553	168713	103174	56010	2393
湖　北	18552	218273	106307	45406	42906	736
湖　南	20660	246834	92986	52536	33854	2492
广　东	38182	663739	359795	175733	184274	6345
广　西	14023	116579	67845	25399	12729	498
海　南	4635	39001	18965	7982	5701	1376
重　庆	9638	159478	98293	44778	49089	1206
四　川	24048	292005	135918	66485	79618	1820
贵　州	6523	91159	42912	20189	18842	680
云　南	9190	129090	54726	29589	25749	402
西　藏	36	143	58	47	26	3
陕　西	13459	177785	68809	38618	22726	1044
甘　肃	6417	56258	19262	10980	6925	1072
青　海	1788	18336	10738	6016	2602	183
宁　夏	2526	13924	5875	2658	1993	23
新　疆	3983	39429	15522	10758	6248	272

企业单位

单位：个、人、人次、时

					志愿服务	
格水平	年龄结构				志愿者服务人次数	志愿服务时间
社会工作师人数	35岁及以下人数	36岁至45岁人数	46岁至55岁人数	56岁及以上人数		
45897	**2866207**	**1888244**	**893669**	**314267**	**333368**	**970444.4**
	445	667	667	445		
119	82378	11657	69752	9495	6562	26387.0
109	15165	16561	7944	3316		
3514	162340	95562	35154	13698	42669	155719.6
737	72711	41678	17267	6401	800	3087.0
730	37457	26575	11446	2281	986	2522.0
1236	81819	55839	31128	13699	1073	2086.0
2414	16107	14106	6367	4298	405	606.0
542	16278	17109	9795	2163	794	5068.0
1633	70773	85913	49892	18490		
2551	239079	228102	97851	31631	57938	114808.3
4699	194131	172421	72113	38587	23240	45600.0
707	109775	101516	42977	12945	11366	44946.0
898	60362	42815	16325	6481	245	560.0
849	114061	53134	20168	6396	6002	15161.0
12773	215038	126007	70490	34558	59062	153741.0
2765	195665	108128	40826	13934	21833	52709.0
439	100492	68898	36378	12505	9126	27448.5
1090	132990	77553	27229	9062	25857	81721.0
2674	390836	167655	78176	27072	199	275.0
58	50210	39622	19326	7421	1353	8464.0
171	17185	14772	5520	1524	5	
1567	84046	41342	24891	9199	25409	82928.0
943	138881	114074	31479	7571	5249	33996.0
416	43727	29081	14859	3492	4840	23917.0
182	68911	41680	13649	4850	1839	7727.0
	81	34	25	3		
1420	93669	54527	21729	7860	17050	45844.0
199	24165	19807	10416	1870	2002	6789.0
301	9516	5781	2319	720		
53	5474	4594	2869	987	16	30.0
108	22440	11034	4642	1313	7448	28304.0

C−3−5续表1

地　区	社会组织负责人	#女性	建立党组织的社会组织	社会组织职工中中共党员人数
全　国	**784813**	**293048**	**48891**	**647674**
中央级	88	55	31	521
北　京	30418	15428	878	17946
天　津	3445	1157	1490	7288
河　北	32539	11399	4560	27249
山　西	12538	3162	2612	16488
内蒙古	17912	5594	1400	7559
辽　宁	26084	11604	1962	20600
吉　林	10543	4643	130	2132
黑龙江	10616	4205	683	6452
上　海	42914	16392	3595	36526
江　苏	77250	22009	3341	57921
浙　江	63909	24326	2728	67257
安　徽	26210	8205	1744	32136
福　建	18665	5899	939	10068
江　西	19456	6816	2846	24463
山　东	53567	22990	842	54731
河　南	51855	18606	2901	43297
湖　北	27916	8226	2469	29354
湖　南	37475	14389	1519	17428
广　东	72582	30829	1017	35720
广　西	19497	9968	483	8613
海　南	10163	4087	738	4005
重　庆	22726	11860	527	19806
四　川	38809	13224	2006	38663
贵　州	8750	3193	1311	14588
云　南	13431	3141	698	9804
西　藏	50	15	6	22
陕　西	17899	6168	1462	14761
甘　肃	7699	2271	1895	10819
青　海	1744	430	580	2657
宁　夏	2923	643	618	3548
新　疆	5140	2114	880	5252

单位：人、个

当年登记单位数	当年年检单位数	按单位性质分		
		法人	合伙	个体
57939	**168947**	**421430**	**8302**	**57380**
	90	98	1	
404	5154	7519		3
496	643	3196	4	43
3453	7335	14041	266	5246
1298	1557	8667	114	482
1139	3110	7083	177	1184
2092	1977	14841	193	2939
1594	122	4841	14	2696
1223	138	9903	291	2556
801	10176	9996	11	2069
4627	9359	54742	457	2993
14216	15843	39436	1102	2555
1377	12488	14301	446	2879
1652	3359	11470	321	1090
1351	2421	10796	405	2714
5186	8607	34178	220	3259
3384	9457	26226	1268	4120
1358	6237	17226	154	1172
1508	11584	16339	584	3737
2883	27616	35827	155	2200
1345	5848	12177	151	1695
424	475	4108	10	517
421	5600	9097	31	510
1483	6452	20387	582	3079
517	3666	4004	289	2230
1053	3026	7463	698	1029
1	11	23	2	11
1415	4938	11022	161	2276
775	695	5067	77	1273
97	51	1729	16	43
66	10	1798	52	676
300	902	3829	50	104

C-3-5续表2

地区	按行业				
	科技与研究	生态环境	教育	卫生	社会工作
全国	**16003**	**592**	**263082**	**34073**	**68411**
中央级	23		7	5	25
北京	503	22	3155	454	1455
天津	74		1674	271	434
河北	483	9	11985	3763	1476
山西	435	11	6100	810	594
内蒙古	470	7	4837	432	679
辽宁	239	9	11485	2198	2281
吉林	136	3	4687	434	940
黑龙江	579	10	7938	333	2214
上海	477	63	2960	410	4303
江苏	880	51	11060	3099	27026
浙江	1411	73	13599	1036	8905
安徽	529	13	9355	2982	1988
福建	391	6	8118	608	610
江西	196	10	10797	932	496
山东	2678	44	15627	3390	4468
河南	762	6	23162	3154	1352
湖北	1154	118	8965	1300	825
湖南	323	37	15630	1128	701
广东	1786	24	26491	1059	1447
广西	145	14	11709	277	523
海南	210	7	2971	652	236
重庆	178	3	6666	189	931
四川	508	16	15787	1234	2037
贵州	192	4	4736	512	289
云南	213	6	6480	645	237
西藏	2		18		2
陕西	447	10	8698	1299	652
甘肃	269	5	3602	672	408
青海	35	6	871	215	352
宁夏	139	1	1483	87	143
新疆	136	4	2429	493	382

单位：个

分类					
文化	体育	商务服务	公共设施管理	居民服务	其他
30881	**21913**	**8526**	**3398**	**7957**	**32276**
21		13			5
454	374	25	3	11	1066
119	275	23	1	12	360
643	656	88	5	76	369
599	355	24	8	79	248
510	603	187	21	247	451
444	702	60	28	207	320
274	442	19	2	9	605
422	1058	45	7	98	46
1038	835	388	45	345	1212
5209	3115	2391	848	1596	2917
3388	1337	383	598	908	11455
890	764	188	25	176	716
1142	638	301	82	99	886
638	363	143	36	95	209
4041	3104	563	303	719	2720
1154	1318	145	15	107	439
1464	505	1084	659	868	1610
985	629	100	18	199	910
2391	1369	432	42	871	2270
410	558	56	5	54	272
245	167	80	1	3	63
161	461	675	75	5	294
1205	608	690	279	720	964
120	214	46		25	385
603	324	125	220	87	250
9		3	1		1
990	391	102	29	105	736
709	331	80	14	129	198
153	55	6	8	37	50
219	171	38	12	17	216
231	191	23	8	53	33

C-3-5续表3

地　区	行政执法	行政处罚数	#并处没收违法经营额/违法所得	#并处罚款	警告	限期（责令）停止活动	撤销登记
全　国	**3076**	**2757**	**9**	**61**	**823**	**80**	**1854**
中央级							
北　京	175	175			144	13	18
天　津	42	42		42	42		
河　北	88	88			27		61
山　西	68	68			20	7	41
内蒙古	82	82			10	1	71
辽　宁	58	58			1		57
吉　林	44	44					44
黑龙江	8	2			2		
上　海	11	11				7	4
江　苏	44	43			21	2	20
浙　江	71	48			1	6	41
安　徽	190	189		1	68	9	112
福　建	1						
江　西	244	236	2	8	35	4	197
山　东	556	525			239	2	284
河　南	131	118			79		39
湖　北	57	57		1	2	4	51
湖　南	222	222			49		173
广　东	211	190			8	3	179
广　西	189	189			12		177
海　南	3	3			3		
重　庆	18	18		4			18
四　川	30	30	2	1	11	1	18
贵　州	66	63			15	10	38
云　南	64	63	1	2	6		57
西　藏	1	1					1
陕　西	118	118			5	3	110
甘　肃	31	31			5		26
青　海	13	3	4		3		
宁　夏	27	27		2	5	8	14
新　疆	213	13			10		3

单位：起、万元

取缔非法社会组织	民间非营利组织会计制度财务指标		
	固定资产原价	本年收入合计	本年费用合计
319	**33777167.1**	**31363629.5**	**35778307.6**
	188313.8	190441.4	173190.7
	1941157.0	3689838.6	5407922.4
	148846.5	260892.4	250687.4
	1848623.3	1536678.6	1523279.5
	626456.5	193932.5	189219.6
	128898.1	75210.9	88628.7
	1046778.1	597927.9	638403.4
	25023.0	23222.4	23748.5
6	123328.4	39478.8	78543.5
	274785.1	3121073.7	2821932.1
1	1833750.5	2049529.5	4101770.2
23	2573049.8	3681066.7	3642223.3
1	1305969.7	525241.9	618709.2
1	296178.4	263377.1	276589.3
8	321669.0	297174.8	357740.8
31	5215122.6	271998.7	3949569.9
13	1180377.3	820779.7	757727.7
	435928.4	758552.1	803547.4
	638789.8	636684.6	494165.0
21	6150739.7	4551064.1	4924895.3
	342362.1	554809.0	541654.7
	79444.1	15899.6	47535.2
	1905412.3	1301451.8	1161345.5
	3023750.5	4959862.3	1835999.9
3	427494.2	273367.8	235361.8
1	522932.5	246940.8	291515.6
	869.1	676.1	8189.6
	880370.3	294734.2	383755.1
	113590.2	51825.7	56219.2
10	50102.8	21127.3	22220.4
	64336.5	21441.3	31474.1
200	62717.5	37327.2	40542.6

C-3-6 自治组

地 区	单位数	居民1000户以下	居民1000户至3000户	居民3000户以上	社区居委会（村委会）主任
全 国	**642693**	**461722**	**143191**	**37780**	**638212**
北 京	7122	4253	2276	593	7108
天 津	5162	3559	1246	357	5107
河 北	53070	43920	7531	1619	52873
山 西	27991	22878	4277	836	27863
内蒙古	13548	9461	3376	711	13513
辽 宁	16056	8346	5396	2314	15824
吉 林	11223	6840	3308	1075	11149
黑龙江	11549	6427	4049	1073	11549
上 海	6038	2287	3400	351	5819
江 苏	21520	9183	9647	2690	21257
浙 江	25403	18879	5466	1058	25009
安 徽	17969	8354	7436	2179	17881
福 建	17012	12238	4110	664	16946
江 西	20690	13725	6105	860	20621
山 东	77140	64394	9906	2840	76940
河 南	51678	37134	11999	2545	51138
湖 北	27284	20678	4749	1857	27181
湖 南	29264	19896	7396	1972	29184
广 东	26676	16304	7217	3155	26588
广 西	16359	10788	4670	901	16231
海 南	3195	2652	475	68	3085
重 庆	11184	6302	3653	1229	11068
四 川	51167	39407	8893	2867	50811
贵 州	17541	13974	2950	617	17398
云 南	14501	9572	4230	699	14323
西 藏	5524	5500	23	1	5396
陕 西	19858	15535	3494	829	19778
甘 肃	17433	14005	2805	623	17339
青 海	4622	3736	379	507	4573
宁 夏	2799	1989	600	210	2772
新 疆	12115	9506	2129	480	11888

织总表

单位：个、人

#主任、书记“一肩挑”	#中共党员	#女性	社区居委会（村委会）成员	#中共党员	#女性
261435	**484657**	**106041**	**2776324**	**1554055**	**822060**
6274	6762	2440	36962	22075	21439
4382	4705	1256	23087	11612	10312
28686	40843	5511	190978	98726	42585
8597	15497	2739	112927	39907	28680
3796	8946	2246	55334	27064	19106
7106	11042	4333	75773	40527	33660
4039	7653	2297	37496	4915	13587
10948	11549	2974	56972	27189	18929
2511	4479	3268	30245	14620	17032
7794	18113	4889	111573	73766	34339
3988	14635	3011	114696	54927	37975
8411	15961	3322	84630	52518	25726
6271	11316	2033	70387	33423	20775
4340	11292	4993	84215	30822	21235
44458	62696	17061	291282	212316	91029
20702	39937	7840	223471	120780	51558
24501	26694	3959	115210	81073	38549
9134	25696	3923	113309	75498	35184
21510	24015	2948	133454	100684	42688
3564	12226	1855	85126	56259	23596
2217	2413	301	19037	10840	3979
814	9607	2125	58600	37750	22877
4111	36222	8750	203207	112027	57839
1835	10834	2395	86719	36079	22212
5788	10994	1622	74866	49377	16619
1598	3101	890	28172	20979	5347
5434	14343	1621	85851	36736	22621
1685	10218	2482	70771	29670	13358
905	2835	498	21154	8970	4535
1686	2334	435	13606	7834	5660
4350	7699	2024	67214	25092	19029

C-3-6续表1

地区	受教育程度		职业资格水平	
	大学专科人数	大学本科及以上人数	助理社会工作师人数	社会工作师人数
全国	**225693**	**97724**	**38526**	**22137**
北京	8136	7993	4063	1788
天津	3453	4167	1606	580
河北	11561	4097	437	456
山西	6947	2500	1488	1193
内蒙古	5652	2659	229	177
辽宁	10009	5502	2172	1118
吉林	1409	1052	176	101
黑龙江	2454	1231	523	222
上海	5602	4880	1725	735
江苏	12159	6639	5366	2126
浙江	4776	3268	2407	1514
安徽	12295	3042	1584	636
福建	4577	1377	832	615
江西	4712	1218	630	383
山东	27813	10094	4268	5168
河南	12019	3453	673	614
湖北	10092	3468	1578	588
湖南	7895	2572	582	213
广东	21057	9093	2567	1105
广西	4257	1659	455	145
海南	1515	207	2	
重庆	14935	5169	2363	921
四川	9179	2902	1472	426
贵州	4208	953	46	16
云南	1727	474	225	55
西藏	580	143	2	38
陕西	6973	3133	581	713
甘肃	612	407	110	100
青海	880	433	117	93
宁夏	1098	277	98	9
新疆	7111	3662	149	289

单位：人、人次、时

年龄结构				志愿服务	
35岁及以下人数	36岁至45岁人数	46岁至55岁人数	56岁及以上人数	志愿者服务人次数	志愿服务时间
543835	**1085695**	**868093**	**278701**	**5529179**	**19282250.4**
8172	11620	12239	4931	7358	26874.0
7534	6895	6081	2577	9784	25774.0
23302	63362	71437	32877	13289	32925.5
19089	40623	39043	14172	335	620.0
11852	21754	16452	5276	12167	35406.0
16126	28380	22925	8342	352017	1411811.0
1923	32294	2344	935		
10338	29577	13568	3489	386263	1179253.0
7037	9740	8584	4884	71873	123447.0
28446	42097	32329	8701	458033	1004677.8
26656	43153	34934	9953	830582	2098212.5
18421	34831	26551	4827	308318	779963.5
13618	30900	21817	4052	10194	26353.0
15614	43239	21043	4319	12569	29868.0
49405	109607	96238	36032	34535	86519.0
37610	86017	73065	26779	421068	2629699.5
23718	45260	35479	10753	375462	717807.0
22022	48345	34962	7980	65741	339530.0
24581	41720	51106	16047	618890	3883545.7
13772	28965	31608	10781	91973	285530.0
3094	7326	6353	2264	10258	
15539	20056	18211	4794	419825	800509.0
42185	77209	64000	19813	637611	2758227.0
20056	33960	25483	7220	92904	368785.9
19447	32171	19236	4012	1981	12161.0
5216	10119	8929	3908	1	
14025	29447	32718	9661	55047	181215.5
15040	34737	16995	3999	16559	77863.5
4551	9069	5893	1641	180	1240.0
3324	5315	4193	774	485	
22122	27907	14277	2908	213877	364432.0

C-3-6续表2

地　区	居民（村民）小组	当年完成选举的居（村）委会数	当年完成选举的居（村）委会选民登记总数
全　国	**5649692**	**88063**	**136282327**
北　京	123262	6724	8188587
天　津	253789	2869	3609064
河　北	224678	5999	4427545
山　西	108589		
内蒙古	83637	28	22017
辽　宁	213863	655	1540803
吉　林	120220	2789	3289933
黑龙江	114198	2295	7439694
上　海	197959	654	2254073
江　苏	334176	3733	11056911
浙　江	190131	442	883991
安　徽	300781	919	2555002
福　建	177040	3270	5278582
江　西	194789	3313	7932052
山　东	429756	1668	644173
河　南	392626		
湖　北	219238	25076	34406042
湖　南	440199		
广　东	280240	5	6068
广　西	262713	3045	7345270
海　南	29269	575	413104
重　庆	99250	30	26466
四　川	241570	15205	19497239
贵　州	187557	234	582440
云　南	167038	2283	5978033
西　藏	17974	1281	495904
陕　西	125268	44	148205
甘　肃	72286	4061	6725896
青　海	6885	174	200249
宁　夏	15872	81	535273
新　疆	24839	611	799711

单位：个、人

本届登记选民数	参加投票人数	委托投票人数
86878137	**74650808**	**10247891**
4699429	4018663	528048
1374930	1131446	70727
4298044	3584588	200621
22017	20717	
316128	272597	11456
362930	340425	101062
2491849	1852353	49337
533343	527805	16953
6469119	5271090	539947
589181		
1309549	1445566	1098
2448313	1279942	80331
5988082	5970223	707034
597178	266485	21422
32870750	29399704	6133179
6068	5495	200
6661153	5725887	193655
411946	374117	31959
16337	2724	489
8315144	7206345	1371864
573820	499798	1669
1234826	1140843	31399
419251	408066	2
139224	129908	10162
3989841	3211351	57206
63955	57662	8
448602	357140	83950
227128	149868	4113

C−3−7 村民

地 区	单位数	居民1000户以下	居民1000户至3000户	居民3000户以上	社区居委会（村委会）主任
全 国	**533073**	**418559**	**97330**	**17184**	**530245**
北 京	3891	3549	323	19	3891
天 津	3543	3334	194	15	3512
河 北	48718	42188	5597	933	48575
山 西	25385	22070	2872	443	25293
内蒙古	11058	8676	2173	209	11029
辽 宁	11589	7558	3337	694	11471
吉 林	9325	6325	2372	628	9260
黑龙江	8967	5767	2826	374	8967
上 海	1570	953	566	51	1529
江 苏	14202	7008	5944	1250	14094
浙 江	20402	16684	3454	264	20134
安 徽	14527	7385	5780	1362	14476
福 建	14336	11087	2960	289	14309
江 西	17005	11893	4543	569	16985
山 东	69546	60216	7707	1623	69370
河 南	45595	33884	10000	1711	45193
湖 北	22653	19104	3190	359	22615
湖 南	23866	17424	5342	1100	23830
广 东	19801	14088	4223	1490	19777
广 西	14221	10088	3774	359	14117
海 南	2561	2301	242	18	2471
重 庆	8015	5320	2464	231	7942
四 川	43481	35373	6639	1469	43228
贵 州	13231	11248	1711	272	13182
云 南	11869	8579	3090	200	11752
西 藏	5290	5271	18	1	5162
陕 西	16996	14365	2408	223	16972
甘 肃	16011	13370	2229	412	15930
青 海	4144	3498	211	435	4103
宁 夏	2259	1868	354	37	2244
新 疆	9016	8085	787	144	8832

委员会

单位：个、人

#主任、书记“一肩挑”	#中共党员	#女性	社区居委会（村委会）成员	#中共党员	#女性
209167	**395880**	**63165**	**2179893**	**1226374**	**518765**
3345	3631	355	14710	10512	4798
2847	3153	248	12290	6071	2871
25864	37079	3499	168317	87395	28613
7566	13749	1739	99836	34997	21383
2605	6902	729	42316	20276	10695
3835	7238	1394	46954	24517	12424
3042	6288	1344	29576	2856	9401
8943	8967	1258	42753	21595	8954
596	1354	490	6452	4515	2221
5015	12367	2291	70651	48101	16506
2250	11127	1338	87343	40183	25830
6793	12905	2133	65561	40966	16962
5187	9334	1012	56228	26416	13713
3498	9237	3667	67925	25169	14289
39546	55818	14355	255658	187876	75751
18282	35120	5828	191131	104257	37734
20312	22214	2252	90203	63672	25379
6958	20744	2432	88081	59030	24713
15506	17435	716	91628	69975	21900
3043	10485	1079	71527	48218	16688
1795	1958	225	14740	8966	2847
314	6778	976	38921	25071	12175
3275	30367	6434	168614	91814	43807
1204	8140	1237	61949	26090	12256
4845	8960	1074	59542	39812	11514
1522	2931	853	26811	19906	5007
4433	12207	753	70235	29690	14408
1220	9279	1913	63649	26949	10150
690	2501	306	18293	7641	3039
1279	1861	111	10120	5996	2857
3557	5751	1124	47879	17842	9880

C-3-7续表1

地区	受教育程度		职业资格水平	
	大学专科人数	大学本科及以上人数	助理社会工作师人数	社会工作师人数
全国	**120473**	**27769**	**8546**	**7355**
北京	2213	919	233	62
天津	671	225	1	3
河北	7190	1110	90	151
山西	4349	910	725	646
内蒙古	2318	563	52	63
辽宁	3444	610	47	21
吉林	375	129	7	1
黑龙江	791	204	186	94
上海	931	815	90	40
江苏	6682	2301	1375	336
浙江	2598	823	575	187
安徽	8058	1247	243	95
福建	2887	443	177	155
江西	3502	794	186	185
山东	20628	4810	2866	4090
河南	7249	1138	297	433
湖北	4202	846	26	8
湖南	4758	1076	95	35
广东	10273	1909	285	94
广西	1642	300	30	25
海南	930	50		
重庆	7637	1510	399	83
四川	4794	1390	317	88
贵州	1794	392	2	2
云南	910	83	14	24
西藏	525	143	2	38
陕西	4251	1470	38	67
甘肃	195	33	25	51
青海	281	187	94	78
宁夏	486	59	37	
新疆	3909	1280	32	200

单位：人、人次、时

年龄结构				志愿服务	
35岁及以下人数	36岁至45岁人数	46岁至55岁人数	56岁及以上人数	志愿者服务人次数	志愿服务时间
371365	**852597**	**717993**	**237938**	**2962476**	**9919714.3**
1139	3861	6826	2884	4921	18866.0
2532	3673	4393	1692	9009	24824.0
16349	55030	65685	31253	10270	26993.5
14945	35305	36227	13359	225	370.0
7395	16467	13683	4771	238	757.0
6073	17017	16696	7168	249778	904110.5
609	26608	1603	756		
6035	22626	11005	3087	41019	64883.0
1663	2291	2017	481	66870	116947.0
16387	26811	21423	6030	243993	493791.3
17791	32960	28674	7918	445503	1181863.0
12926	27080	21428	4127	235765	535275.5
9852	24693	18201	3482	2671	5380.0
11909	34643	17667	3706	9866	23707.0
40565	96396	85964	32733	24735	61444.0
28814	73601	64249	24467	200733	1321981.0
16836	34929	28894	9544	171332	299459.0
15232	37454	28573	6822	39710	221827.0
13152	27401	38350	12725	380503	2303133.3
10218	23826	27820	9663	83457	249364.0
1855	5672	5314	1899	10258	
8883	13262	13220	3556	136124	281365.0
32787	64052	54562	17213	411177	1255459.0
14172	24722	18064	4991	63509	225309.2
15685	25846	15028	2983	1719	11410.0
4820	9591	8572	3828	1	
9827	23605	28342	8461	17875	60574.0
12863	31483	15546	3757	8550	43399.0
3548	7733	5452	1560		
2066	3695	3624	735	485	
14437	20264	10891	2287	92180	187222.0

C-3-7续表2

地　区	当年完成选举的村委会数	当年完成选举的村委会选民登记数	本届登记选民数	参加投票人数	委托投票人数
全　国	**71672**	**100114604**	**67373936**	**59689148**	**9300625**
北　京	3640	2880978	2880978	2340306	528048
天　津	2429	2815774	1222182	1003475	21936
河　北	5664	4236603	4112555	3428456	193918
山　西					
内蒙古	12	7592	7592	6292	
辽　宁	415	1055928	290777	251357	11456
吉　林	2279	2655459	284898	269316	100871
黑龙江	1860	5764359	1382522	1107692	44226
上　海	130	668580	412784	411503	11735
江　苏	2349	6812054	4255173	3549449	453084
浙　江	360	715365	589181		
安　徽	675	2020297	1143385	1230987	650
福　建	2629	3965861	1983979	1088025	79872
江　西	2868	6947430	5267703	5323669	650860
山　东	1401	333122	331882	207942	19506
河　南					
湖　北	20974	26324257	25465145	23626905	5729993
湖　南					
广　东					
广　西	2736	6135955	5636648	4902627	168619
海　南	491	319008	319008	290134	27234
重　庆	24	22393	13090	2302	436
四　川	13396	15500708	6538316	5695632	1089090
贵　州	172	460949	460169	416155	
云　南	1714	3963403	880144	831187	25025
西　藏	1236	441433	398430	387320	
陕　西	44	133684	133684	124148	10162
甘　肃	3560	5019432	2806826	2730954	49171
青　海	166	185630	49361	43608	8
宁　夏	81	463861	443060	356659	83925
新　疆	367	264489	64464	63048	800

单位：个、人、次

经推举产生的村民代表数	#女性	当年召开村民会议次数	当年召开村民代表会议的次数	自然村	村民小组数
5421360	**884232**	**222312**	**482617**	**1598974**	**4193261**
53489	7485			4321	42460
43195	4551	153	1196	1624	194558
101024	6032	1401	5673	31106	185449
				48214	92348
8004	2006	13	25	37607	57068
18069	3385	1337	6420	31030	80865
65778	4613	200	1	9325	64745
40467	1239	225	2009	27339	53762
33192	1740	102	1279	2049	24114
106340	15036	7842	19333	54049	207858
28665	50	1945	13229	81948	135626
55849	15309	566	1731	137570	253847
129588	14230			51672	150382
52059	7418	8746	10503	71484	167009
699758	208614	76718	157475	93723	334417
				81333	342644
1095734	101100	6947	14498	84121	181062
		19817	32250	88440	380954
651090	134969	32818	103105	147986	227826
67496	9737	9267	5933	159388	222800
12943	3054	480	680	16347	23674
1146	214	2356	890	7110	68010
998682	59407	10024	22570	41782	200122
377340	152690	13117	24138	91833	136988
408659	92192	2537	1373	123315	143030
43590	4971			12478	15286
114295	14792	23957	55312	41798	108741
178207	16740	1221	2360	12817	62647
6210	740	241	104	929	5236
19877	221		86	3695	12954
10614	1697	282	444	2541	16779

C-3-8 社区

地 区	单位数	居民1000户以下	居民1000户至3000户	居民3000户以上	社区居委会（村委会）主任
全 国	**109620**	**43163**	**45861**	**20596**	**107967**
北 京	3231	704	1953	574	3217
天 津	1619	225	1052	342	1595
河 北	4352	1732	1934	686	4298
山 西	2606	808	1405	393	2570
内蒙古	2490	785	1203	502	2484
辽 宁	4467	788	2059	1620	4353
吉 林	1898	515	936	447	1889
黑龙江	2582	660	1223	699	2582
上 海	4468	1334	2834	300	4290
江 苏	7318	2175	3703	1440	7163
浙 江	5001	2195	2012	794	4875
安 徽	3442	969	1656	817	3405
福 建	2676	1151	1150	375	2637
江 西	3685	1832	1562	291	3636
山 东	7594	4178	2199	1217	7570
河 南	6083	3250	1999	834	5945
湖 北	4631	1574	1559	1498	4566
湖 南	5398	2472	2054	872	5354
广 东	6875	2216	2994	1665	6811
广 西	2138	700	896	542	2114
海 南	634	351	233	50	614
重 庆	3169	982	1189	998	3126
四 川	7686	4034	2254	1398	7583
贵 州	4310	2726	1239	345	4216
云 南	2632	993	1140	499	2571
西 藏	234	229	5		234
陕 西	2862	1170	1086	606	2806
甘 肃	1422	635	576	211	1409
青 海	478	238	168	72	470
宁 夏	540	121	246	173	528
新 疆	3099	1421	1342	336	3056

居委会

单位：个、人

#主任、书记“一肩挑”	#中共党员	#女性	社区居委会（村委会）成员	#中共党员	#女性
52268	**88777**	**42876**	**596431**	**327681**	**303295**
2929	3131	2085	22252	11563	16641
1535	1552	1008	10797	5541	7441
2822	3764	2012	22661	11331	13972
1031	1748	1000	13091	4910	7297
1191	2044	1517	13018	6788	8411
3271	3804	2939	28819	16010	21236
997	1365	953	7920	2059	4186
2005	2582	1716	14219	5594	9975
1915	3125	2778	23793	10105	14811
2779	5746	2598	40922	25665	17833
1738	3508	1673	27353	14744	12145
1618	3056	1189	19069	11552	8764
1084	1982	1021	14159	7007	7062
842	2055	1326	16290	5653	6946
4912	6878	2706	35624	24440	15278
2420	4817	2012	32340	16523	13824
4189	4480	1707	25007	17401	13170
2176	4952	1491	25228	16468	10471
6004	6580	2232	41826	30709	20788
521	1741	776	13599	8041	6908
422	455	76	4297	1874	1132
500	2829	1149	19679	12679	10702
836	5855	2316	34593	20213	14032
631	2694	1158	24770	9989	9956
943	2034	548	15324	9565	5105
76	170	37	1361	1073	340
1001	2136	868	15616	7046	8213
465	939	569	7122	2721	3208
215	334	192	2861	1329	1496
407	473	324	3486	1838	2803
793	1948	900	19335	7250	9149

C−3−8续表1

地区	受教育程度		职业资格水平	
	大学专科人数	大学本科及以上人数	助理社会工作师人数	社会工作师人数
全国	**105220**	**69955**	**29980**	**14782**
北京	5923	7074	3830	1726
天津	2782	3942	1605	577
河北	4371	2987	347	305
山西	2598	1590	763	547
内蒙古	3334	2096	177	114
辽宁	6565	4892	2125	1097
吉林	1034	923	169	100
黑龙江	1663	1027	337	128
上海	4671	4065	1635	695
江苏	5477	4338	3991	1790
浙江	2178	2445	1832	1327
安徽	4237	1795	1341	541
福建	1690	934	655	460
江西	1210	424	444	198
山东	7185	5284	1402	1078
河南	4770	2315	376	181
湖北	5890	2622	1552	580
湖南	3137	1496	487	178
广东	10784	7184	2282	1011
广西	2615	1359	425	120
海南	585	157	2	
重庆	7298	3659	1964	838
四川	4385	1512	1155	338
贵州	2414	561	44	14
云南	817	391	211	31
西藏	55			
陕西	2722	1663	543	646
甘肃	417	374	85	49
青海	599	246	23	15
宁夏	612	218	61	9
新疆	3202	2382	117	89

单位：人、人次、时

年龄结构				志愿服务	
35岁及以下人数	36岁至45岁人数	46岁至55岁人数	56岁及以上人数	志愿者服务人次数	志愿服务时间
172470	**233098**	**150100**	**40763**	**2566703**	**9362536.1**
7033	7759	5413	2047	2437	8008.0
5002	3222	1688	885	775	950.0
6953	8332	5752	1624	3019	5932.0
4144	5318	2816	813	110	250.0
4457	5287	2769	505	11929	34649.0
10053	11363	6229	1174	102239	507700.5
1314	5686	741	179		
4303	6951	2563	402	345244	1114370.0
5374	7449	6567	4403	5003	6500.0
12059	15286	10906	2671	214040	510886.5
8865	10193	6260	2035	385079	916349.5
5495	7751	5123	700	72553	244688.0
3766	6207	3616	570	7523	20973.0
3705	8596	3376	613	2703	6161.0
8840	13211	10274	3299	9800	25075.0
8796	12416	8816	2312	220335	1307718.5
6882	10331	6585	1209	204130	418348.0
6790	10891	6389	1158	26031	117703.0
11429	14319	12756	3322	238387	1580412.4
3554	5139	3788	1118	8516	36166.0
1239	1654	1039	365		
6656	6794	4991	1238	283701	519144.0
9398	13157	9438	2600	226434	1502768.0
5884	9238	7419	2229	29395	143476.7
3762	6325	4208	1029	262	751.0
396	528	357	80		
4198	5842	4376	1200	37172	120641.5
2177	3254	1449	242	8009	34464.5
1003	1336	441	81	180	1240.0
1258	1620	569	39		
7685	7643	3386	621	121697	177210.0

C-3-8续表2

地区	当年完成选举的居委会数	当年完成选举的居委会选民登记数	
			本届登记选民数
全国	**16391**	**36167723**	**19504201**
北京	3084	5307609	1818451
天津	440	793290	152748
河北	335	190942	185489
山西			
内蒙古	16	14425	14425
辽宁	240	484875	25351
吉林	510	634474	78032
黑龙江	435	1675335	1109327
上海	524	1585493	120559
江苏	1384	4244857	2213946
浙江	82	168626	
安徽	244	534705	166164
福建	641	1312721	464334
江西	445	984622	720379
山东	267	311051	265296
河南			
湖北	4102	8081785	7405605
湖南			
广东	5	6068	6068
广西	309	1209315	1024505
海南	84	94096	92938
重庆	6	4073	3247
四川	1809	3996531	1776828
贵州	62	121491	113651
云南	569	2014630	354682
西藏	45	54471	20821
陕西		14521	5540
甘肃	501	1706464	1183015
青海	8	14619	14594
宁夏		71412	5542
新疆	244	535222	162664

单位：个、人

参加投票人数	委托投票人数	居委会小组数
14961660	**947266**	**1456431**
1678357		80802
127971	48791	59231
156132	6703	39229
		16241
14425		26569
21240		132998
71109	191	55475
744661	5111	60436
116302	5218	173845
1721641	86863	126318
		54505
214579	448	46934
191917	459	26658
646554	56174	27780
58543	1916	95339
		49982
5772799	403186	38176
		59245
5495	200	52414
823260	25036	39913
83983	4725	5595
422	53	31240
1510713	282774	41448
83643	1669	50569
309656	6374	24008
20746	2	2688
5760		16527
480397	8035	9639
14054		1649
481	25	2918
86820	3313	8060

C-3-9 其他社会服务

地　区	单位数	市场监管部门登记	编制部门登记	民政部门登记	年末职工人数	#女性	受教育程度	
							大学专科人数	大学本科及以上人数
全　国	**5128**	**1000**	**3548**	**580**	**85991**	**27617**	**24269**	**13084**
北　京	64	7	57		1524	526	360	546
天　津	35	3	26	6	742	279	155	267
河　北	211	12	198	1	3610	1074	843	438
山　西	85	21	58	6	1176	382	311	256
内蒙古	156	27	125	4	1887	540	717	330
辽　宁	401	54	51	296	3486	1059	1004	457
吉　林	191	46	145		4336	742	1591	466
黑龙江	176	28	133	15	3271	992	978	517
上　海	95	56	33	6	3675	1495	796	624
江　苏	298	61	219	18	4773	1565	1361	1060
浙　江	285	79	180	26	4360	1179	1062	819
安　徽	172	32	127	13	3086	1014	860	356
福　建	151	33	115	3	2671	698	432	225
江　西	143	17	113	13	1730	540	366	94
山　东	299	33	247	19	4835	1544	1699	1091
河　南	281	38	242	1	5582	1766	1674	573
湖　北	223	21	194	8	3984	1475	1453	444
湖　南	218	37	181		3025	1033	1182	466
广　东	314	70	220	24	7741	2185	1876	1130
广　西	145	28	117		2218	838	743	415
海　南	16	6	8	2	319	62	47	40
重　庆	146	37	93	16	2192	980	653	434
四　川	310	51	243	16	4621	1751	1221	509
贵　州	133	68	59	6	3908	1424	784	432
云　南	182	19	158	5	1494	414	544	319
西　藏	32		3	29	106	10	19	20
陕　西	149	39	95	15	2751	979	599	386
甘　肃	73	26	36	11	1110	379	253	128
青　海	17	11	4	2	195	57	42	15
宁　夏	40	19	10	11	427	127	60	59
新　疆	87	21	58	8	1156	508	584	168

机构总表

单位：个、人、人次、时

职业资格水平		年龄结构				志愿服务	
助理社会工作师人数	社会工作师人数	35岁及以下人数	36岁至45岁人数	46岁至55岁人数	56岁及以上人数	志愿者服务人次数	志愿服务时间
1139	**1246**	**24498**	**32397**	**22101**	**6995**	**38138**	**132492.5**
15	15	465	464	446	149	984	3538.0
2	4	192	214	195	141	6	47.0
9	38	1023	1495	820	272	253	1373.0
5	14	327	433	320	96	10	38.0
9	18	518	665	554	150	103	274.0
79	141	923	1297	943	323	39	47.0
10	6	1163	1592	1159	422		
25	20	825	1406	832	208	915	2693.0
17	23	1044	1191	943	497	1539	5890.0
151	143	1387	1802	1213	371	3371	5062.0
76	79	978	1512	1250	620	4723	9709.0
65	38	910	1146	825	205	493	1386.0
48	55	694	1110	644	223	36	51.0
21	31	471	733	409	117	147	177.0
121	171	1338	1864	1220	413	4223	10672.0
62	47	2221	2050	1057	254	564	2762.0
64	49	1236	1534	956	258	977	2185.0
36	35	978	1284	630	133	275	1217.0
132	94	1918	2994	2239	590	13863	63563.5
26	27	713	837	480	188	12	32.0
		67	93	111	48		
38	40	603	750	666	173	1887	8480.0
33	59	1184	1857	1281	299	33	207.0
16	17	1113	1538	986	271	1325	6829.0
27	28	533	612	266	83	323	1082.0
1		52	30	21	3		
13	32	769	931	789	262	1089	2650.0
8	13	278	380	358	94	541	1690.0
6	2	46	76	49	24		
3	3	63	162	165	37	5	
21	4	466	345	274	71	402	838.0

C−3−9续表

地　区	企业会计制度财务指标			
	固定资产原价	营业收入	费用合计	营业利润
全　国	**1240026.8**	**1325483.7**	**401675.4**	**357270.2**
北　京	32803.5	64836.0	21693.1	26188.4
天　津	17247.2	4940.2	1781.2	1992.8
河　北	15084.0	18089.3	7942.0	-434.5
山　西	30527.2	14854.7	13399.7	1016.5
内蒙古	15395.2	8217.9	4468.6	1040.7
辽　宁	48857.6	15144.5	10095.6	-82.1
吉　林	21279.6	3878.6	876.6	45.0
黑龙江	22253.8	9893.1	5260.1	1573.9
上　海	278390.6	531788.0	121097.4	195632.6
江　苏	47523.2	79787.2	15574.2	45206.3
浙　江	28593.0	65567.6	16887.0	15812.5
安　徽	18845.6	15864.8	5663.0	2528.0
福　建	51979.6	26830.2	8613.4	4422.9
江　西	11556.6	13344.1	5703.7	2549.6
山　东	36493.2	16856.4	6505.6	1546.1
河　南	29446.7	11060.9	4302.5	1961.3
湖　北	26892.0	30521.0	10801.7	7591.7
湖　南	38196.9	14783.5	7232.5	1252.9
广　东	63285.1	95558.3	24541.7	18449.2
广　西	37401.7	53242.5	18642.4	10199.8
海　南	6526.7	5261.2	3438.3	508.4
重　庆	38288.5	35847.8	15622.9	4357.8
四　川	91002.2	57256.6	19841.3	5108.5
贵　州	120556.1	70629.0	31937.2	4815.6
云　南	17782.3	6321.2	2437.2	1651.3
西　藏	367.2			
陕　西	37139.4	31045.8	14460.0	1743.7
甘　肃	9982.8	21833.5	2038.6	493.7
青　海	2561.0	30.0	30.0	
宁　夏	6205.1	1402.8	483.0	95.0
新　疆	37563.2	797.0	304.9	2.6

单位：万元

事业单位会计制度财务指标			民间非营利组织会计制度财务指标		
固定资产原价	本年收入合计	本年支出合计	固定资产原价	本年收入合计	本年费用合计
2244572.2	**1667253.6**	**1592866.6**	**96645.1**	**29429.7**	**28663.9**
129200.8	137450.3	130389.0			
46764.2	55785.1	53507.3	128.1	1137.3	2.7
101595.3	54244.1	55778.1	150.0		32.0
51530.7	19877.7	19593.1	806.5	10.0	13.3
34525.9	27083.0	26385.4	1521.0	334.4	405.6
20841.7	19121.2	17699.5	16702.7	3092.0	1801.6
74940.0	17888.3	16702.2			
80392.2	45099.5	43162.0	219.0	154.0	81.9
5466.5	19524.1	17562.6		36.3	59.4
281331.5	150167.5	144685.8	7703.7	8433.3	5186.7
99625.6	138043.8	129756.9	859.7	832.0	1861.9
67670.6	56624.7	55646.3	1670.5	1328.8	771.8
49355.0	41041.4	38762.9	634.0	2.0	45.0
25311.5	19750.8	19329.4	2444.5	204.0	2151.3
138304.7	101482.3	101062.7	3371.4	2622.9	1703.8
72916.4	36940.4	35604.7	5.0		0.2
132705.6	103032.4	88939.8	2520.8	634.5	1296.7
79261.3	54953.4	59040.5			
304544.5	245967.0	237539.3	4061.8	873.8	6408.0
54212.4	39225.4	38504.3			
8014.9	5271.4	5311.0	10.0	7.0	48.4
67605.6	52455.2	48795.1	16920.5	3535.0	3006.6
99790.9	84657.4	80320.2	10927.7	809.8	1222.5
48127.3	13097.7	15374.9	163.9	3112.5	62.5
56221.7	29825.9	24198.8			
2530.3	4306.4	912.7	550.0	22.0	341.0
39827.5	36249.8	34685.4	7783.2	690.8	880.6
22470.2	15898.4	15268.7	1129.0	233.5	62.1
1138.1	867.4	845.4	6.0	3.0	0.5
10277.8	7032.0	4672.3	15679.5	979.2	998.0
38071.5	34289.6	32830.3	676.6	341.6	219.8

C-3-10 婚姻登记

地区	单位数	编制部门登记	民政部门登记	年末职工人数	#女性	受教育程度	
						大学专科人数	大学本科及以上人数
全国	**1068**	**990**	**78**	**6828**	**4425**	**2613**	**2422**
北京	10	10		117	77	16	79
天津	2	1	1	7	5	2	5
河北	36	36		357	240	124	85
山西	21	21		118	83	46	58
内蒙古	28	28		134	85	67	54
辽宁	11	11		71	55	21	43
吉林	63	63		475	298	134	105
黑龙江	41	30	11	289	174	91	98
上海	17	17		172	138	40	110
江苏	67	67		432	304	125	198
浙江	45	42	3	251	189	90	126
安徽	31	26	5	222	147	106	67
福建	26	26		88	49	35	34
江西	32	27	5	134	96	50	14
山东	100	100		778	514	315	348
河南	43	42	1	345	208	119	51
湖北	81	81		538	384	275	132
湖南	76	76		520	271	240	116
广东	58	54	4	400	268	156	182
广西	53	53		227	145	108	75
海南	1	1		6	3	3	3
重庆	40	37	3	253	182	81	155
四川	66	59	7	342	205	165	84
贵州	17	14	3	71	28	31	20
云南	22	17	5	85	53	28	38
西藏	30	1	29	77		12	11
陕西	28	28		236	161	100	102
甘肃	7	7		23	18	7	3
青海							
宁夏							
新疆	16	15	1	60	45	26	26

服务机构

单位：个、人、人次、时

职业资格水平		年龄结构				志愿服务	
助理社会工作师人数	社会工作师人数	35岁及以下人数	36岁至45岁人数	46岁至55岁人数	56岁及以上人数	志愿者服务人次数	志愿服务时间
203	**284**	**2738**	**2870**	**1121**	**99**	**17832**	**45992.0**
4	3	46	57	13	1	122	370.0
	1	4		1	2	6	47.0
1	14	132	178	45	2	140	685.0
	5	58	51	9		3	6.0
		37	67	28	2	24	72.0
1	3	25	29	17			
3	5	163	200	106	6		
4		110	133	41	5	478	2037.0
4	11	70	73	20	9		
30	36	214	147	64	7	3267	4846.0
17	20	112	103	31	5	4496	9131.0
8	10	90	74	56	2	187	452.0
7	10	38	42	7	1		
	1	57	64	13		120	120.0
31	70	285	328	152	13	4044	10281.0
4	13	186	105	41	13	335	2136.0
16	9	193	235	104	6	624	1250.0
14	8	233	215	69	3	207	1063.0
13	19	152	171	73	4	847	965.0
2	6	59	120	45	3	4	32.0
		5	1				
30	21	109	99	41	4	1398	7096.0
6	5	130	160	48	4	18	118.0
2	3	25	20	23	3	745	3416.0
5	4	37	41	5	2	1	8.0
		41	18	18			
1	6	96	100	39	1	595	1313.0
		16	3	3	1	117	335.0
	1	15	36	9		54	213.0

C－3－10续表

地　区	办理婚姻登记事务的处数	可办理婚姻登记的乡镇机关数	事业单位会计制度财务指标	
			固定资产原价	本年收入合计
全　国	**5594**	**1872**	**40874.2**	**61484.4**
北　京	18		870.5	3508.3
天　津	20	3	23.8	113.0
河　北	301	87	458.5	1776.7
山　西	128	1	83.4	406.6
内蒙古	112	4	223.1	1020.3
辽　宁	196	33	293.0	309.6
吉　林	68		848.1	2358.8
黑龙江	179	19	444.8	688.5
上　海	20		1987.7	8272.1
江　苏	106	3	1341.1	5353.4
浙　江	110		1266.8	4003.3
安　徽	115	1	525.0	1823.7
福　建	117	8	346.9	876.8
江　西	377	372	499.2	222.3
山　东	157		3032.2	6286.1
河　南	196	8	17020.0	992.3
湖　北	132	24	1390.1	3919.1
湖　南	142	5	1432.8	2421.0
广　东	298	130	2447.8	6113.9
广　西	131	1	1010.2	1188.4
海　南	209	181	80.0	
重　庆	49	5	2177.3	4601.3
四　川	264	60	1610.6	2030.1
贵　州	688	297	107.3	120.2
云　南	638	459	197.6	480.4
西　藏	75		625.5	220.0
陕　西	145	11	420.1	2110.2
甘　肃	127	34	11.6	36.3
青　海	286	98		
宁　夏	24			
新　疆	166	28	99.2	231.7

单位：处、个、万元

	民间非营利组织会计制度财务指标		
本年支出合计	固定资产原价	本年收入合计	本年费用合计
62747.2	**1090.6**	**802.6**	**846.6**
3480.7			
110.9		2.7	2.7
1712.7			
457.3			
1031.3			
317.0			
2252.5			
801.2	22.0	34.0	28.5
8184.9			
5621.3			
4190.7	168.0	218.0	122.5
1788.9	69.9	124.1	69.5
872.8			
289.9	214.5	77.0	35.3
6373.0			
1048.0	5.0		0.2
4098.8			
2494.0			
6160.7	23.0	56.8	14.0
1282.6			
4720.6	8.6	153.3	135.5
2102.4	24.7	105.2	85.9
189.7	4.9	9.5	11.5
488.4			
220.0	550.0	22.0	341.0
2151.0			
38.3			
267.6			

C-3-11 结婚登

地区	结婚登记件数	结婚登记人数	内地居民登记结婚件数	内地居民登记结婚人数	涉外及华侨、港澳台居民登记结婚件数
全国	**9273269**	**18546538**	**9223910**	**18443260**	**49359**
北京	128959	257918	128205	256410	754
天津	96424	192848	96114	192228	310
河北	421314	842628	419967	839934	1347
山西	255043	510086	254897	509794	146
内蒙古	161767	323534	161530	323060	237
辽宁	255586	511172	254279	508558	1307
吉林	180820	361640	180074	360148	746
黑龙江	244370	488740	243124	486248	1246
上海	98667	197334	97393	194786	1274
江苏	569442	1138884	568088	1136176	1354
浙江	293615	587230	290847	581694	2768
安徽	541553	1083106	539233	1078466	2320
福建	240345	480690	235234	470468	5111
江西	288658	577316	286797	573594	1861
山东	532960	1065920	531401	1062802	1559
河南	764451	1528902	762511	1525022	1940
湖北	389339	778678	387941	775882	1398
湖南	380326	760652	378152	756304	2174
广东	674522	1349044	665124	1330244	9398
广西	330349	660698	326322	652644	4027
海南	65586	131172	65160	130320	426
重庆	238335	476670	237574	475148	761
四川	613247	1226494	611658	1223316	1589
贵州	362386	724772	361855	723710	531
云南	359187	718374	355329	710658	3858
西藏	31167	62334	31156	62312	11
陕西	271861	543722	271292	542584	569
甘肃	198507	397014	198341	396682	166
青海	57706	115412	57683	115366	23
宁夏	60871	121742	60824	121648	47
新疆	165906	331812	165805	327054	101

记服务

单位：件、人

按居住地分类						
内地居民	#女性	香港居民	澳门居民	台湾居民	华侨	外国人
48424	**19095**	**4560**	**1060**	**5683**	**3515**	**35476**
735	489	59	6	100	9	599
305	195	10	1	44	5	255
1347	262	16	3	68	9	1251
144	75	7	3	24		114
237	100	3	2	33	4	195
1303	943	25	10	141	36	1099
745	458	12	13	108	27	587
1198	761	18	10	130	219	917
1237	839	94	11	285	13	908
1343	723	26	14	264	10	1051
2078	957	36	5	200	1886	1331
2318	409	27	13	193	9	2080
5050	2310	1186	69	1130	426	2361
1859	346	61	13	169	12	1608
1529	556	26	10	146	38	1369
1932	528	47	14	219	29	1639
1398	642	56	20	262	13	1047
2174	866	139	55	399	17	1564
9386	4172	2259	668	694	660	5129
4025	581	110	39	206	28	3646
426	215	85	13	83	10	235
760	461	54	18	205	9	476
1589	866	88	27	290	14	1170
531	236	64	9	94	14	350
3858	655	21	5	63		3769
11	8					11
569	256	21	8	80	3	457
166	84	7		38	8	113
23	14			4	1	18
47	33	1	1	7		38
101	55	2		4	6	89

C-3-11续表

地区	按婚姻状况分类			
	初婚人数	再婚人数	#女性	#恢复结婚件数
全　国	**13987101**	**4559437**	**2467841**	**619098**
北　京	141528	116390	57306	2483
天　津	141071	51777	25869	24942
河　北	551369	291259	158433	41259
山　西	426325	83761	46666	10262
内蒙古	207027	116507	63286	19466
辽　宁	322348	188824	98684	33183
吉　林	213234	148406	77934	29205
黑龙江	399726	89014	45052	35096
上　海	120093	77241	38582	13825
江　苏	838476	300408	158532	58694
浙　江	435469	151761	80531	23354
安　徽	833006	250100	135796	46053
福　建	391522	89168	48189	3975
江　西	463376	113940	62920	16855
山　东	723525	342395	183343	8774
河　南	1204458	324444	178315	58821
湖　北	631495	147183	82688	20923
湖　南	547675	212977	120570	17739
广　东	1143482	205562	104469	29898
广　西	532712	127986	76755	10311
海　南	112849	18323	9983	2070
重　庆	303700	172970	92673	18022
四　川	885261	341233	188678	34445
贵　州	577109	147663	83502	15275
云　南	541140	177234	101599	12917
西　藏	60567	1767	623	11
陕　西	409810	133912	75880	14189
甘　肃	323753	73261	36648	5591
青　海	96595	18817	10515	1108
宁　夏	98550	23192	12639	1856
新　疆	309850	21962	11181	8496

单位：件、人

按年龄分类				
20–24岁	25–29岁	30–34岁	35–39岁	40岁及以上
3653983	**6422490**	**3279566**	**1505016**	**3685483**
12213	79569	62236	35898	68002
18158	61813	46856	27047	38974
179089	302099	160004	77173	124263
96082	202406	69988	32321	109289
39965	120295	61752	32367	69155
59194	166616	109160	51877	124325
38501	102309	71618	36534	112678
51194	118589	85980	52407	180570
9222	64570	47139	25180	51223
165916	378931	173081	80640	340316
80242	236686	107278	47123	115901
243604	361670	145913	68281	263638
81317	191312	90839	36026	81196
160060	194572	87208	38395	97081
240019	357891	217063	88170	162777
358163	486868	248629	125062	310180
99430	298719	149642	58687	172200
150199	257783	163259	68369	121042
291542	571978	242260	96878	146386
141686	215358	141921	66128	95605
24578	46741	24201	11027	24625
102300	155861	78282	36042	104185
294401	407789	201718	86310	236276
196240	210602	110466	60133	147331
193949	217114	112010	56761	138540
15376	22629	15199	5253	3877
88753	246829	107053	38834	62253
98232	158703	61595	23070	55414
27166	33038	16250	9902	29056
28490	39308	15005	7775	31164
68702	113842	55961	25346	67961

C−3−12 离婚登

地 区	总计	民政部门办理离婚登记合计	内地居民登记离婚	涉外离婚登记	涉港澳台及华侨离婚登记	离婚登记人数		
						20−24岁	25−29岁	30−34岁
全 国	**4700635**	**4047193**	**4040089**	**3559**	**3545**	**189226**	**1240639**	**2140659**
北 京	83796	76358	76102	185	71	838	9768	30432
天 津	74683	69927	69838	68	21	1294	13074	35521
河 北	255742	218399	218278	98	23	8387	70453	126560
山 西	91186	73658	73647	3	8	3030	23564	35198
内蒙古	99782	84172	84050	28	94	3137	20886	36621
辽 宁	176807	157509	157288	171	50	4440	32565	73177
吉 林	129841	120236	120136	72	28	4368	30146	56977
黑龙江	186811	170110	169908	114	88	4931	34845	70590
上 海	61679	54845	54436	274	135	447	7099	22555
江 苏	299533	260593	260349	142	102	9384	84627	147491
浙 江	154435	130272	129911	161	200	3462	29971	61902
安 徽	250119	217146	216919	227		11779	83761	116569
福 建	112413	97560	96724	328	508	3625	30555	55436
江 西	131858	113539	113381	97	61	5943	36975	57150
山 东	284561	237355	237169	139	47	9013	63558	142270
河 南	356543	312724	312480	85	159	14046	111027	185618
湖 北	212064	188388	188183	110	95	5361	57539	105841
湖 南	220360	188515	188261	99	155	7438	55703	105843
广 东	248055	222463	220974	409	1080	13605	74402	114443
广 西	142683	121648	121417	144	87	7345	41120	71379
海 南	21459	18616	18543	17	56	902	4935	7113
重 庆	156160	138435	138266	80	89	6638	38625	65601
四 川	319373	278188	277920		268	18210	94754	144066
贵 州	166126	134516	134434	47	35	11383	54191	72512
云 南	144452	117102	116696	373	33	10461	46048	63703
西 藏	5265	4408	4403	1	4	1051	3054	2686
陕 西	136675	107016	106933	54	29	4293	37441	65630
甘 肃	62172	44558	44533	13	12	3325	17672	26613
青 海	18459	13170	13168		2	1667	5894	6580
宁 夏	24412	18983	18974	6	3	1803	6885	9098
新 疆	73131	56784	56768	14	2	7620	19502	25484

记服务

单位：件、人

按年龄分组		法院部门判决、调解离婚合计	离婚		收案	维持	
35—39岁	40岁及以上		判决离婚	调解离婚		判决不离	调解不离
1540044	**2983818**	**653442**	**207722**	**445720**	**1378126**	**330006**	**29565**
32769	78909	7438	2585	4853	17169	2955	171
30678	59287	4756	1197	3559	11822	3429	76
91252	140146	37343	11933	25410	79229	18867	987
24977	60547	17528	5439	12089	39142	11498	683
31406	76294	15610	5910	9700	29912	2928	740
61470	143366	19298	6742	12556	40362	8717	166
42560	106421	9605	3900	5705	19625	4280	104
61068	168786	16701	5217	11484	31251	3583	150
24578	55011	6834	2145	4689	15320	3554	293
100592	179092	38940	9449	29491	88164	21554	4118
52779	112430	24163	6637	17526	46346	9751	871
76451	145732	32973	8696	24277	73464	20897	1193
41732	63772	14853	6125	8728	34142	8877	506
38380	88630	18319	6235	12084	42524	12684	555
95497	164372	47206	14182	33024	107571	34854	1692
115341	199416	43819	14562	29257	109586	31828	1672
72682	135353	23676	7311	16365	53358	17296	539
74711	133335	31845	10002	21843	65998	20602	1541
101073	141403	25592	10965	14627	52452	13383	610
53602	69850	21035	8669	12366	41083	10901	903
5591	18691	2843	1629	1214	6550	1148	1214
42972	123034	17725	7220	10505	32868	6326	393
85347	213999	41185	10337	30848	80112	20479	1308
49457	81489	31610	9489	22121	57783	8162	963
43319	70673	27350	7337	20013	51240	7894	2646
1086	939	857	113	744	1318	54	113
43043	63625	29659	12329	17330	54697	7234	845
16199	25307	17614	5557	12057	42111	10958	1474
4224	7975	5289	1062	4227	10736	1134	769
7088	13092	5429	1610	3819	12900	2325	696
18120	42842	16347	3138	13209	29291	1854	1574

注：法院部门收案及判决、调解离婚数据来源于最高人民法院。

C-3-13 殡葬服务

地区	单位数	市场监管部门登记	编制部门登记	民政部门登记	年末职工人数	#女性	受教育程度	
							大学专科人数	大学本科及以上人数
全国	**4060**	**1000**	**2558**	**502**	**79163**	**23192**	**21656**	**10662**
北京	54	7	47		1407	449	344	467
天津	33	3	25	5	735	274	153	262
河北	175	12	162	1	3253	834	719	353
山西	64	21	37	6	1058	299	265	198
内蒙古	128	27	97	4	1753	455	650	276
辽宁	390	54	40	296	3415	1004	983	414
吉林	128	46	82		3861	444	1457	361
黑龙江	135	28	103	4	2982	818	887	419
上海	78	56	16	6	3503	1357	756	514
江苏	231	61	152	18	4341	1261	1236	862
浙江	240	79	138	23	4109	990	972	693
安徽	141	32	101	8	2864	867	754	289
福建	125	33	89	3	2583	649	397	191
江西	111	17	86	8	1596	444	316	80
山东	199	33	147	19	4057	1030	1384	743
河南	238	38	200		5237	1558	1555	522
湖北	142	21	113	8	3446	1091	1178	312
湖南	142	37	105		2505	762	942	350
广东	256	70	166	20	7341	1917	1720	948
广西	92	28	64		1991	693	635	340
海南	15	6	7	2	313	59	44	37
重庆	106	37	56	13	1939	798	572	279
四川	244	51	184	9	4279	1546	1056	425
贵州	116	68	45	3	3837	1396	753	412
云南	160	19	141		1409	361	516	281
西藏	2		2		29	10	7	9
陕西	121	39	67	15	2515	818	499	284
甘肃	66	26	29	11	1087	361	246	125
青海	17	11	4	2	195	57	42	15
宁夏	40	19	10	11	427	127	60	59
新疆	71	21	43	7	1096	463	558	142

机构总表

单位：个、人、人次、时

职业资格水平		年龄结构				志愿服务	
助理社会工作师人数	社会工作师人数	35岁及以下人数	36岁至45岁人数	46岁至55岁人数	56岁及以上人数	志愿者服务人次数	志愿服务时间
936	**962**	**21760**	**29527**	**20980**	**6896**	**20306**	**86500.5**
11	12	419	407	433	148	862	3168.0
2	3	188	214	194	139		
8	24	891	1317	775	270	113	688.0
5	9	269	382	311	96	7	32.0
9	18	481	598	526	148	79	202.0
78	138	898	1268	926	323	39	47.0
7	1	1000	1392	1053	416		
21	20	715	1273	791	203	437	656.0
13	12	974	1118	923	488	1539	5890.0
121	107	1173	1655	1149	364	104	216.0
59	59	866	1409	1219	615	227	578.0
57	28	820	1072	769	203	306	934.0
41	45	656	1068	637	222	36	51.0
21	30	414	669	396	117	27	57.0
90	101	1053	1536	1068	400	179	391.0
58	34	2035	1945	1016	241	229	626.0
48	40	1043	1299	852	252	353	935.0
22	27	745	1069	561	130	68	154.0
119	75	1766	2823	2166	586	13016	62598.5
24	21	654	717	435	185	8	
		62	92	111	48		
8	19	494	651	625	169	489	1384.0
27	54	1054	1697	1233	295	15	89.0
14	14	1088	1518	963	268	580	3413.0
22	24	496	571	261	81	322	1074.0
1		11	12	3	3		
12	26	673	831	750	261	494	1337.0
8	13	262	377	355	93	424	1355.0
6	2	46	76	49	24		
3	3	63	162	165	37	5	
21	3	451	309	265	71	348	625.0

C-3-13续表1

地　区	火化炉数	全年火化遗体数	国际运尸数	#外国人	#港澳台	#侨民
全　国	**6400**	**5226918**	**582**	**146**	**25**	**47**
北　京	94	101181				
天　津	106	68250				
河　北	392	184003				
山　西	67	28503				
内蒙古	175	74271				
辽　宁	134	321827				
吉　林	180	113786				
黑龙江	282	189318				
上　海	102	132656				
江　苏	574	536706				
浙　江	387	326827	14	2	12	
安　徽	291	298232				
福　建	237	209479				
江　西	231	230658	47			47
山　东	582	674830				
河　南	325	129332				
湖　北	338	239363	208			
湖　南	191	110080				
广　东	450	480585	149	138	11	
广　西	113	97025				
海　南	5	4604				
重　庆	158	73572	1	1		
四　川	309	230363				
贵　州	206	117452				
云　南	217	132810	163	5	2	
西　藏	6	889				
陕　西	115	65600				
甘　肃	54	21752				
青　海	16	5068				
宁　夏	12	3851				
新　疆	51	24045				

单位：台、具、个

穴位数	#本年销售穴位数	安葬数	#本年安葬数	节地生态安葬数
19307152	**719413**	**14390324**	**1255366**	**617243**
722050	13367	661904	20831	57175
303594	7215	517478	8164	23728
476574	10863	148867	21152	4926
143331	4618	72993	5391	311
335954	30204	264791	19441	4626
714225	66629	451703	40128	1157
43579	2517	26130	3158	
257140	21836	230780	29691	1
2209271	63325	1589399	65347	11150
1616852	98384	1608015	106788	24855
2383347	74942	1790462	254617	112238
594331	20984	559126	58404	1897
278404	14772	241093	18408	3444
795897	12170	150733	58602	4018
476275	12274	486450	117128	64510
338749	7349	233874	16525	878
1161722	26007	786708	36479	7025
468730	16439	266146	24311	13461
1457421	33436	1303787	115644	237290
309556	14750	202552	15817	6528
115343	2612	80136	5600	1220
854435	18656	444577	18666	10453
1251870	39576	928998	62714	6171
690679	33354	279235	45445	4515
405742	29437	179776	34900	5083
441477	16758	476884	20693	6671
209168	8214	196384	15438	3578
3240	939	967	40	106
36122	4190	44179	1191	50
212074	13596	166197	14653	178

C−3−13续表2

地区	企业会计制度财务指标			
	固定资产原价	营业收入	费用合计	营业利润
全 国	**1240026.8**	**1325483.7**	**401675.4**	**357270.2**
北 京	32803.5	64836.0	21693.1	26188.4
天 津	17247.2	4940.2	1781.2	1992.8
河 北	15084.0	18089.3	7942.0	-434.5
山 西	30527.2	14854.7	13399.7	1016.5
内蒙古	15395.2	8217.9	4468.6	1040.7
辽 宁	48857.6	15144.5	10095.6	-82.1
吉 林	21279.6	3878.6	876.6	45.0
黑龙江	22253.8	9893.1	5260.1	1573.9
上 海	278390.6	531788.0	121097.4	195632.6
江 苏	47523.2	79787.2	15574.2	45206.3
浙 江	28593.0	65567.6	16887.0	15812.5
安 徽	18845.6	15864.8	5663.0	2528.0
福 建	51979.6	26830.2	8613.4	4422.9
江 西	11556.6	13344.1	5703.7	2549.6
山 东	36493.2	16856.4	6505.6	1546.1
河 南	29446.7	11060.9	4302.5	1961.3
湖 北	26892.0	30521.0	10801.7	7591.7
湖 南	38196.9	14783.5	7232.5	1252.9
广 东	63285.1	95558.3	24541.7	18449.2
广 西	37401.7	53242.5	18642.4	10199.8
海 南	6526.7	5261.2	3438.3	508.4
重 庆	38288.5	35847.8	15622.9	4357.8
四 川	91002.2	57256.6	19841.3	5108.5
贵 州	120556.1	70629.0	31937.2	4815.6
云 南	17782.3	6321.2	2437.2	1651.3
西 藏	367.2			
陕 西	37139.4	31045.8	14460.0	1743.7
甘 肃	9982.8	21833.5	2038.6	493.7
青 海	2561.0	30.0	30.0	
宁 夏	6205.1	1402.8	483.0	95.0
新 疆	37563.2	797.0	304.9	2.6

单位：万元

事业单位会计制度财务指标			民间非营利组织会计制度财务指标		
固定资产原价	本年收入合计	本年支出合计	固定资产原价	本年收入合计	本年费用合计
2203698.0	**1605769.2**	**1530119.4**	**95554.5**	**28627.1**	**27817.3**
128330.3	133942.0	126908.3			
46740.4	55672.1	53396.4	128.1	1134.6	
101136.8	52467.4	54065.4	150.0		32.0
51447.3	19471.1	19135.8	806.5	10.0	13.3
34302.8	26062.7	25354.1	1521.0	334.4	405.6
20548.7	18811.6	17382.5	16702.7	3092.0	1801.6
74091.9	15529.5	14449.7			
79947.4	44411.0	42360.8	197.0	120.0	53.4
3478.8	11252.0	9377.7		36.3	59.4
279990.4	144814.1	139064.5	7703.7	8433.3	5186.7
98358.8	134040.5	125566.2	691.7	614.0	1739.4
67145.6	54801.0	53857.4	1600.6	1204.7	702.3
49008.1	40164.6	37890.1	634.0	2.0	45.0
24812.3	19528.5	19039.5	2230.0	127.0	2116.0
135272.5	95196.2	94689.7	3371.4	2622.9	1703.8
55896.4	35948.1	34556.7			
131315.5	99113.3	84841.0	2520.8	634.5	1296.7
77828.5	52532.4	56546.5			
302096.7	239853.1	231378.6	4038.8	817.0	6394.0
53202.2	38037.0	37221.7			
7934.9	5271.4	5311.0	10.0	7.0	48.4
65428.3	47853.9	44074.5	16911.9	3381.7	2871.1
98180.3	82627.3	78217.8	10903.0	704.6	1136.6
48020.0	12977.5	15185.2	159.0	3103.0	51.0
56024.1	29345.5	23710.4			
1904.8	4086.4	692.7			
39407.4	34139.6	32534.4	7783.2	690.8	880.6
22458.6	15862.1	15230.4	1129.0	233.5	62.1
1138.1	867.4	845.4	6.0	3.0	0.5
10277.8	7032.0	4672.3	15679.5	979.2	998.0
37972.3	34057.9	32562.7	676.6	341.6	219.8

C-3-14 殡仪

地　区	单位数	年末职工人数	#女性	受教育程度 大学专科人数	大学本科及以上人数	职业资 助理社会工作师人数
全　国	**1677**	**44978**	**11793**	**13802**	**6252**	**539**
北　京	12	412	82	170	143	
天　津	13	398	133	100	121	1
河　北	149	2549	577	524	273	8
山　西	25	355	86	82	98	2
内蒙古	66	1036	271	403	167	6
辽　宁	33	945	267	291	102	13
吉　林	47	1860	204	1157	251	7
黑龙江	96	2344	660	693	356	19
上　海	14	1200	338	361	236	9
江　苏	92	2965	730	845	583	65
浙　江	74	2069	471	659	396	34
安　徽	68	2053	565	555	219	47
福　建	65	1956	473	227	102	25
江　西	87	1330	367	243	61	8
山　东	122	2924	662	1018	551	67
河　南	110	3261	920	981	283	35
湖　北	73	2480	769	860	190	31
湖　南	66	1532	464	628	211	12
广　东	86	4133	936	1129	617	81
广　西	31	1157	367	417	189	14
海　南	2	71	23	14	15	
重　庆	34	803	255	303	147	4
四　川	77	1901	557	540	227	13
贵　州	59	2110	694	476	252	10
云　南	80	829	189	299	150	10
西　藏	2	29	10	7	9	1
陕　西	41	1124	295	267	140	4
甘　肃	25	435	164	154	56	1
青　海	5	86	29	41	15	5
宁　夏	5	104	32	31	16	
新　疆	18	527	203	327	76	7

馆

单位：个、人、人次、时

格水平	年龄结构				志愿服务	
社会工作师人数	35岁及以下人数	36岁至45岁人数	46岁至55岁人数	56岁及以上人数	志愿者服务人次数	志愿服务时间
456	**12679**	**17253**	**11624**	**3422**	**4488**	**16006.0**
3	109	90	153	60	609	2356.0
	97	104	109	88		
22	641	1098	635	175	113	688.0
7	68	138	120	29		
6	244	370	333	89	24	72.0
10	231	413	219	82		
1	382	635	513	330		
19	564	978	652	150	302	456.0
5	403	442	248	107	1539	5890.0
48	793	1064	861	247	48	96.0
42	505	801	597	166	71	222.0
21	621	769	546	117	102	324.0
29	511	782	501	162	33	48.0
15	338	572	338	82	22	44.0
62	766	1141	769	248	102	235.0
18	1381	1181	584	115	77	77.0
19	719	949	622	190	207	554.0
15	439	635	372	86	42	79.0
36	1000	1634	1186	313	169	936.0
16	399	418	235	105		
	30	18	19	4		
17	207	238	298	60	257	785.0
19	480	823	487	111		
5	717	857	444	92	234	1494.0
8	318	312	156	43	158	450.0
	11	12	3	3		
8	355	389	288	92	326	976.0
4	112	161	119	43	53	224.0
	37	31	17	1		
1	21	31	49	3		
	180	167	151	29		

C−3−14续表1

地　区	火化炉数	国际运尸数	#外国人	#港澳台	#侨民
全　国	**6400**	**582**	**146**	**25**	**47**
北　京	94				
天　津	106				
河　北	392				
山　西	67				
内蒙古	175				
辽　宁	134				
吉　林	180				
黑龙江	282				
上　海	102				
江　苏	574				
浙　江	387	14	2	12	
安　徽	291				
福　建	237				
江　西	231	47			47
山　东	582				
河　南	325				
湖　北	338	208			
湖　南	191				
广　东	450	149	138	11	
广　西	113				
海　南	5				
重　庆	158	1	1		
四　川	309				
贵　州	206				
云　南	217	163	5	2	
西　藏	6				
陕　西	115				
甘　肃	54				
青　海	16				
宁　夏	12				
新　疆	51				

单位：台、具、个

穴位数	#本年销售穴位数	安葬数	#本年安葬数	节地生态安葬数
4673411	**199406**	**3934712**	**575835**	**354483**
11118	122	9913	144	
47286	2767	232867	2889	19406
149615	2996	47131	10449	4714
1589	153	1053	131	
135216	7925	110550	8032	4285
23393	572	24172	9054	277
12638	1071	9745	1774	
95633	3516	91542	8585	1
1114	453			
284380	9797	380192	46278	13580
1078646	40338	663211	103046	82031
165676	6489	144193	27131	349
198918	10464	148236	13840	2567
168965	10426	126563	52391	3709
167188	2106	319367	105297	61496
58930	1844	45207	2343	257
248392	10119	194486	30192	6130
252326	9355	171381	13120	9565
311218	11031	453702	51814	131029
4256	718	8474	2072	731
183310	6112	88238	6345	5751
123479	6045	112392	8100	674
349813	17555	92704	27410	477
281230	22263	116468	24233	4421
67742	1924	149754	1953	30
46355	1768	33723	7164	2778
900	334	946		47
204085	11143	158502	12048	178

C−3−14续表2

地 区	企业会计制度财务指标			
	固定资产原价	营业收入	费用合计	营业利润
全　国	**460690.9**	**206038.9**	**73459.3**	**20298.4**
中央级				
北　京				
天　津	847.2	586.0	830.4	-307.0
河　北				
山　西	4348.3	2182.0	2083.1	59.5
内蒙古				
辽　宁	17221.1	1179.6	519.0	-227.5
吉　林	17422.2	1182.1	169.7	
黑龙江	8237.3	1517.5	1114.4	187.0
上　海	97173.1	90685.2	21236.5	7848.8
江　苏	8219.1	4155.5	1689.1	738.6
浙　江	2640.0	4488.4	1833.6	103.8
安　徽	3709.3	1374.7	287.7	119.0
福　建	48901.6	20962.8	6913.1	3494.8
江　西	8932.0	8742.7	3570.7	2221.7
山　东				
河　南	8520.0	1469.7	389.0	106.5
湖　北	2955.6	295.9	320.6	-3.0
湖　南	18597.6	6040.5	3565.6	27.7
广　东	5420.3	2051.8	1394.2	87.6
广　西	26107.6	12320.3	6087.1	4495.0
海　南	5912.4	2118.7	942.1	374.2
重　庆	8624.9	2354.2	1851.2	109.2
四　川	34271.3	9791.4	2718.2	438.9
贵　州	94378.9	31860.3	15705.8	460.9
云　南	8877.1	2.9		
西　藏	367.2			
陕　西	1773.1	264.2	63.7	-40.8
甘　肃	5.0			
青　海	1781.0			
宁　夏				
新　疆	25447.7	412.5	174.5	3.5

单位：万元

事业单位会计制度财务指标			民间非营利组织会计制度财务指标		
固定资产原价	本年收入合计	本年支出合计	固定资产原价	本年收入合计	本年费用合计
1862355.5	**1193102.8**	**1151876.8**	**42590.4**	**9205.2**	**9811.9**
62282.2	60895.4	56531.1			
32641.5	19884.2	18253.1		692.0	
97877.2	43119.8	46461.6	150.0		32.0
48274.2	18275.4	17838.7	3.0		1.2
30319.9	20269.7	19464.5	1201.0	55.4	264.8
17129.6	13984.2	12843.9	2006.1	443.3	152.1
64450.7	10846.6	10222.8			
63802.8	37084.1	35059.1	148.0	120.0	
2663.7	4428.5	3496.6			
261637.1	109101.3	108624.9	6057.8	3074.1	2415.7
88525.2	104133.1	99069.9			
53321.7	43032.0	42977.4	1482.6	1199.7	665.2
46331.0	32946.0	31375.1	634.0		45.0
23047.7	18660.5	18181.6	2180.0	127.0	2091.0
120290.1	82051.0	82695.5	1186.7	552.9	802.3
49474.3	25772.1	25472.4			
111991.6	64169.7	62647.4	2413.8	600.0	1268.2
60338.2	43181.4	48091.5			
261719.9	195813.5	187104.8	3156.0	817.0	615.0
48574.7	31232.0	30935.9			
57083.1	41102.3	38212.4	13635.0	1211.2	1098.2
75597.7	58157.4	53910.7	500.0		20.0
44934.2	11500.0	13681.2			
48055.8	25818.3	20577.3			
1904.8	4086.4	692.7			
27487.4	28180.6	26799.9	2976.0	233.0	319.0
22107.0	13548.0	12915.1	526.0		9.2
1121.0	848.0	826.0			
6977.6	5119.2	2596.0	4334.4	79.6	13.0
32393.6	25862.1	24317.7			

C-3-15 公

地区	单位数	年末职工人数	#女性	受教育程度 大学专科人数	大学本科及以上人数	职业资 助理社会工作师人数
全国	**1443**	**26618**	**9340**	**5381**	**2744**	**255**
北京	34	925	338	167	274	8
天津	10	239	111	41	75	
河北	17	616	235	161	71	
山西	26	595	189	162	75	3
内蒙古	23	441	128	155	57	1
辽宁	345	2392	713	659	282	58
吉林	43	1744	210	223	85	
黑龙江	28	454	104	130	44	2
上海	50	2254	998	382	255	2
江苏	94	1079	418	312	183	38
浙江	102	1540	400	171	138	15
安徽	52	725	269	176	54	9
福建	13	254	95	47	20	1
江西	3	119	54	23	15	8
山东	55	941	301	286	158	18
河南	46	918	307	262	83	1
湖北	45	717	263	197	89	17
湖南	29	566	226	130	41	10
广东	95	2406	804	332	195	18
广西	29	681	280	167	85	3
海南	6	189	24	16	4	
重庆	37	808	394	178	57	
四川	98	1958	856	341	127	10
贵州	26	1410	623	171	64	2
云南	23	277	94	75	17	8
西藏						
陕西	49	1143	458	165	88	8
甘肃	28	519	146	62	41	5
青海	9	101	22			
宁夏	18	199	65	15	20	2
新疆	10	408	215	175	47	8

墓

单位：个、人、人次、时

格水平	年龄结构				志愿服务	
社会工作师人数	35岁及以下人数	36岁至45岁人数	46岁至55岁人数	56岁及以上人数	志愿者服务人次数	志愿服务时间
375	**6922**	**8973**	**7624**	**3099**	**14763**	**67504.0**
5	284	298	261	82	180	574.0
	67	73	60	39		
2	212	188	125	91		
1	182	201	153	59		
4	168	116	114	43		
120	658	819	681	234	39	47.0
	588	589	495	72		
1	103	207	100	44	135	200.0
	561	650	665	378		
47	305	450	224	100	56	120.0
5	228	398	501	413	50	166.0
6	181	267	197	80	192	562.0
	57	107	56	34		
15	30	25	34	30		
36	246	320	231	144	62	126.0
9	248	326	254	90	102	468.0
20	244	258	159	56	51	181.0
10	168	242	120	36	14	45.0
22	544	881	754	227	12773	61157.0
3	207	234	168	72		
	18	54	80	37		
2	193	271	245	99	69	219.0
33	454	703	629	172	10	80.0
4	261	510	468	171	235	1605.0
5	97	92	59	29	154	604.0
16	242	344	399	158	141	247.0
9	105	153	220	41	150	478.0
	7	43	31	20		
	26	68	82	23	5	
	238	86	59	25	345	625.0

C-3-15续表

地　区	穴位数	本年销售穴位数	安葬数	本年安葬数	节地生态安葬数	企业会计制度 固定资产原价	本年收入合计
全　国	**14633741**	**520007**	**10455612**	**679531**	**262760**	**748489.1**	**1111484.3**
北　京	710932	13245	651991	20687	57175	30038.7	64836.0
天　津	256308	4448	284611	5275	4322	17247.2	4940.2
河　北	326959	7867	101736	10703	212	14212.8	17503.3
山　西	141742	4465	71940	5260	311	29898.2	14801.7
内蒙古	200738	22279	154241	11409	341	9449.8	5955.8
辽　宁	690832	66057	427531	31074	880	31636.5	13964.9
吉　林	30941	1446	16385	1384		3797.4	2696.5
黑龙江	161507	18320	139238	21106		7820.2	6981.0
上　海	2208157	62872	1589399	65347	11150	181217.5	441102.8
江　苏	1332472	88587	1227823	60510	11275	37319.1	75631.7
浙　江	1304701	34604	1127251	151571	30207	25868.7	59143.3
安　徽	428655	14495	414933	31273	1548	14930.9	14490.1
福　建	79486	4308	92857	4568	877	3071.6	5825.4
江　西	626932	1744	24170	6211	309	2624.6	4601.4
山　东	309087	10168	167083	11831	3014	36443.4	16686.5
河　南	279819	5505	188667	14182	621	20926.7	9591.2
湖　北	913330	15888	592222	6287	895	23913.4	30225.1
湖　南	216404	7084	94765	11191	3896	18577.5	8136.7
广　东	1146203	22405	850085	63830	106261	57838.8	93423.5
广　西	305300	14032	194078	13745	5797	11294.1	40922.2
海　南	115343	2612	80136	5600	1220	609.3	3142.5
重　庆	671125	12544	356339	12321	4702	28707.9	31768.4
四　川	1128391	33531	816606	54614	5497	47718.2	46787.3
贵　州	340866	15799	186531	18035	4038	23527.2	38068.7
云　南	124512	7174	63308	10667	662	8817.0	6303.3
西　藏							
陕　西	373735	14834	327130	18740	6641	35366.3	30781.6
甘　肃	162813	6446	162661	8274	800	9547.2	21675.1
青　海	3240	939	967	40	106	780.0	30.0
宁　夏	35222	3856	43233	1191	3	5700.8	1244.1
新　疆	7989	2453	7695	2605		9588.1	224.0

单位：个、具、万元

财务指标		事业单位会计制度财务指标			民间非营利组织会计制度财务指标		
本年支出合计	营业利润	固定资产原价	本年收入合计	本年支出合计	固定资产原价	本年收入合计	本年费用合计
324016.9	**335690.8**	**213048.6**	**264174.5**	**232579.9**	**34149.9**	**14547.4**	**12357.4**
21693.1	26188.4	46835.9	63486.0	63167.6			
1781.2	1992.8	10442.0	21554.9	20727.6			
7111.6	-127.5	2205.4	7785.5	6064.7			
13358.7	998.5	1633.4	329.7	438.1	500.0	10.0	10.0
2317.1	951.2	1345.2	3336.5	3348.6	320.0	279.0	140.8
9576.6	145.4	3351.0	4328.4	4037.7	14696.6	2648.7	1649.5
706.9	45.0	5811.5	3006.0	2580.7			
3381.0	1046.4	13793.9	6402.8	5791.5	46.0		53.4
99860.9	187783.8						
13885.1	44467.7	14109.1	26016.9	20730.4	1231.9	4040.6	1740.7
14440.2	15050.0	8842.5	16592.8	13463.5	551.2		1080.2
5375.3	2409.0	8777.8	10816.7	9672.2	118.0	5.0	30.7
1651.8	895.3	366.8	2630.3	1428.1		2.0	
2133.0	327.9	130.0	230.0	230.0	50.0		25.0
6377.3	1551.5	11671.8	10845.6	9688.6	2115.1	1758.7	502.1
3913.5	1854.8	3455.3	4800.0	3577.9			
10481.1	7594.7	12569.5	32442.5	19746.1	78.0	32.0	26.0
3012.9	1225.2	9406.6	4500.1	4878.5			
23071.5	18361.6	26430.6	20233.2	20336.3	882.8		5779.0
12555.3	5704.8	1663.4	3055.5	2454.0			
2496.2	134.2						
12724.1	4290.7	4774.6	2193.0	1427.9	2375.0	1006.2	644.6
16664.5	4649.2	15792.1	15459.5	14848.1	403.0	639.0	216.6
16106.4	4154.7				59.0	3100.0	47.0
2432.2	1650.3	3973.5	752.8	560.0			
14396.3	1784.5	3356.1	1826.3	1760.8	2086.2	209.8	202.6
2017.6	486.7				598.0	230.5	44.0
30.0							
431.5	74.0	1365.3	1222.7	1294.2	7669.1	283.6	2.0
34.0		945.3	326.8	326.8	370.0	302.3	163.2

C－3－16 殡葬管

地 区	单位数	年末职工人数	#女性	受教育程度		职业资
				大学专科人数	大学本科及以上人数	助理社会工作师人数
全 国	**890**	**7210**	**1960**	**2412**	**1625**	**131**
北 京	7	55	23	6	36	2
天 津	9	95	30	10	65	1
河 北	7	74	21	28	7	
山 西	10	91	22	18	23	
内蒙古	39	276	56	92	52	2
辽 宁	12	78	24	33	30	7
吉 林	31	229	30	77	25	
黑龙江	11	184	54	64	19	
上 海	9	44	21	13	23	2
江 苏	45	297	113	79	96	18
浙 江	58	407	95	133	151	5
安 徽	20	65	26	21	14	1
福 建	45	363	80	121	69	15
江 西	21	147	23	50	4	5
山 东	12	127	43	57	23	1
河 南	82	1058	331	312	156	22
湖 北	24	249	59	121	33	
湖 南	47	407	72	184	98	
广 东	75	802	177	259	136	20
广 西	32	153	46	51	66	7
海 南	7	53	12	14	18	
重 庆	34	289	129	81	74	3
四 川	69	420	133	175	71	4
贵 州	31	317	79	106	96	2
云 南	57	303	78	142	114	4
西 藏						
陕 西	31	248	65	67	56	
甘 肃	12	116	40	29	28	2
青 海	3	8	6	1		1
宁 夏	16	107	30	14	23	1
新 疆	34	148	42	54	19	6

理机构

单位：个、人、人次、时

格水平	年龄结构				志愿服务	
社会工作师人数	35岁及以下人数	36岁至45岁人数	46岁至55岁人数	56岁及以上人数	志愿者服务人次数	志愿服务时间
129	**2088**	**3154**	**1619**	**349**	**905**	**2650.5**
4	21	18	12	4	73	238.0
3	23	36	24	12		
	37	21	14	2		
	19	34	31	7	7	32.0
8	69	112	79	16	55	130.0
8	9	36	26	7		
	30	140	45	14		
	48	88	39	9		
7	5	26	10	3		
12	75	141	64	17		
12	111	173	94	29	106	190.0
1	11	28	20	6	12	48.0
16	87	177	75	24	3	3.0
	46	72	24	5	5	13.0
2	34	48	40	5	15	30.0
7	406	438	178	36	50	81.0
1	80	92	71	6	95	200.0
2	138	192	69	8	12	30.0
17	222	308	226	46	74	505.5
2	48	65	32	8	8	
	14	20	12	7		
	79	139	61	10	163	380.0
2	120	171	117	12	5	9.0
5	110	151	51	5	111	314.0
11	81	167	46	9	10	20.0
2	76	98	63	11	27	114.0
	43	50	16	7	71	313.0
2	2	2	1	3		
2	13	55	30	9		
3	31	56	49	12	3	

C−3−16续表

地区	企业会计制度财务指标			
	固定资产原价	营业收入	费用合计	营业利润
全国	**26260.1**	**6781.5**	**3619.0**	**1041.9**
北京				
天津				
河北				
山西	629.0	53.0	41.0	18.0
内蒙古	1597.1	80.1	68.4	30.0
辽宁				
吉林				
黑龙江	6196.3	1394.6	764.7	340.5
上海				
江苏	1985.0			
浙江	84.3	1194.7	312.5	366.1
安徽				
福建	6.4	42.0	48.5	32.8
江西				
山东				
河南				
湖北	23.0			
湖南	1021.8	606.3	654.0	
广东	26.0	83.0	76.0	
广西				
海南	5.0			
重庆	908.0	1585.7	896.4	6.0
四川	9012.7	677.9	458.6	20.4
贵州	2650.0	700.0	125.0	200.0
云南	88.2	15.0	5.0	1.0
西藏				
陕西				
甘肃	361.0	30.0	21.0	7.0
青海				
宁夏	54.3	158.7	51.5	21.0
新疆	1612.0	160.5	96.4	-0.9

单位：万元

事业单位会计制度财务指标			民间非营利组织会计制度财务指标		
固定资产原价	本年收入合计	本年支出合计	固定资产原价	本年收入合计	本年费用合计
127869.3	**146122.3**	**143389.5**	**18512.7**	**4827.6**	**5555.4**
19212.2	9560.6	7209.6			
3656.9	14202.0	14384.7	128.1	442.6	
1054.2	996.1	973.1			
1539.7	866.0	859.0	3.0		1.5
2637.7	2456.5	2541.0			
68.1	499.0	500.9			
3819.7	1676.9	1646.2			
2350.7	924.1	1510.2	3.0		
815.1	6823.5	5881.1		26.3	49.4
4244.2	9695.9	9709.2	414.0	1318.6	1030.3
991.1	12212.0	11930.2	140.5	614.0	631.0
5046.1	952.3	1207.8			6.4
2014.8	4120.7	4619.8			
1634.6	638.0	627.9			
3191.5	2097.2	2199.1	68.6	274.4	345.6
2966.8	5376.0	5506.4			
6754.4	2501.1	2447.5	29.0	2.5	2.5
8083.7	4850.9	3576.5			
13946.2	23806.4	23937.5			
2964.1	3749.5	3831.8			
7934.9	5271.4	5311.0	10.0	7.0	48.4
3570.6	4558.6	4434.2	901.9	1164.3	1128.3
6790.5	9010.4	9459.0	10000.0	65.6	900.0
3085.8	1477.5	1504.0	100.0	3.0	4.0
3994.8	2774.4	2573.1			
8563.9	4132.7	3973.7	2721.0	248.0	359.0
351.6	2314.1	2315.3	5.0	3.0	8.9
17.1	19.4	19.4	6.0	3.0	0.5
1934.9	690.1	782.1	3676.0	616.0	983.0
4633.4	7869.0	7918.2	306.6	39.3	56.6

C-3-17 殡仪

地 区	单位数	年末职工人数	#女性	受教育程度		职业资格水平	
				大学专科人数	大学本科及以上人数	助理社会工作师人数	社会工作师人数
全 国	**50**	**357**	**99**	**61**	**41**	**11**	**2**
北 京	1	15	6	1	14	1	
天 津	1	3		2	1		
河 北	2	14	1	6	2		
山 西	3	17	2	3	2		1
内蒙古							
辽 宁							
吉 林	7	28					
黑龙江							
上 海	5	5					
江 苏							
浙 江	6	93	24	9	8	5	
安 徽	1	21	7	2	2		
福 建	2	10	1	2			
江 西							
山 东	10	65	24	23	11	4	1
河 南							
湖 北							
湖 南							
广 东							
广 西							
海 南							
重 庆	1	39	20	10	1	1	
四 川							
贵 州							
云 南							
西 藏							
陕 西							
甘 肃	1	17	11	1			
青 海							
宁 夏	1	17					
新 疆	9	13	3	2			

服务站

单位：个、人、人次、时

年龄结构				志愿服务	
35岁及以下人数	36岁至45岁人数	46岁至55岁人数	56岁及以上人数	志愿者服务人次数	志愿服务时间
71	**147**	**113**	**26**	**150**	**340.0**
5	1	7	2		
1	1	1			
1	10	1	2		
	9	7	1		
	28				
5					
22	37	27	7		
7	8	6			
1	2	5	2		
7	27	28	3		
15	3	21			
2	13		2	150	340.0
3	8	4	2		
2		6	5		

C-3-17续表

地　区	企业会计制度财务指标			
	固定资产原价	营业收入	费用合计	营业利润
全　国	**4586.7**	**1179.0**	**580.2**	**239.1**
北　京	2764.8			
天　津				
河　北	24.0			
山　西				
内蒙古				
辽　宁				
吉　林	60.0			
黑龙江				
上　海				
江　苏				
浙　江		741.2	300.7	292.6
安　徽	205.4			
福　建				
江　西				
山　东	49.8	169.9	128.3	-5.4
河　南				
湖　北				
湖　南				
广　东				
广　西				
海　南				
重　庆	47.7	139.5	151.2	-48.1
四　川				
贵　州				
云　南				
西　藏				
陕　西				
甘　肃	69.6	128.4		
青　海				
宁　夏	450.0			
新　疆	915.4			

单位：万元

事业单位会计制度财务指标			民间非营利组织会计制度财务指标		
固定资产原价	本年收入合计	本年支出合计	固定资产原价	本年收入合计	本年费用合计
424.6	**2369.6**	**2273.2**	**301.5**	**46.9**	**92.6**
	31.0	31.0			
	566.0	566.0			
			300.5		0.6
10.0					
				10.0	10.0
	1102.6	1102.6			28.2
295.5	467.6	467.1			
119.1	202.4	106.5	1.0	36.9	53.8

C-4-1 其他事

地 区	单位数	年末职工人数	#女性	受教育程度		职业资
				大学专科人数	大学本科及以上人数	助理社会工作师人数
全 国	**1541**	**18133**	**8298**	**4236**	**8652**	**448**
中央级	17	1075	566	76	915	19
北 京	61	814	394	66	661	13
天 津	20	188	87	40	139	4
河 北	25	222	97	64	66	
山 西	50	484	254	95	220	17
内蒙古	21	212	87	53	119	2
辽 宁	50	4587	1829	1018	1888	109
吉 林	5	82	26	2	8	
黑龙江	19	194	95	76	89	3
上 海	41	485	300	90	362	21
江 苏	61	446	221	113	236	20
浙 江	134	682	335	129	407	17
安 徽	21	124	48	37	36	3
福 建	48	276	126	48	166	7
江 西	321	1194	415	238	166	12
山 东	47	671	294	188	356	26
河 南	102	1181	553	349	493	40
湖 北	60	607	301	169	240	9
湖 南	90	975	519	307	380	34
广 东	29	429	227	89	320	9
广 西	39	652	326	224	229	13
海 南	6	58	23	27	24	6
重 庆	22	129	52	40	72	9
四 川	129	1094	552	309	570	26
贵 州	35	412	166	146	145	9
云 南	24	210	85	71	95	13
西 藏						
陕 西	28	305	164	71	95	5
甘 肃	15	169	48	56	50	2
青 海	5	27	14	3	17	
宁 夏	2	11	1	3	1	
新 疆	14	138	93	39	87	

业单位

单位：个、人、人次、时

格水平	年龄结构				志愿服务	
社会工作师人数	35岁及以下人数	36岁至45岁人数	46岁至55岁人数	56岁及以上人数	志愿者服务人次数	志愿服务时间
711	**5619**	**6786**	**4567**	**1161**	**5897**	**12449.5**
49	356	405	223	91		
29	236	281	243	54	133	438.0
13	41	81	48	18		
3	75	76	67	4		
24	125	165	141	53	50	300.0
7	76	52	71	13		
116	1156	1842	1258	331	93	510.0
	37	19	16	10		
1	77	77	38	2		
54	151	197	108	29		
43	146	184	100	16	40	134.0
60	217	272	149	44	4063	7349.0
6	22	39	59	4	8	32.0
24	97	102	70	7	155	542.5
14	380	592	190	32	278	415.0
50	225	238	146	62	355	955.0
44	389	419	293	80	32	80.0
16	188	221	157	41	127	201.0
18	357	354	227	37	72	187.0
23	134	166	110	19	18	100.0
33	251	154	194	53		
1	23	15	18	2		
5	40	42	42	5	79	188.0
55	433	357	242	62	243	507.0
4	82	158	136	36	40	80.0
8	104	70	29	7		
1	104	101	87	13	90	306.0
5	46	50	49	24	21	125.0
	12	7	6	2		
	1	1	2	7		
5	38	49	48	3		

C−4−1续表

地　区	事业单位会计制度财务指标			
	固定资产原价	本年收入合计	本年支出合计	营业利润
全　国	**36587.9**	**25696.6**	**14594.1**	**-253.1**
中央级	33372.5	19066.9	12364.8	-1013.9
北　京	173.3	2062.6	428.2	-290.2
天　津				
河　北				
山　西				
内蒙古				
辽　宁				
吉　林				
黑龙江				
上　海	88.2	3176.2	1078.4	1099.2
江　苏				
浙　江	73.4			
安　徽				
福　建				
江　西				
山　东				
河　南				
湖　北				
湖　南				
广　东				
广　西				
海　南				
重　庆				
四　川	2880.5	1390.9	722.7	-48.2
贵　州				
云　南				
西　藏				
陕　西				
甘　肃				
青　海				
宁　夏				
新　疆				

单位：万元

民间非营利组织会计制度财务指标		
固定资产原价	本年收入合计	本年费用合计
728644.2	**707039.0**	**659555.7**
111592.5	83277.8	78259.9
69540.7	175347.6	142571.7
3059.7	5063.0	5208.2
5223.1	3127.5	3116.9
7522.4	8124.6	8663.1
2402.7	3431.6	3569.6
132605.2	103288.7	95890.1
40.8	161.5	145.6
10190.1	5025.8	6334.1
39295.8	45430.0	44395.8
10503.0	23147.5	23266.4
16242.5	36931.4	37404.6
963.7	1161.4	1177.7
5394.4	24428.9	18780.9
6857.4	11372.5	12144.8
7011.3	7985.6	9785.6
10346.9	14980.5	17472.4
24127.7	15702.0	15433.2
19365.3	24328.4	24613.1
48289.5	36981.5	31342.3
31422.1	14105.3	15087.9
912.6	5192.9	5132.8
1644.1	4218.2	4168.3
93676.1	29872.6	29604.5
10837.2	10127.8	10460.3
294.2	1514.8	1333.4
40730.4	4523.5	4411.3
12857.7	2424.6	2900.9
396.0	779.9	1295.0
333.7	74.0	66.0
4965.4	4907.6	5519.3

第六部分

主要指标解释

主要指标解释

行政区划

镇 指报告期末不设区的市、市辖区、县（自治县、旗、自治旗、特区、林区）在辖区内实际设有的镇人民政府个数（必须是经省级人民政府批准而设置的）。

乡 指报告期末不设区的市、市辖区、县（自治县、旗、自治旗、特区、林区）在辖区内实际设有的乡人民政府个数（必须是经省级人民政府批准而设置的）。

民族乡 在少数民族聚居地区建立的乡级行政区划。

苏木（民族苏木） 内蒙古自治区的乡级行政区划。

街道 街道办事处的简称，是市辖区人民政府或功能区管委会（例:经济技术开发区管委会）的派出机关，受市辖区人民政府或功能区管委会领导，行使区人民政府或功能区管委会赋予的职权，相当于乡级行政区。

行政机关

行政机关 指县以上各级民政部门行政机关。

乡、镇、街道民政助理员 是在乡、镇、街道负责民政具体业务的工作人员，是我国最基层的民政工作者，他们主要负责与保障人民群众基本生活权益和民主政治权益相关的特困人员救助供养、最低生活保障、扶贫帮困、社区建设、婚丧嫁娶，以及老年人、残疾人、困境儿童权益保障等各项工作。

基本建设

在建项目规模 指本年度在建的新建、改建、扩建项目的建筑面积之和，包括以前年度开工未完工和本年度新开工的项目，不包括单纯设备购置、更新项目以及因购置设备安装而进行的局部管线、基础、空间改造项目。扩建项目统计扩建后项目总建筑面积。“其中：使用彩票公益金建设规模”包括彩票公益金全额投资以及部分资助的所有在建项目的建筑面积总和。

在建项目总投资 指本年度所有在建项目的总投资之和。

开工累计完成投资 指截至本年度末，所有开工项目自开工以来各年度已支付资金的总和。

本年计划投资 指本年度各项目建设单位申请并落实到位的各种来源资金总和。

本年实际完成投资 指本年度实际支出项目建设资金的总和。截至年底未完成计划工程内容时，该数字可小于本年投资计划；有往年结余资金在本年度使用时，该数字可大于本年投资计划。

本年完工项目规模 指本年度完成正式竣工验收的项目建筑面积。项目统计口径与在建项目保持一致。

民政事业费预算

上年结转预算指标 指各级财政部门根据民政经费跨年使用的原则，由民政部门继续使用的上年结转预算指标。

本级财政安排预算指标 指各级财政安排的除上级下达的指标外的预算指标。

本年上级下达预算指标 指由上级民政部门下达的预算指标，此数字应与上级民政部门下达的指标文件核对一致。

本年下达所属地方预算指标 指省、地（市）级民政部门下达所属地方民政预算指标。此数字应与下级民政部门收到的上级下达预算指标核对一致。

本年预算指标=上年结转预算指标+本级财政安排预算指标+本年上级下达预算指标−本年下达所属地方预算指标。预算安排主要是财政拨款，民政部门财政拨款包括一般公共预算财政拨款和政府性基金预算财政拨款（彩票公益金）。

民政事业费支出

社会福利 反映社会福利事务支出，包括：

（1）儿童福利：指各级列入政府收支分类科目中2081001项指标，反映对儿童提供福利服务方面的支出。

（2）老年福利：指各级列入政府收支分类科目中2081002项指标，反映对老年人提供福利服务方面的支出。

（3）残疾人福利：指各级列入政府收支分类科目中2081003康复辅具与2081107残疾人生活和护理补贴项指标的合计，反映对残疾人提供福利服务方面的支出。

（4）殡葬：指各级列入政府收支分类科目中2081004项指标，反映殡葬管理和殡葬服务方面的支出，包括民政部门直属的殡仪馆、公墓、殡葬管理服务机构的支出。

（5）社会福利事业单位：指各级列入政府收支分类科目中2081005项指标，反映民政部门举办的社会福利事业单位支出，以及对集体办社会福利单位的补助费。

（6）其他社会福利支出：不在上述范围的用于社会福利的支出。含直接发放给未从单位领取过丧葬费（补贴）的城乡居民的丧葬补助。

社会救助 包括最低生活保障、临时救助、特困人员救助供养，其他生活救助。

（1）最低生活保障：指各级列入政府收支分类科目中20819款指标，反映城乡最低生活保障对象的最低生活保障金支出。

城市低保：指各级列入政府收支分类科目中2081901项指标，反映城市最低生活保障对象的最低生活保障金支出。

农村低保：指各级列入政府收支分类科目中2081902项指标，反映农村最低生活保障对象的最低生活保障金支出。

（2）临时救助：指各级列入政府收支分类科目中20820款指标，反映城乡生活困难居民的临时救助等支出，包括临时救助和流浪乞讨人员救助。

临时救助：指各级列入政府收支分类科目中2082001项指标，反映用于城乡生活困难居民的临时救助支出。

流浪乞讨人员救助：指各级列入政府收支分类科目中2082002项指标，反映用于生活无着的流浪乞讨人员的救助支出。

（3）特困人员救助供养：指各级列入政府收支分类科目中20821款指标，反映特困人员救助供养支出。

城市特困人员救助供养：指各级列入政府收支分类科目中2082101项指标，反映城市特困人员救助供养支出。

农村特困人员救助供养：指各级列入政府收支分类科目中2082102项指标，反映农村特困人员救助供养支出。

（4）其他生活救助：指各级列入政府收支分类科目中20825款指标，反映除最低生活保障、临时救助、特困人员供养外，用于城乡生活困难居民生活救助的其他支出。

其他城市生活救助（含传统救济）：指各级列入政府收支分类科目中2082501项指标，反映除最低生活保障、临时救助、特困人员供养外，用于城市生活困难居民生活救助的其他支出。

其他农村生活救助（含传统救济）：指各级列入政府收支分类科目中2082502项指标，反映除最低生活保障、临时救助、特困人员供养、自然灾害生活救助外，用于农村生活困难居民生活救助的其他支出。

民政管理事务　指各级列入政府收支分类科目中20802款指标，反映民政管理事务支出。

（1）行政运行：指各级列入政府收支分类科目中2080201项，反映行政单位（包括实行公务员管理的事业单位）的基本支出。

（2）一般行政管理事务：指各级列入政府收支分类科目中2080202项，反映行政单位（包括实行公务员管理的事业单位）未单独设置项级科目的其他项目支出。

（3）机关服务：指各级列入政府收支分类科目中2080203项，反映为行政单位（包括实行公务员管理的事业单位）提供后勤服务的各类后勤服务中心、医务室等附属事业单位的支出。其他事业单位的支出，凡单独设立了项级科目的，在单独设置的项级科目反映。未设项级科目的，在“其他”项级科目中反映。

（4）社会组织管理：指各级列入政府收支分类科目中2080206项，反映民间组织管理方面的支出。

（5）行政区划和地名管理：指各级列入政府收支分类科目中2080207项，反映行政区划界线勘定、维护，以及行政区划和地名管理支出。

（6）基层政权建设和社区治理：指各级列入政府收支分类科目中2080208项，反映开展村民自治、村务公开等基层政权和社区建设工作的支出。

（7）其他民政管理事务支出：指各级列入政府收支分类科目中2080299项，反映民政部门接待来访、法制建设、政策宣传方面的支出，以及开展社会救助、社会福利、婚姻登记、社会事务、信息化建设等专项事务的支出。

行政事业单位离退休　指各级列入政府收支分类科目中20805款指标，反映用于行政事业单位养老方面的支出。

其他　指财政从预算内经费中安排的其他用于民政事业的经费支出。

民政事业费收支

上年结转及结余　指各级民政部门以前年度尚未使用完毕、需结转至本年按有关规定继续使用的各类资金。

本年收入合计　本年度取得的全部收入。

本年实际支出　本年度全部支出。

收支结余　全部收入减去支出后的余额。

年末结转及结余　需要结转下年继续使用的各类资金。

财政拨款收入　本年度从本级财政部门取得的财政拨款，包括一般公共预算财政拨款和政府性基金预算财政拨款。

上级补助收入　事业单位从主管部门和上级单位取得的非财政补助收入。

事业收入　事业单位开展专业业务活动及其辅助活动取得的收入（事业单位收到的财政专户实际核拨的教育收费等资金在此反映）。

经营收入　事业单位在专业业务活动及其辅助活动之外开展非独立核算经营活动取得的收入。

附属单位上缴收入　单位附属的独立核算单位按照有关规定上缴的收入。

其他收入　单位取得的上述收入以外的各项收入，包括未纳入财政预算或财政专户管理的投资收益、银行存款利息收入、租金收入、捐赠收入、现金盘盈收入、存货盘盈收入、收回已经核销应收及预付款项，以及行政单位收到的财政专户管理资金等，也包括从本级财政部门以外的同级单位取得的经费，从非本级财政部门取得的经费。

基本支出　单位为保障机构正常运转、完成日常工作任务而发生的各项支出。

项目支出　单位为完成特定的行政工作任务或事业发展目标，在基本支出之外发生的各项支出。

上缴上级支出　事业单位按照财政部门和主管部门的规定上缴上级单位的支出。

经营支出　事业单位在专业业务活动及其辅助活动之外开展非独立核算经营活动发生的支出。

对附属单位补助支出　事业单位用财政补助收入之外的收入对附属单位补助发生的支出。

殡葬收费 指各级列入政府收支分类科目中103044908款指标，民政部门收取的殡葬收费收入。

社会工作

社会工作包括提供住宿的社会工作和不提供住宿的社会工作。

提供住宿的民政服务机构包括：养老机构、精神疾病服务机构、儿童福利和救助保护机构以及其他提供住宿机构。

床位数 指单位报告期末床位的实际收留抚养能力。对于炕、通铺，以正常可容纳人员数量折算床位数。

民政服务床位 包括养老床位、智障和精神疾病服务床位、儿童服务床位及其他社会服务床位。

（1）养老床位：包括养老机构床位和社区养老服务床位。

养老机构床位：包括社会福利院床位、农村特困人员供养机构床位、光荣院床位和老年公寓等其他养老机构床位。

社区养老服务床位：包括未登记的农村特困人员救助供养机构床位、社区养老照料机构和设施床位、社区互助型养老设施床位。

（2）智障和精神疾病床位数：指社会福利医院床位数。

（3）儿童服务床位数：包括儿童福利机构和未成年人流浪乞讨救助保护中心床位数。

（4）其他社会服务床位数：包括流浪乞讨人员救助管理站、安置农场、其他提供住宿机构的相关床位数。

年在院总人天数 指提供住宿单位报告期内，收留抚养人员住院的总人天数。公式：本年在院总人天数=Σ（每名收留抚养人员的在院天数）。

年末在院（收留抚养）人数 指提供住宿单位在报告期末实际收留抚养的人员总数，包括特困人员、自费人员和其他人员。

（1）特困人员：是指因无法定赡养（抚养、扶养）义务人、无劳动能力和无生活来源而纳入特困救助供养政策保障的居民。

（2）自费人员：自行承担相关费用的人员。

（3）其他人员：除以上两类以外均统计为其他人员。

年龄段的划分 老人是指60周岁及以上的人员；青壮年是指18周岁以上至59周岁以内的人员；未成年人是指17周岁（含17周岁）以下的人员。下同。

自理能力划分 参照《老年人能力评估标准》（MZ/T 001-2013）对在院人员自理能力进行划分，分为三类：

（1）能力完好，即自理；

（2）轻度受损和中度受损，即介助（半自理、半失能）；

（3）重度受损，即介护（不能自理、失能）。

康复和医疗门诊人次数 设有医疗服务窗口（部门）的民政服务机构提供的康复和医疗门诊服务人次数。

家庭寄养儿童数量 应进入福利机构供养，但因当地未建福利机构或现有福利机构床位有限而散居社会、寄养在家庭中的、由民政部门负担生活费用的儿童数量。

职工人数 单位年末实有职工人数，按性质分为：（1）机构管理人员；（2）专业技术技能人员。

（1）机构管理人员：指机构内承担领导职责和管理任务的工作人员，包括从事党政、行政、业务、财务、后勤和安全保卫等管理工作的人员。如：党委书记、院长、部门主任等。

（2）专业技术技能人员：指除具有管理职责工作人员以外的，直接为老年人、儿童、残疾人等贫困弱势群体提供服务的人员，不包括从事管理工作的技术技能人员。

取得医疗机构执业许可证书的机构 颁发给达到《医疗机构管理条例》相应条件的机构的执业证书。按照《医疗机构管理条例》，医疗机构执业许可证由卫生管理部门审发，并赋予登记证号，登记证号为22位的字母与数字组合。

取得医疗保险定点医疗机构资格的机构 定点医疗机构是通过劳动保障行政部门资格审定，并经医疗保险经办机构确定，为参保人员提供医疗服务的医疗机构。

养老机构

养老机构包括社会福利院、农村特困人员供养机构、光荣院和养老公寓等各类养老机构。

社会福利院 不以营利为目的提供食宿的，主要收养城市中无亲属子女赡养、无生活来源、无劳动能力的孤老、孤儿和残疾人为对象的综合性社会福利事业单位。

特困人员供养机构 为农村特困老年人等提供24小时集中居住和收留抚养照料服务的办理了注册登记、拥有统一社会信用代码的机构。例如，已经登记注册的**农村敬老院、**五保之家、**托老所、**镇养老服务中心、**镇养老福利服务中心等。

养老公寓等各类养老机构 是指除了社会福利院、农村特困人员供养机构、光荣院以外，在编办、民政或者市场监管部门办理了登记注册手续，为老年人提供24小时集中居住和照料服务的机构，例如**养老中心、**养老公寓、**颐养院等。

精神疾病服务机构

精神疾病服务机构指社会福利医院。

社会福利医院 提供食宿的、不以营利为目的、主要收治无亲属子女赡养、无劳动能力、无生活来源的困难人群和低保对象中的智障和精神病人等的具有医疗机构资质的专门福利机构。

儿童福利和救助保护机构

儿童福利和救助保护机构包括儿童福利机构和未成年人救助保护中心。

儿童福利机构 包括儿童福利院和SOS儿童村。

（1）**儿童福利院：**民政部门设立的，主要为依法由民政部门担任监护人的未成年人提供收留抚养等服务的机构。

（2）**SOS儿童村：**国际性的民间慈善机构，其运行经费主要来源是世界各国友好人士的爱心捐款，办村模式为以家庭方式抚养教育孤儿，并用“SOS”这个国际上通用的求救信号，呼吁全社会都来关心和帮助那些失去父母的孩子。

未成年人救助保护中心 对生活无着流浪乞讨未成年人实施救助，提供基本生活照料和教育、心理疏导、行为矫治等服务的专门机构。

其他提供住宿机构

其他提供住宿机构包括流浪乞讨人员救助管理站、安置农场、其他提供住宿机构。

流浪乞讨人员救助管理站 救助生活无着流浪乞讨人员的专门单位。

流浪乞讨人员 是指离家在外、自身无力解决食宿、无亲友投靠处于流浪或者乞讨状态的人员。

在站救助人次数 进入救助站接受救助的总人次数。每一位流浪乞讨人员从进入救助管理机构接受救助到结束救助计1人次，统计时正在救助站内接受救助的每一位流浪乞讨人员计为1人次。

（1）**从其他站转入：**是指在其他站已经得到了救助，但在必要的情况下，通过其他站与本站协商安排，转入本站继续救助的情况。

（2）**肢体残疾人：**是指在生理、人体结构上，某种组织、功能丧失或者不正常，全部或者部分丧失以正常方式从事某种活动能力的人。肢体残疾人包括视力残疾、听力残疾、语言残疾、四肢残疾的人。

（3）**智障及精神疾病病人：**指智力残疾、精神残疾的人，包括处于发作期的精神病人。

（4）**救治的危重病人：**指救助管理机构无偿为站内或者流落街头无人照料且生活无着的、正处于危重状态的急症病人提供的基本医疗救治服务。

（5）**自主返乡：**是指具有完全行为能力的公民，在身体、精神状况等因素允许的情况下，基于自己的意愿，自行返乡的情形。

（6）**跨省接送：**是指对于受助人员中无自主返乡能力的残疾人、未成年人和其他行动不便者等跨省流动的特殊困难救助对象，由流出地救助管理机构将其接领返乡或流入地救助管理机构将其护送返乡的情形。

（7）**家暴庇护：**因家暴自愿到救助站申请庇护救助服务或者由职能部门护送家暴受害人到站接受庇护救助服务的情形。

（8）年末在站人数：报告期末，仍在救助站内接受救助的人数。

（9）本年在站人天数：所有受助人员在站天数的总和。

（10）在站滞留三个月以上人数：暂时查找不到监护人（家庭信息、住所地）滞留在救助管理站三个月以上的受助人员，包括救助站委托社会力量照料的受助人员。

（11）本年站外救助人次数：本年在救助站外救助的流浪乞讨人员总人次数。

安置农场　指由民政部门管理、独立核算、企业化管理的农场。

其他提供住宿机构　指上述机构之外的提供住宿的其他民政服务机构。

不提供住宿的社会工作

不提供住宿的社会工作包括社区服务机构和设施、老年人福利和残疾人福利、儿童福利和儿童收养、民政部门直属康复辅具机构、社会救助服务机构、社会救助以及福利彩票发行机构。

社区服务机构和设施

社区服务机构和设施　是面向全体城乡居民提供社区服务的机构和设施。原则上，城乡社区服务机构应能提供以公共服务为主体的综合性服务，城乡社区服务设施面积应能满足社区组织办公和社区综合服务所需，并配置多功能社区居民活动场所。在此基础上可根据社区居民的实际需求，重点强化若干类服务功能。社区服务机构和设施包括：

（1）社区服务指导中心：是指建立在县区层面以上的，对社区服务中心和服务站具有指导功能的社区服务类机构。

（2）社区服务中心：是指建设在乡、镇、街道层面，以“一站式”服务为特点的社区服务中心。街道办事处及社区组织依托社区服务中心，组织开展就业服务和职业培训、社区救助、社区治安、社区卫生和计划生育、社区环境和文化、教育、体育等公共服务。

（3）社区服务站：是指在社区层面，建设功能为社区居家养老服务，重点发展面向老年人及其家庭的商品递送、医疗保健、家庭保洁、日间照料、陪伴等服务的设施和综合性、多功能的社区服务站。

（4）未登记的特困人员供养机构：是指没有在编办或者民政部门登记，为农村特困供养老年人等提供24小时集中居住和收留抚养照料服务的设施。例如，没有登记注册的**农村敬老院、**五保之家、**托老所、**镇养老服务中心、**镇养老福利服务中心等。

（5）社区养老照料机构和设施：是指在社区建立的、为社区老年人提供日间或留宿照料服务的小型养老机构或者设施。例如:**社区老年中心、**星光老年之家、**老年社区日间照料中心。

（6）社区互助型养老设施：是指依托村（居）委会办的微型的五保村、五保家园、幸福院等互助型养老设施，没有专职服务人员、不是注册登记的独立机构，以相互帮助为主，提供少量床位，可以住宿、不以营利为目的为老年人、残疾人、烈军属等社区居民提供互助养老服务的设施。

（7）其他社区服务机构和设施：是指独立于社区服务中心、社区服务站以外的为居民提供各种（除养老以外的）专业社区服务的机构和设施。如：社区儿童服务站、社区残疾人康复站、问题人群庇护站等。

（8）社会捐赠接收站点：指至报告期末，在大中城市、有条件的小城市设立的具备集中、清理、消毒、运输捐赠物品功能的机构数量和设立在街道（乡、镇）、居（村）委会中的社会捐助点数量。

（9）慈善超市：截至报告期末，以经常性社会捐助站（点）为依托，以解决困难群众生活困难为主的，以有针对性的募集和发放为主要形式，借鉴商业超市管理模式，救助对象按需领取捐助物资的社会捐助机构数。

（10）城市社区综合服务设施覆盖率：城市建设的社区指导中心、社区服务中心、社区服务站的个数之和除以当年期末居委会数乘以100%。计算公式如下：

$$\text{城市社区综合服务设施覆盖率}=\frac{\text{城市社区指导中心+城市社区服务中心+城市社区服务站}}{\text{当年期末居委会数}}\times 100\%$$

（11）农村社区综合服务设施覆盖率：是指农村社区指导中心、农村社区服务中心、农村社区服务站、未登记注册的农村特困供养机构、农村社区照料机构和设施、农村社区互助型养老设施、农村其他社区服务机构和设施数量之和除以当年期末村委会数乘以100%。计算公式如下：

$$\text{农村社区综合服务设施覆盖率}=\frac{\begin{array}{c}\text{农村社区指导中心+ 农村社区服务中心 + 农村社区服务站+农村社区养老照料机构和设施}\\ \text{+未登记注册的农村特困供养机构+农村社区互助型养老设施+ 农村其他社区服务机构和设施}\end{array}}{\text{当年期末村委会数}}\times 100\%$$

老年人福利和残疾人福利

享受高龄补贴的老年人数　指报告期末各地领取了高龄补贴的老年人数。

享受护理补贴的老年人数　指报告期末，生活长期不能自理、经济困难的老年人，根据其失能程度等情况享受政府给予的现金、代金券、物资等护理补贴的人数。

享受养老服务补贴的老年人数　指报告期末，经济困难的老年人，在生活照料、紧急救援、医疗护理、精神慰藉、心理咨询等养老服务方面享受政府给予的现金、代金券、物资等补贴人数。

享受综合补贴的老年人数　如果本省设立了老年人综合补贴，没有单独设立护理补贴和养老服务补贴，则护理补贴和养老服务补贴指标必须为空，将享受补贴的人数填在享受综合补贴的老年人指标中。

残疾人　是指在心理、生理、人体结构上，某种组织、功能丧失或者不正常，全部或者部分丧失以正常方式从事某种活动能力的人。残疾人包括视力残疾、听力残疾、言语残疾、肢体残疾、智力残疾、精神残疾、多重残疾和其他残疾的人。六类残疾人证的评定标准按照中国残疾人联合会文件〔1995〕残联组联字第61号《关于统一制发中华人民共和国残疾人证的通知》规定。

困难残疾人生活补贴 补助残疾人因残疾产生的额外生活支出，对象主要是低保家庭中的残疾人，有条件的地方可逐步扩大到低收入残疾人及其他困难残疾人。

重度残疾人护理补贴 补助残疾人因残疾产生的额外长期照护支出，对象为残疾等级被评定为一级、二级且需要长期照护的重度残疾人，有条件的地方可扩大到非重度智力、精神残疾人或其他残疾人，逐步推动形成面向所有需要长期照护残疾人的护理补贴制度。

儿童福利和儿童收养

孤儿 是指失去父母或查找不到生父母的未满18周岁、由地方县级以上民政部门依据有关规定和条件认定的、并已经领取了孤儿基本生活费的未成年人。

集中养育孤儿 社会福利机构抚养或寄养的孤儿。

社会散居孤儿 在社会上分散供养的，由其法定监护人承担抚养义务、履行监护职责的孤儿。

儿童收养登记 指中国公民以及外国人在中国境内收养子女和协议解除收养关系，在县级及以上民政部门办理的收养登记和解除收养关系登记。县级及以上民政部门办理儿童收养登记或解除收养关系登记一次为一件。

成立收养关系登记 指中国公民以及外国人在中国境内收养子女，在县级及以上民政部门办理的收养登记。

（1）中国公民收养登记：指中国居民作为收养人办理成立收养关系的收养登记。其中：

①香港居民收养登记：指收养人是居住在香港特别行政区的中国公民。夫妻共同收养有一方是香港居民的，按香港居民办理收养统计。

②澳门居民收养登记：指收养人是居住在澳门的中国公民。夫妻共同收养有一方是澳门居民的，按澳门居民办理收养统计。

③台湾居民收养登记：指收养人是居住在台湾的中国公民。夫妻共同收养有一方是台湾居民的，按台湾居民办理收养统计。

④华侨收养登记：指收养人是侨居国外的中国公民（含留学生）。夫妻共同收养有一方是华侨的，按华侨办理收养统计。

（2）外国人收养登记：指收养人是具有外国国籍（包括无国籍人）的人员。夫妻共同收养有一方是外国人的，按外国人办理收养统计。

被收养儿童合计 指通过收养登记被家庭收养儿童人数的总和。分为以下八类：

（1）社会福利机构抚养的孤儿：指在社会福利机构抚养的父母死亡的儿童。

（2）社会福利机构抚养的弃儿：指在社会福利机构抚养的查找不到生父母的儿童。

（3）继子女收养：是指因被收养人的生父或生母再婚，继父或继母与被收养人确立收养关系的收养登记。

（4）三代以内同辈旁系血亲的子女：指被收养法中规定的三代以内同辈旁系血亲关系收养的儿童人数。统计此指标的目的是为了掌握收养三代以内同辈旁系血亲子女数量。

（5）非社会福利机构抚养的孤儿：指未在社会福利机构抚养的孤儿。此类必须是孤儿父母死亡或查找不到生父母，一般由其近亲属担任监护人，未在社会福利机构抚养。

（6）非社会福利机构抚养的弃儿：指非社会福利机构抚养的弃儿。

（7）生父母有特殊困难无力抚养的子女：指生身父母有特殊困难无力抚养自己的子女而作为送养人的儿童。

（8）生父母均不具备完全民事行为能力且具有严重危害可能的子女：指生身父母不具备完全民事行为能力且对子女具有严重危害可能而被收养的子女。

协议解除收养关系登记　指具有收养关系的当事人通过协商解除收养关系的必经程序。办理协议解除收养关系的登记机关是县级及以上民政部门。

民政部门直属康复辅具机构

民政部门直属康复辅具机构　指民政部门直属的专门为残疾人生产、装配、修理、销售康复辅具的单位。

社会救助服务机构

社会救助服务机构　承担低收入家庭经济状况信息数据库的建立和维护、经济状况信息查询与核对、宣传交流等相关具体工作的机构，以及民政直属的低保审批经办机构，不包括各级民政部门内设的社会救助处、科、办等内设部门。

社会救助

城市（农村）最低生活保障　最低生活保障是指国家对家庭人均收入低于当地政府公告的最低生活标准的人口给予一定现金资助，以保证该家庭成员基本生活所需的社会保障制度。城市（农村）最低生活保障人数指在报告期末纳入城市（农村）最低生活保障的居民数。

城市低保对象中的成年人按照就业情况分为以下四类：

（1）在职人员：指从事一定社会劳动并取得劳动报酬或经营收入的人员，一般应与某一单位建立劳动关系，包括企业内退人员和个体经营人员。

（2）灵活就业：指为社会、单位、家庭或个人提供临时性、季节性、弹性劳务并获取相应劳动报酬，且无法建立或暂无条件建立稳定劳动关系的人员。

（3）失业：指在劳动年龄（16周岁至法定退休年龄）内，有劳动能力，无业而要求就业，并在当地就业服务机构进行求职登记的人员。

（4）无就业条件：指在劳动年龄（16周岁至法定退休年龄）内，因丧失劳动能力或因照料家中残疾人、老年人、未成年人等原因而不具备劳动时间，且未在当地就业服务机构进行求职登记的人员。

农村低保对象中的成年人按照劳动条件分为以下两类：

（1）无劳动条件：指在劳动年龄（16周岁至法定退休年龄）内因丧失劳动能力或因照料家中残疾人、老年人、未成年人等原因而没有劳动时间或不具有劳动条件的人员。

（2）有劳动条件：指在劳动年龄（16周岁至法定退休年龄）内，除无劳动条件人员外的人员。

农村低保中"纳入扶贫建档立卡对象"：指纳入扶贫部门建档立卡范围的农村低保对象人数。

当月新增低保人数　指本月新纳入最低生活保障并领取了低保金的人数。

当月退出低保人数　指本月退出最低生活保障并停发低保金的人数。

城市（农村）低保累计支出　是指低保金与低保临时补助的合计。低保金：反映对最低生活保障对象发放低保金的支出；低保临时补助：反映对最低生活保障对象的价格补贴、节日补贴等临时或者一次性补助支出。

城市（农村）低保标准　指由地方人民政府确定的家庭人均收入线，低于该线的家庭纳入最低生活保障范围。

城市（农村）低保户数　指领取最低生活保障金的居民家庭数。

特困人员救助供养　指满足特困人员认定条件，纳入特困人员救助供养范围的，享受特困人员救助供养待遇的对象。

（1）按护理类型（自理能力）分类

全护理：指根据特困人员认定办法，被认定为完全丧失生活自理能力的特困人员。

半护理：指根据特困人员认定办法，被认定为部分丧失生活自理能力的特困人员。

全自理：指根据特困人员认定办法，被认定为具备生活自理能力的特困人员。

（2）按供养方式分类

集中供养：指在供养服务机构中集中供养的特困人员。

分散供养：指享受分散供养待遇在家供养的特困人员。

临时救助　对遭遇突发事件、意外伤害、重大疾病或其他特殊原因导致基本生活陷入困境，其他社会救助制度暂时无法覆盖或救助之后基本生活暂时仍有严重困难的家庭或个人给予的应急性、过渡性的救助。临时救助的人次数，不包括在救助管理机构获得救助的生活无着的流浪、乞讨人员。临时救助人次数指临时救助对象一年内获得临时救助的总次数，如1人一年内获得2次临时救助，则统计为2人次。

（1）按属地分类

本地户籍：指本地户籍人员获得临时救助的人次数。

非本地户籍：指非本地户籍人员获得临时救助的人次数。

（2）按对象分类

低保对象：指最低生活保障对象获得临时救助的人次数。

特困人员：指特困人员获得临时救助的人次数。

其他：指除最低生活保障对象、特困人员外的其他人员获得临时救助的人次数。

彩票发行

福利彩票发行单位　指民政部门管理的、独立核算的，以筹集社会福利基金为目的发行和销售社会福利彩票的事业单位。

社会组织

社会组织包括社会团体、民办非企业单位（社会服务机构）和基金会三类。

社会团体　指中国公民自愿组成，为实现会员共同意愿，按照其章程开展活动的非营利性社会组织。包括各种协会、学会、联合会、研究会、联谊全、促进会、商会等。社会团体不得从事以营利为目的的经营性活动，并具备以下四项法人条件：①依法成立；②必要的财产或者经费；③有自己的名称、组织机构和场所；④能够独立承担民事责任。否则，不能统计为社团机构数。报告期末合法社团总数，即为年末实有社团机构数。

民办非企业单位　即社会服务机构，是指企业事业单位、社会团体和其他社会力量以及公民个人利用非国有资产举办的，从事非营利性社会服务活动的社会组织。目前，民办非企业单位主要分布在教育、卫生、文化、科技、体育、劳动、民政、社会中介、服务业等行（事）业中。

民办非企业单位根据其依法承担民事责任的不同方式分为民办非企业单位（法人）、民办非企业单位（合伙）和民办非企业单位（个体）3种。个人出资且担任民办非企业单位负责人的，可申请办理民办非企业单位（个体）登记；两人或两人以上合伙举办的，可申请办理民办非企业单位（合伙）登记；两人或两人以上举办且具备法人条件的，可申请办理民办非企业单位（法人）登记。由企业事业单位、社会团体和其他社会力量举办的，或由上述组织与个人共同举办的，应当申请民办非企业单位（法人）登记。

基金会　指利用自然人、法人或者其他组织捐赠的财产，以从事公益事业为目的，按照《基金会管理条例》规定成立的非营利性法人。基金会分为具有公开募捐资格的基金会和不具有公开募捐资格的基金会。

（1）具有公开募捐资格的基金会：依据《中华人民共和国慈善法》取得了公开募捐资格的基金会。

（2）不具有公开募捐资格的基金会：没有依据《中华人民共和国慈善法》取得公开募捐资格，只可以在特定对象范围内开展定向募捐的基金会。

社会组织负责人 是指任理事长（会长）、副理事长（副会长）及秘书长以上职务的负责人。

当年年检单位数 指当年按规定参加年检的社会组织单位个数，包括参加年检但未通过的单位数。

当年新登记单位 是指本年度民政部门新登记的社会团体、民办非企业单位、基金会数量，基层备案的社会组织不计算在内。

慈善组织 依法成立、符合《中华人民共和国慈善法》规定，以面向社会开展慈善活动为宗旨的非营利性组织。慈善组织可以采取基金会、社会团体、民办非企业单位等组织形式。

社会组织按照所服务行业分为：

（1）**S工商服务业**：从事工业、商业、服务业等经济类活动的社会组织；

（2）**S农业及农村发展**：直接为农业及农村发展服务的社会组织；

（3）**M科学研究**：从事自然科学、社会科学研究的社会组织，包括思想政治工作研究会；

（4）**P教育**：从事各种教育活动的组织；

（5）**Q卫生**：从事各种医疗、卫生、保健服务的组织；

（6）**R文化**：从事文学、艺术、娱乐、收藏、新闻、媒体、出版等相关的活动组织；

（7）**R体育**：从事各种体育运动、健身活动的组织；

（8）**N生态环境**：从事动物、植物保护、环境保护以及环境治理的组织；

（9）**Q社会服务**：从事社会福利、救灾救助、社会保障及社会事务的组织；

（10）**S法律**：从事各种法律研究、咨询、援助、代理的组织；

（11）**S宗教**：各类宗教及宗教交流组织；

（12）**S职业及从业者组织**：职业协会、专门行业从事者组织；

（13）**T国际及涉外组织**：国际性非营利性组织、外国商会；

（14）**K其他**：校友会、友好协会，及其他未列明的组织。

社会组织行政执法 是指民政部门对登记的社会组织作出的行政处罚和取缔非法社会组织。包括：

（1）**行政处罚**：指本年度民政部门依据《社会团体登记管理条例》《民办非企业单位登记管理暂行条例》《基金会管理条例》，对违反上述条例规定的社会团体、民办非企业单位、基金会作出行政处罚并且已经结案归档的案件数。因行政处罚引起的行政复议、行政诉讼未复议或审理终结的，不影响统计。

（2）**没收违法经营额或违法所得**：指本年度民政部门依据《社会团体登记管理条例》《民办非企业单位登记管理暂行条例》，对违反上述条例规定的社会团体和民办非企业单位作出其他行政处罚时予以并处没收违法经营额或违法所得处罚的案件数。

（3）**罚款**：指本年度民政部门依据《社会团体登记管理条例》《民办非企业单位登记管理暂行条例》，对违反上述条例规定的社会团体和民办非企业单位作出其他行政处罚时予以并处罚款处罚的案件数。

（4）**警告**：指本年度民政部门依据《社会团体登记管理条例》《民办非企业单位登记管理暂行条例》《基金会管理条例》，对违反上述条例规定的社会团体、民办非企业单位、基金会作出警告处罚的案件数。

（5）限期（责令）停止活动：指本年度民政部门依据《社会团体登记管理条例》《民办非企业单位登记管理暂行条例》《基金会管理条例》，对违反上述条例规定的社会团体、民办非企业单位、基金会作出限期（责令）停止活动处罚的案件数。

（6）撤销登记（吊销登记证书）：指本年度民政部门依据《中华人民共和国慈善法》《社会团体登记管理条例》《民办非企业单位登记管理暂行条例》《基金会管理条例》，对违反上述条例规定的社会团体、民办非企业单位、基金会作出撤销登记和吊销登记证书处罚的案件数。

（7）取缔非法社会组织：指本年度民政部门依据《社会团体登记管理条例》《民办非企业单位登记管理暂行条例》《基金会管理条例》取缔的案件数。

（8）没收非法财产：指本年度民政部门取缔非法社会组织案件中并处没收非法财产的案件数。

自治组织

居民委员会数　指报告期末城市和建制镇在城镇居民集中居住的地区设立的居民委员会实有个数（含家委会）。

取得统一社会信用代码的村（居）民委员会个数　到民政部门办理了统一社会信用代码证并取得了相关证书的村（居）民委员会个数。相关工作见民政部公告第414号《民政部关于赋予村（居）民委员会统一社会信用代码有关事项的公告》。

居民小组数　指报告期末在居民委员会下设的由居民组成的群众自治组织总数。

居（村）民委员会成员人数　指依照法律规定，经选举产生的居民委员会（村民委员会）的主任、副主任和委员的总数。

村民委员会数　指报告期末乡镇在农业人口的居住地区设立的群众性自治组织（即村民委员会）实有个数。

成员中有女性的村民委员会数　指报告期末村民委员会成员中有女性的村民委员会实有个数。

自然村　是指按照自然、地理特点自发形成的农民生活居住村落。

村民小组数　指报告期末在村民委员会下设的由农民组成的群众自治组织总数。

当年完成选举的村（居）民委员会数　本年度内进行了村（居）民委员会选举，而且当选成员人数足够组成新一届村（居）委会开展工作的村（居）委会。

当年完成选举的村（居）选民登记总数　只对本年度内完成村（居）委会选举的村统计此指标。一个村的选民登记总数少于本村村民数，大于等于本届登记选民数。

本届（登记）选民数　指在本年度内完成村（居）委会选举的村（社区）中，按照村（居）民选举委员会发布的公告，于有效日前在村（居）民选举委员会依法登记，有资格参加投票的本村（社区）选民。

参加投票人数 在本年度内完成村（居）委会选举的村中，以亲自投票、委托投票等形式参加了选举的选民人数。每个村（居）的参加选举人数，应当等于从票箱里收回的全部选票数。其中“委托投票人数”：指采用委托投票方式参加投票人数。

经推选（选举）产生的村民代表数 指依照法律、法规规定，经推选（选举）程序产生、任期为三年的村民代表人数。一般来说，一个村村民代表的人数从数值上少于村民代表会议组成人员的总数。

当年召开村民会议的次数 村民会议有两种组织形式：一是本村十八周岁以上村民的过半数参加；二是本村三分之二以上户的代表参加。有些地方通过“村务公决”的方式决策重大村务，也可视为第三种形式的村民会议予以统计。

村委监督委员会数 指报告期末建制村建立的村务监督委员会个数。

婚姻登记

内地居民结婚登记 指报告期内婚姻登记机关办理的当事人双方均是内地居民的结婚登记。

结婚率 结婚对数除以当年期初人口数与当年期末人口数的和的一半乘以1000‰。

初婚人数 指报告期内婚姻登记机关办理的结婚登记中，当事人属第一次结婚人数的总和。

再婚人数 指报告期内经婚姻登记机关办理的结婚登记中，当事人属第二次（或者二次以上）结婚人数的总和。再婚包含恢复结婚。

恢复结婚 指报告期内，原为夫妻关系的男女双方申请办理结婚登记，经婚姻登记机关审查，为其办理结婚登记的件数。

涉外及华侨、港澳台结婚登记 指婚姻登记机关办理的，夫妻双方或一方是外国人、华侨、港澳台同胞的结婚登记件数。

港澳居民结婚登记人数 指报告期内经民政部门的婚姻登记机关批准登记结婚的当事人的一方或双方是居住在香港、澳门特别行政区的中国公民人数。

台湾居民结婚登记人数 指报告期内在婚姻登记机关登记结婚的台湾居民人数。

华侨结婚登记人数 指报告期内婚姻登记机关登记结婚的华侨（含留学人员）的人数。

外国结婚登记人数 指报告期内婚姻登记机关登记结婚的外国人（含外籍华人）人数。

离婚率 是指离婚对数除以当年期初人口数与当年期末人口数的和的一半乘以1000‰。

内地居民离婚登记 指报告期内内地居民在婚姻登记机关登记离婚的件数。

港、澳居民离婚登记 指报告期内港澳特别行政区的中国公民在婚姻登记机关登记离婚的件数。

台湾居民离婚登记 指报告期内台湾居民在婚姻登记机关登记离婚的件数。

华侨离婚登记 指报告期内华侨（含留学人员）在婚姻登记机关登记离婚的件数。

涉外居民离婚登记 指报告期内外国人（含外籍华人）在婚姻登记机关登记离婚的件数。

办理婚姻登记事务处数 指具体办理婚姻登记事务的场所、网点的数量，含编办登记、民政登记和未登记的婚姻登记机构以及乡镇街道可以办理婚姻登记的网点等。

殡葬服务

殡葬管理服务机构包括殡仪馆（含火葬场）、公墓、殡葬管理机构、殡仪服务站。

殡仪馆 指独立核算的，从事遗体火化、骨灰寄存以及其他殡仪服务单位总称。

公墓 指省级民政部门批准建设、独立核算的、集中埋葬骨灰或遗体的单位总称。

殡葬管理机构 是独立核算的、受行政机关委托从事殡葬管理工作的单位。

殡仪服务站 指专门提供除遗体火化以外的遗体接运、暂存、防腐、整容等服务的机构。

在统计殡葬单位时，只能归属上述四类中的一种，同一个单位不能跨类进行统计。

火化率 是指当年火化遗体数除以当年死亡人数乘以100%。

火化炉数 指报告期末遗体火化设备的实有数，包括火化备用炉。

全年火化遗体数 指报告期内殡仪馆火化遗体的总数。

国际运尸数 是指经海关出入境尸体的数量。

穴位数 指报告期末公墓实建的穴位数。

本年销售穴位数 指报告期内公墓实际售出的穴位数。

安葬数 指报告期末已安葬的穴位数。

本年安葬数 指报告期内已安葬的穴位数。

节地生态安葬数 就是以节约资源、保护环境为价值导向，鼓励和引导人们采用格位葬、树葬、草坪葬、花葬、撒散、江（河、湖）葬、深埋等不占或少占土地、少耗资源、少使用不可降解材料的方式安葬骨灰或遗体，使安葬活动更好地促进人与自然和谐发展。

其他民政直属单位

其他事业单位 指民政信息中心、地名普查研究单位等未归类到社会工作机构中的各类其他民政直属单位。